U0507940

生态文明建设思想文库（第三辑）　主编　物戊怀

区域经济生态化建设的
协同学探析与运作

黄桦　著

山西出版传媒集团　山西经济出版社

图书在版编目（CIP）数据

区域经济生态化建设的协同学探析与运作 / 黄桦著
. -- 太原：山西经济出版社，2024.1
（生态文明建设思想文库 / 杨茂林主编. 第三辑）
ISBN 978-7-5577-1090-3

Ⅰ. ①区… Ⅱ. ①黄… Ⅲ. ①区域经济发展—研究
Ⅳ. ①F114.46

中国版本图书馆 CIP 数据核字（2023）第 001578 号

区域经济生态化建设的协同学探析与运作

著　　者：黄　桦
出 版 人：张宝东
责任编辑：解荣慧
助理编辑：王　琦
封面设计：阎宏睿

出 版 者：山西出版传媒集团·山西经济出版社
社　　址：太原市建设南路 21 号
邮　　编：030012
电　　话：0351-4922133（市场部）
　　　　　0351-4922085（总编室）
E-mail：scb@sxjjcb.com（市场部）
　　　　　zbs@sxjjcb.com（总编室）

经 销 者：山西出版传媒集团·山西经济出版社
承 印 者：山西出版传媒集团·山西人民印刷有限责任公司

开　　本：787mm×1092mm　1 /16
印　　张：20
字　　数：317 千字
版　　次：2024 年 1 月　第 1 版
印　　次：2024 年 1 月　第 1 次印刷
书　　号：ISBN 978-7-5577-1090-3
定　　价：86.00 元

编委会

总　序

　　"生态文明建设"是我国最重要的发展战略之一，是为促进人类可持续发展战略目标，促进联合国《变革我们的世界——2030年可持续发展议程》的落实，我国政府从发展模式、循环经济、生态环境质量及生态文明建设观念的建构诸方面所做的框架性、原则性规定。国家领导对我国生态文明建设十分重视。2020年9月22日习近平主席在第七十五届联合国大会上的讲话中指出："人类需要一场自我革命，加快形成绿色发展方式和生活方式，建设生态文明和美丽地球。"本届联大会议上，习近平还对传统发展方式，抑或受新自由主义强烈影响的经济发展模式进行了批评。他说："不能再忽视大自然一次又一次的警告，沿着只讲索取不讲投入、只讲发展不讲保护、只讲利用不讲修复的老路走下去。"接着，他阐明了我国在生态文明建设方面的政策目标，并向世界宣告："中国将提高国家自主贡献力度，采取更加有力的政策和措施，二氧化碳排放力争于2030年前达到峰值，努力争取2060年前实现碳中和。"这不仅表明了我国政府对实现生态文明建设近期目标的巨大决心，而且对实现与生态文明建设紧密相关的国家中长期目标做了规划。

　　为了促进我国生态文明建设战略目标的实现，学术研究同样必须为之付出相应的努力，以对我国生态文明建设做出积极贡献。正因为此，我们在业已出版的《生态文明建设思想文库》第一辑、第二辑基础上，进一步拓展了与生态文明建设相关的课题研究范围，并组织撰写和出版了《生态文明建设思想文库》第三辑（以下简称"《文库》第三辑"）。《文库》第三辑是在前两辑基础上对生态文明建设所做的具有创新意义的进一步探讨，故此，选题内容既同可持续发展的国际前沿理论紧密关联，又与我国生态文明建设实践要求相结合，旨在从学理上深入研究生态文明建设的内在法则，及与之密切相关的多学科间的逻辑联系。基于这一前提，《文库》第三辑的著作具体包括《从生态正义向度看"资本主义精神"外部性短板——马克斯·韦伯的理论不足》《环境破坏的"集体无意识"——从荣格心理学角度对环境灾变的认知》《区域经济生态化建设的协同学探析与运作》《大数据时代下的决策创新与调控》《生态环境保护问题的国际进程与决策选择》《生态文明建设中的电子政务》《共生理念下的生态工业园区建设》《生态社会学》《生态旅游论》九本书。

其中，《从生态正义向度看"资本主义精神"外部性短板——马克斯·韦伯的理论不足》一书，由山西省社会科学院助理研究员马君博士撰写。马君女士是山西大学哲学社会学学院博士。现已发表的学术论文有《论新教伦理中的职业精神》等。在她攻读博士学位及于山西省社会科学院工作期间，对韦伯的著述多有关注，并认真研究了《新教伦理与资本主义精神》一书，指出了其理论上存在的问题与不足。

《新教伦理与资本主义精神》被西方学界奉为经典，是较早研究欧美"理性经济人"及其"资本主义精神"得以形成的伦理学依据方面的著述。在书中，韦伯力图说明经基督教新教改革，尤其是经加尔文清教思想改革后的伦理学对欧美资本主义发展的促进及影响。即如韦伯在书中所说："在清教所影响的范围内，在任何情况下清教的世界观，都有利于一种理性的资产阶级经济生活的发展……它在这种生活的发展中是最重要的，而且首先是唯一始终一致的影响，它哺育了近代经济人。"①韦伯还进一步揭示出这种经济秩序与技术进步紧密相关的"效率主义"逻辑，指出："这

---

① 马克斯·韦伯:《新教伦理与资本主义精神》，生活·读书·新知三联书店，1987，第135页。

种经济秩序现在却深受机器生产技术和经济条件的制约。今天这些条件正以不可抗拒的力量决定着降生于这一机制之中的每一个人的生活……也许这种决定性作用会一直持续到人类烧光最后一吨煤的时刻。"①不难看出，《新教伦理与资本主义精神》一书所阐述的经新教改革后的"理性经济人"及其"资本主义精神"，确实成了近代欧美资本主义世界的主流趋势。它不仅对追求自身利益最大化理性经济人的"效率主义"逻辑发挥着巨大作用，而且在韦伯这一经典著述中也占据着绝对分量。相反地，"理性经济人"及其在资本主义发展中形成的"负外部性"，亦即马克思理论意义上的"异化自然"，或庇古所说的"外部不经济"，该书则根本未予体现。然而，正是由于后者，却凸显出韦伯著述的不完备性，因为它严重忽略了"理性经济人"及其"资本主义精神"追求对自然生态系统形成的巨大戕害。故此，仅仅强调"理性经济人"及其"资本主义精神"对社会进步的意涵而忽略其行为酿成"负外部性"结果，无疑也显露出韦伯著述对"理性经济人"行为认知的不完备性，抑或其认知的非完形特质。因而，更不可能适应可持续发展战略时代对"理性经济人"整体行为认知与了解的现实要求。

马君女士的《从生态正义向度看"资本主义精神"外部性短板——马克斯·韦伯的理论不足》一书，正是从新的理论视角对韦伯学术思想进行了全方位剖析。她不仅对韦伯著述的概念体系进行了梳理，而且对这种"资本主义精神"酿成的不良后果——加勒特·哈丁所说的"公地悲剧"予以了批判性分析。为了加大对韦伯著述外部性短板的证伪力度，在书中，她还以国外著名思想家的大量经典著述为依据，进一步强化了对韦伯学术思想的否证。具体说，她不仅参考了马克思主义经典中对资本主义"异化自然"的理论批判，而且依据"法兰克福学派"赫伯特·马尔库塞《单向

---

① 马克斯·韦伯：《新教伦理与资本主义精神》，生活·读书·新知三联书店,1987,第142页。

度的人——发达工业社会意识形态研究》一书，对"资本主义精神"进行抨击；不仅依据法国学者安德瑞·高兹"经济理性批判"对"理性经济人行为"展开详细剖析，而且依据生态马克思主义者詹姆斯·奥康纳的《自然的理由——生态学马克思主义研究》和约翰·贝拉米·福斯特的《生态危机与资本主义》，对"理性经济人"行为进行的理论证伪。总之，马君女士这一著作，为我们重新认知《新教伦理与资本主义精神》提供了新的理论视角。尤其是在我国政府力推生态文明建设发展战略期间，该书对批判性地了解韦伯理论意义上"理性经济人"及其"资本主义精神"的"负外部性"来说，有着一定的参考价值。

《环境破坏的"集体无意识"——从荣格心理学角度对环境灾变的认知》一书，由山西省社会科学院副研究员王文亮撰写。王文亮毕业于浙江大学心理学专业，现在山西省社会科学院能源研究所从事研究工作。该书是涉及生态文明建设方面的一本社会心理学专著，旨在探讨造成环境破坏的社会心理学原因。在书中，作者详细剖析了环境破坏与"集体无意识"的联系。

"集体无意识"概念由瑞士精神分析学派心理学家荣格较早提出，在社会心理学上有着非常重要的价值和意义。但是，荣格心理学中的"集体无意识"概念，似乎更偏重于发生学意义上理论建构与界定，带有十分明显的"历时性"含义。从另外的角度说，荣格式"集体无意识"概念，也与我国李泽厚先生所说的"积淀"具有相似性。对于"集体无意识"概念的深入研究，后经弗洛姆的工作，使之对"共时态"社会群体"集体无意识"现象的认知成为可能，其界说可被认为：一种文化现象（比如前述"新自由主义"的经济文化现象)，对群体行为浸染而成的一种无意识模式，亦即人类群体不假思索便习以为常的一种生活方式。《环境破坏的"集体无意识"——从荣格心理学角度对环境灾变的认知》一书，正是结合精神分析学派这些思想家的理论和方法，剖析了由新自由主义经济政策导向形成的、与生态文明建设极不合拍的环境灾变原因——一种引发环境破坏的

"集体无意识"现象。该书对处于生态文明建设实践中的社会群体反躬自省来说，将大有裨益。尤其是，在生态文明建设实践中，它便于人们借助精神分析学派的"集体无意识"概念和理论，反思发展过程中人类与自然生态系统平衡不合拍的"集体无意识"行为。

《区域经济生态化建设的协同学探析与运作》一书，由山西省社会科学院研究员黄桦女士撰写。该书是她在之前业已出版的《区域经济的生态化定向——突破粗放型区域经济发展观》基础上，以哈肯"协同学方法"，超越传统"单纯经济"目标，而对区域性"经济—社会—生态"多元目标的协同运作所做的进一步创新性探索。在书中，作者对区域经济生态化建设协同认知的基本特征、理论内涵、运作机制、结构与功能等方面做了全方位分析，并建设性地提出这种区域协同运作方式的具体途径。其理论方法的可操作性，便于我国区域性生态化建设实践过程参考借鉴。

《大数据时代下的决策创新与调控》一书，由王晓东女士撰写。王晓东女士是吉林大学经济学硕士。现任太原师范学院经济系讲师。

该书系统探讨了大数据快速发展所掀起的新一轮技术革命，指出数据信息的海量涌现和高速传输正以一种全新的方式变革着社会生产与生活，也重新构建着人类社会的各种关系。这些前所未有的全新变革，使得传统政府决策与调控方式面临严峻挑战，也倒逼政府治理模式的创新与变革。事实上，大数据的出现，也是对市场"看不见的手"的学说思想的理论证伪。因为，在大数据时代，更有利于将市场机制与国家宏观调控有效结合，并科学构建政府与市场二者的关系，进而使之在本质上协调一致。大数据的出现，已经成为重新考量西方经济学理论亟待解决的关键性问题。书中指出，大数据的出现，同时给政府决策与调控开拓了新的空间，也创立了新的协同决策与运作的机制。因此，顺应当今时代的经济—社会—生态协同运作的数字化转型，以政府决策、调控的数字化推动生态文明建设的数字化，就成为政府创新与变革需要解决的新问题。

《生态环境保护问题的国际进程与决策选择》一书，由重庆移通学院副教授杨阳撰写。杨阳曾就读于英国斯旺西大学，获得国际政治学专业硕士学位。国外留学的经历，使其对国际环保问题有更多的关注。《生态环境保护问题的国际进程与决策选择》一书，正是他基于对国际前沿的观察与研究，同《文库》第三辑主题相结合进行探讨的一本著作。该书从环境保护的国际进程角度出发，指出了人类所面临环境危机的严重性。进而，强调了可持续发展战略追求的现实紧迫性，并借此方式实现生态文明建设和美丽地球的现实目标。此外，他还在人类与环境互动中确立生态正义观念、环保政策的制定与实施方面，做了深入探讨，并指出：若要确保解决环境危机的有效性，必须摒弃新自由主义的"效率主义"逻辑，克服理性经济人"自身经济利益最大化"的片面追求，将自然界与人类社会视作统一的有机整体是至关重要的。唯此，才能使人类社会步入与自然界和谐共生的新路径。

《生态文明建设中的电子政务》一书，由山西省社会科学院助理研究员刘碧田女士撰写。刘碧田女士是山西大学公共管理学院硕士，进入山西省社会科学院工作后，研究方向主要为"电子政务"。《生态文明建设中的电子政务》主要阐述了在物联网、大数据、区块链、人工智能等新技术高速发展的时代政府职能发生的改变，及其对生态文明建设所产生的多维度重构。在书中，她较完整地阐明数字化技术进步对政府职能转变的理论意义和价值——将促进政府转变传统低效能的"人工调控方式"，相应地，取而代之的则是"数字化高效运行"管理手段。这种新技术变革影响的电子政务，无论是生态数据共享，还是环保政策的制定；无论是生态系统监控，还是公众服务水平反馈等，都将高效能地服务于我国生态文明建设。无疑，这种与数字化新技术紧密关联的"电子政务"，既可促使政府工作效率的革命性转变，也将促成我国生态文明建设工作的迅猛发展。

《共生理念下的生态工业园区建设》一书，由山西省社会科学院副研究员何静女士撰写。何静女士是山西财经大学 2006 年的硕士研究生。同年，她进入山西省社会科学院经济研究所工作，主要从事"企业经济"方面的相关研究。其代表作品主要有《共生理念视角下城市产业生态园》《山西省科技型中小企业培育和发展的路径》《供给侧视域中企业成本降低问题分析》。《共生理念下的生态工业园区建设》一书，主要阐述了在共生理念前提下，依据瑞士苏伦·埃尔克曼《工业生态学》的基本原理，通过"生态工业园区建设"的相关研究，进而推进我国企业资源利用效率的提高，及对生态环境保护综合治理的相关内容。尤其是在实现"碳达峰""碳中和"方面，"生态工业园区建设"将是必经之路，将发挥不可或缺的重要作用。十分明显，本书为企业积极顺应我国生态文明建设，对实现习近平同志提出的"碳达峰""碳中和"刚性目标，都有着建设性的作用。此外，它对我国企业未来发展走向，在理论和实践两个方面给出的建议，也有一定参考价值。

《生态社会学》一书由重庆财经学院讲师贺双艳和颜萌萌二位女士撰写。贺双艳女士是西南大学教育心理学博士，现在重庆财经学院从事"大学生思想政治理论"和"大学生心理健康"等课程教学工作；颜萌萌女士，同属该学院专职教师。二人所学专业，均便于投入本课题——"生态社会学"研究之中。其中，贺双艳女士还主持出版了《大学生心理健康教育》《文化与社会通识教育读本》等著作。此外，她撰写并发表了一些与"社会心理学"专业相关的学术论文。除此，贺双艳女士对"社会学""文化人类学"等学科的交叉研究也较为关注。对"文化人类学"中"文化生态学派"的理论尤为重视。所谓"文化生态学"，是从人与自然、社会、文化各种变量的交互作用中研究文化产生与发展之规律的学说。显然，其关注的内容，正适合于《文库》第三辑中《生态社会学》的理论探索工作。《生态社会学》一书，对应对我们面对的生态危机，对助力人类社会可持续发展而建构合理的社会秩序等，提供了建设性的方案。因此，它也是《文库》第三辑较有亮点的一部学术著作。

《生态旅游论》一书由罗琳女士撰写。罗琳女士是重庆师范大学硕士，重庆外语外事学院讲师。主要从事生态旅游方面的教学工作。在教学之余，对生态旅游做了大量研究，并发表了《关于我国发展生态旅游的思考》《我国生态旅游资源保护与开发的模式探究》等不少前期学术论文。《生态旅游论》一书，阐述了生态旅游的理论基础，探讨了生态旅游的理论与实践，指出了生态旅游的构成要素及其形成条件，揭示了生态旅游资源开发与管理的内涵，也研究了生态旅游的环境保护及环境教育的关系等。《生态旅游论》一书，不仅从旅游角度为《文库》第三辑增添了新的内容，同时也为我国生态文明建设提供了新的视角。

不难看出，《文库》第三辑涉及的内容，既有对被西方奉为经典的《新教伦理与资本主义精神》的批判性分析，又有对新自由主义酿成环境灾变之"集体无意识"行为的心理学解读；既有以"协同学"方法在区域经济生态化建设方面的理论尝试，又有借"大数据"使决策主体在生态文明建设创新与协调方面的整体思考；既有对国际永续发展前沿理论的历史性解读及借鉴，又有对"电子政务"与生态文明建设工作相关联的系统认知；既有对企业未来发展方向——"生态工业园区建设"的积极思考，又有对生态社会学及生态旅游论的创新性理论建构。

总之，文库从不同专业角度奉献出对"生态文明建设"的较新的理论认知和解读。即如《文库》前两辑一样，《文库》第三辑，同样旨在从不同专业领域，为推动我国生态文明建设事业做出贡献。

至此，由三辑内容构成的《生态文明建设思想文库》，经参与其撰写工作的全体作者，及山西经济出版社领导和相关编辑人员的共同努力已经全部完成，它们具体有：

第一辑：

《自然的伦理——马克思的生态学思想及其当代价值》

《新自由主义经济学思想批判——基于生态正义和社会正义的理论剖析》

《自然资本与自然价值——从霍肯和罗尔斯顿的学说说起》

《新自由主义的风行与国际贸易失衡——经济全球化导致发展中国家

的灾变》

《区域经济的生态化定向——突破粗放型区域经济发展观》

《城乡生态化建设——当代社会发展的必然趋势》

《环境法的建立与健全——我国环境法的现状与不足》

第一辑于 2017 年业已出版发行。

第二辑：

《国家治理体系下的生态文明建设》

《生态环境保护下的公益诉讼制度研究》

《大数据与生态文明》

《人工智能的冲击与社会生态共生》

《"资本有机构成"学说视域中的社会就业失衡》

《经济协同论》

《能源变革论》

《资源效率论》

《环境危机下的社会心理》

《生态女性主义与中国妇女问题研究》

目前，第二辑全部著作现已经进入出版流程，想必很快也会面世。

第三辑：

《从生态正义向度看"资本主义精神"外部性短板——马克斯·韦伯的理论不足》

《环境破坏的"集体无意识"——从荣格心理学角度对环境灾变的认知》

《区域经济生态化建设的协同学探析及运作》

《大数据时代下的决策创新与调控》

《生态环境保护问题的国际进程与决策选择》

《生态文明建设中的电子政务》

《共生理念下的生态工业园区建设》

《生态社会学》

《生态旅游论》

目前，第三辑也已经全部脱稿，并进入出版流程。

《生态文明建设思想文库》三辑著作的全部内容业已完成，这也是《文库》编委会全体作者及山西经济出版社为我国生态文明建设所做的贡献。但是，囿于知识结构和底蕴，及对生态文明建设认知与把握的不足，难免会有不尽完善之处，故此，还望学界方家及广大读者惠予指正。

前　言

区域经济生态化的协同发展研究是一个新的研究领域，旨在响应我们今天面对的越来越复杂的区域组织管理问题，以推动运用整体思维方法改善和处理自然、经济、社会的复杂问题，实现区域的可持续发展。本书将协同学原理和方法引入区域经济生态共生研究，以可持续发展理论、生态系统管理理论、系统自组织理论、循环经济理论等为基础，以复杂科学管理(CSM)的整体观视角，通过深入研究区域资源环境经济社会复合生态系统的结构、功能及其系统特性，揭示区域协同发展的内涵及系统发展的内部结构条件。在区域生态共生理论定义、科学内涵、结构特征研究的基础上，探究区域经济生态子系统、社会生态子系统、自然生态子系统耦合机理，建立基于协同学原理的区域经济生态共生系统，探索区域经济生态协同和谐系统共生的基本路径选择，以实现区域经济生态化的协同发展。

区域经济生态化协同发展是在区域性经济学和生态经济学融合发展的基础之上，运用协同学的方法论对区域经济生态系统的构成和运作进行分析，以区域经济与环境之间关系为主体要素，以区域内部系统之间物质转换、能量流动和信息传递为客体因素，以区域内部系统之间功能、优势和地位互补为介体要素，以实现区域经济可持续发展为目标所形成的复杂有机系统。区域经济生态化协同以可持续发展和生态文明建设为宗旨，借助对生态系统和生物圈的认知，找到使区域经济发展与生物生态系统"正常"运行相匹配的革新途径的协同发展。具体说，就是要以高效节约为目的的"循环经济"，零排放为目标的"清洁生产"，多企业、多行业协同运营为特征的资源高效循环式节约利用，判定资源高效利用标准的"因子 X"理论为指导等，作为区域经济生态化协同运作的基本前提和条件，以实现区域经济发展的生态资源合理性优化配置。

　　传统的经济学原理认为：自由市场经济在经济人追逐自身利益最大化的同时，有一只看不见的手，能不自觉地为社会公共带来利益，这一观点迄今十分盛行。亚当·斯密学说最大的特点就是明确规定了经济人追逐自身利益最大化的合理性，亦即片面地追逐自身经济利益的最大化而无视外部经济的合理性。其所导致的必然结果是：常态化地破坏资源环境，成为所有垄断资本集团，乃至所有经济人的正常行为。正因为如此，资本主义工业化发展的老路，就是以牺牲资源环境为代价的道路。尽管市场经济被认为似乎是能够激发经济人主体活力和增进经济效率的一种有效经济方式，但它对经济社会发展与环境之间的矛盾、对资源的循环利用、对环境污染问题、对协调自然生态系统与社会经济系统的关系等方面，是"失灵"的，或是有严重弊端的。正如赫尔曼·E.戴利在《珍惜地球》一书中说道，亚当·斯密"看不见的手"使得私人的自利在不自觉地为公共利益服务，而"看不见的脚"则导致私人的自利不自觉地把公共利益踢成碎片。随着西方新自由主义的盛行，毫无节制的经济扩张，都是以能源的大量消耗和生态环境的持续破坏为代价的，也是市场经济原教旨主义及新自由主义学说思想的最基本观点。在这种学说思想的影响下，所有资本或经济人组织很少关注甚至根本不关心外部成本或社会成本，也从来不把本应由它们支付的环境成本或代价记入自己的账簿之中。而是相反，却将之普遍转嫁给社会范畴和自然生态系统之中，以致产生巨大的"外部不经济"。环境"外部不经济"问题是英国福利经济学派创始人庇古在 20 世纪 20 年代提出的，它旨在批评古典自由市场经济学说自身存在的理论弊端，及其造成的自然异化问题。但是，十分不幸的是，这一存在严重理论弊端的古典自由市场经济学说又被新自由主义经济学家哈耶克和弗里德曼放大化加以复制，并通过 1990 年的"华盛顿共识"在全球范围迅速扩展与推广，致使全球发展中国家生态环境同样遭到巨大的破坏。因此，对于许多发展中国家区域经济的情况来说也是如此，它们普遍以发展经济为由，向新自由主义主导的方向靠拢，以粗放型的经济发展方式，不断重复着资本主义工业化发展的老路，同时全球发展中国家又制造着巨大的"公地悲剧"（加勒特·哈丁）。为了寻求解决自由市场经济学说导致的外部不经济问题的方法，一些学者在不违背自由市场经济本质的前提下，尝试探索出一些纠正市场经济中由经济人导致的"外部不经济"的方案，并试图研究

"外部成本内部化"的一些具体方式。"庇古税"抑或"科斯定理"正是旨在解决这一问题的产物。庇古税是由英国经济学家庇古20世纪20年代最早提出的。按照庇古的观点,造成环境污染或外部不经济的原因,正是市场经济资源配置失效的结果。亦即经济当事人的私人成本与社会成本不相一致,从而使私人的最优导致社会的非最优。故此,针对外部不经济,就要求政府通过征税方式来纠正经济人或经济人组织的私人成本。他还认为:政府通过干预,便可使私人成本或利益与相应的社会成本或利益相等,则资源配置可实现帕累托最优。理论上,这种纠正私人自利导致的环境污染抑或外部不经济的方法即被称为"庇古税"。纠正外部不经济的相关理论还有所谓的"科斯定理"。按照科斯的观点,经济外部性或曰非效率,可通过当事人谈判而加以纠正,并实现所谓"社会效益最大化"。因此对"科斯定理"较流行的解读为:只要产权是明晰的,并且交易成本为零或很小,无论开始将产权赋予谁,市场均衡的最终结果是有效率的。然而,前述无论哪种理论,都是潜意识地承认了企业或经济人组织只要支付了"费用最大化成本",就享有了污染、破坏环境的"权利",而完全忽视了无论是"征税"还是"明晰产权"都依然会给环境造成污染或损害这个结果,生态危机依旧是一个不争的事实。正像美国学者赫尔曼·E.戴利在其《稳态经济:趋向生物物理平衡与道德进步的政治经济学》一文中指出的:"在经济学中有一种普遍看法认为环境政策只需将外部性内在化,也就是将所有的环境成本都打进价格就够了,这样市场就足以自动地为自己设定一个界限。事实并非如此,正如我们已经看到的,并不可能把所有的生态成本都打进被垄断的货币价格。"①从区域经济发展的角度看,区域经济是指在一定区域内经济发展的内部因素与外部条件相互作用而产生的生产与消费的综合体。每一个区域的经济发展都受到自然条件、经济条件、社会条件、技术条件、公共政策等因素的制约。区域经济是一种综合性的经济发展的地理概念。它反映区域性的资源开发和利用的现状及问题,尤其是指矿物资源、土地资源、人力资源和生物资源的合理利用程度,主要表现在地区生产力布局的科学性和经济效益上。区域经济的效

① 赫尔曼·E.戴利:《珍惜地球——经济学、生态学、伦理学》,商务印书馆,2001年,第391页。

果,并不单纯反映在经济指标上,还要综合考虑经济效益、社会效益和生态效益所构成的综合效益方面。这样,就需要运用协同学的系统分析方法,综合考察区域内和区域间的发展问题,特别是区域生态化协同发展的问题。

区域经济生态化协同发展是一个涉及经济、社会和生态环境多目标优化的开放复杂系统,受区域系统内部机制和外部环境以及内部与外部之间耦合机制的高度复杂性的影响,区域经济生态化协同研究具有多目标、多变量等特点。协同学理论运用自组织、竞争、协同以及序参量等概念和原理,通过协调开放复杂系统中各子系统的协同行动来促使系统有序演化,为简化区域生态化协同发展研究这类复杂问题的计算维数、协调多目标利益冲突提供了一个普适的、生态合理性的理论研究框架。区域协同共生系统是由人口、社会、经济、政治、资源、生态环境等各个子系统构成的,各子系统作为共生体中的共生单元,通过各个单元之间信息、物质和能量的传递,产生新的共生性能量,共生性能量有序、良好地交换促进了共生关系的和谐发展,从而使系统整体的共生情况趋于稳定。反之,若共生单元之间物质、能量和信息流通交换受阻,将会破坏共生关系,共生系统也将无法达到稳定的状态。所以,要想让共生系统持续稳定,就必须使共生系统中的物质、能量等共生单元连续不断地进行生态合理性有效地传播或互动,以维护共生系统形成一种良性的可持续发展的共生关系。对于所有的区域协同共生系统而言,要想让区域协同共生系统向协调有序、可持续的方向发展,就需要社会、经济、自然等子系统之间在互相协调、互利共生,在物质、能量等流转过程中达到一个良性的平衡。只有如此,才能建立一种持续、协调的共生关系。

生态学所秉持的整体主义的生态思想认为,生态自我实现是生态系统演进的最高准则。自我实现的过程就是从"本我"到社会的"自我"再到生态"自我"的过程。区域内城市和乡村作为人类聚集、生存的两种地域空间形态,其生命力的最大展现也是以"生态自我实现"为最高准则,而生态自我实现的前提条件则是对它们所处的生态系统整体及其中一切存在物的尊重和平等对待。"以生态为中心"是区域经济有条件的存在,是区域内城市系统和乡村系统生存、发展的根本,也是区域经济生态化系统的整体性所在。区域经济生态化系统的资源、环境、社会和经济各子系统遵循自身的运动规律,但并非简单的并置或叠加,而是在一定地理边界约束下,互为开放、互为相干地进行着物质、能量和信息的交换,相互依存、适应、协调,共同进化。只有将经济系统的输入、输出控制在自然系统的承载能力范围内,减轻人类活动对自然生态系统的消极影响,使经济子系统中物质循环利用的社会行为与自然生态系统中自然循环的自然行为互为补充,才有可能实现人与自然、经济与自然、社会与自然的和谐共生及可持续发展。区域经济生态化协同发展作为一个动态的过程,是各区域从相对独立分散的发展状态,会聚成为系统整体的自创生、自稳定、自重组的演化过程,是区域系统的一种整体优化状态,是一种具有整体性、结构稳定性、功能优化性的稳态。区域经济生态化协同系统的超循环是以城市、乡村的循环作为亚单元,把不同等级的、不同功能的城镇循环、乡村循环联系起来,共同组成城市、乡村、城际和城乡四重空间的城市群超循环网络系统,在功能上达到一种互相支持、互相增强、互利互补的状态,构成一种社会生态系统的超循环结构。区域经济生态化协同发展的模式不仅涉及资本、劳动力、技术等生产要素的投入、制度的创新,还涉及空间布局的变化,与区域发展的阶段相适应,发展模式表征为经济增长、社会发展和环境保护协同发展的可持续增长模式。产业发展模式及产业结构的调整是影响区域发展及其模式转变的核心要素。而人、财、物及技术创新是区域生态化协同发展的基础。

我国当前的城市化建设与区域生态化协同发展目标之间并不协调,甚至还有较大差距,主要存在如下一些问题:严重的工业化污染阻碍生态城市建设,各种城市垃圾不利于城市环境的保护与治理,噪声、电磁污染日益加剧,妨碍着城市环境改善。本书研究国内外各类工业生态园区和生态城市的典型案例,分析在土地利用模式、交通运输方式、社区管理模式、城市空间绿化等方面进行的有益探索,为世界其他国家的区域生态化协同发展提供范例,对于我国的区域生态化协同也有着重要的借鉴价值。要做到这一点,一是明确的生态环境承载阈限是区域发展的必要前提。从生态学角度来看,区域发展以及人们赖以生存的生态系统所能承受的人类活动强度是有限的,也就是说,区域发展存在生态极限。区域生态化建设要实现区域经济社会发展模式转型,必须重视区域生态承载力原则,科学地估算区域生态系统的承载能力,并运用技术、经济、社会、生活的调控等手段来确保这种能力的提高,合理控制与调整城市人口的总数或密度,综合考虑城市的产业种类、数量结构与布局,重点关注直接关系到生活质量与发展规模的环境自净能力与人工净力,以及区域生态系统中资源的再利用等问题。二是需要加强区域合作和城乡协调发展。一个区域只注重自身的生态化建设是不够的,光想着自己的发展,不惜掠夺外部资源或将污染转嫁于周边地区的做法是与生态化发展理念背道而驰的。城市间、区域间乃至国家间必须加强合作,建立伙伴关系,进行技术与资源共享,形成互惠共生的网络关系,同样是至关重要的。三是要有切实可行的规划目标做保证。一般来说,国外的区域生态化建设都制定了明确的目标,并且以具体可行的项目内容做支撑。面对纷繁复杂的生态环境问题,国外区域生态化的建设从开始就注重对目标的设计,从小处入手,具体、务实,并便于直接用于指导实践活动。由于清晰、明确的目标,既有利于公众的理解和积极参与,也便于职能部门主动组织规划实施建设,保证了区域生态化建设能够稳步推进并不断取得实质性的成果。四是以发展区域循环经济为支撑。从某种意义上讲,发展循环经济,就是强调资源高效循环再利用。注重对德国伍珀塔尔研究所的"因子 X"理论和"每单位服务所需输入的原料"(MIPS)最小化研究成果的运用,既是实现区域经济系统的生态化的重要支撑力量,也是建设区域生态化成功与否的关键。将可循环生产和消费模式引入区域生态化建设过程,同样是生态城市建设的重要内容。五是完善的政策、法律及管理体系。国内外的区域生态化协同发展,均已制定了完善的法律、政策和管理上的保障体系,确保区域生态化建设得以顺利健康的发展。政府通过对自身的改革,包括政府的采购政策、建设计划、雇佣管理以及其他政策来明显减少对资源的使用,从而保证区域自身可持续性的发展。并且,在已有的生态城市经济区内,很多城市政府已认识到可持续发展是一条有利可图的经济发展之路,可以促进城市经济增长和增强企业竞争力。另外,国外有些城市还建立了生态城市的全球化对策体系和都市圈生态系统的协同管理政策等。这些都为区域生态化快速健康发展提供了强有力的保障。六是区域生态化建设需要有公众的参与。国外成功的区域生态化案例表明,在区域经济生态化建设过程中,鼓励尽可能多的公众参与,无论从规划方案的制订及实际建设的推进过程,还是后续的监督与监控,都要有具体的措施来保证公众的广泛参与。建设者或管理者都主动地与市民一起进行规划,有意与一些行动团队特别是与环境有关的团队合作,使他们在一些具体项目中既能合作,又能保持相对独立。这种做法在很多地区收到了良好的效果。可以说,广泛的公众参与是国外区域生态化建设得以成功的一个重要环节。对于中国来说,近年来中国政府高度重视环境保护,将生态文明建设纳入中国特色社会主义事业"五位一体"总体布局,大力推动绿色、低碳和可持续发展,习近平主席在 2020 年第七十五届联合国大会期间提出,中国二氧化碳排放力争于 2030 年前达到峰值,努力争取 2060 年前实现碳中和。这一减排承诺引发世界瞩目和国际社会的热烈反响,体现了中国在环境保护和应对气候变化问题上的负责任大国作用和大国担当。本书选取区域经济生态化协同发展的典型区域,以具体的数据和案例对各区域间和区域内的生态化协同发展进行实证分析,以期在实践层面对区域生态化协同发展进行佐证和思考。

目　录

第一章　区域经济生态化协同发展的理论溯源

　　区域经济生态化的协同发展是在区域经济学和生态经济学融合发展的基础之上，运用协同学的方法论对区域经济生态系统的构成和运作进行协同学分析，是以区域经济与相关要素、环境之间关系为主体要素，以区域内部系统之间物质转换、能量流动和信息传递为客体因素，以区域内部系统之间功能、优势和地位互补为介体要素，以实现区域经济持续发展为目标要素所形成的复杂有机系统。本章在协同学基础理论、区域经济生态化的发展和生态经济的区域化等基本理论研究的基础上，对区域经济生态化协同发展相关的几个重要理论进行了分析和研究，为区域经济生态化协同发展研究奠定坚实的理论基础。

第一节　协同学方法论与区域经济生态化

　　本书所探讨的区域生态化协同发展将协同学的方法论引入区域经济生态化建设，是区域经济学在充分兼顾生态系统"正常"运行的延伸和拓展，是生态经济学在特定区域条件下的运用和革新，更是在协同学的方法论下以可持续发展和生态文明建设为宗旨，找到使区域经济发展与生物生态系统相匹配的革新途径的经济发展方式。协同学的相关理论、区域经济的生态化发展和生态经济的区域化理论都是研究区域经济生态化协同发展的理论依据。

一、协同学的有关研究理论

　　协同学亦称"协同论"或"协和学"，是一门关于共同协作或合作的科学，也称为协同工作之学，是在多学科研究基础上逐渐形成和发展起来的一门新兴学科,由德国斯图加特大学理论物理学教授赫尔曼·哈肯(Hermann Haken)创立。协同学理论主要研究远离平衡态的开放系统在与外界有物质或能量交换的情况下,如何通过自己内部协同作用,自发地出现时间、空间和功能上的有序结构①。从哲学的角度看,协同学回答了物质世界诸系统从简单到复杂、从低级到高级发展进化的真正终极原因。协同学理论研究不同事物的共同特征及其协同机理,具有普遍适用性,是一种方法论,因此近年来被认为是新兴的综合性学科,并广泛应用于不同的领域。

(一)协同学的思想精髓

系统内部协同作用的本质是一个系统不断实现有序的分化过程。从微观上看,子系统实现了某种联系和统一。从宏观上看,系统离开了某种均匀分布的平衡态,形成了步调、格局、时空结构的某种稳定的区分和有序。协同学的思想精髓主要体现在以下方面。

1. 子系统间的协同性是有序结构的直接原因

协同学认为,系统开放性只是产生有序结构的必要条件。系统的非线性是产生有序结构的基础,而只有子系统间的协同性才是产生有序结构的直接原因。系统是由大量子系统组成的,即系统自由度的总数往往相当庞大。子系统间既相互独立,又有关联。当子系统之间的独立性占据主导地位时,子系统间的关联很弱,系统便不能形成一个整体,也就显现不出某种性质,这样的系统整体是无序的。当子系统间的相互关联足以束缚子系统的独立运动,使系统在宏观上显示出一定的结构特征时,被称为有序。

2. 序参量在系统演化中起关键作用

描述状态有序程度的变量叫作序参量。在系统无序时,序参量为零。当系统达到临界点时,序参量急剧增长,从而形成有序结构。序参量通过自组织过程发挥作用,当序参量不是一个时,要通过序参量之间的合作与竞争来确定系统的有序结构。

3. 变量的协同运动表现为自组织现象

协同学认为系统的稳定性受快变量和慢变量两类变量的影响。当系统受

---

① 赫尔曼·哈肯:《高等协同学》,郭治安译,科学出版社,1989。

到某种干扰而出现不稳定状态时,快变量总是运动变化最快,企图使系统重新回到稳定状态,而慢变量总是使系统离开稳定状态走向非稳定状态。快变量阻尼大、衰减得快,在系统从稳定态向非稳定态过渡的过程中不起明显作用,代表了系统的稳定模;慢变量衰减得慢,并且表现为临界无阻尼,所以在系统的演化过程中起决定作用,代表不稳定模,是系统演化的方向。当系统从稳定态向非稳定态过渡时,只有慢变量才能打破原有状态,而当系统达到不稳定状态时,快变量将使系统达到一个新的平衡位置。自组织现象就是在此过程中快变量与慢变量相互联系、相互制约,从而表现出来的协同运动的宏观反应。[①]

4.绝热消去原理是得到慢变量的方法

绝热消去法是找寻慢变量的基本方法。为了抓住在演化过程中起支配作用的慢变量,而忽略快变量的变化对系统演化的影响,即令快变量对时间的导数等于零,然后将得到的关系代入其他方程,从而得到只有一个或几个慢变量的演化方程(即序参量方程),这个处理过程就是绝热消去法。这种方法是协同学降低基本方程维数,减低方程自由度或消去大量变量的基本方法之一。

(二)国外协同学研究综述

德国教授哈肯于 20 世纪 70 年代初开始研究协同学。1977 年出版专著《协同学》标志着协同学作为独立学科正式创立[②]。之后,又相继发表了《协同学:最新趋势与发展》《20 世纪 80 年代的物理思想》等文章,出版了《高等协同学》以及《信息与自组织》等专著。自协同学创立后,各国学者纷纷加入协同学及其应用研究的队伍。俄罗斯学术界对协同学有不同的理解[③]:大多数学者认为协同学就是广义的自组织理论,是新的总结式的研究复杂系统自组织基本规律的科学;有部分学者认为协同学是对复杂行为的科学思想、方法及模式进行跨学科分析,其实也是科学哲学的一个研究方向,开拓了思维中关于人和世界的潜力;还有一部分学者认为协同学是关于意想不到现象的科学,是

① 刘喜文:《多组织企业信息协同服务系统模型研究》,西华大学,2011。
② 孙玲:《协同学理论方法及应用研究》,哈尔滨工程大学,2009。
③ T. H. 鲁札文:《协同学和系统方法》,《哲学译丛》1986 年第 1 期。

对前两种的补充。协同学在俄罗斯国内的应用领域很广,从生物学、物理学、化学等自然科学领域到社会学、经济学、心理学等人文社会科学领域,以及全球化问题、人才教育和培养问题等也属于其研究范畴。到20世纪80年代,协同学理论有了新的突破,美国学者迈克尔·波特首次提出价值链的概念,运用价值链概念来解释协同,更加关注内部管理对价值创造的影响,认为企业可以通过构建内部业务单元之间的关联和企业之间的关联而获取竞争优势。Gajda将协同理论应用到策略联盟研究中。策略联盟指跨组织之合作,而创造商业伙伴与其最终顾客之效益。Stank和Keller指出协同是成员之间做决策的流程,共同分配成果,即两个或两个以上成员或组织共同工作,拥有共同愿景、分享资源以达到共同的目标。Tyan等认为协同运输管理是一个新的货主与运送人的伙伴策略,也是一个新的商业模式,是将运送人纳入供应链中,使之成为信息分享与协同的策略性伙伴,当运送人提高设备使用率时,将可使零售商与其上游供货商减少运输时间与总成本。Khang等将协同统计方法应用在管道运输研究中,确定多个特殊参数作为管理混合管道运输的方法。Cremer等运用协同学理论研究道路基础设施以及信息控制系统的建设。Olemskoi等应用协同论进行了交通流自组织现象分析研究。他们论证了交通流中存在自组织现象,对交通流中的耗散、相变和协同进行了数学描述,利用小波分析对交通流中的分形进行了初步的实证研究,提出了一种以序参量优化为主导管控、以输入信息为诱导管控并相互集成的、基于自组织理论的交通流管控模式①。

(三)国内协同学研究现状

国内对协同学理论的了解开始于20世纪80年代初期。国内最早对协同学理论进行研究的是王雨田教授,在1986年出版著作《控制论信息论系统科学与哲学》。书中《第十五章系统科学与系统方法》介绍了协同学理论。在20世纪80年代,王雨田、金观涛、沈小峰在新三论、老三论方面的研究影响很大。20世纪90年代以后对协同学理论的研究逐渐增多。在知网中搜索全文包含"协同学"的研究成果,共找到2487条结果,时间跨度从1981年到2019年,1995

① 郑璐:《公路客运与城际铁路协同发展研究》,吉林大学,2008。

年之前的 14 年共有 138 篇论文,相关研究较少。从 1995 年 1 月 1 日到 2019 年 10 月,20 多年我国关于协同学的研究成果统计显示,在我国,协同学也是一门新兴学科,是近 10 年快速发展起来的。从应用领域来看,协同学理论广泛应用于不同学科领域,其中包括生物学、力学、物理学、化学、教育学、经济学、管理学、社会学、地球科学、计算机科学、交通运输工程、机械工程、医学、电气工程、土木建筑工程、图书馆、情报与文献学以及体育科学等十几个学科领域。如今学科交叉融合,相互渗透,很难描述问题的单一学科归属,例如经济学往往渗透到社会学、管理学中,还有本书所研究的内容也是在经济学、生态学融合的基础上运用协同学的方法论进行研究的跨学科研究。

虽然协同学理论被视为创新理论和方法广泛应用于各领域,但是,协同学理论仅仅发展了 40 多年,其应用尚需完善,今后的研究可以针对以下问题进一步丰富。一是有人参与的组织、机构或团队之间的协同问题。协同是诸系统发展的必然要求,协同学理论强调的是包含子系统的整体结构的有序性,这取决于各子系统之间的相互协同作用。作为人类社会的整体,只要各组织、结构以及团队之间的协同问题处理好,各领域即可共同推进社会的发展。二是工程技术系统内部及系统间的协同问题。工程技术系统不同层次、不同结构以及不同系统间通过信息、能量和物质之间的相互作用、相互联系直到实现协同运作,来体现系统整体的优势和效率。本书研究的区域经济内部包括生态在内的各系统间的协同问题也是一个重要的方面。在未来发展的各个领域,只要所研究的系统满足协同学研究系统所具备的共同特征,就可以应用协同学理论来解决实际问题,尤其是开放系统的管理问题。

二、区域经济的生态化理论

区域经济是运用经济学的观点,研究不同区域经济的发展变化、空间组织及其相互关系的综合性应用科学。它的形成和发展源于 1826 年德国经济学家杜能提出的农业区位论,至今已有 190 多年的历史。作为一门相对独立的科学,它大体形成于 20 世纪 50 年代。自 20 世纪 60 年代以来,随着区位研究由微观向宏观领域不断扩展,以及各国政府为解决区域问题而加强对区域经济活动的干预,大规模开展各种区域规划工作,区域经济学获得了迅速的发展。

区域经济学是研究和揭示区域与经济相互作用规律的一门学科。主要研究市场经济条件下生产力的空间分布及发展规律，探索促进特定区域而不是某一企业经济增长的途径和措施，以及如何在发挥各地区优势的基础上实现资源优化配置和提高区域整体经济效益，为政府的公共决策提供理论依据和科学指导。

随着区域经济学的不断发展，人们逐渐意识到区域经济是在一定区域内经济发展的内部因素与外部条件相互作用而产生的生产综合体。每一个区域的经济发展都受到自然条件、社会条件等因素的制约。水分、热量、光照、土地和灾害频率等自然条件都影响着区域经济的发展，有时还起到十分重要的作用。在一定的生产力发展条件下，区域经济的发展程度受到投入的资金、技术和劳动等因素的制约。区域经济是一种综合性的经济发展的地理概念。它反映区域性资源开发和利用的现状及问题，尤其是指矿物资源、土地资源、人力资源和生物资源的合理利用程度，主要表现在地区生产力布局的科学性和经济效益上。区域经济的效果，并不单纯反映在经济指标上，还要综合考虑社会总体经济效益和地区性的生态效益。于是，区域经济学在生态化领域得以发展，并产生了区域经济共生理论、区域协调发展理论、可持续发展理论等区域生态化的基础理论。

（一）区域经济的理论演进

区域经济是指在经济上有密切相关性的一定空间范围内的经济活动和经济关系的总称。它是以客观存在的经济地域单元为基础，按照地域分工原则建立起来的具有区域特点的地域性经济，是具有鲜明区域特色的国民经济。

区域经济学产生的历史背景有三个。首先是经济背景，表现在两个方面：一方面是地域分工不断深化，地区间经济发展不平衡加剧，如日本的表里差异，美国东北部同西部和南部的差异，英国的英格兰与苏格兰、北爱尔兰的差异以及苏联的东西差异等；另一方面是区域经济问题的显露，如美国的田纳西河流域，1933年人均收入只有168美元，不及全国平均收入的一半，英国英格兰的西北部、东北部和苏格兰失业率超过25%，威尔士失业率超过36%，而伦敦和东南英格兰的失业率不到14%。其次是政治背景，在西方，资本主义发展到了国家垄断资本主义阶段，政府的经济职能加强，政府有能力干预区域经济发展。在东方,社会主义制度诞生,一方面,社会主义国家实行计划经济,政府是配置资源的主体,政府可以在区域之间配置资源;另一方面,社会主义经济要求有计划按比例地发展,包括区域之间。最后是科技背景,第三次科技革命,使区域经济学的研究方法和手段更先进,与其他经济学科明显不同。正是在上述三个背景下,形成了区域经济学。①

区域经济发展理论的产生与发展有着深刻的社会经济背景,其理论基础与分析方法大都是经济学与地理学融合的产物。对于任何区域,经济发展问题都占据核心位置,因为它是解决其他问题的基础,所以区域经济发展是区域科学的核心研究内容②。区域经济学的理论从 1826 年德国经济学家杜能提出的农业区位论发展至今,经历了韦伯的工业区位论、罗森斯坦·罗丹的平衡发展理论、赫希曼的不平衡发展理论、威尔斯和赫希哲的梯度转移理论、佛朗索瓦·佩鲁的增长极理论以及点轴开发理论、累积因果理论、中心—外围理论等发展阶段。随着区位研究由微观向宏观领域的不断扩展,以及各国政府为解决区域问题而加强对区域经济活动的干预,大规模开展各种区域规划工作,区域经济学获得了迅速的发展。

总的来看,区域经济理论的演进趋于体系化和规范化。区域经济分析与一般经济分析的不同之处在于,"一般经济分析考虑的实际是,一个国家的经济增长和发展是在一个点上的增长和发展,整个世界的经济增长也被抽象到了一个点上。但是一般的经济分析是有缺陷的,不能有效解释区域经济增长的差异,也不能解释同样的经济政策为什么在各国实施的效果有差异,更不能充分说明传统经济学所倡导的"经济人"自身利益最大化所带来的外部不经济的问题。可见对于空间分析在一般经济分析中是有盲点的。新经济地理学派的代表人物保罗·克鲁格曼指出:"这不是历史的偶然,而是由于空间经济学的某些特征,使得它从本质上就是主流经济学家掌握的那种建模技术无法处理的领域。"③ 由于一般经济分析的这些缺陷,经济学家一直没有中断过对空间问题

① 孙海鸣、张学良:《区域经济学》,上海人民出版社,2011。
② 苗长虹:《区域发展理论:回顾与展望》,《地理科学进展》1999 年第 12 期。
③ 保罗·克鲁格曼:《美国怎么了——一个自由主义者的良知》,中信出版社,2008。

的分析。在经济学说史上,经济学家曾两次在空间问题上做出过努力。第一次是德国经济学家艾萨得,他试图将空间问题带入经济研究之中。第二次是新城市经济学的兴起,又为把空间分析纳入经济学做出了积极的努力,并对一个区域的资源利用、环境保护、可持续发展等纵向问题进行研究,这些积极的努力最终促使了现代区域经济理论的完整化和体系化。

(二)区域经济的生态化发展

随着区域经济学的不断演化,区域经济学将生态要素引入区域经济分析当中,研究政府如何通过制定相应的区域政策协调区域发展。区域经济政策的主要目标包括:提高区域内现有资源的利用水平;更有效地在区域内各种用途间分配资源,实现空间资源配置的优化;实现区域内最佳增长;在区域间有效地再分配生产要素等,从而产生了区域共生理论、区域协调发展理论、可持续发展理论等区域经济理论的生态化延伸。

1.区域经济共生理论

区域经济的发展是自觉地倾向于和谐、协调和合作,共生发展成为区域经济发展的核心所在。区域共生是区域单元与要素间相互联系、相互影响、相互牵制、相互促进、相互嵌套的互动、共赢状态,是一种系统组织、社会组织与经济组织现象。区域共生基于多主体、多层级、多元化导向,始终围绕协同与共生的目标,通过流、链实现各要素之间共生发展,并通过区域场从制度、经济、区域等层面实现联动,利用调控层与交流层两个博弈平台,引导求同存异、实现共同发展。

"共生"一词来源于希腊语。"共生"的概念最先是由德国真菌学家德贝里(Anton de Bary)在1879年提出的,指不同种属生活在一起的状态。在现代生物学著作中,"共生"被认为是一种相互性的活体营养性联系。

"共生"是人类在实践中反思认识对象的结果。人类全部社会生活在本质上是实践的,并在实践中不断地升华人们的认识及产生新的认识。"共生"就是人类在实践中反思认识对象的产物之一。人类经过实践提出并回答了什么样的生存方式、生活方式和发展途径才是人类最科学有效的存在方式。它要求人类要站得更高,从整体观点出发,探讨人与自然、人与人、人与社会等如何生存发展,既着眼三者现今的实践结果,又要着眼三者未来的结果。这些就是"共生"的内容,所以,"共生"正是人类在实践中反思认识对象的结果。随着实践的发展,一些被实践检验不合时宜的思维方式也必须改变。一是必须放弃主客二分的思维方式。主客二分作为近代以来西方的一种思维方式对人类社会走向现代化起了巨大的推动作用,然而20世纪以来,随着生态环境问题的加剧,人们开始将生态危机的根源归结为以主客二分为基础的人类中心主义。主客二分思维方式是在对立的两极中思考问题,否认客观世界的整体性、有机性,将人与自然、自然与社会、人的活动与自然决然分开,认为人只要按照某些理性和规律去做,就能主宰整个世界。在这种思维方式的指导下,即使生产力得到了较快发展,也使人类、自然界和社会遭受了巨大灾难。实践在向人类急呼,放弃主客二分的思维方式,实现人、自然、社会的"共生"。二是放弃重近轻远的思维方式。这种思维方式的突出特点就是要注重眼前利益,不顾长远利益;只图当前经济结果,不顾未来严重后果,关注当前利益比什么都重要。这种思维方式是农业文明的产物,在工业文明时期达到极盛,创造了农业文明和工业文明。但是,在这种思维方式指导下的人类实践,也带来了既危及当今也危及未来的严重后果,既破坏了近现代人、自然、社会的"共生",也破坏了未来的"共生"。若不抛弃传统的思维方式,人类就会自己毁灭自己。而"共生"就是新的理论和科学的思维方式,是社会实践凝结的真理。共生进化原理还告诉我们,任何无效和不稳定的系统一定违背了对称性互惠共生法则,非对称和非互惠共生是系统相变的根本动力所在,也是系统低效率和不稳定的根源所在①。

共生的核心是双赢与共存,共生是一种普遍存在的现象,是共生单元之间在一定的共生环境中按某种共生模式形成的关系。共生包含三个要素:共生单元、共生模式和共生环境②。共生单元是指构成共生体或共生关系的基本能量生产和交换单位,是形成生物共生的基本物质条件,其特征在于种群的复杂属性。共生模式也称共生关系,是指共生单元相互作用的方式或相互结合的形

---

① 李刚、周加来:《共生理论视角下的区域合作研究》,《兰州商学院学报》2014年第4期。

② 袁纯清:《共生理论——兼论小型经济》,经济科学出版社,1998。

式,既反映共生单元间的物质信息交流关系,也反映作用的强度。从行为方式看,共生模式可以分为寄生关系、偏利共生关系和互惠共生关系;从组织程度看,共生模式可以分为点共生、间歇共生、连续共生和一体化共生等多种情形。共生环境是指共生关系即共生模式存在和发展的外生条件,由共生单元以外所有因素的总和构成。共生的三个要素相互影响、相互作用,共同反映着共生系统的动态变化方向和规律。其中,共生模式是关键,共生单元是基础,共生环境是重要的外部条件。

国内外学者对共生模式进行了不同的分类,如科勒瑞(Caullery,1952)和刘易斯(Lewils,1973)定义了捕食、竞争、共生及寄生等生物种群间的不同相互关系,对共生模式做了清晰的分类,包括互惠共生、偏利共生及偏害共生。李辉(2008)指出按照双方的利害关系共生可分为:①偏利共生(Commensalism);②原始合作,又称互惠;③互利共生(Mutualism)。共生模式分两种:共生组织模式和共生行为模式。其中前者反映共生组织的程度,包括点共生、间歇共生、连续共生和一体化共生;后者反映共生行为的方式,分为寄生、偏利共生、非对称互惠共生和对称互惠共生四种模式。这几种共生模式的特征如表1所示。

表 1-1   共生模式的特征

	寄生	偏利共生	非对称互惠共生	对称互惠共生
共生单元特征	1. 共生单元在形态上存在明显差别 2. 同类单元接近度较高 3. 异类单元存在双向关联	1. 共生单元形态方差较大 2. 同类单元亲近度较高 3. 异类单元存在双向关联	1. 共生单元形态方差较小 2. 同类共生单元亲近度存在明显差异 3. 异类单元之间存在双向关联	1. 共生单元形态方差接近于零 2. 同类共生单元亲近度接近或者相同 3. 异类单元之间存在双向关联
共生能量特征	1. 不产生新能量 2. 存在寄主向寄生者能量的转移	1. 产生新能量 2. 一方全部获取新能量,不存在新能量的广谱分配	1. 产生新能量 2. 存在新能量的广谱分配 3. 广谱分配按非对称机制进行	1. 产生新能量 2. 存在新能量的广谱分配 3. 广谱分配按对称机制进行

续表

	寄生	偏利共生	非对称互惠共生	对称互惠共生
共生作用特征	1. 寄生关系不一定对寄主有害 2. 存在寄主与寄生者的双向单边交流机制 3. 有利于寄生者的进化，不利于寄主的进化	1. 对一方有利而对另一方无利 2. 存在双边交流 3. 有利于获利方进行创新，对非获利方进化无补偿机制时不利	1. 存在广谱的进化作用 2. 不仅存在双向双边交流，而且存在多边交流 3. 由于分析机制的不对称，导致进化的非同步性	1. 存在广谱的进化作用 2. 既存在双边交流机制，又存在多边交流机制，共进化单元具有同步性
互动关系特征	主动—被动	随动—被动	主动—随动	主动—主动

资料来源：袁纯清，《共生理论——兼论小型经济》，经济科学出版社，1998；胡晓鹏、李庆科，《生产性服务业与制造业共生关系研究》，载《数量经济技术经济研究》2009 年第 2 期。

区域经济共生发展是指区域各单元间基于共生利益，在资源配置过程中以共生为核心，以区际、代际的生态、发展、制度等共生资源为主线，以人与人、人与自然、自然与自然的包容性发展为模式，以实现经济与自然和谐共生效应和绿色转型为共生价值目标，促进区域各单元间不仅形成经济共生体，更是形成生态共生体。区域经济共生发展需要区域各利益相关主体之间能够以共生价值为目标，任何一方都不以牺牲另外一方的利益为出发点，并且是在不断调整中实现资源的共生融合和包容增长。这一过程是一个动态共生的过程，区域各单元间从被动的他组织融合行为到主动的自组织共生行为，区域各单元间在共生发展过程中不存在隶属关系，而更多的是体现为相互帮助的共生关系。这一过程体现为通过不断调整利益冲突，从而形成区域共生资源利用框架下的共生价值，是一个动态融合的过程。[①]

（1）区域经济共生的原理。共生的原理是指反映共生系统形成与发展中存在的一些内在必然联系，是共生系统赖以形成与发展的基本规则，是理解共生关系的要害所在。其基本原理主要有：

---

① 黄小勇：《区域经济共生发展的界定与解构》，《华东经济管理》2014 年第 1 期。

一是质参量兼容原理。认识和描述共生单元是构筑共生理论的基础,对共生单元的深入分析可从其内在性质和外部特征两方面展开。反映共生单元内在性质的因素称为质参量,它是指决定共生单元内在性质及其变化的因素。一般情况下,任何共生关系中的共生单元,其质参量往往不是单一的,而是一组质参量,它们共同决定共生单元的内在性质,组中各个质参量的地位不同并且是变化的。反映共生单元外部特征的因素称之为象参量。共生单元的象参量也不是单一的,而是一组象参量。这一组象参量分别从不同角度反映共生单元的外部特征。任何共生单元都同时具有质、象参量。同一共生单元的质、象参量的关系不是固定不变的,而是随时空条件变化和共生关系的变化而变化。尽管质、象参量的相互作用是共生单元存在和发展的根本动力,也是共生关系形成和发展的内在依据和基本条件,但是质参量变化和象参量变化对共生体的影响作用是不同的。其中质参量的变化一般决定象参量的变化,会引起共生单元的突变,对共生系统的发展变化起着决定作用;而象参量的变化一般不会引起共生单元的突变,仅仅对共生体的发展变化起促进或阻碍作用。但象参量的积累变化有时也会对质参量产生显著影响。总的来说,在共生体中,质参量的发展变化起着决定作用,并且只有当共生单元的质参量相互兼容时,共生系统才得以存在和稳定发展。在区域共生关系中,经济实力作为质参量对共生单元的存在和发展具有决定性影响,而生态环境作为象参量对共生单元的存在和发展也有一定影响,其变化会引起经济实力的变化。

二是共生能量生成原理。共生过程产生新能量是共生的重要本质特征之一。共生体所产生的新能量作用表现为:在生物界中,共生植物或动物的生存能力和繁殖能力的提高。共生能量生成原理揭示了共生系统发展的本质属性,即不产生共生能量的系统是不能增值和发展的,共生能量与全要素共生度具有一定的对应关系。在共生能量函数中,共生能量的大小是共生系统生存和增值能力的具体体现,是共生系统质量提高和数量增加的前提。共生系统中新增能量的大小是共生体共生效果的直接体现。共生能量生成原理揭示了生物共生进化的动力机制,其中的关键变量是共生界面和共生度。共生界面的特征值是衡量共生界面上交流阻力大小的重要参量,共生界面越多,接触面越大(即共生单元之间的物质、信息和能量存在频繁的交流和流动),接触介质越好,则交流阻力越小,对应的特征值就越接近于零。共生度的大小与共生单元中的质参量的个数及关联程度密切相关,是共生系统是否产生新能量的直接判据,只有共生度大于零时,才有新能量的产生。共生能量函数为我们揭示了影响共生系统能量的主要因素及其相互约束关系,从而为我们生成共生能量提供了方法论。在区域合作中,共生体所产生的新能量是共生企业或共生组织的生存能力和增殖能力的提高。

三是共生界面选择原理。共生界面是共生单元之间物质、信息和能量传导的媒介、通道或载体,对共生关系的形成与共生系统达到均衡有着重要的影响。共生界面有两种:一种是无介质界面,共生单元之间直接相互作用,它要求共生单元之间一一对应,且直接接触,这样不仅效率低,而且共生对象选择具有很大的局限性,一般情况下,寄生共生模式普遍采用无介质界面;另一种是有介质界面,共生单元之间通过介质间接相互作用,这种界面不仅缩小了共生单元之间的共生时间与成本,而且极大地扩展了共生的维度和密度。共生理论认为,畅通的共生界面为共生单元之间的物质、能量和信息的流通和交换提供了顺畅的通道,会使共生界面特征值减小,其结果导致了共生过程中共生新能量源源不断地产生,促进了共生系统的共同进化。反之,若共生界面呆滞,则物质流、能量流和信息流交换不畅,或者畅而无效,都会导致共生新能量不足,而共生新能量的不足又会弱化共生单元之间的激励,于是产生恶性循环,最终导致共生关系衰亡。

四是共生系统进化原理。共生进化是共生系统的本质,对称性互惠共生是共生系统进化的终极方向,是生物界和人类社会进化的根本法则,对我们认识自然共生系统和构造社会共生系统具有不可替代的作用。生物学研究已经证明,对称性互惠共生是自然界中的一个主要组织规则,是生物组织形成与发展的主要动力,而且互惠共生控制生物的生存与繁殖。共生进化原理还告诉我们,任何无效和不稳定的系统一定违背了对称性互惠共生法则,非对称和非互惠共生是系统相变的根本动力所在,也是系统低效率和不稳定的根源所在①。

---

① 李刚、周加来:《共生理论视角下的区域合作研究》,《兰州商学院学报》2014年第4期。

（2）区域经济共生的条件。共生关系的形成必须存在共生界面和共生机制，表现为共生单元之间物质、信息和能量的联系以及共生度逐渐提高的过程。区域合作构成共生关系的一般条件包括四条。一是参与合作的区域必须具有相互兼容的内在性质以及某种时间或空间联系。二是在给定的时空条件下，区域之间应存在某种确定的共生界面，即区域间合作的媒介，主要包括市场、政府及民间组织等。三是共生单元之间按某种方式进行物质、信息和能量交流，通常由共生单元内在联系的亲近度、同质度或关联度所决定。共生稳定与否取决于共生的内部结构，即对称性分配和稳定匹配。前者指对称最优激励兼容状态，后者指亲近度最高的同类单元或关联度最大的异类单元之间共生最稳定。四是参与合作的区域还应该大力培育共生环境，一个良好的共生环境对于共生关系的持续稳定发展具有重要的作用。

（3）区域经济共生的利益。区域经济共生发展的本质是要增加区域经济各单元间的共生价值，共生价值是共生效应的量化和价值衡量标准。从区域经济概念逻辑的论述中可以知道，区域经济总是在追求均衡发展目标过程中处于非均衡发展状态，非均衡发展是区域经济发展过程中的一种常态。增进区域各单元间的协调和合作是区域经济协调发展和合作发展理论的观点，而在生态与经济融合发展的基础上，共生成为区域经济发展新的趋势，增进区域经济发展的共生价值是区域各单元间必须坚持的重大方向。其本质属性可以解构为共生利益—共生资源—共生价值，通过这一逻辑来实现区域经济共生发展理论本质的展现①。

（4）区域经济共生的资源。区域经济共生发展的源泉是共生资源，各区域单元间资源是稀缺的，如果单独来看，各区域单元间确实存在资源的优劣势互补现象。资源由于在区域行政所属方面的因素人为地被切成不同的区块，行政区划切断了资源的共生本性，而区域经济共生发展就是要恢复资源的本性——共生资源。同时在配置共生资源时，能够更加符合自然规律和生态本性，做到资源利用与生态环境的共生。区域经济共生资源要打破行政区划，把

---

① Ahmadjian V, *Symbiosis: an introduction to biological association* (University Press of New England, 1986), P.1—10.

资源作为一个整体来进行开发和利用,并且能够考虑生态环境,在人类分享资源开发利益的同时,使生态环境也能够共享利益。这就要求各区域单元之间能够摒除墨守成规的利己主义,以更加开放的态度使各种资源能够得到有效融合,在整体资源基础上形成共生资源,从而使资源能够得到最大价值的利用,而且能够使人与自然得到共享。同时,区域内部也能够在技术方面实现创新和突破,使原本因为行政区划原因造成的资源分离得到融合,形成共生资源,使资源在共生的同时,获得人类的可持续发展。形成的共生资源是共生价值实现的源泉,是区域经济共生发展的基础,如果区域间所有的资源都能够从共生角度来考虑,加以组合和优化配置,并形成自组织的融合体,其内耗自然会减少,真正在生态与经济融合基础上实现资源的价值最大化。

(5)区域经济共生的动力。区域经济共生发展的各单元间以及所涉及的各利益相关主体之间必须构建共生利益,而且应该是在考虑了发展、代际、生态、制度和区际等方面的前提下所做出的,不仅包括经济共生,更重要的是还有生态共生,是经济与经济融合发展下的利益共享。区域经济共生利益确实存在,这是毋庸置疑的。在区域经济发展到当前这样的高级阶段,区域各单元间有太多交织在一起的要素,你中有我,我中有你,这种联系的紧密性在同区域各单元间表现得更加明显。当然,我们也可以从理论上加以证明。传统的亚当·斯密经济人假设下的利益目标都是更加关注自身目标,对于对方目标或者可能产生的共享目标不够明确。同时,在封闭而又故步自封的区域自然不需要经济共生利益的存在,然而如果把生态考虑在内,即使是鲁滨孙式的生存状态也需要保证共生利益的存在,否则其赖以生存的生态环境就无法支撑其在孤岛生存,无异于自掘坟墓。在政治、经济、文化交织的区域各单元间,这种共生利益将是普遍的,而且在众多领域中都是可以互相造就的。共生利益的存在自然会形成共生意愿,各区域单元间从共生利益的需求出发,会顺势达成共生意愿,并促成共生行为。区域经济共生发展从需求出发,形成了共生利益—共生意愿—共生行为的本质关系①。

---

① Kisho Kurokawa, *Each One A Hero: The Philosophy of Symbiosis* (Tokyo: Kodansha International, 1997).

（6）区域经济共生的价值。区域经济共生发展从共生利益出发，在生态与经济融合基础上综合利用共生资源，目的是实现区域经济共生发展的目标——共生价值。共生价值是因为共生资源使用而产生的价值增值，对独享价值具有排斥性，是消除了资源的机械拆除和组装的结果。

共生价值来自资源作为共生体而产生的资源内外部经济，是内外部正效应或者正能量的价值体现。需要涉及的相关利益主体以开放、开明的共生意愿为先导，秉承多赢理念，在采取的均衡策略方面都能够以共生策略为先，以达到共生崛起。共生价值的产生需要区域各单元的政府、企业等相关利益主体在资源配置过程中，尽量保证资源的共生本性，基于资源的共生性来进行资源利用，使资源在创造经济价值的同时，也保证带来生态价值，实现共生价值。因此，可以做出判断，共生价值是区域经济共生发展的最本质的属性，也是区域经济共生发展理论的核心。共生价值可以解决区域经济发展的资源共享问题，也可以为区域经济共生发展提供价值追求和努力的方向，为区域经济发展更加趋向自然规律提供原生态保障，实现经济与生态的价值融合。

（7）区域经济共生的机制。共生机制是指共生单元之间相互作用的动态方式，是区域共生合作持续稳定发展的保障。为了促进共生单元的良性协调发展，真正实现区域间的共生合作，共生单元之间应当建立共生机制。一是市场主导机制。市场机制是实现区域单元共生合作的基本途径之一。区域发展差距的产生是自然、历史、经济和政治等各种因素共同作用的结果。由于市场机制具有许多行政命令所不具备的优势，因此，必须充分发挥其在资源配置中的基础作用：当发达地区的土地、劳动、能源、环境及其他资源价格上涨、收益下降时，资金必然流向那些要素价格较低的欠发达地区，从而促进欠发达地区的发展。在区域共生合作中首先必须打破地区封锁，加快建立统一市场，实现生产要素在区域间自由流动和产业转移，不能依靠行政命令调拨资源、依靠计划安排项目。二是合作联动机制。平等合作、互惠互利是使得区域共生合作得以持续下去的重要支撑。由于各区域的资源禀赋不同、发展条件不同，各区域间的比较优势也就不同。实行合作联动机制，有利于实现区域间优势互补、互利共赢、共同发展。

总之，共生理论作为种群生态学的核心理论，其研究内容之一就是种群之间信息传递、物质交流、能量传导及合作共生的模式和环境,这使解决区域经济合作问题具有良好的兼容性和适用性。区域经济合作的核心内容在于区域经济一体化发展,即以区域间生产要素的移动、资源重新配置和政府及企业之间的紧密合作等为主要内容而进行的经济协作活动。区域间的这些合作行为,在不知不觉中同样反映了生物种群相互联系的一个较高层次——共生模式的形成和运行过程。因此,就区域经济合作的内容、目标和机理而言,与生物共生具有很强的一致性和相似性。

2. 区域协调发展理论

随着经济全球化和区域一体化的不断深入,全面统筹、协调可持续发展成为区域社会经济发展的重要途径和根本要求,区域协调发展强调区域产业结构、城乡结构、基础设施以及资源利用与环境保护等方面的全面可持续发展,其最终目标是达到一种高层次的和谐状态。高水平区域协调发展的终极价值正是和谐的人文精神。

区域协调发展是一项综合研究,综观学术界对区域协调发展定义的探讨,可以发现区域协调发展研究经过了由区域(或系统)内部之间协调延伸到内外部协调兼顾以及侧重于外部协调的发展历程,与经济发展的方向是相吻合的。随着区域经济飞速发展,区域内外部协调的重要性尤为突出。区域协调发展是区域内部的和谐与区域外部的共生,内在性、整体性和综合性的发展聚合,是区域内部形成一个有机整体,相互促进协同,通过良性竞争与紧密合作,与区域外部融洽区域经济关系,创造最佳总体效益,形成优势互补、整体联动的经济、社会、文化和生态可持续发展格局。

(1)区域协调发展的内涵。何谓区域协调发展? 学者从不同研究内容和视角,对区域经济协调发展的理解各有侧重。主要有以下三种观点:

一是发展过程论。张敦富、覃成林(2001)认为,区域经济协调发展是指区域之间在经济交往上日益密切、相互依赖日益加深、发展上关联互动的过程。张可云(2007)认为,区域经济协调发展是在区域经济发展非均衡过程中不断追求区域间的相对平衡和动态协调的过程。二是过程状态论。蒋清海(1995)认为,区域经济协调发展是指在各区域对内对外开放的条件下,各区域间所形成的相互依存、相互适应、相互促进、共同发展的状态和过程,形成决定这种状态和过程的内在稳定的运行机制。三是发展模式论。高志刚(2002)认为,区域经济协调发展是指在国民经济的发展过程中,主要是从效率与均衡的角度考虑的,既不同于均衡发展,也不同于非均衡发展的一种区域经济发展模式。它具有四个鲜明的特点:第一强调效率与公平兼顾,第二强调适度倾斜和重点发展,第三强调优势互补,第四强调共同发展。

(2)国外区域协调发展的理论。关于国外区域协调发展的理论主要包括区域均衡增长理论、非均衡增长理论、新增长理论、经济发展阶段理论等。我国的区域经济理论也经历了均衡发展、不均衡发展到协调发展的演变历程。

区域均衡增长理论以均衡增长作为基本命题。由于不发达地区存在着生产与消费的低水平均衡状态,这些地区经济要增长,就必须打破这种均衡状态,使整个区域的经济同时得到增长。这一理论的命题适用于落后地区经济增长的描述和开发。均衡增长理论的主要观点包括赖宾斯坦(1957)的临界最小努力命题理论、内尔森(1956)的低水平均衡陷阱理论、纳克斯(1953)的贫困恶性循环理论、罗森斯坦·罗丹的大推动理论等。均衡增长理论适用于落后地区经济增长的描述和开发,为发展中国家迅速摆脱贫穷落后困境,实现工业化和经济发展,提供了一种理论模式,指出了一条快速发展的路线,因而具有重要的理论意义,并对一些发展中国家的经济实践产生了一定影响。

非均衡增长理论。区域均衡增长理论显然是从理性观念出发,采用静态分析方法,把问题过分简单化了,与发展中国家的客观现实距离太大,无法解释现实的经济增长过程,无法为区域发展问题找到出路。非均衡发展主张首先发展一类或几类有带动性的部门,通过这几个部门的发展带动其他部门的发展。在经济发展的初级阶段,非均衡发展理论对发展中国家更有合理性和现实指导意义。按发展阶段的适用性,非均衡发展理论大体可分为两类:一类是无时间变量的,主要包括循环累积因果论、不平衡增长论与产业关联论、增长极理论,中心—外围理论、梯度转移理论等;另一类是有时间变量的,主要以倒"U"形理论为代表。纵观上述两类非均衡发展理论,其共同的特点是,二元经济条件下的区域经济发展轨迹必然是非均衡的,但随着发展水平的提高,二元经济必然会向更高层次的一元经济即区域经济一体化过渡。其区别主要在于,它们分别从不同的角度来论述均衡与增长的替代关系,因而各有适用范围。在关于增长是否不论所处在何种发展阶段,都存在对非均衡的依赖性问题上,这两类理论是相互冲突的。增长极理论、不平衡增长论和梯度转移理论倾向于认为无论处在经济发展的哪个阶段,进一步的增长总要求打破原有的均衡。而倒"U"形理论则强调经济发展程度较高时期增长对均衡的依赖。

新增长理论是基于发达地区大多已跨过了工业化的初期或中期阶段,有些地区已进入后工业化社会,如北美地区、西欧地区、日本、中国沿海地区等。发达地区的经济增长出现了许多新的特点:知识在经济增长中的地位越来越重要,有形投资流向高技术商品生产和服务,研发投入越来越多,人力资源开发成为经济增长的基石。在这种情况下,发达地区的经济增长方式也发生了很大变化。均衡与非均衡增长理论阐述的区域增长问题,由于经济发展的阶段性推进,也发生了很多变化,产生了新的发展理论。一是外部性与经济增长理论。最有代表性的是阿罗模型,该模型用技术的外部性解释经济增长。阿罗假定技术进步或生产率提高是资本积累的副产品, 即投资所产生的溢出效应,不仅进行投资的厂商可以通过积累生产经验而提高生产效率,其他厂商也可以通过"学习"提高生产效率。这样一来,技术进步就成了内生变量。经济学家罗默认为,内生的技术进步是经济增长的唯一源泉;卢卡斯则认为全国经济范围内的外部性是人力资本溢出造成的;还有学者认为,在这种存在外部性的情况下,分散化的均衡增长率可能等于社会的最优增长率。也就是说,在这种情况下,均衡增长是有可能的。二是收益递增与经济增长理论。由于发达地区的经济增长主要是依靠技术进步和人力资本的投入,亦即以知识为基础的增长,而知识本身是不断积累、不断丰富、自我学习、自动更新的一种要素,知识的投入而带来的经济增长的收益就是不断递增的。在克鲁格曼构建的模型中,以劳动和技术表示的总量生产函数 $y=f(L,A)$ 具有收益递增的性质,因此技术进步具有正的外部性。卢卡斯模型则将技术换成人力资本。这样一来,经济增长的快慢,就与区域的人力资本状况有了直接的关系。三是创新与经济增长理论。发达地区经济增长的另一个重要原因是创新的存在。熊彼特的创新理论是发达地区经济增长理论的基础。人力资本成为经济增长的主要因素后,创新就成为左右经济增长的关键行动。人力资本的开发也是通过创新表现出来的。这种创新可以反映在熊彼特指出的五个方面:使用一种新的技术,开发一种新的产品,运用一种新的工艺,开拓一个新的市场,尝试一种新的组织形式。但是,由于熊彼特所谓的"创造性破坏"的存在,创新的不确定性使发达地区的经济增长更具有周期性的特点。总之,发达地区既具有均衡增长的条件,也具有非均衡增长的必要,可以认为是一种综合性或者混合型的经济增长。

经济发展阶段理论。首先提出经济发展阶段论的是历史学派先驱 F.李斯特。他将发展阶段分为:狩猎状态、游牧状态、农耕状态、农工状态、农工商状态,这是在斯密的三阶段划分的基础上,加上了后两个阶段,目的在于明确当时德国国民经济所处的历史落后地位,和当时所应采取的保护主义的经济政策。李斯特的经济发展阶段论是为振兴德国产业资本、实行保护关税政策提供理论依据。旧历史学派的 B. 希尔德布兰德(1812—1878)提出了经济发展阶段的三分法,他以财货的流通形态为标志,将经济发展阶段分为:实物经济、货币经济、信用经济。其中,"实物经济"是指物物交换的经济,"货币经济"是指近代市民社会,包含有资本主义经济一切特征的经济阶段。由于"货币经济"阶段产生了种种的弊害,他认为"信用经济"是可以解除"贫困"的理想经济状态。他关于"信用经济"的这种划分在理论上早已没有任何影响。但他所用的"实物经济"和"货币经济"概念,直到现在仍被沿用。胡佛和费雪(1949)认为区域经济增长都存在着"标准阶段次序",即自给自足、乡村工业崛起、农业结构转换、工业化、服务业输出五个阶段。美国经济学家罗斯托的"地区发展阶段理论"指出所有国家从不发达到发达都要经历传统社会、为起飞准备条件、起飞、趋于成熟、大规模消费、追求生活质量等阶段,处于不同发展阶段的地区应该选择不同的主导产业。马斯格雷夫和罗斯托用经济发展阶段论来解释公共支出增加的原因。他们认为,在经济发展的早期阶段,政府投资在社会总投资中占有较高的比重,公共部门为经济发展提供社会基础设施,如道路、运输系统、环境卫生系统、法律与秩序、健康与教育以及其他用于人力资本的投资等。在发展的中期阶段,政府投资还应继续进行,但政府投资只是对私人投资的补充。一旦经济到达成熟阶段,公共支出将从基础设施支出转向不断增加的教育、保健与福利服务的支出,且这方面的支出增长将大大超过其他方面支出的增长,也会快于国内生产总值(GDP)的增长速度,导致财政支出规模膨胀。到达大量消费时代,政府制定收入方案、收入再分配政策等。钱纳里对 34 个准工业国家的经济发展进行了实证研究, 提出任何国家和地区的经济发展会规律性地经过 6 个阶段。传统社会阶段:产业结构以农业为主,绝大部分人口从事农业,没有或极少有现代化工业,生产力水平很低。工业化初期阶段:产业结构由以落后的农业为主的传统结构逐步向现代工业为主的工业化结构转变,工业中则以食品、纺织、烟草、采掘、建材等初级产品的生产为主。工业化中期阶段:制造业内部由轻型工业的迅速增长转向重工业的迅速增长,非农业劳动力占主体,这就是所谓的中工业化阶段。工业化后期阶段:该时期主要特征是在第一、第二产业获得较高水平发展的条件下,产业保持持续高速发展,成为区域经济增长的主要力量,是区域经济增长的主要贡献者。后工业化社会阶段:制造业内部结构由资本密集型产业为主导产业向技术密集型产业为主导产业的转换,同时生活方式现代化,高档耐用消费品在广大群众中推广普及。现代化社会阶段:第三产业开始分化,智能密集型和知识密集型产业开始从服务业中分离出来,并占主导地位,人们消费的欲望呈现出多样性和多变性,并追求个性。

3. 我国区域协调发展相关研究

我国的区域经济理论也经历了均衡发展、不均衡发展到协调发展的演变历程。在我国,改革开放以前传统生产力布局理论以及马克思主义经典作家关于平衡发展的思想支配着我国区域经济理论,我国区域经济理论主要是区域均衡发展理论。20 世纪 80 年代,从提高效率的角度出发,我国区域经济理论上形成了区域重点发展论。这一时期,影响最大的是夏禹龙、冯之浚提出的梯度理论。随着区域差距的不断扩大,为缩小东西差距,我国学者又陆续提出 T 字形发展理论、二型布局理论等所谓的"区域发展中性论"。随着改革开放的不断深化,理论界对区域发展问题的研究又进入了区域协调发展的新阶段。魏后凯(1995)提出了非均衡协调发展战略,指出区域经济的非均衡发展是欠发达国家经济发展的必经阶段,但国民经济作为一个有机的整体,各地区、各产业的发展需要保持协调;曾坤生(2000)的区域经济动态协调发展观也体现了在发展中求协调,更加注意适时、适地、适度支持某些地区和产业优先发展,以达到整体经济快速发展的思想。颜鹏飞、阙伟成(2004)则立足增长极理论,论述了区域协调型增长极对于实现区域协调发展的意义。兰肇华(2005)认为产业集群理论应该是指导我国区域非均衡协调发展的理论选择。[①]

总之,协调发展理论经历了新古典经济学的区域均衡增长理论、区域非均衡增长理论、新增长理论等几个阶段,我国的区域经济理论也经历了均衡发展、不均衡发展到协调发展的演变历程。对国内外相关的区域协调发展理论进行了简单梳理,发现国内现有区域经济发展理论的文献大多是基于全国或东部发达地区进行的研究,对中西部落后地区进行研究的文献相对较少。此外,现有文献大多是从产业结构、要素配置等方面着手的,虽然有学者提及经济效率和生态共生,但生态观视角下的区域经济协调发展问题却并未引起足够重视,区域协调发展应使区域内部形成一个有机整体,相互促进协同,通过良性竞争与紧密合作,与区域外部融洽经济关系,这就需要创造最佳总体效益,注重经济与社会,生产与生态优势互补、整体联动的可持续发展格局。

三、生态经济的区域化理论

从1866年德国生物学家赫克尔提出生态学[②]这一名词,到20世纪30年代末,生态学学科已基本成熟,成了一门具有特定研究对象、研究方法和理论体系的独立学科。之后,生态学与其他学科相互渗透,相互促进,其理论体系与研究手段得到进一步完善。生态学的建立与发展,促进了生物多样性保护,并对指导人类合理开发利用自然资源、促进人类可持续发展发挥了重要作用。随着全球经济一体化、区域发展一体化的不断推进,生态问题变得越来越复杂,传统生态学理论已经不能满足当前的发展需求,人类不能仅研究生物与环境的相互关系,而应该从整体观、系统论的角度全面认识人类社会和经济发展对区域生态环境甚至整个生物圈的影响和作用。在此背景下,生态学科发展正走向一种新的衍生,这就需要研究一定区域范围内的生态化问题,即本书的主题——区域生态化定向。目前"区域生态化"问题已经引起高度重

---

① 张其仔、郭朝先、白玫:《协调保增长与转变经济增长方式关系的产业政策研究》,《中国工业经济》2009年第3期。

② 尚玉昌:《普通生态学》,北京大学出版社,2010,第3—8页。

视,有关"区域生态化"研究已经广泛开展,各类"区域生态化"研究中心或实验室也纷纷建立,以期为解决区域生态问题和促进区域协调发展、公平发展提供学科支撑。

(一)生态经济的理论演进

生态经济学是20世纪50年代产生的由生态学和经济学相互交叉而形成的一门边缘学科。它是从经济学角度,研究生态经济复合系统的结构、功能及其演绎规律的学科,为研究生态环境和土地利用经济问题提供了有力的工具。生态经济学是研究生态系统和经济系统的复合系统的结构、功能及其运动规律的学科,即研究生态经济系统的结构及其矛盾运动发展规律的学科,是生态学和经济学相结合而形成的一门边缘学科。从经济学和生态学的结合上,围绕着人类经济活动与自然生态之间相互作用的关系,研究生态经济结构、功能、规律、平衡、生产力及生态经济效益,生态经济的宏观管理和数学模型等内容。旨在促使社会经济在生态平衡的基础上实现持续稳定发展,生态经济学作为一门独立的学科,是20世纪60年代后期正式创建的。美国海洋学家蕾切尔·卡逊在1962年出版的《寂静的春天》一书中,首次真正结合经济社会问题开展生态学研究。几年后,美国经济学家肯尼斯·鲍尔丁在《一门科学——生态经济学》一书中正式提出"生态经济学"的概念及"太空船经济理论"等。生态经济学是20世纪六七十年代产生的一门新兴学科,但人类社会经济同自然生态环境的关系自古以来就普遍存在。社会经济发展要同其生态环境相适应,是一切社会和一切发展阶段所共有的经济规律。

1. 传统经济学的"范式转变"

传统经济学研究人类社会的生产、交换、流通和消费,其核心是经济问题,所有的一切都是围绕如何更快、更大规模地进行生产而进行的,环境只被认为是一种可以被利用的条件和对象而已。自由主义经济学家甚至认为,这种可利用性以及它的可承载性是无限度的。于是快速的、大规模的经济发展带来了严重的环境危机,人们不得不重新认识环境问题的重要性。

美国学者莱斯特·布朗,作为生态学家和经济学家,认为要改变人们的这种行为,必须从改变他们的思想和世界观入手。这种改变,他称之为"范式转变"①。首先要理清的问题是经济系统和生态系统的关系问题。他认为,今天在我们考虑地球和经济的关系中,我们的世界观也要做相应的转变。现在的问题不是哪一个天体围绕另一个天体旋转,而是环境是经济的组成部分,还是经济是环境的组成部分。经济学家把环境看作经济的一个子系统。生态学家则与之相反把经济看作环境的一个子系统。布朗的观点是以生态学主导经济学,以"生态为中心",也即经济发展以生态为基础,并在生态可承载和可消化的限度内进行经济活动。经济学家和生态学家携起手来就可以构建出一种经济,一种可持续发展的经济。当然最好的形式是把生态学家和经济学家的思想有机地结合起来,形成一个合二为一的新学科,在其中生态学构成必然的内在基本参考系。布朗不仅提出生态经济的相关理论,而且提出未来的宏伟蓝图。他认为实施这种带根本性转变的经济变革总体战略,有必要抛弃"以化石燃料为基础、以汽车为中心的用后即弃型经济"。

2. 宏观环境经济学

赫尔曼·E. 戴利(Herman E. Daly,1938—),美国著名的生态经济学家。他通过研究认识到主流经济学,主要是微观经济学对环境做出了某些贡献,然而宏观经济学在环境问题上是缺失的,进而提出建立宏观环境经济学的设想,这无疑是戴利的一个创举。同时,主流经济学对于环境问题的观察主要基于外部性理论,提出的解决方案也不外乎两种手段:庇古税和产权制度。这两种手段在日益严峻的环境危机情况下的作用是有限的。在主流宏观经济学中,经济系统只是一个交换价值的封闭循环体系,对环境问题毫无研究。在这个只有抽象的交换价值流动的孤立流程系统中,没有任何东西是依靠周围环境的,当然也就不会有自然资源耗费、环境污染等问题,也就不会有依靠自然服务体系的宏观经济学,或者说根本不会依靠除它本身之外的任何东西。因此,主流经济学对于环境问题的解释有一种只见树木、不见森林的意味,缺乏从社会整体角度来观察问题的视角。戴利认为经济系统中存在三个根本性的经济问题——配置、分配和规模。对于配置和分配。在现实世界中,经济增长会受到固有的生物

---

① 莱斯特·布朗:《生态经济——有利于地球的经济构想》,东方出版社,2002。

物理限制,主要"来源于三个互相关联的条件:有限性、熵①和生态的相互依赖性"。地球生物圈的资源是有限的,由于熵阻碍物质的完全循环,在循环的过程中会不断地衰减,并需要新的资源投入。同时在循环中会产生废弃物质,这些物质如果超过了环境可吸收和承载的能力,经济发展规模就会受到限制。所以,经济系统作为生态系统的一个子系统,必然受到环境再生和吸收能力的限制,不可能无限制地扩大规模。戴利认为,经济系统相对于生态系统应在一个最佳规模之下,既不超越生态系统的承载能力,又能够为人类生存带来持久的、最大化的福利。戴利将经济的最佳规模形象地比喻为经济装载线②,这里是指,宏观环境经济学的主要任务是适当地定义和计量社会整体边际收益和边际成本,进而"设计出一个与装载线③相类似的制度,用以确定重量即经济的绝对规模,使经济之船不在生物圈中沉没"。

3. 新陈代谢断裂理论

马克思的生态世界观的核心是论证了资本与生态的对立,人类生态危机根源于资本主义制度及资本主义积累逻辑。其生态世界观主要体现在马克思唯物主义自然观、唯物主义历史观和新陈代谢断裂理论。

《1844年经济学哲学手稿》和《共产党宣言》里体现了马克思唯物主义历史观,其中紧密结合劳动异化来分析自然异化是马克思的生态世界观的出发点。他认为自然异化是人为造成的,是由私有财产和金钱的统治造成的。马克思认为"自然是人的无机身体","人只有靠这些自然产品才能生活,不管这些产品是以实物、燃料、衣着的形式还是以住房等的形式表现出来"④,人和自然是高度统一的,因此,保护自然就是保护人类。而在资本主义制度下,"人的类本质——无论是自然界,还是人的精神的、类的能力——变成人的异己的本

---

① 熵指的是体系的混乱程度。它在控制论、概率论、数论、天体物理、生命科学等领域都有重要应用,在不同的学科中也给出更为具体的定义,是各领域十分重要的参量。熵的概念由鲁道夫·克劳修斯(Rudolf Clausius)于1850年提出,并应用在热力学中。

② 装载线是海事制度中的一个术语,是画在轮船外舷的一条表示载重极限的安全线。一旦超过,轮船在航行途中就容易发生沉没事故。

③ 莱斯特·布朗:《模式——拯救地球·延续文明》,东方出版社,2003。

④ 马克思、恩格斯:《马克思恩格斯全集》,人民出版社,2008,第304页。

质,变成维持他的个人生存的手段。异化劳动使人自己的身体,以及在他之外的自然界,他的精神实质,他的人的本质同人相异化。"异化让人丧失了本质,资本家变成了追逐利润的魔鬼,劳动者变成制造利润的机器。这种资本的逐利性,也就是私有制最终成为生态问题的根源。因此,马克思在《资本论》中呼吁全世界无产阶级联合起来建立共产主义社会,只有这样的社会,才能在人和自然之间的物质交换中获得平衡,使人和自然融合为一个系统,和谐持续发展。

马克思的生态世界观、马克思对资本主义的生态批判都是建立在"新陈代谢断裂"这一理论基础上的。马克思在《资本论》中,运用"新陈代谢断裂"这个概念,讨论资本主义反生态的本质。"新陈代谢断裂"现象是指存在于所有资本主义社会中的人类对形成其生存基础的条件,"这些条件在社会的以及由生活的自然规律决定的物质变换过程中,造成了一种无法弥补的裂缝,于是就造成了地力的浪费,并且这种浪费通过商业远及国外。"① 资本主义的本性就是建立在城市与农村、人类与地球的"新陈代谢断裂"之上。而私有制是造成土地断裂的根本原因。因此,要消除这种断裂,只能是遵循生态规律建立一种"更加彻底的可持续发展关系",即建立"一个符合人性的、可持续发展的制度即社会主义制度"。

4.稳态经济学

戴利在吸取古典经济学家约翰·穆勒的静态经济思想的基础上,提出了稳态经济思想。所谓稳态经济是指通过低水平且相等的人口出生率和人口死亡率使人口维持在某个合意的常数,同时通过低水平且相等的物质资本生产率和折旧率来支撑恒定的、足够的人造物质财富存量,从而使人类的累计生命和物质资本存量的持久利用最大化的经济。后来受生态中心主义思想的影响,戴利将定义中人类累计生命的最大化改为所有物种累计生命的最大化,如果承认经济是生态的子系统,这一点无关宏旨。在戴利看来,人类的经济系统是通过利用资源或能量流量形成物质资本存量,最终为人类提供服务来满足其需要的系统。

---

① 马克思、恩格斯:《马克思恩格斯全集》第 25 卷,人民出版社,1974,第 916 页。

稳态经济学主要是研究如何利用有限资源来满足人们的无限需要的学科,其中心思想就是利用价格机制的作用,通过相对价格的变化来配置资源,使资源配置的效率最大化。戴利认为资源是稀缺的,这种稀缺可以区分为相对稀缺和绝对稀缺。前者指特定资源相对于其他种类的资源或者高品质资源相对于低品质的同类资源的稀缺性;后者指一般意义上的资源总体相对于人口和人均消费水平的稀缺性。资源的相对稀缺性可以通过资源替代有效解决,而资源的绝对稀缺性由于生态系统的有限性、封闭性和熵的存在,通过所有经济替代机制的作用可以缓解但仍然存在甚至有可能反而加剧。传统的主流经济学将经济看成一个孤立的系统,将资源稀缺简单归为相对稀缺,因而是可以用资源替代的方式得以解决,所以经济增长是无限的。

(二)生态经济的区域化发展

生态系统是生命系统和环境系统在特定空间的组合,生态与生态系统历来与区域概念相联系,以一定范围的土地或空间为依托。生态系统就是在特定地段中的全部生物(即生物群落)和其环境相互作用的统一体。研究生态系统和生态经济系统,并将其原理应用于生产实践。无论如何也不能离开特定的空间和地域,任何生态系统都应有确定的边界。于是产生了景观生态学、群落生态学等生态经济学在不同区域范围的衍生和发展。

1. 景观生态学

景观生态学是研究在一个相当大的区域内,由许多不同生态系统所组成的整体(即景观)的空间结构、相互作用、协调功能及动态变化的一门生态学新分支。景观生态学给生态学带来新的思想和新的研究方法。它已成为当今北美生态学的前沿学科之一。[①]

景观生态学起源于欧洲,德国植物学家卡尔·特罗尔(Carl Troll)在"航空相片制图和生态学的土地研究"一文中首次提出景观生态学的概念,并用以阐述基于景观学的区域差异对比研究与生态学的结构功能系统研究的综合科学。特罗尔(1983)就认为:"景观生态学的概念是由两种科学思想结合而产生出来的,一种是地理学的(景观),另一种是生物学的(生态学)。景观生态学是对支

---

① 肖笃宁:《景观生态学》,科学出版社,2010。

配一个区域不同地域单元的自然—生物综合体的相互关系的分析"。后来,特罗尔(1984)对前述概念又做了进一步的解释,即景观生态学表示景观某一地段上生物群落与环境间主要的、综合的、因果关系的研究,这些研究可以从明确的分布组合(景观镶嵌、景观组合)和各种大小不同等级的自然区划表示出来。在提出概念的同时,特罗尔(1983)亦认为,景观生态学不是一门新的科学或是科学的新分支,而是综合研究的特殊观点。随后,由于第二次世界大战的爆发,景观生态学研究处于停顿状态。第二次世界大战以后,由于全球性的人口、粮食、环境问题日益严重,才使得生态学一词开始成了一个家喻户晓的词,也大大促进了生态学的普及研究工作。同时,为了解决这些问题,许多国家都开展了土地资源的调查、研究和开发与利用,从而出现了以土地为主要研究对象的景观生态学研究热潮。在这一时期至20世纪80年代初这段时间内,中欧成了景观生态学研究的主要地区,而德国、荷兰和捷克斯洛伐克又是景观生态学研究的中心。德国在这时建立了多个以景观生态学为任务或是采用景观生态学观点、方法进行各项研究的机构。1968年又举行了德国的"第一次景观生态学国际学术讨论会"。同时,在德国的一些主要大学设立了景观生态学及有关领域的专门讲座。这些工作对景观生态学的发展起了很大的作用。同一时期,景观生态学在荷兰亦发展很快。拉维尔德(I.S.Zonneveld)利用航片、卫片解译方法,从事景观生态学研究,莱文(C.G.Leeuwen)等人发展了自然保护区和景观生态学管理的理论基础和实践准则。而捷克斯洛伐克的景观生态研究亦有自己的特点。该国较早地成立了自己的景观生态协会,在其科学院内,亦设立有景观生态学研究所,同时鲁茨卡(Ruzicka)倡导的"景观生态规划"(LANDEP)已形成了自己的一套完整方法体系,在区域经济规划和国土规划中发挥了巨大作用(陈昌笃等,1991)。

进入20世纪80年代,景观生态学才真正意义上掀起了全球性的研究热潮。引发这一热潮的主要事件有两个,一个是1981年在荷兰举行的"第一届国际景观生态学大会"及1982年"国际景观生态学协会"的成立;另一个是美国景观生态学派的崛起。"国际景观生态学协会"的成立,使广大从事这一领域研究的人员从此有了一个组织,使得学者们国际性交流成为可能。1984年,纳维(Z.Naveh)和利伯曼(Lieberman)出版了他们的景观生态学专著《景观生态学:理论与应用》,该书是世界范围内该领域的第一本专著。而美国景观生态学派的崛起,大大扩展了景观生态学研究的领域,特别是福尔曼(R.T.T. Forman)和戈德龙(M.Godron)于1986年出版了作为教科书的《景观生态学》一书,该书的出版对于景观生态学理论研究与景观生态学知识的普及做出了极大的贡献。1987年出版的国际性杂志《景观生态学》,使得景观生态学研究人员从此有了独立发表自己研究成果、进行学术思想交流的园地。进入20世纪90年代以后,景观生态学研究更是进入了一个蓬勃发展的时期:一方面,研究的全球普及化得到了提高;另一方面,该领域的学术专著数量空前增长。据肖笃宁的统计,从1990年到1996年的短短7年内,景观生态学外文专著即达12本之多(国际景观生态学会中国分会通讯,1996,1)。其中影响较大的有特纳(M. G. Turner)和加德纳(R.H.Gardner)1990年主编的《景观生态学的定量方法》一书和福尔曼(R.T.T.Forman)1995年出版的《土地镶嵌——景观与区域的生态学》以及拉维尔德(I.S.Zonneveld)的《土地生态学》。《景观生态学的定量方法》一书对景观生态学的研究的进一步定量化起了很大的促进作用。而在《土地镶嵌——景观与区域的生态学》一书中,系统、全面、详尽地总结了景观生态学的最新研究进展,还就土地规划与管理的景观生态应用研究进行了阐述,更重要的是,作者结合持续发展的观点,从景观尺度讨论了创造可持续环境等具有前沿性的问题。就以上所述的北美学派和欧洲学派而言,尽管他们都从事景观生态学研究工作,但二者之间所存在的差别还是相当大的。这主要体现于两个方面:首先,景观生态学在欧洲学派中是一门应用性很强的学科,与规划、管理和政府有着密切的和明确的关系,而在北美学派它更大的兴趣在景观格局和功能等基本问题上,并不是结合到所有具体的应用方面;其次,欧洲学派侧重于人类占优势的景观,而北美学派对研究原始状态的景观也有着浓厚的兴趣(陈昌笃,1991)。当前,随着遥感、地理信息系统(GIS)等技术的发展与日益普及,以及现代学科交叉、融合的发展态势,景观生态学正在各行各业的宏观研究领域中以前所未有的速度得到接受和普及。

　　景观生态学不仅要研究景观生态系统自身发生、发展和演化的规律特征,而且要探求合理利用、保护和管理景观的途径与措施。景观生态学所研究的内容主要概括为以下几个方面:

一是景观生态系统结构和功能研究。包括对自然景观生态系统和人工景观生态系统的研究。通过研究景观生态系统中的物理过程、化学过程、生物过程以及社会经济过程来探讨各类生态系统的结构、功能、稳定性及演替。研究景观生态系统中物质流、能量流、信息流和价值流,模拟生态系统的动态变化,建立各类景观生态系统的优化结构模式。景观生态系统结构研究主要包括景观空间尺度的有序等级。景观功能研究主要包括景观生态系统内部以及与外界所进行的物质、能量、信息交换及这种交换影响下景观内部发生的种种变化和表现出来的性能。特别要注意人类作为景观的一个要素在景观生态系统中的行为和作用。对人工景观生态系统的研究,如城市生态系统、工矿生态系统,要考虑系统中的非生物过程。这方面的研究工作是景观生态学的基础研究,并通过此类研究来丰富景观生态学的理论,指导应用和实践。

二是景观生态监测和预警研究。这方面的研究是对人类活动影响和干预下的自然环境变化的监测,以及对景观生态系统结构、功能的可能改变和环境变化的预报。景观生态监测的任务是不断监测自然和人工生态系统及生物圈其他组成部分的状况,确定改变的方向和速度,并查明种种人类活动在这种改变中所起的作用。景观生态监测工作,需要在有代表性的景观生态系统类型中建立监测站,积累资料,完善生态数据库,动态地监测物种及生态系统状态的变化趋势,及时作出研究总结,为决策部门制定合理利用自然资源与保护生态环境的政策措施提供科学依据。景观生态预警是对资源利用的生态后果、生态环境与社会经济协调发展的预测和警报。①在监测基础上,从时间和空间尺度对景观变化作出预报。这种研究要通过承载力、稳定性、缓冲力、生产力和调控力,分析区域生态环境容量和持续发展能力,对区域生态环境,对经济发展的协调性和适应性进行评价。对超负荷的区域和重大的生态环境问题作出报警,采取必要的措施。②对种种大型工程所引起的生态环境变化的预测,如南水北调和长江三峡水利工程的生态环境预测。

三是景观生态设计与规划研究。景观生态规划是通过分析景观特性以及对其的判释、综合和评价,提出景观最优利用方案。其目的是使景观内部社会活动以及景观生态特征在时间和空间上协调化,达到对景观的优化利用,既保护环境,又发展生产。合理处理生产与生态、资源开发与保护、经济发展与环境质量,开发速度、规模、容量与承载力等的辩证关系。根据区域生态良性循环和环境质量要求设计出与区域协调相容的生产和生态结构,提出相应的生态系统管理途径与措施,主要包括:景观生态分类、景观生态评价、景观生态设计、景观生态规划和实施。

四是景观生态保护与管理研究。运用生态学原理和方法探讨合理利用、保护和管理景观生态系统的途径。应用有关演替理论,通过科学实验与建立生态系统数学模型,研究景观生态系统的最佳组合、技术管理措施和约束条件,采用多级利用生态工程等有效途径,提高光合作用的强度,最大限度地利用初级异养生产,提高不同营养级生物产品利用的经济效益。建立自然景观和人文景观保护区,经营管理的同时保护资源与环境。保护主要生态过程与生命支持系统;保护遗传基因的多样性;保护现有生态物种;保护文化景观,使之为人类永续利用,不断加强各种生态系统的功能。景观生态管理还应加强景观生态信息系统研究,主要包括:数据库、模型库、景观生态专家系统和知识库。

总之,景观生态学是一种研究途径或者是一种思维方法,其新颖之处在于:从景观角度上,生态学研究的整体观以及许多本来缺乏联系的学科在解决景观问题上的融合。按景观生态学的观点,景观就是地面上生态系统的镶嵌,景观在自然等级系统中是个比生态系统高级的层次,景观就是以自然和人文生态系统为载体的土地。因此,景观生态学常被称为"地生态学",是生态经济学在区域发展上的典型运用。

2. 群落生态学

群落生态学是研究群落与环境相互关系的科学,是生态学的一个重要分支学科,群落生态学不是以一种生物作为对象,而是把群落作为研究对象。由斯科罗特和克尔茨纳(C. Schroter & O. Kirchner,1902)提出。

群落(生物群落)指特定时间内,由分布在同一区域的许多同种生物个体自然组成的生物系统。居住在一定空间范围内的生物种群集合,包括植物、动物和微生物等各个物种的种群,共同组成生态系统中有生命的部分。

生物群落 = 植物群落 + 动物群落 + 微生物群落

上述的生物群落的三个部分中,从目前来看,植物群落学研究得最多,也最深入,群落学的一些基本原理多半是在植物群落学研究中获得的。植物群落学也叫地植物学、植物社会学或植被生态学,主要研究植物群落的结构、功能、形成、发展以及与所处环境的相互关系。已形成比较完整的理论体系。

动物群落学的研究较植物群落困难,起步也相对较晚,但对近代群落生态学作出重要贡献的一些原理,如中度干扰说对形成群落结构的意义,竞争压力对物种多样性的影响,形成群落结构和功能基础的物种之间的相互关系等许多重要生态学原理,多数是由动物学家的研究开始,并与动物群落学的进展分不开。最有效的群落生态学研究,应该是动物、植物和微生物群落的有机结合。①

对生物群落,尤其是植物群落各种模式形成机制的解释,是生态学家至今仍需面对的挑战。其主要内容包括物种间相对多度的分布、多样性的形成、维持及进化机制和群落组建与演替过程等一系列问题②。生态位理论和中性理论都可能解释群落的装配、动态和结构③,但是二者的相对重要性仍然是群落生态学一个悬而未决的重要问题④。

生态位理论主要是基于权衡(如特定环境中的竞争能力)来解释物种的多度和分布。但是当更广泛地探索为什么群落中经常有许多稀有种,而只有一些丰富种时,仅仅基于确定物种特性的生态位理论显然是不够的。由于生态位理论不能给群落内物种相对多度分布、种—面积关系等群落学模式提供令人满意的解释,中性理论应运而生。

中性理论是过去几十年中生态学核心理论的重大突破之一。中性理论考虑同域的竞争相似资源的营养相似物种。完全抛弃了如竞争优势等物种特性,甚至认为不同物种是功能等值的。模型假设群落中所有物种有关这些过程的特性都是等同的,物种随机绝灭。对复杂现象的简化,成功地描述了大量群落

---

① 李振基:《群落生态学》,气象出版社,2011,第 2 页。

② Gewin V.,"Beyond Neutrality—Ecology Finds Its Niche。"*PLoS Biology*,4(2006):8—278.

③ Tilman D.,"Niche tradeoffs,neutrality and community structure:A stochastic theory of resource competition,invasion and community assembly,"*PNAS*,101(2004):10854—10861.

④ Grave D.,Canham C.D.,Beaudet M. et al.,"Reconciling niche and neutrality:the continuum hypothesis"*Ecology Letters*,9. no. 4(2006):399—409.

物种的多度模式。哈贝尔(2005)认为功能等值并不要求物种的特性等同,只是这些物种特性的差异不会导致关键的种群统计学参数差异。中性理论预测物种特性与多度无关、群落组成与环境条件无关。物种的稀有与丰富不是因为该物种和竞争者的特性,而只是因为与之竞争的等同物种密度的随机漂移[①]。中性理论也有很多缺陷,而不能预测何种物种丰富或稀有就是其中之一。

当前的生态学家试图把生态位概念分为物种生活在一个特定环境中的需求和物种对其生活环境的影响两部分。生态现象可以被这两个强烈限制特定群落的基本特性解释。即使如此简化,生态位理论也不能像中性理论一样能力强大[②]。中性理论主要集中于随机种群统计学机制,而不是那些在环境中起作用的力量。而生态位理论则相反,重视后者,忽略前者。中性过程包括:出生、死亡、扩散、物种形成。而生态位分化将影响这些过程的任何一个。因为,这些过程与环境因子(生物或非生物)有显著不同的关系,且将导致物种多度与环境相关[③]。

总之,群落生态学通过对群落的概念特征、演替、形成机理、分类和分布的规律等方面的研究,能对群落的结构与物种多样性有比较全面的了解,能深入掌握生物群落的主要类型、分布规律,有利于物种的保护、自然保护区的科学划分以及生态资源的开发利用,有利于生态环境的保护与建设,有利于经济社会健康可持续发展,也是生态经济在群落这一区域范围的发展。

此外,生态经济在区域化的衍生还有全球生态学,一门研究整个地球的生态问题的生态学分支,又称生物圈生态学。人类活动在近百年来对生物圈的影响迅速增加,出现了一些影响全球甚至威胁人类生存的迹象,诸如温室效应和全球气候变暖、臭氧层被破坏、酸雨等,因而对地球这个生命维持系统的基本过程和性质的了解,已成为未来几十年的重大科学问题。盖阿假说认为,地球

① Whitfield J. ,"Neutrality versus the niche," *Nature* 417(2002):480—481.

② Gewin V. ,"Beyond Neutrality—Ecology Finds Its Niche,"*PLoS Biology* 4(2006): 8,278.

③ John R.,Dalling J. W.,Harms K. E.,et al. ,"Soil nutrients influence spatial distributions of tropical tree species,"*PNAS*,104. no. 4(2007):864—869.

表面的大气组成、地表温度、酸碱度和海水的化学组成是受地球上生命总体主动调节的,即当它们受到自然条件干扰(如太阳辐射量增加、地震、火山爆发、大陆漂移等)和人类活动破坏(如工业污染、森林滥伐等)时,生命总体就会通过其生长和代谢对这些变化做出反应和调整。达尔文的进化论认为生物进化是对基本上变化不大的环境的适应过程,所以大地女神假说与进化论思想有着明显的不同。全球变化研究涉及诸多学科,规模巨大,需用现代遥感技术和高级计算机系统才能在全球范围进行。1986年,在国际科学理事会组织下开展的"国际地圈—生物圈计划(IGBP)"的全球变化研究,不仅涉及大气圈、水圈(包括海洋)、生物圈和岩圈,还涉及工业与能源管理,森林砍伐和种植等社会经济问题,目的是了解全球性的变化过程和造成这种变化的原因,以及对人类未来的影响。

无论是景观小范围还是全球大范围,土地资源都是无法替代的重要自然环境资源。它既是环境的组成部分,又是其他自然环境资源和社会经济资源的载体。土地本身就是自然、社会、经济、技术等要素组成的一个多重结构的生态经济系统。土地利用不仅是自然技术问题和社会经济问题,而且是资源合理利用和环境保护的生态经济问题,同时受到客观上存在的自然、经济和生态规律的制约。土地生态经济系统是由土地生态系统与土地经济系统在特定的地域空间里耦合而成的生态经济复合系统。土地生态经济系统及其组成部分与周围生态环境共同组成一个有机整体,其中任何因素的变化都会引起其他因素的相应变化,影响系统的整体功能。毁掉了山上的森林,必然要引起径流的变化,造成水土流失,肥沃的土地将沦为瘠薄的砾石坡,源源不断的溪流将成为道道干涸的河床,严重时甚至导致气候恶化。因此,人类利用土地资源时,必须有整体观念、全局观念和系统观念,考虑到土地生态经济系统的内部和外部的各种相互关系,不能只考虑对土地的利用,而忽视土地的开发、整治和利用对系统内其他要素和周围生态环境的不利影响。不能只考虑局部地区的土地资源的充分利用,而忽视了整个地区和更大范围内对其的合理利用。以一定范围的土地或空间为依托,生态系统是生命系统和环境系统在特定空间的组合。生态系统就是在特定地段中的全部生物(即生物群落)和其环境相互作用的统一体。研究生态系统和生态经济系统,并将其原理应用于生产实践,无论如何也不能离开特定的空间和地域,任何生态系统都应有确定的边界。生态经济学的区域化发展对于研究土地利用、环境保护、可持续发展及区域经济问题都有着重大的作用。

第二节　区域经济协同发展的理论依据

区域经济系统的协同发展是经济发展的内在要求和客观规律。人口、资源、科技、环境等是构成区域经济系统的重要经济要素[①]。这些经济要素既存在着各自的独立运动,又存在着相互影响、相互制约的关联运动;经济要素各自的独立运动与要素之间的关联运动既斗争又统一。本书探讨的区域经济系统协同发展,就是在一定条件下,调节控制各个经济要素的独立运动以及要素之间的关联运动,使经济要素之间的关联支配各个要素的独立发展,达到各个经济要素相互配合、相互协作的发展态势。进而主导整个区域经济系统的发展趋向,使整个区域经济系统由旧结构状态发展变化为新结构状态,从而实现经济要素合乎规律发展、区域内部与外部经济互惠共赢发展、区域经济社会全面协调可持续发展。

区域经济系统协同发展是区域经济结构提升、社会结构完善、人民生活质量和生活方式不断提高的重要保障,不仅能够使社会财富的量得到增加,而且能够使社会财富的质得到提升,达到经济社会发展的质与量的统一。坚持区域经济系统协同发展思想,是经济发展客观规律的反映,是科学发展观的基本要求,是科技创新支撑经济发展的重要途径,是地区间合作的重要基础。区域经济系统协同发展,有利于充分利用各种经济资源,形成区域经济发展的合力。辩证唯物主义认为,世界是由物质组成的复杂的巨系统。发展是事物相互作用的结果,是事物原有的状态和性质发生程度不同的变化。区域经济系统是由各种经济要素构成的复杂巨系统,系统内各个经济要素之间以及不同区域的经济系统之间存在着广泛而深刻的联系,整个区域经济系统的运动变化发展遵

---

① 王维国:《协调发展的理论与方法研究》,中国财政经济出版社,2000。

循辩证唯物主义所揭示的普遍规律。在区域经济系统中,经济要素之间的相关性与经济要素本身的独立性之间的作用是矛盾统一性与斗争性相互关系的反映,由各种经济要素之间联系的竞争与合作而出现的新的统一也是矛盾统一性与斗争性相互关系的反映。区域经济系统内各个经济要素通过相互作用达到协调一致的行动,就会在宏观上出现新的有序状态,就会形成新的经济结构。区域经济系统各个经济要素之间的协同作用,是矛盾对立面通过斗争而达到的统一,不同区域经济系统之间的互补与合作,也是矛盾对立面通过斗争而达到的统一。区域经济的协同发展是经济发展的客观规律,科学地认识经济要素之间形成的各种各样的联系,准确地把握这些联系所对应的微观组态和所决定的潜在经济结构,自觉地按照区域经济系统矛盾运动规律的要求去做,主动地协调各种经济联系,才能推动区域经济持续发展[1]。区域经济系统协同发展还有利于形成科技创新的协同效应,是提高区域经济发展的支撑力。区域经济的协同发展为科学技术创造出了丰富的研究与开发的对象内容和高水平的创新所需要的物质手段,提升了科技创新能力。区域经济系统协同发展,有利于不同区域之间的合作,推动经济要素的流动,促进经济结构的优化。区域之间的合作往往是以双方的共同利益为基础,常常表现出"在合作中竞争"和"在竞争中合作"的共生共赢状态。从区域经济系统协同发展的结果看,协同发展是区域人口、资源、科技、环境等的可持续发展,不仅是区域经济结构的优化,而且是区域经济、政治、文化、社会、生态等的协调发展,更是在人与自然协调发展的基础上,最终达到人自身的自由全面协调发展。区域经济系统协同发展,充分调动了各个方面发展的积极性,能够形成区域经济社会发展的向心力。

一、区域经济协同发展的内涵

学术界尚未形成统一的区域经济协同发展的定义,从区域经济发展的战略层面分析,区域经济协同发展需要考虑整体和全局的共同发展。组织和调控经济子系统经济部门的相互关联,并将区域资源禀赋、要素流动、产业分工及

---

① 科技部农村与社会发展司:《中国地方可持续发展规划指南》,社会科学文献出版社,2006。

经济行为主体整合为一个复杂性适应系统,进而进行全局战略优化,整体功能大于局部功能简单相加之和的系统优化即为区域经济协同发展的深层内涵。区域经济的协同发展要求充分发挥各经济子系统的比较优势,促进区域间要素的优化配置,实现区域资源优势与产业结构的最佳结合。综上,本书所认为的区域经济协同发展指区域间或区域内各经济成分间的协同共生,逐渐整合为一个区域经济差异合理、区域分工合作效率高的"新型经济区",形成"互惠共生,合作共赢"的内生增长机制,合力推进大区域经济实现由无序至有序、从初级到高级的动态转变过程。

在我国区域经济协同发展这个复杂性适应系统中, 协同发展的整体规划表明系统内部各要素之间必有统一的发展目标,各经济成分高度协调与整合,在系统开放且能自发地与外界进行物质能量交换的条件下,相互协同运作,实现功能的有机整合。

(一)区域经济系统各经济要素之间的协同

区域经济系统是由许多经济要素相互作用所构成的统一体系, 其中,人口、资源、科技、环境等是重要的经济要素。各个经济要素都有各自独立的自身的运动发展规律,它们都在各自的运动发展规律支配下进行发展变化。单个经济要素的发展变化对整个区域经济系统的发展是有作用的,但是,这种作用是零散的、无序的、盲目的,对经济系统的发展不起决定性作用。只有经济要素之间的相互配合协同合作,形成综合效应,才能决定整个区域经济系统的发展趋向。区域经济系统各个经济要素之间的协同,突出地体现在人口、资源、科技、环境等的可持续发展上。

(二)经济要素之间相互作用形成联系的协同

每个经济要素在自身发展变化的同时, 又都与其他经济要素之间相互作用。经济要素之间相互作用所形成的联系, 既对经济要素各自的发展产生影响,又对整个区域经济系统的发展产生影响。在区域经济发展的过程中,经济要素之间所形成的联系是多种多样和不断变化的, 每一种主要联系都对应一种潜在的经济发展模式。整个区域经济系统的经济发展模式是由各种联系协同合作来决定的。各个经济要素之间相互作用所形成的各种联系的协同,既突出地体现在一、二、三次产业协调发展上,也突出地体现在区域经济、政治、文化、社会、生态等的协调发展上。区域经济系统的协同发展是系统内部经济要素之间的各种联系竞争与合作的辩证统一。经济要素之间的各种联系对区域经济发展的作用是不一样的。区域经济系统与其他区域进行贸易交流,促使区域经济系统内各个要素相互作用所形成的各种联系产生相互竞争与合作。在竞争与合作中,抓住主导区域经济系统发展趋向的经济要素之间的本质联系,促使这种本质联系所对应的潜在经济发展模式不断显化,从而促使区域经济系统发生质的飞跃。区域经济系统内部要素之间的各种联系竞争与合作的辩证统一,突出地体现在区域经济结构的优化上①。

(三)区域经济系统多方面多层次的协同

区域经济的协同发展既是人口、资源、科技、环境等经济要素之间的协同,是三次产业发展上的协同与优化,也是区域经济、政治、文化、生态、社会等发展上的协同,还是不同经济区域之间的互补与合作。区域经济系统协同发展是通过把握区域经济发展要素的特征,抓住区域经济系统各个要素之间的相互联系,把握区域经济系统各种相互作用关系的变化,揭示区域经济系统相变的趋势和规律的科学。协同发展既是对发展过程的要求,又是对发展结果的要求,是过程与结果的统一。协同是多层次的,有自然协同、经济协同、社会协同等。区域经济系统的协同发展,包括区域内经济要素与要素之间的协同,也包括产业与产业之间的协同,还包括要素与产业之间的协同以及经济与社会、资源环境之间的协同,可以说,区域经济系统的协同发展是多方面多层次的。只要有发展,就会有系统由一种状态向另一种状态的转化,就会有协同在起作用。

二、区域经济协同发展的特征

区域经济的协同发展是一个从初级协同到高级协同,最终实现由低级结构状态向高级结构状态发展的过程。在这一过程中,区域经济呈现共生性、有序性、动态性、高效性等一系列主要特征。

---

① 陈栋生:《中国区域经济新论》,经济科学出版社,2004。

（一）共生性

共生性是区域经济协同发展的基础。协同发展强调子系统间的"协同共生"，"协同"意指经济组分的高度协调整合运作，而"共生"意味着经济组分之间相互开放且相互依赖，彼此之间的要素可自由流动，经济活动联系紧密。"协同"的实现依赖于要素交流后反馈的信息，从而引导系统走向更高级的协同演变路径。可见，唯有建立在子系统要素"共生"的基础上，才能保证区域间以及区域内各经济组分的协同运作。

（二）有序性

有序性是区域经济协同发展的必备条件。区域经济协同发展的复杂系统本身具备持续的无序运动特性，即使没有外力牵引和内力驱动，系统内部要素仍保持运动特征。此时，有序的协同运作是将所有微小的无序运动整合成对整体网络体系而言有序运动的关键点。区域经济协同发展系统内部的有序性源于内生的增长机制，通过引导无序运动，实现各经济组分的协同转化，因而成为区域经济协同发展的必备条件。

（三）动态性

区域经济协同发展是一个动态过程。任何一个复杂系统的演化路径均遵循由低水平的"初级—中级—高级"走向高水平的"初级—中级—高级"的客观规律。内外部环境的不断变化要求系统内部呈现出多层次、多时空的变化，系统始终处于非平衡状态。在驱动因素的作用下，系统从无序走向有序，再到新的无序，又从新的无序走向新的有序，持续变动着向更高水平演进，序参量通过役使其他驱动因素来控制着整个系统的演化发展，并能据此判断系统结构及协同水平。

（四）高效性

高效性是区域经济协同发展的目的之一。协同发展要求系统各经济组分实现高效整合，较高的区域经济协同水平不仅意味着各区域内部（局部）能高效快速的发展，更表明区域间形成了"互惠共生，合作共赢"的内生增长机制，协同作用增强，整体网络体系的运行过程高效地集合了所有子系统的最佳状态，推动大区域经济系统的高效持续发展，高效性始终是协同发展追求的重要目标之一。

三、协同发展与协调发展的区别与联系

值得关注的是，区域经济协同发展的概念与区域经济协调发展的概念极易混淆，本书认为区域经济协同发展是较区域经济协调发展更高级的发展模式，二者存在定义及特征两个方面的差异。首先，区域经济协调发展主要指区域之间经济联系日益紧密，区域分工更加合理，区域经济差异逐渐缩小，整体经济效率持续增长的过程。而区域经济协同发展更突出强调区域间"互惠共生，合作共赢"的内生增长机制，侧重点有所不同。其次，区域经济协同发展作为一个动态演变过程，区域经济差异在初级阶段可能会由于各区域资源禀赋和经济基础的差异而扩大，分工合作效率也可能相对较低，是区域经济协同发展不同阶段的特征，与区域经济协调发展存在一定的不同。

近年来，一些学者对协调发展和协同发展这两个问题进行了有益的探索和阐述。王维国等认为，协调发展系统是一个自组织的开放复杂系统；协调发展强调的是从系统科学的思想方法出发，以自组织理论为核心，以实现人的全面发展为目的，来处理发展中的问题；通过区域内的人口、社会、经济、科技、环境、资源等六大要素之间的相互协作、相互配合和相互促进，形成社会发展的良性循环态势；协调发展系统是一个客观存在的社会发展系统，由人口、社会、经济、科技、资源、环境等要素构成。[①]

熊德平认为，协调发展的总目标是实现人的全面发展；协调发展的过程是在遵循客观规律的基础上，通过系统与要素、要素与要素的相互协调，使系统不断朝着理想状态演进的过程；协调发展的特征在于：协调发展是综合发展，强调以人为本，尊重客观规律；协调发展是多层次协调发展，是在总系统目标下的，要素与系统、要素与要素，以及要素内部组成成分之间关系的多层次协调；协调发展是友好型发展，基于所依赖的资源和环境的承载能力和有效利用；系统之间协调发展效应大于系统孤立发展的效应之和；协调发展在时间和空间上，表现为层次性、动态性及其形式多样性的统一；协调发展具有系统性，协调发展系统具有复杂的内部结构，是一个复杂的开放自组织系统；与协调发

---

① 王维国：《协调发展的理论与方法研究》，中国财政经济出版社，2000。

展相对立的,就是发展的不协调,或发展失调。①

刘海明等认为,协同发展与协调发展一样,同样大量应用了系统论和自组织理论,同样以可持续发展为最终目标;与协调发展不同的是,在发展过程中,协同发展更加强调协同理论的应用,强调慢变量支配原则和序参量的概念;协同发展认为,事物的演化受到序参量的控制,演化的最终结构和有序程度决定于序参量,并由此形成协同效应、伺服原理、自组织原理;因为协同发展聚焦于发展问题的本质,所以协同发展更具有操作性。②

"协同发展"与"协调发展"之间既相互区别又相互联系。协同发展与协调发展是两个不同层次上的概念,两者之间的区别表现在:其一,协调发展强调的是系统运动发展变化的过程、状态和结果,而协同发展更强调的是这些过程、状态和结果得以产生的内在根据,以及发挥作用的条件,从而创造有利条件,促使其尽早产生;其二,协调发展突出强调,在系统运动发展变化中,相同层次内的要素之间差距的缩小,而协同发展突出强调,系统内部各个要素之间以及不同系统之间的竞争与合作,强调对系统旧结构状态的扬弃,以及对新结构状态的期待;其三,协调发展强调要素之间是同一的,而协同发展更强调这种同一来自要素之间的斗争,强调"斗争与同一"将产生协同效应的结果;其四,协调发展强调在系统目标确立之后,各个要素对这一目标的服从和贡献,而协同发展则强调,在实现系统目标的过程中,系统与要素、要素与要素的共赢和互惠。

协同发展与协调发展具有联系。一是二者都是系统运动发展变化规律的反映。二是协调发展的内在根源和动力,是系统内部存在的固有必然协同的客观要求;协同决定协调,而协调是协同的表现;没有协同就不可能有协调,没有协调也不可能有协同。可以说,只要有发展,就会存在协同起作用的情况,就会出现系统由一种结构状态向另一种结构状态的转化。协同发展是区域经济系统各个要素相互作用的结果,也是这一系统演化发展的必然趋势。

---

① 熊德平:《农村金融与农村经济协调发展研究》,社会科学文献出版社,2009。
② 刘海明、杨健、王灿雄等:《区域经济协同发展研究进展综述——兼论区域经济协同发展机制建立的必性》,《中国集体经济》2010年第7期,第86—87页。

四、区域经济协同发展的基础原理

区域经济协同发展实际上是各经济子系统相互作用和整合的过程，内部子系统间的"协同作用"是最核心的概念，所以区域经济协同发展的基础理论之一为协同学理论，这个在前面已经详细梳理，这里就不重复论述了。区域经济系统具备系统开放、非平衡状态、非线性相互作用以及"涨落"四个耗散结构特征[1]，是系统论视角中复杂系统所具备的共同特征，所以区域经济协同发展的基础理论之二为耗散结构理论。协同虽是源自物理学领域的概念，但对经济学的解释力较强。区域间的协同互动将影响整个区域经济系统的演变，关于空间的探讨即是重点所在，基础理论之三为空间经济理论。此外，学者们还针对区域经济协同发展开展了一系列的实证研究，如运用哈肯模型测度区域经济协同发展水平，此为基础理论之四。

（一）耗散结构理论

普里戈金（1986）基于现实世界中无序、不稳定、多样性、不平衡和非线性关系以及对时间流的高度敏感性创立和发展了耗散结构理论。[2]"耗散结构"是一个远离平衡的开放系统通过不断地与外界交换物质和能量，在外界条件变化达到一定阈值时，就可能从原先的无序状态，转变为一种在时空上或功能上有序的状态。[3]只有在非平衡的开放系统且系统内各要素存在复杂的非线性相关效应时，子系统才能与外界进行物质与能量的交换，在内部驱动的作用下产生自组织现象，在"涨落"的诱发下发生突变，从不稳定态跃迁至新的稳定态[4]。在区域经济协同发展过程中，系统开放（区域间存在经济联系）、非平衡状态（现实经济活动无法实现绝对意义上的均衡）、非线性相互作用

---

① 刘莹：《基于哈肯模型的我国区域经济协同发展驱动机制研究》，湖南大学，2014。

② 普里戈金：《从存在到演化：自然科学中的时间及复杂性》，曾庆宏等译，上海科学技术出版社，1986。

③ 普里戈金：《确定性的终结：时间、混沌与新自然法则》，湛敏译，上海科技教育出版社，1998。

④ 黄润荣、任光耀：《耗散结构与协同学》，贵州人民出版社，1988。

（系统要素相互作用的复杂性）及存在"涨落"（存在随机扰动项）四个耗散结构特征贯穿始终，奠定了区域经济协同发展的耗散结构理论基础[①]。

耗散结构理论除了在物理学、化学和数学领域被广泛应用外，逐步成为经济学领域的新兴研究范式，较强的经济解释力奠定了其广泛的经济学应用基础。Perrings（1986）将耗散结构理论应用到经济与环境系统的分析，指出经济环境系统是一个具有耗散结构性质的复杂系统。Hyeon Hyo（1998）分析了金融系统投机活动的耗散结构特征，通过非平衡热力学分析了投机对金融系统活力的内在驱动作用。Foster（2005）较为全面地分析了将复杂系统理论应用至经济分析中，指出经济系统所具有的耗散结构特征正是复杂系统理论的主要研究对象。臧新（2003）用耗散结构理论分析产业集群产生的必然性，产业集群的内在机理、开放、远离无序竞争、自催化和协同作用是产业集群产生的必备条件，系统的"涨落"决定了产业集群产生的"历史偶然性"，系统通过"涨落"达到有序，集群应运而生。曾德明等（2009）同样研究了高技术产业集群，认为系统的开放性是形成耗散结构的必要条件，封闭的系统会产生正熵，正是导致无序的根源。在此基础上，高长元、王京（2011）建立了高技术虚拟产业集群耗散结构的演化模型，设计了高技术虚拟产业集群准入退出机制，探究了集群不断地从一个耗散结构跃升到新的耗散结构的循环过程。

（二）空间经济理论

空间经济学研究的是资源在空间的配置和经济活动的空间区位问题（藤田昌久等，2011；Fujita et al.，1999），正体现了区域间协同互动通过带动资源空间再配置作用于经济增长的基本渠道，最早可追溯至德国传统的古典区位理论，重要模型包括冯·杜能模型、中心地理论、中心—外围模型、空间集聚、产业集群等。近十余年来，空间经济学的快速发展使得空间概念获得国内学者的广泛关注（梁琦，2005；梁琦、黄卓，2012），空间集聚与经济增长之间的关系得到探讨（Baldwin et al.，2001；Martin and Ottaviano，2001）。空间经济学为区域经济增长动力的研究提供了新视角。传统经济增长动力包括分工、资本积累、技术进步等因素（亚当·斯密、Romer、林毅夫等）。众多学者研究了人力资本（Lucas、

---

① 刘莹：《基于哈肯模型的我国区域经济协同发展驱动机制研究》，湖南大学，2014。

Aghion and Howitt、赖明勇等)、国际贸易(潘向东等;Harrison,1996;马汴京,2011)、外商直接投资 (魏后凯,2002;Borenztein et al.,1998;Amirahmadi and Wu,1994;Chenery and Strout,1966)、产业结构(Chenery、Kuznets)、市场化改革(樊纲等,2011;Havrylyshyn et al.,1998;Babetskii and Campos,2007)、金融发展(Goldsmith;Gurley and Shaw,1955;Patrick;Schumpeter)、基础设施(刘生龙、胡鞍钢,2010;张学良,2012;Aschauer;Fernald,1999;Fan and Zhang,2004)等因素对经济增长的影响。空间经济学则将区域经济增长动力的研究视角拓展至空间范畴。陈得文、苗建军(2010)根据新增长理论和新经济地理学理论构建空间集聚和经济增长面板数据联立方程,研究指出空间集聚对我国经济增长的作用呈倒"U"形,经济增长对区域的空间集聚存在门槛效应。覃一冬(2013)采用工具变量二阶段最小二乘法的研究指出,空间集聚对我国经济增长具有显著促进作用,该作用伴随运输成本的降低而削弱,对经济增长的影响还呈现明显的空间差异。李敬等(2014)研究指出我国区域经济增长空间网络具有稳定性和多重叠加性,共存在 179 个空间关联关系,由此分成的四大功能板块存在明显梯度特征,板块间经济增长动能依梯度传递,揭示了我国区域间经济系统存在明显的空间相关性,而该相关性与区域经济增长密切相关。我国区域经济增长存在空间关联性的结论与 Ying (2000)、Rrun et al.(2002)、Zhang and Felmingham(2002)、Groenewold et al.(2007)的结论一致。随时间推移逐渐增强,由空间相关性产生的空间溢出效应成为经济发展的重要影响因素(潘文卿,2012)。

以上研究为空间融入传统经济增长框架做出努力,也论证了空间的重要作用,为区域经济协同发展带来启示。区域经济协同发展强调区域间的协同互动,体现的是空间在区域经济发展中的重要地位。区域空间关联的存在在一定程度上论证了区域间协同互动的特征性事实,区域间的协同互动可解释并表现为空间关联。区域间的协同互动直接作用于大区域资源的空间再配置,从而影响经济增长,产生协同增长动力。

(三)区域协同的实证研究

部分学者采用拓展数据包络分析(DEA)模型、哈肯模型实证测度了我国区域经济协同发展水平。李琳、吴珊 (2014) 运用扩展的 DEA 方法对我国

2002—2011年间区域经济协同发展水平进行了分析，指出我国区域经济协同发展总体处于中级水平，东、中、西部梯级差异明显，十年间东部与西部协同发展水平呈缩小趋势，而东部与中部间呈扩大之势。李琳、刘莹(2014)运用哈肯模型分析了我国区域经济协同发展的驱动因素，结果表明序参量由1992—2001年的区域比较优势转变为2002—2011年的区域比较优势和区域产业分工。依据序参量识别下的势函数分析得出，我国区域经济协同发展从初级阶段跃升至中级阶段，并呈现出区域经济联系增强、市场分割程度降低、协同发展环境优化等特征。上述研究表明，区域经济协同发展的实证研究相对较少。究其根源，区域经济协同发展是涉及系统论的复杂系统演化概念，协同作用的复杂性致使直接测度难，跨区域的特性又进一步加深了测度难度，缺乏达成共识的测度方法是造成相关研究起步晚、发展慢的根本原因。

　　总体来看，区域经济协同发展的相关研究主要存在以下两大不足之处。一是实证研究匮乏，尚未形成达成共识的测度方法。相关研究多集中于概念界定和理论基础分析，仅有的极少数研究对我国区域经济协同发展水平进行了实证评估，但测度方法尚未得到广泛推广与运用。究其根源，区域经济协同发展的核心概念为协同作用，源自物理学领域，作用方式较复杂，涉及整个复杂系统的协同演变，直接测度难度大。缺乏达成共识的测度方法是相关研究推进缓慢的关键原因，进而无法进行多维度、多视角的实证检验，极大地制约了相关研究的拓展与深化。二是有关区域经济协同发展与经济增长的探讨几近空白。已有研究大都在概念界定上偏向于主观认定区域经济协同发展是一种更高级的发展模式，相应的作用方式和作用效果均明显有利于经济增长，也使得鲜有文献客观上探讨区域协同对经济增长的影响。然而，在区域经济系统的现实运转中，区域间的协同互动既有可能带动大区域资源优化配置，提升资源配置效率拉动经济增长，也可能表现为恶性竞争与低水平的重复建设，造成资源浪费阻碍经济增长。空间经济学为协同增长动力提供了理论支撑，但其现实推动力有待实证检验。

第三节　区域经济生态化协同发展的理论

　　区域经济生态化协同发展是一个涉及经济、社会和生态环境多目标优化的开放复杂系统，受区域系统内部机制和外部环境以及内部与外部之间耦合机制的高度复杂性影响，区域经济生态化协同研究具有多目标、多变量等特点[①]，协同学理论运用自组织、序参量、竞争、协同以及序参量等概念和原理[②]，通过协调开放复杂系统中各子系统的协同行动来促使系统有序演化，为简化区域生态化协同发展研究这类复杂问题的计算维数、协调多目标利益冲突提供了一个普适的理论研究框架。

一、区域协同复合生态系统

　　20世纪80年代中期，中国生态学奠基人马世骏院士等提出了基于多层次、多功能、多目标的社会—经济—自然耦合发展的区域复合生态系统。王如松对区域复合生态系统进行了改进，明确提出一个区域是以人类各种行为为主导、自然生态环境系统为依托、生态过程所驱动的社会—经济—自然复合生态系统[③]。该理论明确指出区域是典型的复合生态系统，区域可持续发展追求的是经济发达、社会繁荣、生态保护三者的高度和谐，技术与自然的充分融合。这种基于人类活动的对象和总体特征而对一个复合生态系统所进行的社会、经济和自然的广义划分，对生态文明的发展具有很强的理论指导意义。此后，一些学者在此基础上发展和改进了复合生态系统的构成模型，并进行了区域

---

　　① 王飞跃:《计算实验方法与复杂系统行为分析和决策评估》,《系统仿真学报》2004年第5期,第893—897页。

　　② 陈守煜:《论21世纪我国水资源开发利用的陆海空协同系统》,《水利学报》2006年第11期,第1042—1046页。

　　③ 马世骏、王如松:《社会—经济—自然复合生态系统》,《生态学报》1984年第1期,第1—9页。

复合生态系统互动关系及生态调控的研究①。在借鉴相关研究基础上,本书绘制了区域复合生态系统结构图(图1-1),将一个区域复合生态系统分为自然生态子系统、经济生态子系统和社会生态子系统。其中,自然生态子系统是一切生命赖以生存的自然空间和物质载体,人类所有的经济活动、社会生活都发生在自然生态系统中,同时该子系统为经济生态子系统的经济活动提供了必需的物质资源,并影响着社会生态子系统中人类的生存环境;经济生态子系统是为人类提供所需物品和劳务的投入产出系统,其经济活动产生的污染物排放到自然生态子系统之中,并为社会生态子系统提供产品;社会生态子系统是人类及其自身活动所形成的非物质性生产的组合,是区域自然—经济—社会复合生态系统协调与控制的主体。而复合生态系统的生态共生应该是自然生态子系统、经济生态子系统和社会生态子系统在特定区域内,以人为核心和纽带,通过协同作用自觉地调节各子系统的关系而形成的相互依存、互相促进的和谐共生的复合体系。

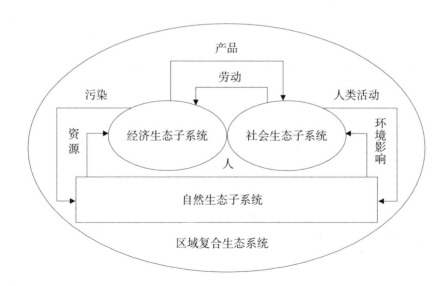

图1-1　区域复合生态系统结构图

---

① 宋永昌、由文辉、王祥荣:《城市生态学》,华东师范大学出版社,2000。

二、区域内部子系统协同共生

区域协同共生系统是由人口、社会、经济、政治、资源、生态环境等各个子系统构成的，区域的生态协同共生系统应把各子系统作为共生体中的共生单元，通过各个单元之间信息、物质和能量的传递，产生新的共生能量。共生能量的有序、良好的交换促进了共生关系的和谐发展，从而使共生系统的共生情况稳定。反之，若共生单元之间物质、能量和信息流通交换受阻，将会破坏共生关系，共生系统也将无法达到稳定的状态。所以，要想让共生系统持续稳定，就必须使共生系统中的物质、能量等共生单元连续不断地进行合理有效的传播互换，维护共生系统形成一个良性的可持续发展的共生关系。对于所有的区域协同共生系统而言，要想让区域协同共生系统向协调有序、可持续的方向发展，就需要社会、经济、自然等子系统之间在互相协调、互利共生，在物质、能量等流转过程中达到一个良性的平衡，如此才能建立一个持续、协调的共生关系。

三、区域之间的生态协同共生

区域协同共生基于多主体、多层级、多元化导向，其区域之间是通过竞争与互补而最终形成和谐共生的发展模式，区域共生关系的本质内涵与特征是地域空间上的相邻性、发展时间上的持续性、区域功能产业上的分工互补性、区域资源利用互补上的差异性以及共生关系的支持协调性，并始终沿着可持续发展的方向，较好地把握好区域共生发展的状态依存性，理顺好的共生效应与区域间的经济动力及其作用机理。区域之间的共生系统是相互影响的，可以通过区域间的商品交易、要素流动、技术扩散、制度移植以及基础设施的空间溢出和生态环境的空间溢出等多种方式来实现区域间资源的优势互补，并在此过程中实现区域之间可持续的共生发展。

我国区域之间的生态协同共生模式主要有三种：

一是寄生条件下的点共生模式。这种模式下的共生即一方依附于另一方，类似于自然界中的寄生关系。我国大部分的区域之间都是这种共生模式。在这种模式下，区域城市群以某一中心城市为主，寄生性表现在以某一城市的资源或产业为主导，其他城市依附主导城市或受主导城市产业的领导。例如，沈阳经济圈的经济共生模式就是以省会城市沈阳为中心,向本溪、铁岭、抚顺、辽阳等七个城市辐射,共同构成一个层次分明、规模合适、功能合理的完整城市共生体系。在这个城市共生体系中更重要的是加强沈阳作为中心城市的辐射和带动作用,整合区域资源,拓展经济发展空间和优化产业布局,进而带动整个经济圈的发展。

二是偏利共生条件下的间歇共生模式。这种共生模式下的共生,虽叫共生,实则单纯一方获利,其组织模式属间歇共生。这种共生模式下的共生是各个子系统虽有合作、共赢,产生新的能量、物质、有利机会等,但这些好处大部分被一方取得,另一方获取很少一部分,即物质流、能量流方向性明显,如南水北调、西电东输等,这种共生合作模式就是典型的偏利条件下的间歇共生模式。

三是对称互惠共生条件下的一体共生模式。这种共生模式是指两个区域发展水平相对平衡,不存在强弱之分,但存在互补必要,其行为模式属对称互惠共生,其组织模式属一体共生。这种模式的代表出现在我国珠三角区域城市之间[1]。

随着信息化、网络化的到来,全球经济一体化和我国城市化的进程不断加快,国家和国家之间、区域与区域之间的合作与竞争关系越来越多地表现成"组合城市—城市群(区域)"之间的竞争与合作。在这个背景下,理论界和实践部门都关注区域与区域之间的竞争与合作问题,这个问题也成为一个重点问题。区域间的生态共生系统类似于区域城市生态系统,但因区域大多都跨行政省区,导致区域间的生态共生空间更广、层面更高、难度更大。

---

① 李刚、周加来:《共生理论视角下的区域合作研究——以成渝综合试验区为例》,《兰州商学院学报》2008 年第 6 期,第 39—45 页。

第二章　区域经济生态化协同发展的系统分析

　　基于系统整体观视角,区域经济生态化协同是一定地域范围内的自然、社会、经济子系统耦合而成的复合生态系统。本书旨在分析复合生态系统结构、功能、复合生态系统共性的基础上,具体分析区域生态化这一特殊的复合生态系统的结构、功能及特性。基于区域的系统特性,揭示区域生态化协同发展的系统内涵、特征,为区域内统筹资源环境与经济社会的发展,统筹城市和乡村的发展奠定科学的理论基础。

第一节　区域经济生态化协同的内涵

　　区域复合生态组织的根本在于城市和乡村间存在着以生态功能耦合为基础的共生关系。区域经济生态化就是生态之上的城市和乡村两个系统组织通过耦合形成的组织稳态。区域经济生态化协同发展是区域内城市系统与乡村系统耦合形成的一个结构有序、功能互补、共生发展的统一体,是一定地域内的各大、中、小城市以及乡村在自我演进过程中形成共生、协调、有序演化的系统结构的过程,是在功能上达到一种互相支持、互相增强、互利互补的状态,是城市之间、城乡之间形成紧密互动、产业关联的协同发展格局。区域经济生态化协同发展系统内涵包括:它是一个"聚集过程",是维系系统整体处于"良性循环状态",是城际、城乡之间构建起的超循环结构,形成一个共生发展模式。

一、形成积聚扩散往复循环

　　区域经济生态化协同发展是一个聚集的过程,一个城乡一体化发展的过程;区域生态化系统演化发展是一个积聚扩散往复循环的过程。根据理论中的聚集特性,系统主体往往按照一定的形式聚集成一个个的"群体"。区域个体(个人、企业、政府等单位)遵循着沿资源递减方向和相对优势递减方向的距离衰减的区位择优规律,自主地进行适应性活动,在周边环境的相应影响下,在位置选择、规模大小、使用性质以及形式风格等方面与现在的区域系统环境不断发生着往复碰撞和自我调适,实现系统从混乱的无序状态到有序状态的演化。

在区域空间结构形成后的一段时期内,系统通过自适应、自重组来改善或维持现有的空间结构,稳定地自我维持,并保持相对独立性。来自不同群体的个体会相互作用、相互影响,既要产生、保持和积累统一的空间结构和环境,又要进行选择、复制和进化,促进空间的自汇聚分布增长。城市空间的集聚现象能使生产力要素在一定空间范围内形成互补,形成规模效应,产生空间的自组织聚集效应,并产生出新的创新因素,发展出更高层次的多样化的空间形式,这是系统协同进化的体现。在这个过程中,组织层次得以跃升、有序程度得以提升、结构复杂性相对增强,逐渐形成具有较为合理的区域生态系统空间结构。正是个体的适应性行为通过群体间的协同进化导致了系统的协同发展。

二、形成协同发展的共生态

区域经济生态化协同发展是系统内各资源、环境、经济、社会子系统相互作用、相互制约动态演进的过程。在这个过程中,资源、环境对系统的演进起着刚性的约束作用。系统只有处于生态阈值状态,才能够最大限度地利用环境提供的资源以及系统自身的结构保存和发展自己。

区域经济生态化协同发展是经济、社会、环境及城际、城乡之间在协同演进的过程中达到互相支持、互相增强、互利互补的共生态。在系统中,共生单元不仅有不同层级的城镇、乡村,还包含工业、农业。工业和农业、城镇和乡村互为存在的条件,彼此相互作用,相互影响形成共生体。因此,维系区域经济生态化协同发展的关键是在城际、城乡之间的产业结构上形成关联,形成互补,形成互惠互利共生关系,形成一种整体优化状态即生态阈值状态。

三、形成对称互惠的共生模式

区域经济生态化系统中经济、社会、环境及城际、城乡之间相互作用,形成趋向一体化的、对称互惠的共生模式。共生系统的进化按行为方式可划分为寄生关系、偏利关系、对称互惠共生关系和非对称互惠共生关系;按组织程度划分,它们又可分为点共生、间歇共生、连续共生和一体化共生。当区域生态化的组织模式为一体共生,行为模式趋向对称互惠共生,就会形成资源共享、优势互补、利益共享的一体化共生发展模式。

四、形成区域系统共生结构

区域生态化系统为了保存和发展自己,必须使自己走向某个稳态。因而必须具有稳定合理的结构、优化的功能,以及二者的相互适应。而系统结构的稳定主要取决于要素之间的合理配置和最佳匹配,也就是系统的资源、环境、经济、社会子系统之间可以形成一种互为中介、互为因果、互为催化的超循环系统结构。区域生态化超循环是以城市、乡村循环为亚单元,并通过功能的循环连接为系统整体的超循环系统。集中体现为区域生态化系统整体的良性循环,表征为资源的高效利用、循环利用和废弃物的资源化。资源在利用过程中得到循环,而不是绝对的闭路循环和零排放。

第二节　区域经济生态化协同的特征

区域经济生态化系统不仅具有基本的构成要素,还具有一定的层次结构和整体功能,系统各组分之间通过物理的、化学的、生物的以及人类活动的扰动过程,在时间、空间上紧密地联系在一起。系统整体的性质不但与组成它的元素或"部分"有关,更与它们之间的"关联"形式有关。区域经济生态化系统是个非加和性系统,对其系统整体认识的关键不是系统的基本物质组成,而是系统整体涌现的特性。系统整体涌现性的形成方式是多种多样的,有突变式涌现,也有渐进式涌现,甚或某个变量的微变均有可能导致整个系统的剧变,产生"蝴蝶效应"①。总之,系统整体涌现的发生是各种相关力量反复互动后达成的系统均衡态的表现形式,是具体的、历史的、系统的空间结构在一次又一次地涌现中趋向复杂化、多元化。

一、开放性

区域经济生态化系统是高度开放的系统。其一,系统的活动范围并非以其自然地理、行政管辖范围为界线,而是随经济活动联系方式的延伸不断扩展的,并不断地从系统外引入人口、物质、能量、信息以及资金等负熵流,其边界处于一个不断发展变化的过程中。其二,系统内部,由于区域自然生态系统种群结构及各城市空间区位、规模、用地属性、人口密度等非平衡性注定了区域经济生态化系统内部各子系统之间相互开放,并凭借发达的城际交通、信息网络,彼此互相开放,且通过系统内部相互之间和与外界环境不断地进行物质、能量、信息的交换和传输,形成动态有序的开放系统。

二、整体性

区域经济生态化系统是一定地域的城市系统与乡村系统的耦合。它不是城市和乡村简单加和所构成的系统,而是要从城市、乡村系统有条件的存在,到它们相互依存的各种组合可能,再从中找到稳态,最后这些稳态中的部分才对应现实中的整体。生态学所秉持的整体主义的生态思想认为,生态自我实现是生态系统演进的最高准则。自我实现的过程就是从"本我"到社会的"自我"再到生态"自我"的过程。区域内城市和乡村作为人类聚集、生存的两种地域空间形态,其生命力的最大展现也是以"生态自我实现"为最高准则,而生态自我实现的前提条件则是对它们所处的生态系统整体及其中一切存在物的尊重和平等对待。②"以生态为中心"是区域经济有条件的存在,是区域

---

① 普里戈金:《从存在到演化:自然科学中的时间及复杂性》,曾庆宏等译,上海科学技术出版社,1986,第93页。

② 戴维·佩珀:《生态社会主义:从深生态学到社会正义》,刘颖译,山东大学出版社,2012。

内城市系统和乡村系统生存、发展的根本,也是区域经济生态化系统的整体性所在。

三、耗散性

普里戈金认为"耗散结构"是在远离平衡态条件下,开放系统通过负熵流的增大形成的有序结构。[①]区域经济生态化系统是远离平衡态的开放系统,且在系统的内部各要素之间以及系统与外部环境间存在非线性机制。作为开放系统的区域经济生态化系统不仅其内部各组分之间是相互联系的、相互作用的,与外部环境不断交换能量、信息和物质,而且在系统内由于区域规模、区位条件的不平衡,导致了城市间、城乡间的物质、能量、信息等"流",形成了区域内的优势互补。在区域经济生态化系统中,非线性机制的普遍存在,某个变量的微变均有可能导致整个系统的巨变。当外界控制参量达到一定的阈值时,通过涨落,系统便会产生非平衡相变,系统各组分之间会形成自组织和自适应关系,系统整体由原来的无序混乱状态转变为在时间、空间及功能上有序的新状态,即耗散结构。

四、适应性

区域经济生态化系统中各个体均具有智能性、主动性、适应性等特征。在系统中,不仅自然系统组分能够对环境变化做出行为或遗传上的响应,更有作为系统组分的人能够通过合作、竞争、协同的形式与其他主体及生物体相联系。在一个共同的大环境中,各自根据其周围的环境,并行地、独立地进行着适应性学习和演化。在聚集的过程中,这些个体与环境以及与其他个体间的相互作用,不断改变着个体的功能、属性和行为,同时也改变着系统的结构、功能和环境。如此反复,个体和环境就处于一种永不停止的相互作用、相互影响、共同进化过程之中。无论是空间还是形态的增长,始终是在有意识的人为规划和无意识的自然生长两者交替作用中形成的。

---

① 西蒙·A. 莱文:《脆弱的领地:复杂性与公有域》,吴彤等译,上海科技教育出版社,2006,第 14 页。

五、自组织性

在从聚落到城市再到区域组合的演进过程中,特定的自然—社会—经济复合结构的形成并非来自区域系统外的特定干预,而是在作为系统组分的、具有适应性的主体——人的参与下,在位置选择、建设规模、使用功能等方面与其生存的环境不断地自我调适和相互适应过程中产生的。随着区域经济的发展,区域空间相应的扩张,在物流、人流、信息流和能量流的交互作用中,产生空间的自组织集聚效应。而空间的集聚又会带来大量要素间的接触和交流,催生新的功能,并通过空间复制、组合,促进空间的自会聚分布增长。正是人口、物资、能量、信息在区域内及区域间的流动,各城市、乡村的不均衡发展,乃至突变的自创生过程等,构成了区域经济生态化系统的远离平衡态、开放性、系统内部的非线性相互作用及其内部涨落等自组织要素和条件,从而限制或激发系统的演化与发展,因此,在宏观上,区域经济生态化系统表现为自组织演化。自组织规律不仅是生命个体的基本规律,也是生态系统的基本规律,还是区域复合生态系统演化的基本规律。

六、自相似性

"自相似性"意味着跨尺度的对称和相似,意味着复杂系统行为的递归,以及复杂系统具有简单重复的特征,事物整体具有与其一部分相似的结构。自然界自相似性是一种作用力的自相似性。自相似性构造了宇宙和分子之间沟通信息的通道。区域经济生态化由城市聚集而成,从组成区域的更小单元的简单变化中可看出区域的整体行为。在区域复合生态系统的演化进程中,充满了支离破碎无规则的空间现象以及非线性过程。这些过程在空间上、时间上,常常表现出相似性。不论其形成的基础如何, 每个区域总是由本体 (空间主要部分)、中心(为周围服务的部分)、网络(人、物、信息互相流通的部分)和特殊区(与周围功能不同的特殊用地)等四个主要部分组成,具有自相似性。

七、动态性

区域复合生态系统是在动态演化过程中形成耗散结构,并且不断地由低级向高级演进。在时间轴上,区域经济生态化系统的演进表现为一个由量变积累到质变飞跃的过程,当某些条件产生突变,会打破原有平衡,并在系统的协同作用下,逐渐达到新的协调状态,这样循环往复在动态演化过程中推动系统向更高层次发展。

第三节　区域经济生态化协同的结构

结构是事物要素之间的相互联系。"在任何既定情境中,一种因素的本质就其本身而言是没有意义的, 它的意义事实上是由它和既定情境中其他因素之间的关系所决定。"为此,区域复合生态系统的结构可定义为:一定空间上资源、环境、经济和社会各子系统及组分之间的关系总和。该系统可分为资源子系统、环境子系统、经济子系统和社会子系统,每个子系统中又由起不同作用的若干个要素组成。

一、资源子系统

区域经济生态化的资源子系统是区域经济的地域特征,是区域复合生态系统形成发展的自然物质基础和空间载体。自然资源不仅具有经济价值,而且具有生态价值和社会价值。作为系统的组分,一方面资源子系统在其特有的自组织机制作用下,为区域经济的发展提供物质、能量和空间的支撑;另一方面由于系统自身的客观条件规定或限定了区域发展的形态及其规模。人类只有可持续地利用和维护资源系统的良性循环,不超越资源生态系统的阈值,才能保障系统整体的良性循环及人类社会的可持续发展。

二、环境子系统

环境作为区域经济生态化系统的空间支撑, 其质量和水平对区域可持续发展具有重要意义。环境子系统不仅包括人类活动形成的环境要素,而且包括人工形成的物质、能量和精神产品,以及人类活动中所形成的人与人之间的关系等。自然环境支撑调节着人工环境,是人类生存和发展的基础。同时,人类是自然的改造和利用者。人类通过生产劳动等社会性的活动改造和利用环境,形成特定的人工环境,以使环境更适合人类生存和发展的需要。

区域经济生态化是资源要素的空间组织形式,又是一个生命的有机体,它的生存和发展与其环境紧密相关。首先,区域为了维持自身的生存和发展必须对环境开放,与其所处的环境不断地进行物质、能量和信息等的交换;其次,作为系统组分的组织和环境,二者是互为条件、互相依存的,维系环境子系统良性循环的关键在于区域的发展要与环境系统的承载力相适应;再次,组织和环境不是对立的,也不是分离的,组织与环境是互动的,组织与环境以互利的方式共同进化,是系统内各组分在相互作用以及与环境交互的过程中实现共同进化的结果;最后,组织与环境是互动的,与达尔文的"适者生存"理念不同,组织生态学最著名的观点是"进化是相互适应者生存"。在区域复合生态系统中各组分之间通过相互适应实现整个群体生存。这表明区域经济生态化能够通过人的能动性构建共同体的构架,促进系统达到有序状态,资源得到高效利用,实现人与自然的共同进化。

三、经济子系统

作为系统组分的经济子系统既从自然系统输入资源,又向其输出废弃物,形成资源—生产—消费—再生资源的循环路径。一方面,它以其物质再生产功能为改善、为优化其他子系统的循环提供必要的条件;另一方面,对区域经济生态化系统的规模、功能和结构提出了相应的要求。

四、社会子系统

社会子系统包含了人类活动的许多方面,主要指人口的数量和素质状况。涉及人类活动的许多主要方面,包括政治、文化、习俗、宗教、种族、血缘、阶级、组织等群体属性。它们互相叠合、交织构成了各种层面的有序社会网络。

总的来说,区域经济生态化系统的资源、环境、社会和经济各子系统遵循自身的运动规律,但并非简单的并置或叠加,而是在一定地理边界约束下,互为开放、互为相干地进行着物质、能量和信息的交换,相互依存、适应、协调、共同进化。只有将经济系统的输入、输出控制在自然系统的承载能力范围内,减轻人类活动对自然生态系统的消极影响,使经济子系统中物质循环利用的社会行为与自然生态系统中自然循环的自然行为互为补充,才有可能实现人与自然、经济与自然、社会与自然的和谐共生及可持续发展。

第四节　区域经济生态化协同的功能

区域经济生态化协同系统是一定地域的自然系统、经济系统与社会系统相互制约、共同约束其发展的复杂系统。尽管人类活动是现代自然生态系统服务功能的主要驱动力,但根本的刚性约束来自自然系统。尤其是当前,人类的福祉及经济社会的发展更加依赖于生态系统服务功能。同时,由于人类的参与,复合生态系统中循环的物质不仅是自然物质,而且是自然与人工物质结合、分解、融合、运转构成的系统人口流、物质流、能量流和信息流,其系统的循环不仅是物质直接地输入和输出,还要经过生产、交换、分配、消费以及废弃物排放等环节和过程,人既是生产者、消费者,也是分解者。因此,区域经济生态化系统的物质循环呈现驱动力多样化、循环速度快、时空尺度扩大的特征。

一、协同系统的功能及类型

区域经济生态化协同系统功能可定义为区域复合生态系统与内外环境进行物质、能量、信息交换所表现出来的作用和效能,集中表现为生态系统对于区域内人类社会的服务功能。MA(2003)将生态系统服务功能分为提供产品、调节、文化和支持四大功能。提供产品功能主要指生产产品和提供服务,调节功能主要指调节人类生态环境的功能,文化功能是指人们通过精神感受、知识获取、消费娱乐和美学体验从生态系统中获得的非物质利益,支持功能是保证其他所有生态系统服务功能提供所必需的基础功能。

区域经济生态化协同系统的功能分为熵增型和熵减型两种类型。当区域内经济活动处于停滞或衰退状态,生态系统内能量流动受阻,物质循环中断,生态环境处于恶化过程,即区域经济生态化协同系统处于熵增过程。而当经济活动处于增值发展过程,生态环境处于良性化状态,经济与环境协调发展,生态系统处于良性循环状态,则区域经济生态协同系统处于熵减过程。

二、协同系统功能实现的过程

区域经济生态化协同系统是开放系统,通过物质、能量、信息和价值流的流动与转化,把系统的各成分、各因子连接为一个有机的网络结构。同时,通过生产和再生产过程中物质流、能量流、价值流、信息流的组合、交换、融合和运转,实现系统的物质循环、能量流动、信息传递和价值增值功能。"流"的运动实现功能的表达,"流"的运动水平体现功能实现的程度。

三、协同系统功能实现的形式

人口流、物质流、能量流、信息流是构成区域经济生态化协同系统的结构、功能的物质内容,这些要素的组合、分解、融合、运转构成了协同系统的人口流、物质流、能量流和信息流,并通过多种形式、多种渠道的物质循环及能量转化,形成人口流、物质流、能量流、货币流、信息流相互依存的网络系统。

人口流。区域经济生态化协同系统是以人为主体的系统,人口流是最为重要的流之一。区域人口流可分为常住人口流和流动人口流。这种人口流决定着区域的生态系统复合承载力与传统资源承载力(对人口的承载力)在表现形式上的差异。

物质流。区域经济生态化协同系统的物质流是一个综合概念,包括能量流、无机元素流、各种经济流及信息流。客观世界的物流可分为两大类:自然物流与经济物流。自然物流与经济物流不是孤立存在的,自然物流是经济物流的前提和基础,而且参与经济循环的物质,都是直接或间接来源于生态系统。

人类活动的干扰打破了原有自然生态系统循环的基本格局,不仅使得循环的规模增大,速度加快,而且使得物质流的方式和途径发生了重大变化。生态系统运行的基础是食物链、食物网,而协同生态系统的运行在此基础上增加了产业链、消费链和产业群、消费群。由此,协同生态系统的物质循环具有如下特征。一是物质循环的驱动力多样化。协同生态系统的物质循环的动力不仅有太阳能,还有人类利用和开发的矿物能源和其他形式的能量。二是物质循环速度加快。科学技术改变了人类行为方式,加大了资源消耗的规模、速度,甚至造成物质循环的中断或阻碍。三是物质循环时空尺度的扩大化。伴随着人类活动空间范围的扩大,物质循环不断突破原有的尺度,在更大的尺度下聚集。四是物质循环的输入端与输出端严重不对称。协同生态系统的循环需要大量的物质输入,与此同时产生远远超过区域自然生态系统分解者功能的废弃物,阻碍系统的物质循环。

能量流。能量流是物流的有机组成部分,分为自然能量流和经济能量流,自然能量流包括太阳能量流、生物能量流、矿化能量流和潜在能量流(潜在能量流是指尚未以能量形式存在,但经过人类进行"技术开发"后可能转化为能量,如高原的地热能、风能等。)经济能量流指凡是自然能量流被开发投入经济系统中,无论是正在消耗的或储备的都属于经济能量流,把自然能量流变为经济能量流的生产部门即是能源生产部门,如农业、石油开采、煤炭业等,其他经济部门只消耗能源,不生产能源。

能量转化的第二定律决定了能量流具有单向流动和不可逆性特征,即能量只有朝一个方向流动,即只能单向流动,流动的方向为太阳能—绿色植物—食草动物—食肉动物—微生物,并且具有不可逆性。能量在流动过程中,随着热量释放参与物质循环。经济能量流在被消耗过程中会排出大量污染物和有害辐射。

区域经济生态化协同系统能量流的流动形式多样,更加复杂。主要有以下几种形式:一是依托物质循环实现能量循环;二是依托生物质的更新实现能量循环;三是依托微生物的分解实现能量循环;四是利用能量的储存与释放实现能量循环;五是利用废弃物处理存储和释放能量。

信息流。信息是物质的特殊属性,是物质存在和运动的一种形式,是物质客体之间的相互联系、相互作用的一种特殊表现形式。任何物质系统都存在信息,信息和信息过程不仅存在于有机界,而且存在于无机界,不仅存在于人类社会,还存在于自然界。随着经济社会信息化程度日益提高,信息传递越来越重要,任何一项经济活动都离不开能量流、物质流、信息流。信息流在区域经济生态化协同系统中起支配作用,调节着物质、能量流动的数量、方向、速度、目标,开发利用信息资源可有效减少经济社会各部门和各领域中的物质与能量消耗,使资源配置和社会经济运行更为有效,各个子系统的联结和运行更加紧密。而各种各样的信息流正是人们对区域经济生态化协同系统实施科学调控与有效管理的依据。

第三章　区域经济生态化协同发展的典型案例

　　区域经济生态化协同发展的本质是在生态与经济融合发展的基础上,促进区域经济各单元的共生,是一种注重协调、强调和谐、互动互融的现象,一种动态的、可持续性发展的区域系统状态,一种区域系统间多元目标协同优化功能和动态平衡关系的集合状态。

　　当前,区域经济生态化协同发展已经成为国内外区域经济发展的核心目标。区域经济的生态化协同发展遵循的是"生产—消费—回收—再利用"的循环经济发展模式,追求的是减少环境污染以及节约资源的区域发展特点,这种发展方式已经成为世界范围内经济发展的新的方向。我国政府提出的"科学发展观""和谐社会""两山论"也与这一世界性趋势基本一致。区域内经济、社会、生态共生性协同运作,将是国内外都推崇的一种发展趋势。国内外在区域经济生态化协同发展方面的实践探索和典型案例为我国区域经济的生态化协同运作和共生性协调方法提供了重要的依据、借鉴和启示。

第一节　国外区域生态协同发展的典型案例

　　近年来,世界各地区域经济生态化的协同发展,主要是建立在工业生态学基础上,以生态工业园和城市生态化这两种实践模式来呈现的,并已有了一些成功的案例。它们在对区域经济生态化协同发展的理论建构及实践探索方面积累了许多成功经验,为我们探讨国内区域经济生态化协同发展提供了最新研究成果。

一、城市生态协同发展的案例分析

城市的生态化建设是区域经济生态化协同发展范畴的重要内容。从 20 世纪 70 年代生态城市的概念提出至今，世界各国对城市生态化建设的理论进行了不断的探索和实践。苏联生态学家亚尼科斯基认为：生态城市是一种理想城市模式，其中技术与自然充分融合，人的创造力和生产力得到最大限度的保护，物质、能量、信息高效利用，生态良性循环都是生态城市建设和定向的研究对象。生态城市虽然在理论界已经提出了 40 多年，但最近几年才逐渐成为城市发展的主流趋势。本书对国外案例的梳理和分析可以大致看出，城市生态化建设总的发展目标是实现人类社会与自然的平衡，实现最大限度地节约能源、资源，保护自然生态环境与区域性文化或本地文化，建立有经济活力、社会公平和谐的新型城市。为实现这些目标，就需要通过物质空间规划、生态技术应用、规划建设管理、经济社会发展调控管制等途径和方式，全面推进生态城市建设，亦即全面推进城市层面的区域性生态化协同发展。研究世界各国生态城市案例，无疑会对我们研究区域生态化协同发展具有积极的借鉴意义。

美国、巴西、新西兰、澳大利亚、南非以及欧盟的一些国家，都已经成功地进行了生态城市建设的实践工作。这些业已建设的生态化城市，从土地利用方式、交通运输方式、社区管理模式、城市空间绿化等方面，为世界其他国家的生态城市建设等工作提供了范例。

（一）瑞典的马尔默

马尔默市作为一个工业城市虽然不是十分古老，但其发展很迅速。事实上，20 世纪初期就已经成为瑞典和欧洲共同体的主要工商业城市。它有着各种类型的工业企业，许多企业虽然规模不是很大，且为私人所有，但都有着较大的发展潜力，因而效率都非常之高。它们也成了马尔默市后来各种先进工业技术，尤其成为先进的生态工业技术得以发展的重要基础。除了这些中小型企业，这里有一些较大的国际贸易公司，它们不仅将本地或北欧其他国家的商品出口到世界各地，而且从世界各地进口商品，然后销往整个北欧。因而，马尔默市是这一带重要的国际贸易集散之地。

1. 基础条件

马尔默是瑞典的第三大城市,地处瑞典南部,据守波罗的海海口,位于厄勒海峡东岸。马尔默海峡对面便是丹麦首都哥本哈根,两城之间有火车、轮渡相通。据说该城是由丹麦人于 1275 年所建,最早名称为 Malmhau,即沙滩之意。马尔默是重要的港口贸易中心,其地理条件比较优越,即使在整个欧洲共同体来说,也占有一席之地。既然它是瑞典和欧共体的工商业重镇之一,那么,它的交通运输自然四通八达,空运、火车和汽车运输及海运都很发达。

由于地处海滨,马尔默的造船业相当发达,其造船能力,即使是在世界范围也享有盛名,闻名遐迩。在整个工业技术领域,有些技术还处于世界上领先地位,如水下潜水艇技术、工程自动化技术、工业电子技术、机电及生态工业技术等等,都有着很大优势。

马尔默除了作为瑞典和欧共体重要的工商贸易重镇,这里的许多公司都大量投资于知识密集型的高科技研发(R&D)工作,尤其在与生态环境保护直接相关的高科技方面,研究成果非常突出,它也形成了马尔默的一个最重要特色。

之所以说与生态环境保护直接相关的高科技研发是马尔默的一个重要特色,是因为它使马尔默在后来的发展中,既忠实地贯彻了 1972 年 6 月初在瑞典首都斯德哥尔摩召开的联合国"第一次环境与发展大会"的精神,及之后瑞典国家政府制定的环境保护国策,又有符合生态环境保护的生态技术研发成果。换言之,以新的、无污染的可再生性能源技术,成功抵御了 20 世纪 70 年代中东石油危机的巨大冲击。这就是马尔默区域经济生态化建设基础条件中最值得强调的一笔。

2. 生态化转型

在区域经济的生态化定向与发展方面,马尔默是一个走在世界最前列的城市,做出了许多惊人的成就,尤其在有利于生态环境保护的可再生性能源的研发(R&D)与利用上,其成就已蜚声世界。故此,马尔默堪称区域性生态环境保护的全球标杆。

20 世纪 70 年代初,马尔默受到了中东石油危机和当时日益兴盛的高科技产业的强烈竞争影响,使得其旧有的传统粗放型经济发展方式面临巨大的冲击,相应地,这就促使当时的马尔默需要城市转型。由于联合国"第一次环境与发展大会"是1972年6月初在瑞典首都斯德哥尔摩召开的,所以,在瑞典所有城市的转型与发展,都深受此次大会的深刻影响。马尔默同样如此,它正是基于瑞典政府20世纪70年代初业已确立的"生态可持续性发展方向"规定自己的城市生态化转型目标的。因此,在这里,"生态可持续性发展和未来福利社会"已经成为它们的普遍共识。围绕这个目标的确立,马尔默政府希望通过城市改造,使其西部滨海地区成为世界领先的可持续发展的典型。为此,1996年,由马尔默市、瑞典国家政府及欧盟(还包括一些公共和私营机构)一起共同组织了一次大型国际博览会。此次会议,讨论了与可持续发展相关的、超前性的许多具体工作,并力图使马尔默区域经济生态化的发展方式示范化。在当时,这项工作被称为"明日之城",简称"B001"。"明日之城"目标设定的重要意义在于:它告诉人们,马尔默是最早推行区域经济生态化定向和发展的重要城市。尤其是在有利于生态环境保护的"可再生性能源"使用方面,它们事实上进行了一场伟大的能源革命。它们是最早的,也是百分之百使用对地球生态环境无任何危害的可再生性能源。这些清洁的可再生性能源具体包括:太阳能、风能、生物能、波浪能以及燃料电池能等。它们的使用,使马尔默在区域经济的发展中,不仅完全淘汰了"石油"这种制造污染的不可再生性化石燃料,而且广泛地探讨了清洁性能源的研究和使用范围。故此,马尔默城市区域经济发展的最突出成就在于它们所进行的这场伟大的能源革命。可以毫不夸张地说,在这方面它们已经走到世界前列,成了为保护生态环境而进行能源革命的全球性标杆,并因此而获欧盟2001年"可再生能源推广奖"。

3. 主要做法

马尔默有一些确保可持续发展战略得以落实的现实可行的具体措施。这些措施分别体现在以下五个方面:

(1)强调可持续发展战略思想。重视人与自然和谐相处的,亦即生态化的城市经济发展方式,是马尔默最重要的城市建设发展思路。如前所述,由于受联合国1972年在瑞典首都斯德哥尔摩召开的"第一次环境与发展大会"的深刻影响,可持续发展战略思想已经成了瑞典的基本国策,当然也是马尔默城市建设和发展遵循的最基本原则。在马尔默,1997年就已经确立了其推行可再生性能源发展战略的基本路径,即加快可持续性能源系统开发,摆脱对石油这种不可再生性化石燃料的依赖。此外,相对于马尔默以及瑞典自身利益来说,清洁性可再生能源发展的直接目的在于:它必须确保瑞典的电力和其他能源供应,价格必须具有较强的国际竞争力,同时还必须具有低成本、高能效和可持续性利用的特征。除此之外,要最大限度地降低能源对环境、人类健康及气候的种种不利影响,并有利于促进生态系统平衡和社会的可持续发展。

(2)注重立法先行。加强环境立法是马尔默市能源可持续发展战略的最显著特点。早在20世纪70年代,瑞典就颁布了一系列有关能源合理化使用的强制性法律和法规,并随着技术进步不断修订和完善。马尔默市借此环境法规来指导和规范企业的行为。为了保证法律法规得以执行,政府还制定了许多具体可行的监督措施和行业标准,这无疑将有力推行马尔默城市生态化建设。

(3)政府和企业的合作机制。为了城市生态化建设,马尔默市从政府到地方都建立了能源管理机构和其他咨询机构,以有效地促进企业对SA8000(企业家的社会责任)的各项规定,连同对环境保护责任的全面落实。瑞典可持续发展部归口管理能源产业,其下属机构能源署的工作职能就是:通过加强与贸易和工业部门、能源公司、科研院所及各省、市对口单位及咨询公司的相互合作来协调落实政府政策导向及资金投向,使之既符合市场经济规律,又便于政府和企业积极顺应自然生态系统法则;既完善可持续发展的各项政策规定,又确保可再生能源的技术研发和现实运营,向生态系统平衡和经济可持续发展方向转化。

(4)强化生态环境保护的财政和税收导向。针对不同种类的燃油或能源使用收取各不相同的税费,是引导城市建设步入生态化建设的重要调控措施。1991年,马尔默已经全面使用了对环境无危害的可再生能源,瑞典国家政府,已成为世界首批开征二氧化碳税的国家之一。因为它们可再生性清洁能源的普遍使用,能够从根本上确保这一政策的执行。不仅如此,马尔默市为鼓励企业使用生物能源和本地清洁性的可再生能源,政府还从2003年起引入了基于电力市场的电子证书系统,以根据企业使用生物电能占用电总量的比例给予税收减免或政策优惠。

前面业已叙述到的有利于城市生态化建设的高科技研发及其创新性活动，是建立能源可持续发展的技术支持系统。瑞典政府于1995年发布了政府能源研究发展计划，自此，能源的生态化创新与研发，已经成为瑞典国家政府，尤其是马尔默市能源政策的重要组成部分。正是这样一套自上而下、科学严密的能源政策，为马尔默的城市生态化建设和发展奠定了坚实的基础。

（二）新加坡

新加坡是亚洲著名的花园城市，连续多年被评为全球宜居城市，十次入选亚洲人最适宜居住城市。

1. 基础条件

据马来史籍记载，公元1150年前后，苏门答腊的室利佛逝王国王子Sang Nila Utama 乘船到达一个小岛，看见一头野兽，当地人告知他为狮子，遂将此地命名为"Singapura（新加坡）"，是梵语"狮子之城"的谐音，因而新加坡又叫"狮城"。狮身鱼尾像从此也成了新加坡的标志。新加坡还有一个有趣的称谓，就是"小红点"。1998年印度尼西亚总统哈比比对新加坡的一位部长说："看看地图，绿色的地区全是印尼，那个'小红点'是新加坡。"当时的新加坡总理吴作栋回应说："新加坡只有300万人口，像新加坡这种'小红点'能为邻国做出的贡献有限。"而在此前，印度尼西亚刚刚接受了新加坡的一笔援助。从此"小红点"成了新加坡的代名词。现在使用这个称谓的多为新加坡的国民。

外国人说起新加坡，多会竖起拇指称赞它是"花园城市""世界上最宜居的城市""美丽的国家"。总之，到过新加坡的人都会被她深深地吸引。有人说在新加坡拍照不用取景，拿起相机拍就可以了，因为处处是风景。什么墨绿、浅绿、嫩绿、青绿、翠绿，什么翠色欲滴、郁郁葱葱、绿草如茵、绿树成荫，这些都已经不足以形容。在新加坡你很难找到一块裸露的地表，草地和大树总是见缝插针地分布在各种建筑物的周围。就是这样一个弹丸之地，城市绿化率达50%多，人工绿化面积达到每千人7000平方米，园林面积达到95平方千米，占国土面积的近1/8。翻开新加坡的旅游手册，这个"小红点"上分布着密密麻麻的旅游景观，如圣陶沙、东海岸公园、双溪部落湿地保护区、新加坡植物园、裕廊飞禽公园等。可以说，旅游业会成为新加坡的支柱产业之一，是与新加坡政府大力保护生态环境密不可分的。

翻看老照片,20世纪60年代的新加坡还是垃圾遍地、蚊虫肆虐、道路泥泞不堪,新加坡河就是一条污染严重的臭水河。当时,全国一半的饮用水需要从马来西亚进口,何谈旅游。在这种境遇下,新加坡政府开展了一系列环境治理运动,对新加坡的一草一木、一山一水都加以保护和利用,甚至是编入档案。例如为了兴建樟宜机场,砍掉了大片的樟宜树林,于是一定要从其他地方加以弥补。政府的举措弥补了新加坡先天的旅游资源不足。从发展进程看,没有哪个国家能够像新加坡这样在短短的时间里积累如此丰富的旅游资源,这不能不说是一个奇迹。新加坡没有淡水,需要从马来西亚买原水,加工后除自给外,反卖给马来西亚,他们还积极研制再生水。行走在新加坡,你会看到一些蓄水池,这就是震惊世界的滨海堤坝。滨海堤坝建设的成功,将新加坡的积水量提高了1.6倍。更为神奇的是,新加坡人把蓄水和旅游巧妙地结合起来,为滨海堤坝补充建设了滨海艺术中心、滨海湾金沙和滨海广场等景点。新加坡长达40多年的水处理技术的研发使其水资源的供应能力由弱变强。

新加坡真的非常小,国土面积715.8平方千米,环绕一圈只需要三个小时。当新加坡国人称自己的国家是"小红点"时,不是自卑地认为自己的国家仅是弹丸之地,更多的是自励和自豪,因为他们深知"小红点"也能够创造生态"大奇迹"。

2. 主要做法

新加坡生态城市建设特点主要表现为:

一是在城市生态建设方面,早在1965年就提出建设花园城市的设想,20世纪60年代开始环境整治、种植树木、建设公园,要求每个镇区中应有一个0.1平方千米的公园,距居民区500米范围内应有一个0.015平方千米的公园。20世纪70年代重点进行道路绿化,要求每条路两侧都有1.5米的绿化带。80年代通过实施长期生态保育战略计划,将5%的土地设为自然保护区,要求每千人享有8000平方米的绿地。90年代建设连接各公园的廊道系统,建设绿色基础设施。

二是在公共交通发展方面,通过建设贯穿全国的地铁、轻轨系统和陆上公交汽车网络系统来解决市民的出行问题。通过全球定位系统(GPS)自动调动系统提高出租车效率,通过电子收费系统限制公交车以外的车辆在高峰时间进入闹市区,并实行年度汽车限购政策,防止车辆快速增长。

三是在城市住房方面,新加坡通过推进"居者有其屋"计划,共建成12万多套公寓和店铺来解决城市的人口住房和就业问题,既实现了社会公正,又推动了城市建设。

四是在绿色建筑方面,新加坡从2008年开始要求所有新建建筑都必须达到绿色建筑最低标准,超过5000平方米空调面积的新建公共建筑达到绿色标志白金评级。既有公共建筑到2020年超过1万平方米空调面积的要达到绿色标志超金标准。政府出售土地时,要求工程达到较高绿色标志评级(白金和超金)。

(三)德国的弗莱堡

弗莱堡是德国的一个小城,也是全球四个公认的"生态城市"之一。早在环境问题还没有进入人们的视野时,弗莱堡政府就已经将保护环境当作政府的一项重要工作。当时,其环境政策就涉及节约能源、提高能效及运用可再生能源取代化石燃料三个方面。这表明,弗莱堡市政府较早就有高度的社会责任心和环境保护意识。在制定和实施环境政策时,它们更注重通过重点项目,甚至是建设示范区的方式,不断探索与生态环境保护及城市生态化建设紧密相关的发展方式,并稳步推进计划的实施。在弗莱堡的建设中,除了推广运用先进的生态技术之外,要严格遵守并执行欧盟、德国国家政府以及州联邦政府所制定的各项环境法律法规及环保政策(包括各种财政支持政策和生态补偿政策等),这些也是实施其城市生态化建设的强有力的法律及政策保障。各项财政上的保障措施与各类生态补偿也对城市、政府、企业乃至个人产生了良好的激励引导作用。

1. 基础条件

弗莱堡位于德国西南边陲,是德国巴登—符腾堡州的一座城市,位于黑森林南部的最西端,靠近法国和瑞士,人口约20万人。弗莱堡由于其地理优势而被很多人认为是德国阳光灿烂、最温暖的城市,同时也是德国最古老和最具旅游吸引力的城市之一。在弗莱堡,最流行的话就是:"世界上有两种人,一种是住在弗莱堡的人,另一种则是想住在弗莱堡的人"。透过这句话,我们不难看出弗莱堡人的自豪与自信,它的瓦邦社区是德国最"绿"的社区之一,真正实现了当代社会中的"无汽车生活"。弗莱堡林地面积 5138 公顷,占全市辖区总面积的 43%,是德国拥有最多林地的城市。除此之外,它是世界文明的太阳能之城,拥有全欧洲最大的太阳能开发研究机构,已经形成了太阳能这一可再生性清洁能源的研发机构、太阳能设备生产企业、供货商和服务部门一体化的高效网络。[①]

2. 主要做法

作为绿色城市的典范,弗莱堡在环境保护、能源利用、交通规划、垃圾处理等各方面都给予我们启示,值得世界各国学习与借鉴。以下将从五个方面分析弗莱堡城市生态化建设的具体方式:

一是建立适用的法律法规。弗莱堡在 1996 年就制定了节能减排的具体目标:2010 年城市的二氧化碳排放量降低 25%,同时预计 2030 年将降低 40%。这一减排的目标,即使在整个欧盟来说也是属于前列的。为了实现这一目标,弗莱堡政府采取了一系列的措施,使交通或能源使用的所有部门的二氧化碳排放得到明显的控制。更重要的是,它还使能源供应公司拿出一定比例的资金用作奖励基金,作为对交通及其他能源消耗领域在节能减排或环保创新方面的奖励。另外,生态项目的规划和建设,离不开政策法规的保障。德国等欧盟成员国,在制定与环境相关的保护政策及法律法规时,均严格遵守欧盟所制定的各项环保政策和指导方针,并以欧盟政策方针为准绳,将各成员国环境法的制定统一在欧盟环保标准内。与之相应,各国内部也是同样,将其进一步下达到州联邦层面及各市镇政府环保机构。事实上,这就形成了从欧盟到各成员国,再从各成员国到其所辖的州联邦,进而再到各市镇的层层递进落实环保政策的过程。

二是积极倡导公众参与。作为德国的环保之都,弗莱堡的成功在很大程度上依赖于其居民对政府现行环境政策的赞同与拥护。在弗莱堡,人们最先意识到利用太阳能对环境保护、经济发展和城市繁荣的重要意义。它也得到了当地居民的积极支持。许多体现绿色行动先驱者的环保设计项目,不仅能够荣获政

---

① 李海龙:《国外生态城市典型案例分析与经验借鉴》,《北京规划建设》2014 年第 2 期。

府的各种奖励，而且能使居民共同投入这些能给他们带来恒久福祉的绿色行动之中。弗莱堡有世界第一座使用太阳能的建筑物，有可随太阳旋转的"阳光屋"和太阳城，有矗立在瓦邦社区的太阳能电池住宅楼，还有世界首个采用太阳能的足球场等。

在弗莱堡，市政环境部门的就业人员有一万多人，几乎占所有就业人员的3%。而属于环境部门的企业就多达1500多个，它们创造的收入高达5亿欧元之多。在弗莱堡整体的环境保护行动中，市民们都主动地参与和配合，可以说，他们每个人都是保护环境的真正卫士。正因为如此，他们每人平均抛弃的废物量，明显低于全州、全国乃至世界其他国家市民的平均水平。弗莱堡的市民们，为了努力阻止全球变暖，都积极参与到"为二氧化碳减肥"活动中，他们通过与他人的二氧化碳排放量进行对比，精心制定自己的二氧化碳"减肥"计划。

三是生态技术全面融入城市规划。弗莱堡市在城市规划建设中，将先进的生态技术和发展理念，充分地融入城市旧区改造与新区建设之中，并在城市绿色节能建筑建设与老建筑节能改造等方面，都取得了良好的业绩。城市通过规划设计高效又低碳的公共交通体系，有效地控制了私家车的使用率，为市民低碳出行创造了良好的条件。并且，通过制定有效的管理模式与措施，弗莱堡市在垃圾回收利用、城市水资源管理等方面，均已获得了优异的社会效益、环境效益与经济效益，真正推动了城市的可持续性发展。

四是城市垃圾三化处理①。弗莱堡市的经济发展过程遵循生态学规律，将清洁生产、资源综合利用、生态设计和可持续消费等融为一体，实现了城市垃圾减量化、资源化和无害化的三化处理，使其区域性的经济发展既遵循生态系统的内在法则，又符合可持续发展的现实需要。从更宏观意义上来看，这项工作也正是弗莱堡区域经济发展为维护自然生态平衡所做出的努力。总的来说，就是它们在区域经济发展的同时做到了废物减量化、资源再循环利用并最终安全处置。

自1991年起，垃圾回收利用在弗莱堡已成为行为准则。垃圾的分选处理已经成为弗莱堡的常态化生活方式。每个市民都有着强烈的社会责任心，垃圾

① 垃圾三化处理是指将垃圾进行减量化、资源化和无害化的处理。

分类已成为他们生活的习惯和定式,这是的典型特征。这种情况,与市场原教旨主义及其继承者——新自由主义宣扬的"经济人"利己主义导致的"外部不经济"行为结果形成了十分鲜明的对比。

在这里,居民们通常采用垃圾分类方式,将分选后的垃圾装入不同颜色的垃圾袋或垃圾箱之中,以便垃圾回收公司进行集中处理。在弗莱堡关于垃圾回收再利用和资源化处理的故事,带有了传奇色彩:它使得城市近80%的用纸成为废纸回收加工纸。从2005年起,不可回收性垃圾被运往郊外20公里处的TREA垃圾处理站焚烧。TREA有很高的环保标准,保证了垃圾处理的安全性。垃圾焚烧过程产生的余热仍将发挥作用,它可保证25000户人家的供暖。另外,城市1%的用电,也来自利用垃圾发酵产生的热量。

五是有效的管理激励措施。在弗莱堡,政府还采取各种物质激励手段控制垃圾量,包括对使用环保产品,如"尿不湿"等提供补贴,对少扔垃圾的住户实行降低垃圾处理费奖励,对居民自做垃圾堆肥进行补助等。市政府在大力提供生态技术支持的同时,也给予生态建设财政上的激励与补助,包括采取各种物质手段控制垃圾量、鼓励使用绿色清洁能源、实行碳减排生态补助等措施,这些举措均收得了良好效果,成为城市生态建设推进落实的重要助推力。弗莱堡市市长迪特·萨洛蒙博士说:"'绿色之都'的城标涵盖了诸多理念。这些理念相互补充而不相互冲突,其中一个重要的理念就是让生活更美好,这些理念完美地体现在地区环境和气候保护的政策中。"与此同时,科研和经济发展紧密结合,共同致力于技术创新,推动高品质增长和创造具有发展前景的就业岗位等。如今,环保经济早已经成为弗莱堡最重要的经济支柱之一。现在,弗莱堡"绿色之都"的生态化建设奇迹已经成为世界各国学习的标杆,被世界各地许多城市和社区视为楷模。

(四)澳大利亚的阿德莱德

阿德莱德是一个以"影子规划"①走向成功的典型案例。所谓"影子规划",

---

① "影子规划"是在理查德·雷吉斯特思想的基础上提出的。1992年他在阿德莱德参加第二次生态城市会议的时候,惊奇地发现澳大利亚政府的部长和内阁被称为"影子部长"和"影子内阁",于是提出了"影子规划"的设想。

它的时间跨度为 300 年,即从 1836 年早期的欧洲移民来到澳大利亚,到 2136 年的生态城市建成。它描述了澳大利亚阿德莱德地区 300 年的情况,即过去和现在业已完成的情况及对未来的发展走向的预测。整个"影子规划"由六个板块组成,向我们展示了在非常清晰的城市生态规划和未来发展框架情况下,应该如何总结以往的实践经验及创建未来生态城市设想。

1. 基础条件

阿德莱德是澳大利亚的一座港口城市,南澳大利亚的州首府所在地,位于州东南部洛夫蒂山地与圣文森特湾间的滨海平原上,濒临托伦斯河。港口距市区西北 12 公里,有铁路相通。阿德莱德由移民建于 1837 年,工商贸易较为发达,因此,亦为澳大利亚重要的工商业中心城市。阿德莱德港为本州农畜产品贸易中心和重要输出港,通过港口可出口小麦、毛线、水果和畜产品等贸易品。附近广布小麦、大麦和葡萄种植园区,并有许多奶牛养殖场。工业方面,主要以汽车制造、金属加工、化工、机械、电气设备、纺织、食品加工等为主。除此,阿德莱德还以其优越的治安、基础设施建设、医疗水平、文化与环境及教育等优势条件,连续多年位列全球最宜居城市榜单前十位。在英国《经济学家》周刊信息部发布的"2016 年世界最适宜人类居住城市"榜单中,阿德莱德位列第六。之所以能够如此,这与阿德莱德以人为本的城市规划思想不无关系。

阿德莱德市坚持将以人为本作为其城市规划的重要指导思想,以为人们提供舒适的生活环境为宗旨,使在此生活、工作、旅游和学习的人们无不感到愉悦。并以为社会能够提供更多的就业机会作为城市发展的方向和目标。阿德莱德市大力发展公共设施,有提供给残疾人、患者使用的轮椅,轮椅也有专用通道,且这种通道在车站和大楼内随处可见;在公共交通设施中,也有许多方便女性、小孩或者老人的相关设计,使得使用者能够在使用公共设施的同时,感受到无微不至的人文关怀。

2. 主要做法

一是城市规划实行分级管理。由于澳大利亚是英联邦国家,在规划管理上实行的是分级管理制度,负责州域范围内的总体规划的是南澳洲政府。它们负责协调道路、供水供电等跨州、市区域的重大基础设施的建设。州政府控制大的区域,制定发展大纲,控制总体规划用地性质和道路网络、公交线路及居住区的规模和功能等。同时,州政府还将明确了解各市道路、球场及历史文物保护等情况,以便对城市绿地、树木种植及文物保护情况予以确认。州政府下的各市政府负责本区域的规划编制和管理工作,他们的规划编制相当于国内总体规划指导下的控制性详细规定,并以此作为规划管理的法规和文本。此项法规可以面向市民大众公开,并可在政府网站上和市政大厅内咨询相关的工作人员。政府规划管理部门每隔三至五年就会对规划的执行情况进行检查,由政府的专门机构与政府各部门、土地所有者以及开发商进行商量,以便了解情况,进行汇总,梳理整理,提出是否需要调整的建议等。一般来说,城市的总体规划都有着非常好的延续性,新的规划只能在原有规划的基础上进行局部的补充或修正,而不会有大幅度的调整和改变。在调整过程中,各种规划相互呼应,以适应城市的发展需要。

二是城市功能结构合理布局。阿德莱德市的城市商业区、居民区、工业区等功能结构布局都非常清晰、合理,因此,更便于做出明确区分。阿德莱德市位于一片开阔的平原地带,城区四周的公园犹如绿色的彩带般环绕着它。横穿城区的托伦斯河将阿德莱德市划分为南北两个片区,即托伦斯河以南为商业区,以北为住宅区。阿德莱德市的工业区设在城市西北部的圣文森特港,以及东北区新建的卫星城镇。东西南北八条大道将整个城市规划得整整齐齐,井然有序,每个区以公园相隔,并留有大量的绿地。

三是政府主导型城市基础设施建设。政府充当主角,凡是涉及公众利益的道路、上下水管道、停车场、绿地、学校、医院、文化中心、体育场馆等基础设施,都是以政府的投资为主。在基础设施的投入上,政府更注重一次性的资金投入,一步到位,以及时解决工程的工时问题,加快工程进度,保证工程一劳永逸。供电、电信等基础设施由政府规划部门与相关单位衔接,同步规划、设计和施工。在城市的环境建设方面,政府采取大量收购未开发利用的土地、废弃的工厂等的方案,按照城市规划组织建设道路、绿化、河流以及各种配套的设施,然后将土地出售给开发商,之后政府再用从中获得的收益用来按照之前规划的方案对学校、医院等公共配套服务设施进行建设。①

---

① 鞠美庭:《国外生态城市建设经典案例》,《今日国土》2010 年第 10 期。

前述内容只是介绍了阿德莱德城市生态化建设的人文化管理内容，及其获得"世界宜居城市"最前列名次的成就，但这并不是其300年"影子规划"的全部内容。阿德莱德"影子规划"的内容非常丰富，不只限于人文或社会范畴的。在其总体的"影子规划"中，当然也蕴含人与自然和谐相处的十分广泛的"天人合一"思想，及其远景规划。在阿德莱德，当身临其境感受那里十分优美的自然景色时，就能体会到那里的生态环境保护之好！这是一种人间奇迹，它不仅体现了人文主义精神的光辉，而且融合了大自然的智慧，是人与大自然融洽相处的杰作。

正因如此，在对待土地使用的态度上，阿德莱德政府和受新自由主义影响的一些发展中国家政府的态度是不相同的。阿德莱德市政府在土地使用上的指导思想是振兴并促进城市的繁荣，但绝对不是以少数人的盈利为宗旨。阿德莱德市生态化城市建设的指导思想，完全符合区域经济生态化定向的基本趋势，符合联合国布伦特兰委员会《我们共同的未来》的基本要求，因而，也符合联合国《21世纪议程》为世界各国规定的可持续发展战略的基本原则。

（五）美国波特兰

波特兰市2000年被评为创新规划之都，2003年被评为生态屋顶建设先锋城市，2005年分别被评为美国十大宜居城市之一和全美第二宜居城市，2006年被评为全美步行环境最好的城市之一。波特兰在生态城市建设方面有很多创新的做法值得借鉴。

1. 基础条件

波特兰是一座位于美国俄勒冈州的城市，并由姆尔特诺默县管辖。该城市临近威拉米特河汇入哥伦比亚河的河口，位于美国西部地区。波特兰是俄勒冈州人口最多的城市，波特兰市区人口超过59万人，而以波特兰为中心的波特兰都会区则居住有241万人，是美国人口第十九个大都会区。波特兰市在1851年正式建市，并作为姆尔特诺默县的首府。城市居民比较密集的地区有点不对称，原因是西边受到山丘的阻挡，而东部的平原则伸展出很长，一直到格雷欣，再向东是默尔特诺马郡的农田。波特兰市中心和一些其他内部市区建筑密集，街道狭窄。平行的街道之间的距离为60米（相比之下，西雅图为70—100米，曼哈顿的东西走向的街道之间的距离为180—240米）。大多数街道为 20 米宽。对于步行的人来说这个格局更加好。1931 年 9 月 2 日,波特兰调整其街道的号码后分了五个区:西南、东南、西北、北和东北区。波特兰市由于临近太平洋,气候介于地中海气候和温带海洋性气候之间,冬季湿冷多雨,夏季炎热干燥。这种气候更加适宜种植玫瑰,市内有许多玫瑰种植园,因而波特兰也被称为"玫瑰之城"。波特兰是美国人均收入非常高的城市,并且连续多年被评为美国最宜居的城市之一。

2. 主要做法

一是最早利用城市增长边界。在城市规划方面,波特兰大都会区在美国最早利用城市增长边界作为城市和郊区土地的分界线,控制城市的无限扩张。城市增长边界具有法律效力,在控制城市无序蔓延的同时提高城市土地利用效率和保护边界外的自然资源。波特兰大都会区的地理信息系统(GIS)规划支持系统是美国最先进和最复杂的规划信息系统,早在 1980 年就开始使用 GIS 模拟城市交通,并结合城市发展模型来预测未来交通发展。它不仅为大都会区的城市管理提供信息服务,并在城市的长期规划中为决策者和规划师们提供未来土地利用、人口、住宅和就业等变化的预测。

二是遵循精明增长原则。在土地利用政策方面,波特兰强调高密度混合的用地开发模式,提倡公交导向的用地开发。在 20 世纪 50 年代就通过建设市区有轨电车成功带动了老城区的繁荣,使市民对私家车的依赖降低了 35%。1988年,波特兰成为第一个将联邦政府拨款用于公共交通为导向的开发模式(TOD)建设的城市。波特兰的交通系统以紧密接驳的公交系统和慢行系统著称。公交系统以轻轨和公交为主,辅以示范性的街车和缆车系统。轻轨系统连接区域主要节点,如市中心、机场、居住地和就业中心等。公交系统采用智能化管理方式,对车辆运行时间实时显示,并使用智能手机进行公交计费。

三是利用可再生能源和节能原则。波特兰市主要利用风能和太阳能发电,并主要通过发展绿色建筑来提高能源的使用效率。波特兰绿色建筑的市场价格比传统建筑多了 3%—5%,有许多非营利性机构无偿为绿色建筑提供技术支持、材料顾问和政策咨询。通过发展电动车及其相关产业,如电能储存等,实现交通节能。

四是充分利用废弃物原则。波特兰市提出将废物利用率提高到 75% 的目标,其固体垃圾至少分成四类回收:纸、玻璃、植物、厨余垃圾。厨余垃圾全部使用食物研磨机进行粉碎处理,排入排水系统。

(六)西班牙的巴塞罗那

巴塞罗那是地处西班牙东北部地中海沿岸的港口城市,也是西班牙最重要的工业、贸易和金融中心。巴塞罗那是旧城改造中实施区域生态化共生的典型案例。巴塞罗那的城市旧区改造经历了三个阶段:第一个阶段是在20世纪80年代初,主要进行"定点式"城市公共空间和城市空间建筑的恢复;第二个阶段是1986年申请奥运会主办权(以下简称"申奥")成功后,以主办1992年奥运会为契机,全面展开都市大规模的规划与建设,使巴塞罗那成功地屹立于世界版图之上;第三个阶段是在1992年奥运会之后,以"世界文化论坛"活动形式,带动了又一轮城市改造,让巴塞罗那插上了腾飞的翅膀。巴塞罗那旧城改造后,经济发展提高了服务业的比重,以致转型后整个服务业在GDP中的比重达到了62%以上,这就大大减少了对以消耗自然资源为特征发展经济的传统工业发展方式的依赖。应当说,巴塞罗那的经验,对于以往以自然资源为依托发展自身区域经济的地区来说,有着极为重要的借鉴意义和参考价值。目前,尽管巴塞罗那制造业在GDP中的比重还占36.7%,但其从经济形态上主要是从事技术研发扩散、产品销售服务的总部经济模式,直接从事制造加工业的人员不到总就业人口的5.2%。

1. 基础条件

巴塞罗那位于伊比利亚半岛东北部,濒临地中海,是西班牙第二大城市,也是加泰罗尼亚自治区首府,以及巴塞罗那省(隶属于加泰罗尼亚自治区)的省会,加泰罗尼亚自治区议会、行政机构、高等法院均设立于此。全市面积101.9平方千米,2012年统计市区人口约161万人,若连同外围地区有400万人,仅次于首都马德里,也是世界上人口最稠密的城市之一。其主要民族为加泰罗尼亚民族。巴塞罗那是加泰罗尼亚的港口城市,是享誉世界的地中海风光旅游目的地和世界著名的历史文化名城,也是西班牙最重要的贸易、工业和金融基地。巴塞罗那港是地中海沿岸最大的港口和最大的集装箱集散码头,也是西班牙最大的综合性港口。巴塞罗那气候宜人、风光旖旎、古迹遍布,素有"伊比利亚半岛的明珠"之称,是西班牙最著名的旅游胜地。巴塞罗那是西班牙最大的制造业、港口产业、金融服务和传统工艺产业的生产基地,是旧城改造中实施区域生态化共生的典型案例。

2. 主要做法

巴塞罗那至今已有 2000 多年的建城史,公元 12 世纪成为地中海沿岸最重要的商业城市。在历史进程中,巴塞罗那受古希腊、古罗马和阿拉伯文化的长期影响,形成了自己特有的多元文化。这种文化在城市风貌和众多的历史文物中得到了充分体现。为保护好这座历史文化名城,巴塞罗那政府采取了许多行之有效的措施。巴塞罗那旧城改造严格按法规办事,并表现出以下几个特点:

一是注重旧城保护。巴塞罗那同欧洲各国一样将旧城保护分为三种形式:一是严格保留原物的历史地段,要求对重要的历史建筑完整、准确、原封不动地永久保存下来;二是以保护为主、适当添建与改建的历史地段,要求基本保留原有的街区格局和原有建筑物,房屋内部允许进行改造,但建筑物外观应严格维持原有风格;三是以改建为主、保护为辅,保留其旧有格局和富有特色的建筑及街区的历史地段,一般适合于范围较大,且街区内部文物建筑较少或街区形态已遭到严重破坏的非重点保护的历史地段。巴塞罗那市专门颁布了《历史建筑保护名录》,对全市几百个历史建筑一一制定了详细的保护条款。这对完整地保护该市的历史风貌起到了重要的作用。巴塞罗那市政府严格按法规办事,凡是具有历史价值的几百个古建筑不能动,只有具备条件的才可以实施保护性维护。对保护区内的房屋,私人产权要严格按照保护区的规定改造修缮,严禁推倒重建,公房产权则按政府的行政命令进行改造修缮。

二是奥运场馆设施建设符合城市发展方向。1986 年申奥成功后,巴塞罗那政府从城市发展的整体性、长远性、效益性考虑,制定了符合城市特点切实可行的投资计划,将奥运投资的重点放在加快城市改造及各类设施建设上,以筹办奥运会作为实现城市大跨度、超常规发展、提升城市功能、提高城市国际知名度的动力。据统计,在总投资中,运动基础设施、训练设施和其他设施的投资仅占 9.1%,而其他绝大部分投资则用于城市改造和行业改造。实践表明,这种投资格局提升了城市的功能,促进了产业结构的转变与升级,为城市的发展奠定了坚实的基础。场馆建设绝不为奥运会单独投资。在奥运场馆建设方面,

巴塞罗那提出了一个原则:绝不为 15 天的奥运会单独投资。巴塞罗那翻新了
10 个体育场,新建的体育场仅有 15 个,其中很多场馆还是临时性设施。为了
满足奥运会举办期间旅游者对住宿的要求,巴塞罗那临时租用了 14 艘豪华游
轮,不仅解决了旅游者的居住问题,也节约了投资。场馆建设时就充分考虑了
赛后当地居民对活动场地的需求,赛后场馆灵活性强,利用率高。西班牙旅游
局局长菲利克斯·拉罗萨·皮克说,1992 年巴塞罗那奥运会不仅使巴塞罗那改
变了城市结构,更使之成为欧洲最具吸引力的海滨旅游城市之一。

三是城市建设理念创新。在城市建设理念创新方面,巴塞罗那的经验值得
借鉴。巴塞罗那建设了一个富有想象力的 150 个相互连贯的公共空间的网络。
这些公共空间都是利用建筑和道路的间隙开辟的,诸如小街心花园、由喷泉和
雕塑组成的广场。这些小空间和小景致,创造了小区风景,减少了城市的建筑
稠密感,为人们提供了自由呼吸的休闲空间。街道干净整洁,垃圾箱临街而设,
随处可见,部分属于分类收集。①

(七)英国生态城镇建设

英国在生态城镇建设方面有良好的传统和实践经验。从 19 世纪乌托邦式
的新城镇,到霍华德提出的"明日田园城市",都在探索既能提供足够就业机
会,又能亲近自然,并可提供各类服务设施、化解社会矛盾的小城镇。在应对全
球气候变化的背景下,为实现碳减排目标,2008 年,英国提出生态城镇建设目
标,并要求各地自愿报名,最终确定四个生态城镇。这些生态城镇基本为大城
市卫星城, 有公共交通覆盖, 发展目标是探索零碳排放的开发和建设运营模
式,要求每个生态城镇至少在环境可持续的某一个领域具有示范意义。

1. 基础条件

英国生态城镇建设要求每个城镇至少要包括 5000—10000 个家庭, 要配
置高质量的服务设施,如学校、商店、办公设施、娱乐设施等。生态城镇 30%—
50%的住宅应为低价或廉价住房,出售租赁比例配置合理,面积适中,功能混
合,能满足不同人群的需求。每个城镇要设立管理机构,负责生态城镇的开发

---

① 吕骅:《基于文化视角下的生态城市设计研究》,《城市建设理论研究》2012 年第 23
期。

建设管理,完善建设目标措施,为居民提供各种服务。

英国生态城镇在技术层面也有较完善的规范,其出台的生态城镇规划政策分别从碳排放、应对气候变化、住房、就业、交通、生活方式、服务设施、绿色基础设施、景观与历史环境、生物多样性、水、防洪、废弃物处理、总体规划、实施交付和社区管制等方面提出了具体的要求。如在能源方面,要求建立全覆盖的可再生能源系统,实现城镇的零碳或更低的碳排放;在交通方面,建设功能混合的社区,提高步行、骑车和公交出行比例,使居民在十分钟内能到发车间隔短的公交站点或社区服务设施。

2. 主要做法

英国的生态城镇建设在 21 世纪初正式提上政府议程,当时是为了应对气候变化及住房供应两大问题。中央政府资助四个生态城镇进一步开发,希望在碳减排、保持社会经济环境可持续发展和供应住宅的同时破解绿带这个"紧箍"。因为绿带在保护大量农林用地的同时,也锁住了城市附近大量的开敞空间。试点项目鼓励各地政府和开发商根据本地特点制定策略,要求各地上报的规划中提出环境、社会经济、空间三大领域的策略。①生物多样性及绿色基础设施、气候变化应对、历史风貌保护、垃圾回收利用。②体面且可负担的住宅、社区设施、社区幸福感、交通与可达性、工作与经济。③空间供给。这是一项由英国中央政府主导的宏大生态造城计划,由于各种因素而被迫搁浅,但它对新时代的城市规划及发展策略的制定是具有引导性启示的。

一是利用可持续能源。普利茅斯城郊一个普通社区的太阳能农场,是由一家信托基金牵头,联合太阳能光伏企业及本地社区开设的,6 天内在社区筹集了 30 万英镑资金。这样的联合体解决了技术、土地、资金等硬件问题,还使原本冗长的信任建立、谈判协商的速度得以加快。此外,在低密度住宅区中存在着巨量的屋顶空间,在阳光相对充足的南部地区,屋顶光伏板分布很广,大致占全部屋顶面积的 10%—20%。其中有住户自行安装太阳能板(自发自用),也有住户与社区信托机构签约,将其屋顶空间出租用于建立社区电网,社区电网再将散户的太阳能打包,争取以稍高于电网的价格卖给几个国家电网公司。

二是绿色空间和生态保护。英国的小城里,无论在城中还是在郊外,都能体会到牛羊成群、摸鱼抓蟹的乐趣,你会发现自己与大自然连接得更紧密。只有通过切身的感受,只有沉浸在这样的环境里,才会对生态环境、对农业产生情愫,才能深刻认识到气候变化、环境破坏的影响。在钢筋水泥森林里的现代人是很难意识到这些的。在英国有超过 1.6 万平方千米的土地被划入绿带,旨在防止城市蔓延。在布里斯托,三面环绿带一面临海的地理特征帮助这座城市遏制了短期内无序的城市扩张,虽然导致城镇用地资源紧张,但保护了各地独特优美的自然景观,为未来更可持续的生存与发展留出了空间。在英国南部,经常能看见各种保护动植物的标识和小装置。普利茅斯市中心的雨水花园就给附近徘徊的海鸥提供了一个好去处。埃克赛特大学校园内构筑了很多适合蜻蜓、青蛙等本地物种及候鸟的生境以保护生物多样性。在社区和校园中,维系人与自然和谐关系的理念深入人心。

三是交通:共享与汽车。与国内近年来的共享浪潮类似,共享单车和共享汽车也在英国流行。在较大的停车场内都能寻到电动汽车充电桩的踪迹,但电动汽车普及率似乎不及国内一些城市高。英国的中小城镇的郊区化状况十分严重,距离市中心稍远的城镇,昂贵的公共交通推高了汽车出行和汽车拥有率,更加剧了郊区的拥堵状况。

四是工业遗产的再开发。"伊甸园工程"是英国新千年里程碑计划中的重点项目,由本地社区组织、几家慈善基金会联合的私人公司共同组建的公私合作机构共同投资开发,探索可持续的商业模式,在这片原本荒芜的场地上进行集科研、艺术、技术应用与商业运营于一体的综合开发。伊甸园传递的核心理念是发展与生存的可持续性,他们的标语是——如果你相信,就会有一个地方在探索着可持续的未来。从建筑形式、材料,以及作为环境教育基地的意义来讲,伊甸园工程在环境保护领域占有不可替代的地位。其独具特色的景观和体验,使其成为英国民众钟爱的休闲旅游景区。

从 1999 年开始,工程在一个人们过去采掘陶土遗留下来的足有 30 个足球场大、50 米深的巨坑上动工。目前,伊甸园是世界上最大的人工温室,占地2.2 公顷,其间生长着 10 万多种来自世界各地的植物。几个大型温室分别还原了热带雨林、亚热带森林、中亚沙漠等地区的气候、动植物与人类活动特点,通过演示、活动和实验带领参观者认识自然,展示人类与赖以生存的地球之间的紧密联系。园中到处记录着这片满眼荒芜和污染的土地如何一步步发展到今天,并通过学校和教育计划,让下一代人接受与自然和谐共处的可持续发展理念。

五是关注城市治理。在英国,大型项目的决策审批权基本是在中央及郡政府手中。当一个小城市在讨论未来目标时,往往限于可负担的幸福社区、健康的生活方式、减少拥堵和增加可达性、充足的就业岗位、良好的政府管理。虽然地方政府权力较小,但是其所关注的领域都很接地气,贴近市民的生活、工作、学习、出行等,能给人带来极强的归属感与被赋权感。很多青少年和老人,都对此类议题的关注程度非常高。提到公众参与,不得不说威尔士国家议会大楼,其围护结构是全透明的玻璃,象征着透明与开放。除了几个议事厅在会议期间暂停参观,其他场所均对公众开放。

二、园区生态协同发展的案例分析

在国际上,一些发达国家,如丹麦、美国、加拿大等国,都是工业生态园区建设及环境管理的先进国家,且很早就开始规划建设生态工业的示范区。一些发展中国家也是同样,如泰国、印度尼西亚、菲律宾、纳米比亚和南非等国,也都在积极兴建生态工业园区。无论是发达国家,还是发展中国家,都试图寻求新的与生态系统法则相匹配的工业化发展路径。

(一)丹麦卡伦堡生态工业园

丹麦卡伦堡生态工业园是目前世界上生态工业园区运行中最为典型,也是最成功的代表。卡伦堡生态工业园的成功,依赖于其功能稳定、可高效利用的物质、能量和信息的企业群落。这些企业群落,其中包括由阿斯耐斯瓦尔盖(Asnaesvaerket)发电厂、斯塔朵尔(Statoil)炼油厂、挪伏·挪尔迪斯克(Novo Nordisk)制药厂和吉普洛克(Gyproc)石膏制板厂四个大型工业企业组成的主导产业群落,其后又增加了化肥厂、水泥厂、养鱼场等中小企业为补充链接的工业生态共生体系。在卡伦堡整个的工业生态共生体系中,上游企业的废弃物,将成为下游或者其他并行企业的宝贵资源,它们组成了以各种废弃物为资源的物质循环生产体系,以及废弃物再生利用、完整、配套的产业群落。

1.基础条件

卡伦堡生态工业园的所在地卡伦堡市,是一座靠近海湾的小城,距离丹麦首都哥本哈根市 100 多千米。该地区,由于地下水资源不足,从 20 世纪 70 年代开始,当地几家重要的工业企业(发电厂、炼油厂、制药厂等)试图在更有效地使用淡水资源、减少费用和废料管理等方面寻求创新,自发建立起了一种紧密联系而又相互协作的共生性运作关系。后来,地方政府、当地居民和其他类型生产企业也陆续加入其中,使园区逐渐发展成为一个包含 30 余条产业生态链的循环型工业园区。目前,该园区已稳定运行 40 余年,年均节约资金成本150 万美元,年均获利超过 1000 万美元。同时,通过区域间的物质流、能量流、信息流建立的循环再利用网络,不但为各个相关企业或公司节约了生产成本,而且保护了生态环境,减少了对当地空气、水和土地的污染。

2. 运行方式

卡伦堡生态工业园系统的主体企业是发电厂、炼油厂、制药厂和石膏制板厂。以这四个企业为核心,通过贸易方式利用对方生产过程中产生的废弃物或副产品,作为自己生产中的原料或原材料进行加工,不仅减少了废物产生量和处理费用,还产生了很好的经济效益,使经济发展和环境保护均处于良性循环与运作之中(见表 3-1)。其中,由于燃煤发电厂位于整个工业生态系统链的中心,他们将电厂废气作为热能在各个企业间进行了多级次使用。譬如,电厂向炼油厂和制药厂供应发电过程中产生的蒸汽,使炼油厂和制药厂获得了生产所需的热能。通过地下管道向卡伦堡全镇居民供热,由此关闭了镇上 3500 座燃烧油渣的炉子,减少了大量的烟尘排放等。除此,将除烟尘脱硫的再生副产品工业石膏,全部供应给附近一家石膏板生产厂作为原材料,从而也减少了以往从西班牙进口的天然石膏,节约了自然资源。卡伦堡生态工业园的企业之间的

表 3-1　卡伦堡生态工业园的共生网络组成

企业名称	原材料	产品	废弃物或副产品
石膏制板厂	石膏	石膏板	
微生物公司	污泥	土壤	
发电厂	可燃气、煤、冷却水	热、电	石膏、粉煤灰、硫代物
炼油厂	原油	成品油	可燃气

合作正是通过本区域物质流、能量流、信息流为纽带,紧密地联系在一起的。

1959 年建立的阿斯耐斯(Asnaes)发电厂是丹麦最大的燃煤火力发电厂,具有年发电 1500 千瓦的能力,可以算作整个生态工业园区核心中的核心。除作为发电厂本身需要为企业和居民提供电能以外,阿斯耐斯(Asnaes)发电厂还在多个方面维持着整个生态工业系统的稳定运行,主要包括:为卡伦堡约5000个家庭提供热能;以电厂废热为可再生利用资源,为炼油厂和制药厂提供工业蒸汽,使热电联产比单独生产提高燃料利用率可达 30%;发电厂的冷却水还为当地农业提供了热能(如供应中低温的循环热水,使大棚生产绿色蔬菜,引到渔场后促进水温升高从而生产了 100 多吨"电厂鲑鱼"等);发电厂的烟道脱硫设备安装后,每年生产约 20 万吨石膏,通过烟尘脱硫装置,大量制造了人造石膏,这不仅节约了生产成本,防止了空气污染,同时减少固体废弃物的排放与堆积;每年产生的 3 万吨粉煤灰,可被水泥厂回收利用,作为生产水泥的原料;发电厂产生的大量飞灰的回收,还可提供给土壤修复公司作为土壤修复之用等。

斯塔朵尔(Statoil)炼油厂是丹麦最大的炼油厂,具有年加工 320 万吨原油的能力,除此之外,炼油厂出资建设了通往 Tisso 湖的输水管道,来节约冷却水的使用成本;炼油厂多余的可燃气体通过管道输送到石膏制板厂和发电厂作为供生产过程使用的能源之一;炼油厂通过管道把经过生物净化处理的废水输送给发电厂,作为冷却电厂发电机组之用;炼油厂将进行酸气脱硫过程中产生的脱硫气供应给发电厂燃烧,而产生的副产品硫代硫酸铵,则被用于生产液体化肥。

挪伏·挪尔迪斯克(Novo Nordisk)制药厂,生产医药和工业用酶,是丹麦最大的制药公司,年销售额约 20 亿美元。该公司在生态工业园区中还担任着连接农业方面的重任,例如制药厂的原材料土豆粉、玉米淀粉发酵产生的废渣、废水以及污泥等废弃物,经杀菌消毒后可被农民用作有机肥料;胰岛素生产过程的残余物:酵母,也可被用来饲养生猪等。

吉普洛克(Gyproc)石膏制板厂,具有年加工 1400 万平方米石膏板材的能力。通过工艺和设备改造后,用电厂的脱硫再生石膏和市政回收站回收的石膏做原料制作的石膏板,既可以减少以往从西班牙进口的天然石膏的使用量,又可对不可再生性自然资源进行间接保护。

除了四大核心企业,以及众多作为补充链进入该园区的中小配套企业外,作为"还原者"的静脉产业企业也在该园区中起到不可或缺的作用。Bioteknisk Jordrens Soilrem A/S 是一家土壤修复公司,成立于 1986 年,每年可以修复 50 万吨的受污染土壤。该公司使用卡伦堡市地下水道产生的淤泥作为原料,制作受污染土壤的生物修复营养剂,利用其中的微生物成分恢复被污染的土壤。Noveren I/S 作为一家废品处理公司,收集所有园区单位的废物,据估计每年可以处理生活和工业垃圾 12.5 万吨,并利用垃圾沼气发电,还可以每年提供 5 万—6 万吨的可燃烧废物。另外,卡伦堡市政回收站和市政污水处理厂也参与进生态工业园区的生态产业链中,主要负责回收石膏、提供污泥等工作。

正是由四家核心工业企业、若干中小企业以及废物还原处理企业所组成的 20 余条工业产业链,构成了卡伦堡生态工业园独一无二的共生性生态工业系统(见图 3-1)。随着工业园区的不断发展,园区逐渐朝着经济、环境和社会协同共生的方向发展,使得该区域的经济效益、社会效益和环境效益均十分突出。

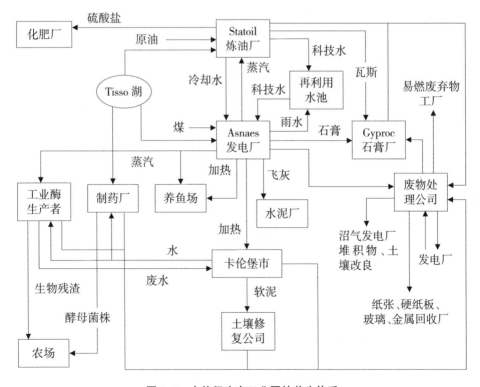

图 3-1　卡伦堡生态工业园的共生体系

3. 成功经验

卡伦堡生态工业园成功的关键因素包括以下四个方面：

一是基于工业生态共生原理的组织形式。卡伦堡生态工业园的区域性组织演进，是典型的基于系统自组织和共生原理而形成企业间的有序结构和共生关系。具体说，最初是由发电厂、炼油厂等主要企业为了降低成本、适应政策性限制之需要而自发组成的。为了适应环保政策性限制和降低企业成本，企业之间通过废弃物交换而相互连接，这就构成了整个区域间物质、能量和信息的高效率交换和利用，以及其在区域间"正能量"（理查德·怀斯曼语）的有效传递和匹配。从另外角度讲，也完全体现了企业家高度的社会责任，使他们的区域经济发展，既符合联合国可持续发展战略的相关规定，也符合企业家社会责任的相关要求。一般来说，卡伦堡的区域经济发展，主要依靠市场力量来驱动，使企业家们为企业盈利而聚集在一起。与此同时，又与对当地生态系统和生物圈的认知紧密结合，做出了以市场经济为特征的区域性资源生态合理性优化配置，而非简单意义上亚当·斯密和新自由主义者弗里德曼和哈耶克式的"经济人自身利益最大化"，而丝毫不考虑"外部不经济"的所谓"市场经济资源优化配置"。当然，其间也不排除卡伦堡政府对当地区域经济发展的积极引导作用。例如，20世纪80年代以来，当地政府开发主管部门就开始积极支持当地企业的共生性合作行为，并成立了专门的共生合作信息中心——工业共生协会。之后，多个企业参与建立共享性的基础设施，于是改变了传统一对一的交换模式，使之逐步扩大成为多元副产品交换网络。通过政府和企业协商对系统内的物质与能量交换进行科学设计和配置，形成了目前这样有序高效的卡伦堡区域性工业生态共生结构。

二是企业成员的多样化和互补性。因为生态工业园区是对自然生态系统与当地生物圈的模拟和认知，所以需要吸引不同类型的企业加入其中，尤其鼓励能对系统主导企业所产生的废弃物再利用的"清道夫"和"分解者"入园。卡伦堡生态工业园内的众多企业，覆盖电力、化学、石油石化等多个工业行业以及畜禽牧渔等农业行业，不仅有提供生产经营活动原材料的"生产者"，如发电厂、炼油厂等，而且有众多"消费者"，包括化肥厂、水泥厂、石膏厂等，还有采用高新技术的土壤修复公司和废物处理公司，作为"还原者"。

三是主导企业的关键性作用。在生态工业园区中必须具有主导整个园区系统运行的"关键企业",即核心企业,作为园区生态关系确立的核心。核心企业,为了卡伦堡区域性生态化建设与发展,一般都具有较强的协同能力和良好的发展前景,从而保证了整个区域生态系统的稳定性。对于卡伦堡生态工业园来说,四个大型工业企业构成了整个生态工业系统的"关键要素",它们可以影响整个卡伦堡生态工业的结构。实践中,正是这几个企业30多年来的平稳运行和对技术创新的不断追求,决定了卡伦堡成为当代最具有代表性的区域性生态工业园区。

四是产业链的有序演进。随着园区内企业数量的增加,生态工业园区逐渐产生新的产业链,最终形成园区特有的符合生态系统法则的产业生态。1972年卡伦堡最初的产业链关系是由石膏厂利用炼油厂的丁烷气确定下来的。在随后的30多年时间里,先后形成了30多条产业链,组成了一个完整的工业生态系统。整个循环产业链的发展,在企业自身和政府的双重推动下有序进行,逐渐形成了大企业主导、有偿交换、中小企业补链、技术创新协同兼顾,进而形成了资源生态合理利用型静脉产业进入为特点的生态工业园区。

(二)荷兰鹿特丹生态港口建设

作为欧洲最大的贸易港和世界信息大港,鹿特丹港在智慧港口方面的探索与实践总体处于世界领先水平。深度剖析其智慧港口发展模式与特点,对我国区域生态化协同发展和智慧港口建设具有重要借鉴意义。

随着全球经济一体化和数字信息科技的快速发展,港口之间的竞争逐渐演变成全球网络及港口所处生态圈之间的竞争。通过业务模式变革与发展理念创新,打造全面感知、运营高效、安全可靠、智能绿色、开放创新的智慧港口,重构多边界、系统化的港口生态圈,是21世纪现代港口赢得战略主动权的重要举措。在某种意义上,智慧港口是一场涉及港口发展理念、组织管理、运营模式、价值服务的深刻变革,影响深远。

1.基础条件

鹿特丹港位于莱茵河和马斯河河口,西依北海,东溯莱茵河、多瑙河,地处世界上最繁忙的大西洋海上运输线和莱茵河水系运输线的交接口,是欧洲最重要的石油、化学品、集装箱、铁矿、食物和金属的运输港口,素有"欧洲门户"

之称。鹿特丹港共有 7 个港区,港区面积达 80 多平方千米,年吞吐量超过 4 亿吨。每年大约有 3.4 万艘海船和 13.3 万艘内河船舶挂靠,有 500 多条班轮航线连接世界 1000 多个港口。据统计,2017 年鹿特丹港完成货物吞吐量 4.67 亿吨,集装箱吞吐量 1370 万 TEU(20 英尺标准集装箱单位),相对 2007 年增长了约 30%。

2. 运行方式

早在 2011 年,鹿特丹港就提出了 2030 年港口发展战略愿景,从港口集疏运体系、物流服务、投融资环境、空间资源、生态环境、港产城融合、人文环境、创新能力、政策环境、区域经济等 10 个方面进行了关键因素分析,并结合全球港口发展态势,画出了未来"智慧港口"的技术路线图,其基本理念就是围绕打造全球性枢纽港和欧洲临港产业集聚区的战略目标,重点从柔性、可达性和可持续性三个方面,全面提升港口物流链运作效率,促进国际贸易便利化,实现港口可持续发展。届时,鹿特丹港的总吞吐量将达到 7.5 亿吨,集装箱吞吐量将突破 2000 万 TEU,鹿特丹港将成为更清洁、更安静、更安全、更高效、更智能的世界一流港口。

按照既定的战略规划,鹿特丹港制定了总体的推进实施方案和翔实的年度行动计划,并建立了动态评估与考核机制。近年来,鹿特丹港逐步加强数字化技术应用和港口生态圈打造,重点从提高港口运营效率、完善港口集疏运体系、创新港口价值链服务、推进国际贸易便利化、加强港口与城市的融合、深入推进港口绿色可持续发展等方面,积极推进智慧港口建设,取得实质性进展。

3. 成功经验

鹿特丹智慧港口和区域生态化协同发展的主要做法有:

一是大力提高港口运营效率与智能化水平。鹿特丹港一直关注港口装卸效率与智能化水平的提高。通过现代信息技术、自动化技术、智能化机械设备等应用,大幅提高港口运营智能化、柔性化水平。早在 1993 年,鹿特丹港口建设了全球首个全自动化集装箱码头,以应对劳动力成本攀升、港口空间资源相对有限、运营成本上升的挑战。近年来,鹿特丹港持续推进港口基础设施的改造升级。通过大数据、物联网、智能控制、智能计算等技术手段,强化码头前沿水平运输作业、堆场内作业、道口进出等全过程的自动化、一体化控制。耗资

40亿美元的马斯莱可迪二期项目于2015年4月投入运营。该码头采用了全自动化码头技术和远程控制船岸起重机,到2035年全部完建后,码头运营效率将提高50%以上,承运的集装箱也将更多。通过现代科技的深度融合应用,提高码头运营效率和柔性水平,正是鹿特丹智慧港口内涵的重要体现。

二是构建发达的腹地运输网络。鹿特丹港吞吐货物80%的发货地或目的地不在荷兰,大量货物通过内陆运输网实现中转。鹿特丹港高度重视腹地运输网络的优化完善,打造便捷、安全、高效、可靠的港口集疏运体系,大力发展内陆多式联运。外通综合交通网络(水路网、高速公路网和铁路网)与欧洲各国连接,覆盖从法国到黑海、从北欧到意大利的欧洲各主要市场和工业区;内连各港区码头,衔接临港工业区和港口所在市区。铁路线直接延伸至港口作业区,实现海铁联运无缝衔接。发达的腹地运输网络,有力保障了鹿特丹港的集聚效应和扩散效应。

三是注重现代信息科技手段的应用。鹿特丹港致力于推进港口数字化进程,注重通过现代信息技术和人工智能技术等应用,提高港口运营效率与服务水平。首先建立完善的信息化基础设施。利用局域网、云计算、移动终端设备、物联网、视频监控系统等,为港区、码头、堆场及港口物流等数字化、网络化管理提供基础技术支撑。其次建立港口运营管理集装箱智能码头操作系统(CITOS),实现信息系统指令与码头机械设备控制功能的无缝衔接,使各种港口资源高效、合理地分配和调度。再次建立互联互通的信息平台Portbase System,继续加强腹地运输网络优势,整合相关港口服务,打通港口价值链上下游环节的数据流,促进政府职能部门、航运公司、物流企业、金融和法律服务机构等一起高效运作。最后建立港口大数据中心,实现港口价值链信息资源集中统一管理,开展基于大数据的基础建设、生产管理、客户服务、市场预测等创新应用,为相关方提供及时、准确、标准化的数据服务。

四是创新港口物流链协同化服务。鹿特丹港实行自由港政策,十分重视港口物流节点功能和物流链枢纽作用的发挥,注重全方位的港口物流价值链服务,促进港口物流链高效组织与协同化运作。①加强与港口物流链上下游各方的协同合作,打通物流链的海陆节点,实现物流链资源整合与集成,为货主、物流公司、航运企业及其联盟提供更具价值的优质服务。②构建港口物流链全程信息服务体系,为物流企业、上下游客户提供多方业务协作及运营基础平台,实现高效、可靠的物流服务。如基于数字化技术构建港口社区系统,将不同的物流供应链和工作网(如内陆码头、海港码头和内陆运输等)整合成一个条目清晰、协调的体系,提高港口物流链一体化服务水平。③提高增值服务比例。借助电子服务平台,整合"欧洲门户服务"网络中各方面的参与者,通过信息增值服务保留货源资讯。同时,根据用户的需要,及时有效地处理多货种、多功能、范围广和不同周期的综合物流活动。如提供定制化的运输服务,以及中转与多式联运相结合等服务,满足市场多元化、个性化的需求。

五是大力推进港口绿色可持续发展。鹿特丹港非常重视港口生态环境和可持续发展,大力推动港口向低碳节能、绿色环保方向发展。实施了"转变运输方式"战略计划:优化港口集疏运体系,引导公路运输方式向水路、铁路等清洁运输方式转变,减少公路交通拥挤和环境污染。积极推进电动集装箱调度车辆、清洁型水力和陆地发动机、岸电技术等的应用,建立船舶污染排放控制区,大幅降低港区二氧化碳的排放量。实施内河运输奖励计划,对于符合规范的内河运输船舶给予经济补贴。开通了来往鹿特丹港与德国的货运专列,以增大海铁联运比例。目前,鹿特丹港的水水中转比例在50%以上,内河集疏运量也占到总量的20%以上。

六是积极营造良好港口生态圈。根据2030年港口发展战略构想,鹿特丹港着重打造从规划引领、政策扶持、综合服务、产业配套等方面推进紧密协作、高度协调的港口生态圈。首先推进港口战略与人文环境的协调创新。在提升港口利益价值的同时,广泛听取各方面意见建议,追求港口与城市人文环境、居住环境的协调发展。大力推进港口可持续发展和港口所在城市的繁荣发展,注重社会人文、生态绿色、环保节能、港产城一体化。其次大力优化营商环境。积极争取地方政府的支持,加强与海关、临港产业、欧洲产业界、航运企业、国际港口、相关协会组织等的合作,广泛与港口物流链相关方建立战略合作伙伴关系,寻求改进贸易便利化的机会,实现互利共赢、共同发展。再次积极推进产学研用联盟建立,引领港口向更高层次发展。联合荷兰代尔夫特理工大学、鹿特丹伊拉斯姆斯大学等组建了智慧港口研究中心,加强相关基础理论和前瞻性研究,为鹿特丹智慧港口建设提供技术支持。

（三）美国布朗斯维尔生态工业园

美国区域性生态工业园区的发展已有几十年的历史，早在 20 世纪 90 年代，虽然新自由主义主导了祸及发展中国家的所谓"华盛顿共识"（当时主要殃及的是拉美国家），但在美国，生态工业园区作为一个新兴的工业生产理念引起了政府、一些科研机构及有远见的工商企业的高度重视。1991 年，美国国家科学院举办了第一届关于生态工业的研讨会。为了促进生态工业园区的发展，美国政府在总统可持续发展委员会下面设立了"生态工业园区特别工作组"。1994年，美国环境保护局与"生态工业园区特别工作组"一起指定了 4 个特定区域作为生态工业园区的示范点，其中包括马里兰州的费尔菲尔德（Fairfield）、弗吉尼亚州的查尔斯角（Cape Charles）、得克萨斯州的布朗斯维尔（Brownsville）和田纳西州的恰塔努加（Chattanooga）。

1. 基础条件

布朗斯维尔生态工业园区位于美国得克萨斯州南端边境上，隔格兰德河与南岸墨西哥的马塔莫罗斯相望，为亚热带灌溉农业地区的贸易中心，工业以食品加工业为主，还有与石油、天然气有关的工业和电子零件、飞机零件等工业生产企业。除此之外，美墨间铁路、公路、航空交通要地，使得布朗斯维尔区域性工业生态园区的建设，可利用其交通发达的优势。布朗斯维尔的各个企业尽管不是严格设定在同一地区，但它们的核心企业与中小企业之间采用嵌套式共生生态网络模式，这就在事实上降低了该区域产业园的建设成本，并具有很强的灵活性，应该说是一种虚拟性区域生态工业园区的典型代表。

2. 运行方式

布朗斯维尔生态工业园区是在一个地区范围内促使企业之间形成一种原料—废料—原料交换的工业生产系统（又被称为地区"工业共生"）。布朗斯维尔生态工业园区根据相关企业的特性建立了"工业共生"路线图，在提高园内现有企业生产效益的同时，吸引新企业进入。该园区建立了自己的数据库，列出了本区及附近地区现有企业生产的产品及废料或排放物，园内咨询专家对这些企业的排放物或废料进行分析，并且找出有可能会使用这些排放物或废料的潜在企业，以促使它们加入生态工业园区的"工业共生"系统中来。

布朗斯维尔生态工业园区内比较典型的"工业共生"组合是查普雷尔钢铁

公司与得克萨斯工业公司,在得克萨斯州的米得罗森市共同组建的零排放工业生态模式。得克萨斯工业公司下属的水泥厂利用查普雷尔钢铁公司炼钢厂的炉渣生产高质量的水泥。炉渣直接从炼钢厂的冶炼炉里转运到水泥厂的窑中,使炼钢厂的废料得以充分利用,也让水泥厂省下了大笔生产成本。水泥厂在使用炼钢厂的炉渣作原料后,其产量增加了10%,能耗则减少了10%。

3. 成功经验

布朗斯维尔生态工业园区的成功之处在于它是属于典型的虚拟生态工业园区。这类园区并不严格要求其成员企业在同一地区,而是通过建立计算机模型和数据库,在计算机上进行成员间的物质、能量或信息的联系。虚拟工业生态园可以省去一般建园所需的土地及设备购置费用,避免进行大量的工厂迁址工作,因而具有很大的灵活性,但其缺点也十分明显,需要承担较高的运输费用。

(四)日本北九州生态工业园

在日本,北九州工业区是其重化工业基地,也是世界著名的老工业基地之一。第二次世界大战后,北九州工业区主导产业已经逐步衰退,该区域环境污染也十分严重。因此,政府将"产业振兴"和"环境保护"两大政策有机结合在一起,重新规划和设计其区域的工业布局,并成功地实现了北九州旧工业区向区域性生态工业园的转型。

1. 基础条件

20世纪末,北九州市以环境便利条件和再利用产业为支柱,制定了"北九州生态工业园区规划",并于1997年7月得到国家的批准。设立生态工业园区各个项目的目的在于将各种垃圾作为其他产业的原料进行回收利用,以尽可能实现不排放垃圾或零排放,真正构建资源循环利用型社会。

北九州生态工业园区项目的具体内容,是以现在的响滩地区为中心,集中开展家电、汽车、塑料瓶等各种回收物品的再利用项目。该地区聚集了很多产学联合的开展垃圾处理和再利用技术的研究机构。此外,生态工业园区规划项目还包括:充分利用市内工业基础设施,互相合作,从地方城市的角度出发,努力实现"环境联合企业"设想(该设想以资源能源的循环利用以及产业创新为目的),促进市内整个产业界的环保合作活动等。目前,北九州生态工业园已经形成了名副其实的产学研相结合，并且成为区域性资源生态合理性优化配置的典范。

2. 运行方式

北九州生态工业园由中心区、环保企业聚集区、响滩再生利用区和环保研发中心四个功能区组成。

中心区是开展环境教育的基地，如举行环保知识讲座，举办环保技术的相关研修和推广等。

环保企业聚集区为了开展环保产业化项目，通过各企业的相互合作，推进区域内零排放型产业联合企业化，最终成为资源循环的典型基地。特别是在建立了复合设施项目之后，它们将生态工业园中企业排放出的残渣、汽车报废后的废部件等主要工业废弃物进行了合理处理，并将处理过程中的熔解物质再次资源化。与此同时，它们还利用其间产生的热量进行发电，并提供给园区内的各家企业。

响滩再生利用区是市政府开发的专用土地，由汽车再生区域和新技术开发区域组成。它被长期出租给企业，尤其是扶持中小型企业在环保领域内的发展。汽车再生区域是由分散在城区内的七家汽车拆解工厂集中在一起而形成的综合性机构，它的形成，旨在以更合理、更有效的方式开展汽车再生使用产业活动。新技术开发区域则由食用油再生项目、清洗剂和有机溶剂再生项目、塑料油化再生项目等构成。

环保研发中心是专门从事实验研究的区域。一般由企业、政府、大学联合起来进行废物处理技术、再生利用技术和环境污染物质合理控制技术的研发工作。他们目前已经进行了废纸再利用研发、填埋再生系统的开发、封闭型最终处理场的启用、完全无排放型最终处理场及其早期稳定化技术的研究、废弃物无毒化处理系统的建立，以及食品垃圾生物质塑料化处理等多项实验研究和实施。

3. 成功经验

归纳起来，日本北九州生态工业园的主要特点有以下四个方面：

一是以静脉产业为主体。生态工业园区以废弃物再生利用为主要内容，所回收、循环利用的废弃物多达几十种。这些废弃物中包括了量大、面广的普通废弃物和产业废弃物,如 PET(聚对苯二甲酸乙二醇酯)瓶、废木材、废塑料、废旧家电、办公设备、报废汽车、荧光灯管、废旧纸张、废轮胎和橡胶、建筑混合废物、泡沫聚苯乙烯等。

二是利用的废弃物大部分属于"再生法"等法律规定的范围。正是由于有了相关法律的支持,日本生态工业园区的废弃物再生利用产业才能够兴旺、有序和规范地发展。例如,一般废弃物中的废弃家电、废旧汽车、废容器等,分别为家电再利用法、汽车再利用法和容器包装再利用法所覆盖。而对于建筑或混合废弃物等产业废弃物的再生利用来说,则是建筑再利用法等相关法律所规定的范畴。

三是园区内开辟了专门的实验研究区域。如前所述,企业、政府部门和大学共同研究废弃物处理和再利用技术及环境污染物质合理控制技术,为企业开展废弃物再循环利用提供了技术支持。在北九州生态工业园区中,具体的实验项目包括废纸再利用、填埋再生系统的开发、封闭型最终处理场、完全无排放型最终处理场及其早期稳定化技术开发、废弃物无毒化处理系统,以及豆腐渣等食品化技术、食品垃圾生物质塑料化等多项实验研究项目,统统体现了这方面的进展。

四是生态工业园区是一个多功能的载体。园区不仅进行常规的产业活动,还是地区环境事业的一个窗口。北九州生态工业园区内除了各项废弃物再生利用设施外,具有以下功能:举办以市民为主的环境学习,举办与环境相关的研修及讲座,接待考察团,支援实验研究活动,园区综合环境管理,展示环境、再生使用技术和再生产品,展示、介绍市内环境产业等。[①]

(五)加拿大伯恩赛德生态工业园

在加拿大的众多生态工业园中,伯恩赛德工业园区是目前最大的一个,是由达尔胡西大学资源与环境学院的瑞蒙·考特教授领导的较为成功的生态工业园项目。其主要特点是通过建立伯恩赛德清洁生产中心,推动园区内的1200 多家公司实现"绿色化"。加拿大伯恩赛德区域性生态工业园主要包括:

---

① 岳思羽、王军、刘赞等:《北九州生态园对我国静脉产业园建设的启示》,《环境科技》2009 年第 5 期,第 71—74 页。

通过废物评价为每个企业寻求高效的资源使用技术；确定园区企业间可能的物质和能量联系,进行废物交换,并增进相互间的工业生态学关系。园区发展非常迅速,并已经开始显现出相应的经济、环境和社会效益,因而如卡伦堡区域性生态工业共生园区具有很强的代表性那样，加拿大伯恩赛德区域性生态工业园同样如此。

1. 基础条件

伯恩赛德工业园是 1975 年在加拿大新斯科舍省达特茅斯市的城市发展计划中指定的商业与轻工业带中建立的,于 1995 年开始按照生态工业园区的模式进行设计改造，位于新斯科舍的达特茅斯。园区拥有 1200 多家企业和18000 多人口,园区企业主要由小型或微型工商企业组成。

伯恩赛德生态工业园区的 1200 多家工商企业,涉及数十个不同行业。就冗余度而言，该园区有 18 家印刷厂、21 家涂装与涂料流通企业、17 家化学公司、20 家计算机组装与修理单位、25 座较大型的汽车修理站和 17 家较大型的金属加工公司。除了前述企业和公司,该园区有着一些家具制造厂、塑料薄膜与纸板制造公司和一家电信企业,以及种类繁多的服务型行业,其中包括食品服务、健康服务、通信、建筑、零售和运输服务在内的各类服务领域。

2. 运行方式

园区为了鼓励企业生产、使用并出售环境友好型产品,专门成立了清洁生产服务中心,为园区内企业提供有关废物排放最小化、资源利用效率最大化等预防污染环境和清洁生产的信息服务与技术支持。除此,还兼顾监督企业执行生态环境保护措施,对企业进行废弃物利用的评价,对企业间产品和废弃物相互利用的鼓励与推动,对企业管理者和员工进行环境意识与环保技能的培训,对废弃物再利用、再恢复、再循环型企业的引进等方面。清洁生产中心通常采取产学研合作模式，由加拿大达尔胡西大学环境学院负责园区内部的生态效率中心的维护和管理,当地政府和园区企业负责提供融资支持。此外,还在大学科研力量的帮助下，实现整个园区开展物质流、能量流和信息流的优化工作,以更有效地促进企业之间的副产品交换及其他合作,确保园区内 1200 多家企业整体的"绿色化"生产和经营。

3. 成功经验

伯恩赛德工业园是加拿大目前最大的一个生态工业园区,其主要特点是通过建立伯恩赛德清洁生产中心,推动园区内的1200多家公司实现"绿色化",其成功的关键因素主要有以下两个方面:

一是建立废料重复利用中心。1992年,对伯恩赛德工业园中278家工商企业进行的一次调查结果表明,很多工商企业支持废物利用和工业生态学概念,工商业人士一般都支持将其废弃物用于生产性活动和环境保护上,其中,92%的人接受参与活动的机会,90%的人愿意参与合作性废物削减机制,90%的人想要有关效率和废物最少化可能性的相关信息。工商业人士也指出,经济鼓励措施、财政援助等信息是最有可能影响其改变材料与能源利用,以及生产工艺的决策的。伯恩赛德工业园的实例表明,废弃量最大的材料是包装。包装可以定义为任何一种用来保护、容纳或运输一种商品或产品的材料或物品。当公司收到产品和材料时,当它们准备将商品装运和销售时,当它们在各自设施内部移动产品和材料时,废弃的包装大部分既可以原样重复利用,也可以经过改造后重复利用。为此,伯恩赛德工业园还建立了一个"包装重复利用中心",其目的就是搜集来自该园区内部的,由纸板、塑料、木材、玻璃、金属及聚苯乙烯制成的包装材料,并提供给企业重复利用。由此,伯恩赛德园区还成立了清洁生产中心,为园区内企业提供有关废物排放最小化、资源利用效率最大化的信息服务与技术支持,实现园区内企业的"绿色化"生产。

二是企业冗余度很大,共生网络稳定。伯恩赛德工业园容纳了1200多家企业,主要是由一些在工业加工过程中会产生消耗剩余物的小型公司组成,如纸浆加工造纸厂、建筑板厂、石油提炼厂等。与卡伦堡不同,伯恩赛德生态工业园内的工业活动丰富多样,企业冗余度很大,保证了工业共生网络的稳定性。经过近十年时间的发展,园内副产品交换网络已经相对比较丰富,各企业之间已基本建立了工业共生网络关系,能量的梯次流动和废物的循环利用在园区内已普遍出现,园区已开始向"工业生态系统"的方向发展。

第二节　我国区域生态协同发展的典型案例

关于区域生态化建设和协同发展的问题已经成为目前许多国家和地区广泛关注的一个问题。我国很多城市也不同程度地受到空气污染、资源短缺、交通拥堵等问题困扰,在国家可持续发展和生态文明建设引导下,各地均提出区域生态化发展的目标,并在最近几年陆续开始了实质性建设,特别是生态新城和生态工业园区的建设呈现出数量多、规模大、速度快的特点。正如习近平总书记指出的:人类是命运共同体,保护生态环境是全球面临的共同挑战和共同责任。生态文明建设做好了,是中国特色社会主义的加分项,反之就会成为别有用心的势力攻击我们的借口。人类进入工业文明时代以来,传统工业化迅猛发展,在创造巨大物质财富的同时也加速了对自然资源的攫取,打破了地球生态系统原有的循环和平衡,造成人与自然关系紧张。从 20 世纪 30 年代开始,一些西方国家相继发生了许多环境公害事件,损失巨大,震惊世界,引发了人们对资本主义发展模式的深刻反思。在人类 200 多年的现代化进程中,实现工业化的国家不超过 30 个、人口不超过 10 亿人。如果在我们这个 14 亿多人口的最大发展中国家推进生态文明建设,建成富强民主文明和谐美丽的社会主义现代化强国,其影响将是世界性的。近年来,我国政府高度重视环境保护,将生态文明建设纳入中国特色社会主义事业“五位一体”总体布局,大力推动绿色、低碳和可持续发展,认真履行气候变化、生物多样性、化学品等领域国际环境条约义务,并取得显著成效。截至 2019 年底,中国单位国内生产总值二氧化碳排放量比 2005 年降低 48.1%,已超额完成 2030 年森林碳汇目标。中国通过切实行动为全球气候环境治理持续做出积极贡献。习近平主席在 2020 年 9 月 22 日召开的联合国大会上表示,中国将提高国家自主贡献力度,采取更加有力的政策和措施,二氧化碳排放力争于 2030 年前达到峰值,努力争取 2060 年前实现碳中和。各国要树立创新、协调、绿色、开放、共享的新发展理念,抓住新一轮科技革命和产业变革的历史性机遇,推动疫情后世界经济“绿色复苏”,汇聚起可持续发展的强大合力。中国对减少温室气体排放的承诺、在新冠肺炎病毒大流行后加快全球经济发展的努力以及中国政府在国际舞台上采取的一系列举措,明确表达了中国承担更多全球责任的意愿,此举将对全球应对气候变化产生积极影响。这样一个具有雄心的目标也体现了中国在环境保护和应对气候变化问题上的负责任大国作用和担当。

一、城市生态协同发展的案例分析

我国生态城市方面的理论研究和实践开始于20世纪80年代。目前,我国生态城市建设工作已经展开,并力图朝着低碳生态城市建设的国家目标迈进。据不完全统计,全国已经有240余座城市不同程度地提出了建设低碳生态城市的目标和设想。这是一个好的开端,一个改变我们以往奉行的片面的经济发展观,摈弃新自由主义政策导向引发的不良城市经济发展方式的重要契机。

必须清楚,中国的城市抑或区域经济生态化协同建设,并不是一蹴而就的。目前,在整个中国城市发展中,能源过度消耗是非常重要的一个因素,无疑对城市生态化建设是一种制约因素。在未来20年之内,中国城市将快速发展。城市化的发展,人口大量移动,将造成巨大的城市能源消耗。过去十年,中国能源消耗已经占全世界第一位,这一情况目前仍在继续加剧。如果按照这种趋势发展下去,到2035年,全世界1/4的能源都将为中国所消耗。就目前情况看,整个中国能源高消耗有相当一部分是城市交通和建筑耗费所致。故此,我国区域经济发展和城市能源利用仍然面临着严重的发展瓶颈。同样的,城市能源规划也面临几个重要挑战:其一是能源利用增长的速度能否进行有效控制,能否不再走多年来新自由主义怂恿的粗放型经济发展道路,能否将能源利用与环境保护有效地结合起来;其二是能否将能源结构进行合理调整,亦即在未来发展中,能否重视可再生能源的革命性转变;其三是能否对能源或其他自然资源进行高效节约利用。资源高效节约利用同样是区域经济协同发展抑或城市生态化建设必须面对的一个十分重要的问题。

资源高效节约利用,在20世纪90年代就已经是世界范围重视的热门话题,并且已有与之相应的国际前沿理论探索。与资源高效节约利用相关的理论研究,是德国伍珀塔尔气候、环境、能源研究所的科学家们最早开展的。这些科学家,不仅是这方面理论的最早探索者,而且是整个国际范围资源和能源高效节约利用的引领者。20 世纪 90 年代中期(1994 年)由德国伍珀塔尔气候、环境、能源研究所发起,欧、美、日、加、印等许多国家,在法国卡尔诺列斯村召开了"能源或其他自然资源使用效率"的相关会议,并发表了《卡尔诺列斯宣言》。该宣言要求:在一代人的时间内,许多国家可以将它们利用能源、自然资源和其他材料的效率提高到 10 倍,即"因子 10"。所谓"因子 10",即能源和材料利用强度下降 90%",而"因子 4",即下降 75%。[①]我国目前区域经济生态化协同所面对的"能源或其他自然资源高效节约利用"的问题,应参照德国伍珀塔尔研究所给世界各国提供的"因子 10"和"因子 4"理论作标准。如果不注重这种既定的参照标准, 那么现行的区域经济生态化协同建设抑或特定区域范畴的城市生态化建设,都将会流于空洞的口号或形式。况且,伍珀塔尔研究所提出的"因子 10"或"因子 4"理论,目前已经进入了世界许多国家政府官员、计划制定者、学者甚至商人的认知视野及日常工作之中。与此相应,"因子 10"抑或"因子 4"理论,也同样应该进入我国决策者在区域经济生态化协同方面的认知视野。当然,结合"因子 10"或"因子 4"进行我国区域经济的生态化协同建设并不是一件轻而易举的事情。我们是否能够依靠现代科技力量的支撑,依靠现有环境友好的高科技研发工作, 推进有利于生态环境保护的可再生能源及其他自然资源进行广泛利用, 能否在我国区域经济及城市生态化协同建设中推行伍珀塔尔研究所的利用效率理论,这确实是需要认真加以研究的问题。城市能源或其他资源的系统化管理或管理优化问题,也是一个非常重要的问题。它涉及对现行的以"看不见的手"的市场经济进行系统化的宏观调控。而我们能否在我国做出有利于区域经济及这一范畴之中城市生态化建设的系统化管理,同样是值得我们认真思考的问题。我们知道,自新自由主义在全球范围以市场经济作为资源配置手段以来,已经导致了巨大的全球性无序化。这种无序化的现实结果就是给发展中国家的生态环境造成巨大的破坏, 并使之出现十分严重的社会两极分化。事实上,新自由主义就是对亚当·斯密市场原教旨主

---

① 拉维斯等:《自然资本论——关于下一次工业革命》,王乃粒、诸大建、龚义台译,上海科学普及出版社,第 13—14 页。

义理论衣钵的继承,对市场原教旨主义并没有本质的改变。这种理论的根本缺陷在于:必然导致巨大的"外部不经济",这是英国福利经济学派创始人庇古20世纪20年代早已指出的。而庇古学说思想的当代版本则是美国学者加勒特·哈丁。哈丁认为:自由市场经济必然造成巨大的"公地悲剧"。这一点,已为我国大面积的空气污染(雾霾污染)和地下水污染所证实。相应地,它也是对弗里德曼、哈耶克等新自由主义学说思想的理论证伪,因为在他们的学说思想中, 只是片面地强调有利于资本或极少数人攫取最大限度资源的所谓"市场经济资源优化配置",而非符合社会或自然生态系统内在法则的"资源生态合理性优化配置"。这也正是它之所以导致庇古所说的"外部不经济"及加勒特·哈丁所说的"公地悲剧"的真正原因。正因为此,前述原因,是我们进行区域经济及该范畴的城市生态化协同建设必须加以认真思考和对待的制约因素,这些因素的合理解决,是我们进行区域经济生态化协同发展的必要前提。

尽管我国目前区域经济生态化建设存在许多问题, 区域范畴的城市生态化协同发展也存在许多发展瓶颈,但是,我国有许多城市和地区在生态文明建设中有不小的进展。据相关统计,我国目前有240座城市已有自己的生态化建设目标与规划,并且有些地方已经做出了惊人的成绩。

(一)中新天津生态城

中新天津生态城是中国、新加坡两国政府合作的重大项目。2007年11月18日,国务院总理温家宝和新加坡总理李显龙共同签署了中、新建设生态城框架协议,明确在天津滨海新区建设一座资源节约型、环境友好型、社会和谐型的城市。十年多来,中新天津生态城构建了轨道交通和慢行道路为支撑的绿色交通体系。建立了量化目标引领下的规划管控体系和权责明确、良性循环的城市开发模式;走出了污染场地治理和盐碱地改造利用的新道路,成为全国绿色建筑规模化、集中化发展的示范城区,健全了城市资源节约集约循环利用体系,形成了优质化、均衡化的公共服务体系。中新天津生态城在区域生态化协同发展的有益探索,可以更好地引导我国生态城的规划和建设,解决现代城市经济社会发展与生态环境保护的矛盾, 探索建立城市永续发展的模式和人类理想聚居的方式。

1. 基础条件

2007 年 11 月,两国政府在新加坡签署框架协议,生态城项目选址天津滨海新区。2008 年 1 月,市政府成立中新天津生态城管委会。2008 年 9 月,生态城开工奠基。中新两国领导人对生态城的开发建设高度重视。天津市委、市政府,滨海新区区委、区政府认真落实两国领导人重要指示要求和两国政府协议精神,在交通配套、基础设施建设、支持政策、社会资源引入等方面给予生态城全力支持。

中新天津生态城选址范围内现存的土地 1/3 为盐田,1/3 为水面,1/3 为荒滩,生态物种稀少,水资源短缺,污染严重,地质水文条件较差。选址在这一自然条件较差的区域,符合不占用耕地的要求,突出了建设生态城的示范意义。同时,在资源约束条件下,在一个水资源缺乏、污染较为严重的盐碱荒滩上新建设一座生态城市,在世界上尚无先例,缺少可借鉴的经验。在中新天津生态城总体规划编制过程中,通过规划对城市及周边地区自然环境、资源禀赋、经济社会发展水平进行综合调查,制定了生态环境、生态经济、资源保障、生态人居、生态文化及生态城市管理六个体系。

2. 主要做法

中新天津生态城突出生态和协同的特色,确定城市定位和产业发展方向。规划提出生态城要与滨海新区各功能区优势互补、协调发展的要求,围绕生态经济、循环经济、低碳经济的目标,把自主创新作为转变发展方式的中心环节,大力发展生态环保科技研发转化产业和文化创意、服务外包、旅游会展、物流等现代服务业。构筑与生态城相适应的产业结构,逐步将生态城建设成为综合性的生态环保、节能减排、绿色建筑、循环经济等技术创新和应用推广的平台,国家级生态环保培训推广中心,现代高科技生态型产业基地,"资源节约型、环境友好型"宜居示范新城,参与国际生态环境建设的交流展示窗口,成为科学发展、社会和谐、生态文明的示范区。

一是科学分析环境资源承载能力。按照天津市和滨海新区总体规划的有关要求,同时根据生态城经济发展目标,充分考虑资源与环境条件等制约因素,规划采用水资源、土地资源以及生态环境承载力法、综合增长率法等多种方法对人口规模进行预测。以预测为基础,综合考虑经济社会发展和生态保护的因素,坚持集约节约用地原则,依据现有生态条件,确定生态城建设用地规模为25.2平方千米。其中居住用地占总建设用地的40%,产业用地占10%,商业用地占3%,公共绿地占18%。人均建设用地低于国家的用地标准,为生态城可持续发展预留了空间。

二是突出生态协同发展。新区确定紧凑型城市布局结构,规划坚持生态优先原则,以构建区域一体化生态系统为目标,加强对生态城河湖水系、湿地和鸟类栖息地等生态敏感区域的保护,同时规划建设六条生态廊道,形成了"一岛三水六廊"的生态格局。在此基础上,结合津滨轻轨延长线,建设生态谷,串联各生态片区,结合交通站点建设城市中心和片区中心,形成"一轴三心四片"的紧凑型空间布局结构。借鉴新加坡理念,每个生态片区由4—5个生态社区组成,每个生态社区由4—5个生态细胞构成。科学布局居住、公共设施和产业用地,使居民出行距离更加合理。居民步行300米内可到达生态细胞中心,步行500米内可到达生态社区中心,80%的各类出行可在3千米范围内完成。

三是发展绿色交通体系。新区规划建立以公共交通为主的交通体系、以轨道交通为主的公交体系、以清洁燃料为主的公共补充体系和以步行、自行车为主的慢行体系,创建低能耗、低污染、低占地、高效率的绿色交通发展模式。并与土地使用紧密结合,合理设置公交站点,使公交站点周边500米半径服务范围100%覆盖。通过方便快捷的服务,提高公共交通和慢行交通的出行比例,实现从"以车为本"到"以人为本"的转变。2020年,生态城内绿色出行所占比例不低于90%。

四是坚持集约节约理念。新区以构建资源节约型、环境友好型社会为原则,在能源方面,规划提出通过发展循环经济、低碳经济,推广绿色交通和绿色建筑。生态城内所有建筑都要符合相关的绿色建筑标准,实现节能减排,通过能源梯级利用与循环利用,提高能源利用效率。优化能源结构,促进高品质清洁能源的使用。同时,优先发展太阳能、地热、风能、热泵等可再生能源技术并合理耦合,使生态城内可再生能源比例达到20%以上。在水资源方面,将节水作为首要目标,规划2020年人均生活用水指标控制在120升/人·天。优化用水结构,实行分质供水,加强水资源循环利用。在生态城范围内供排水管道普及率达到100%;加强再生水利用,实现污水的资源化,污水处理达标率为

100%。另外,加强雨水收集和海水淡化利用,合理配置水资源,减少对常规水源的需求。非传统水资源利用率不低于50%。

五是促进人与环境共生。新区开展生态修复与环境建设,针对生态城生态敏感度高、生态环境脆弱等特点,开展生态环境保护、修复及治理工作。对营城水库、蓟运河故道的水体和底泥进行治理,对盐碱化土壤进行处理和改良,加强生态修复。在此基础上,积极建设以多级水系、绿色网络为骨架的复合生态系统,在蓟运河、津汉快速路等通道两侧设置生态绿地和防护绿带,为生态城提供生态屏障;以步行系统和绿色廊道串联城市公园和社区绿地,形成自然生态环境与人工生态环境和谐共融的城市生态系统。

六是促进和谐社会建设。新区规划围绕建设和谐社会的目标,坚持以人为本,积极探索住房制度改革,创新社区建设模式,提高配套设施水平,努力创建和谐、舒适的人居体系。建立多层次、多元化的住房供应体系,满足不同阶层对住房的需求;妥善安置原有农村居民,解决中低收入群体的住房困难,政策性住房比例不低于20%。同时,构筑与社区结构相适应的公共服务体系,形成"城市中心、生态社区中心、生态细胞中心"3级公共服务设施网络,合理配置关系人民群众切身利益的教育、医疗、体育、文化等公共服务设施,满足居民不断增长的物质、文化、精神和健康的需求,促进各项社会事业均衡发展。

此外,在区域协调方面,生态城作为一个新建城市,无论在管理体制方面,还是生态平衡方面,均存在与大区域的协调问题。虽然在规划建设过程中存在一定问题有待解决,但中新天津生态城的实践是对我国城市化新模式的一次有益探索,将为我国其他城市的发展提供宝贵的经验。

(二)长株潭大河西先导区(湘江新区)

长沙大河西先导区是长株潭城市群"两型社会"综合配套改革试验区的核心区,承担着国家探索资源节约、环境友好发展道路的重任。2007年12月,湖南长株潭城市群经国务院批准,正式成为"全国资源节约型和环境友好型社会(以下简称'两型社会')建设综合配套改革试验区"。在国家科学发展观的指导思想下,2008年1月,长沙市决定在大河西区域建设"两型社会"综合配套改革试验区的先导区,其在两型社会方面的探索为我国其他地区的生态化协同发展提供了宝贵的经验。

1. 基础条件

2007 年 12 月 14 日,国务院批准长株潭城市群为全国资源节约型和环境友好型社会建设综合配套改革试验区,长沙市成立大河西先导区。2008 年 1 月,长沙市决定在河西的大片区域建设"两型社会"综合配套改革试验区的先导区。

为了支持和推动长沙大河西先导区的建设,长沙市委、市政府于 2008 年 5 月 16 日成立了长沙大河西先导区建设领导小组,同时,根据长沙市委、市政府"打造先导区,建设大河西"的决定,为了加强对长沙大河西先导区建设的领导,遵循"统分结合,共同建设,共同发展,共同受益"的总原则,长沙市委、市政府决定成立中共长沙大河西先导区工作委员会、长沙大河西先导区管委会。

2008 年 6 月 10 日,长沙大河西先导区管理委员会在麓谷正式挂牌成立。先导区党工委、管委会分别作为长沙市委、市政府的派出机构,二者合署办公,受市委、市政府的委托,对先导区实行统一领导和管理。在行政管理上,按照"小政府、大社会"的要求,长沙大河西先导区管委会实行职能有机统一的大部门体制,内部仅仅设立了四个职能部门,50 个行政编制,但承担着 1200 平方千米的国土面积的六大职能,主要职责定位于区域统筹、政策制定、规划管理、协调服务等,被授予先导区市级行政、经济管理权限和争取省级一定经济管理权限。大河西先导区管委会的挂牌成立,标志着长沙"两型社会"综合配套改革试验迈出了坚实的一步,同时以行政体制改革作为突破口,揭开了长株潭城市群建设"两型社会"综合配套改革试验区的第一章。

2008 年 12 月 22 日,"长株潭城市群"综改方案获得国务院正式批复。"长株潭城市群"将在"资源节约利用、环境保护、产业结构优化升级、科技体制、土地管理、投融资体系、财税、对外经济统筹城乡、行政管理体制"等十大重点改革领域开展综改试验。综改方案的获批为长沙大河西先导区等建设和发展搭起了平台,指明了方向。高起点、高标准谋划建设好长沙大河西先导区,对于落实国家统筹区域发展战略、探索"两型社会"综合配套改革、扩大长株潭城市群辐射功能、促进中部地区快速崛起,具有重大的现实意义和深远的战略意义。

2014 年 6 月 9 日,经省委研究同意、省政府批复,长沙大河西先导区更名为湘江新区并按原方式运作。省委常委、长沙市委书记强调,要以走在前列、干在实处的精气神,坚定不移地推进改革、创新、发展、提升,奋力打造"一带一部"核心增长极,将湘江新区建设成为自主创新发展聚集区、两型社会建设示范区、城乡一体化引领区、内陆开放型经济先行区。

大河西先导区(图 3-2)的规划范围位于湘江西岸,经由岳麓区、高新区直抵望城、宁乡腹地的 1200 平方千米土地组成的区域,分先导区、核心区和起步区三部分。

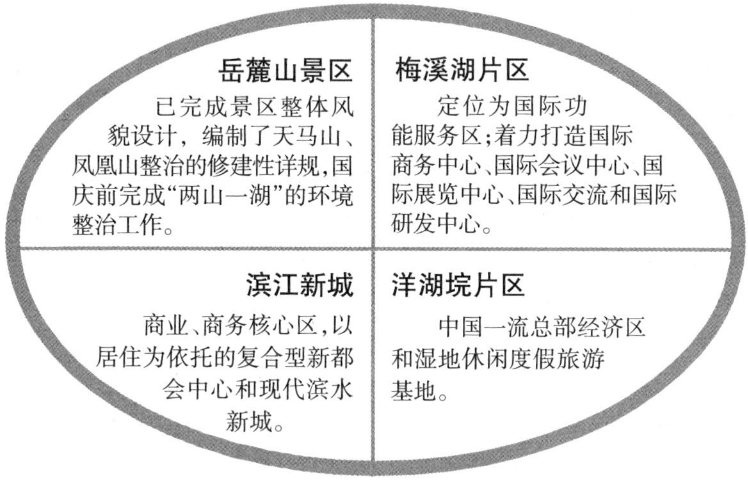

岳麓山景区
已完成景区整体风貌设计,编制了天马山、凤凰山整治的修建性详规,国庆前完成"两山一湖"的环境整治工作。

梅溪湖片区
定位为国际功能服务区;着力打造国际商务中心、国际会议中心、国际展览中心、国际交流和国际研发中心。

滨江新城
商业、商务核心区,以居住为依托的复合型新都会中心和现代滨水新城。

洋湖垸片区
中国一流总部经济区和湿地休闲度假旅游基地。

图 3-2 大河西先导区规划图

2. 主要做法

长沙市建委举行了两轮两型社会建设战略研究的国内公开招标,深圳市建筑科学研究院成为最终的中标单位。深圳建科院系统梳理了生态城市的技术框架体系,提出了一系列课题,并与各级政府主管部门进行了细致深入的沟通,最终确定了长沙大河西两型社会八大部分 27 个研究课题,从指标体系、政策体系、绿色市政建设技术标准、绿色规划技术与标准、绿色建筑标准、新农村建设技术标准、规划综合研究方面进行了全面的体系化的研究及推进。在该体系的指导下,长沙市以高起点、高标准谋划并开展建设大河西先导区两型社会的建设工作。

一是注重区域协同。先导区的职能定位是:全国"两型社会"综合配套改革试点先导突破区,长株潭城市群战略整合核心承载区,长沙市城市提升主体功能区。先导区的发展方向不应该过分简单关注某个产业,而应从产业发展模式与路径去界定产业发展方向与目标。先导区战略规划首先要回答如何成为整个中部崛起过程中的一个支点的问题。应该探索建设"两型社会"的模式路径,构建"两型社会"战略框架,为实现全国更大范围内的经济社会发展与人口、资源、环境相协调和率先突破提供示范。"先导区作为长沙城市拓展的重要区域,是省会长沙功能升级的重要转折点。"在未来城市发展进程中,长沙必须坚定不移地做好生态环境保护,长沙"山水洲城"的自然风貌得天独厚,全国甚至全世界都少有,需要长沙市民精心呵护。

长沙市已经建立了一个良好的区域形象:自然资源丰富、历史传统悠久的滨江城市。新型化长沙城市定位不仅与老长沙城相联系,而且将开启未来发展的新时代,其文化内涵应体现湖湘文化传统。长沙市委、市政府提出今后一段时间,应以建设"两型社会"为契机,把长沙建成"两型社会"建设的核心区、湖湘文化的集中展示区、山水洲城交融的生态城市,成为"幸福家园"和"宜居城市"。

二是产业合理布局。大河西先导区依托自身产业基础与优势,将承担起两型示范、高科技中心、先进制造、城乡统筹等功能,其产业布局规划为"三圈一带一核心"的整体结构。传统服务业发展圈层主要位于岳麓区二环线内,主要发展饮食、酒店、传统商业等日常生活服务行业。高新技术发展圈层主要包括麓谷高新区及其拓展区、大学城与含浦科教区和观音港湘江新城区。先进制造业发展圈层主要包括望城经济开发区和宁乡金洲新区。"一带"为沿金洲大道、319国道的产业拓展轴,以点轴发展的模式,由东至西分别串联传统服务业聚集区、高新区、现代服务业核心区、创新绿谷区、先进制造业发展区。"一心"为现代服务业核心区,于雷锋镇南发展面向全区的金融、信息、会议、商务、法律、中介等。

三是加强生态建设。先导区在建设上更加关注生态环境建设,形成区域的协同发展。规划三年内完成岳麓山风景名胜区周边生态环境,坪塘老工业环境污染和靳江河、龙王港等流域水资源环境的综合治理,开展湿地、绿地、林地生态环境资源补偿和农村环保自治模式试点,加强环保辅助设施建设。

四是理顺体制机制。在行政体系上:先导区管委会行使市级行政、经济管理权限,争取省级一定经济管理权限,并对先导区建设实行统一管理和协调,区内所有市级审批事项均在管委会办结。在机构设置上:按照"小政府、大社会"的要求,实行职能有机统一的大部门体制。在开发建设上:坚持政府引导、市场运作的原则,实行管委会领导下的"公司制、市场化"运作方式。在财政支持上:先导区规划范围内的地方财政收入市级所得部分实行"核定基数、超收留用",支持先导区基础设施建设。市财政2008年起5年内每年安排5亿元以上专项资金用于先导区建设。在产业支持上:新进入先导区的产业目录范围内的产业项目,享受长沙高新技术产业开发区的土地、税费等优惠政策。

(三)无锡的太湖新城

太湖新城是无锡新的城市中心,是一个开放式、生态型的现代化新城。主要功能定位为商务商贸、科教创意及休闲宜居中心城市,是无锡高端商务、金融机构、企业总部、专业服务的集聚区。全区分东区、中心区和西区三个区。其中,东区着力打造无锡科技型国际化自主创新研发创业区;中心区,主要建设生态宜居、商务大都会和无锡新核心地带;西区,则着力开发创意前沿、科教高地、生态绿肺区等。无锡的建设方针是:根据"统一领导、集中管理、分级负责、有序实施"的原则,实行"市区合力联动,规范高效运作"的运行机制。它是我国较为典型的生态城市之一。

1. 基础条件

太湖新城位于无锡城区南部,北起梁塘河,南至太湖,西邻梅梁湖景区,东至京杭大运河,规划常住人口大约为100万人。太湖新城以华谊路和蠡湖大道为界,自东往西分为东区、中心区和西区三部分。东区(华谊路以东、高浪路以南),以太湖国际科技园为载体,重点建设高新技术研发园、大学科技园、软件园、数码设计园、创意研发园。中心区(华谊路以西、蠡湖大道以东),重点建设太湖新城商务中心、市民中心及各类居住社区。西区(蠡湖大道以西),以山水城旅游度假区、科教产业园为载体,重点发展创意产业和生态休闲旅游业。

2. 主要做法

太湖新城坚持高起点规划,以人为本,创新规划理念,提高规划水平,体现环保优先的意识,着力提高无锡城市竞争力;坚持高标准建设,积极引进发展项目,好中求快,体现无锡城市特质和现代气息;坚持高效率推进,创新投融资体制和建设管理机制,多渠道筹措建设发展资金,强化建设资金保障,建立工程项目建设管理机制,实现项目建设专业化、规范化、科学化管理;坚持高效能管理,创新管理体制,强化区域统筹协调,实现规划统一、建设标准统一、整体风格统一。

太湖新城的能源规划有四个目标:第一个目标是平衡的城市能源供需关系,第二个目标是创新的城市能源管理建设和管理模式,第三个目标是高效的能源梯级利用系统,第四个目标是全过程能源管理。

一是从能源需求端和消费端进行有效控制。太湖城能源规划的一个重大考虑就是它改变传统能源规划,从原来供多少到开始限制使用者用多少,并提出所有建筑必须满足国家相应节能设计标准。通过计算机模拟技术和 GIS 技术(多学科交叉的地理空间信息分析模型),对整个未来城市能源进行比较准确的预测,包括对整个规划地块常规用电量分布地块的分析和预测。根据现在建筑采暖能耗、空调能耗、生活热水、燃气以及地块生活预测,可以清晰地了解未来的城市在现在控制性规划要求下,能源需求大致将会是怎样的情况,最后得到太湖城建筑总能耗规划图。

二是对太湖城可再生能源资源要进行一个准确评估,以保障能源的使用。太湖城具备充沛的可再生能源资源,以太阳能和浅层地热能为主,可以满足给空调和生活用水加热的需求,最后把需求端和供应端进行匹配,能得出一个比较清晰和直接化的可再生能源的利用指标。综合考虑整个节能效果,包括投资回收期,提出了按照地块进行详细划分和统计之后,整个太湖城可再生能源利用比例将达到 10.2%,并可了解到能源的大概分配情况——太阳能光热不仅可提供生活热水,太阳能及土壤热源泵还可供空调和采暖热量需求,这样使得太阳能技术的利用更加具有针对性。

三是高效能源梯级利用系统。太湖城核心区具备了能源中心利用的形式和模式。能源规划对分布式能源可行性进行了详细技术分析,包括在整个过程中是根据用能需求提出以电定冷,或者以电定热的不同设计模式。当然,所有系统形式都是在前期对整个未来城市能源详细地分析和解析基础上进行系统规划。针对不同用能需求设置具体系统形式,让其能够高效运行。然后就是选择地块,根据采暖、制冷、生活热水负荷进行分析之后,提出系统的形式。太湖城核心区域内提出四个能源中心概念，能源中心必须对传统规划提出加以调整的要求，引进先进的投资运行模式。在此过程中，同时兼顾公平性原则，从政府角度加以定价，平衡多方利益。

四是全过程的城市能源管理。城市是一个活体，需要在过程中不断进行精细化管理和投入，包括在整个过程中推广绿色建筑设计、规划与实施，利用现代信息技术和智能化技术对整个城市能源进行全方位的管理，偏重对城市能源控制。

从我国目前情况来看，太湖新城城市生态化定向与建设已经有了一定的进步。尤其是，该城为了能源高效和节约利用，政府还采用 GIS 技术，以全面监控城市能源消耗或利用情况。但是，与瑞典马尔默革命式的城市生态化建设相比，该城仍然存在着很大的差距。因为，如前所述，整个太湖城可再生能源利用比例达到 10.2%，而马尔默使用有利于环境保护的可再生能源的情况是100%。所以，太湖新城目前应该继续努力，向马尔默这一城市生态化建设的国际典范学习，"强调城市'可持续性高标准定位'或曰'可持续性标杆瞄准'的重要意义"和作用，[①]使太湖新城生态化建设迅速赶上国际先进水平。

(四)曹妃甸的生态城

曹妃甸国际生态城雄踞环渤海经济圈的核心位置，位于唐山市的南部沿海地带，西临曹妃甸工业区 5 千米，东距京唐港区 10 千米。与日本和朝鲜半岛隔海相望，直接面向东北亚和迅速崛起的亚太经济圈，发展前景广阔。曹妃甸国际生态城旨在建成一座"世界一流、中国气派、唐山特色"的国际示范城市，一座高度开放、高度繁荣、高度文明的未来之城，一座文化创新、体制创新、环境创新的创新之城，一座产业协调、资源协调、生活协调的生态之城，一座经济发达、科技发达、服务发达的幸福之城。

1. 基础条件

曹妃甸国际生态城起步区规划面积约 30 平方千米，位于当地的青龙河和溯河之间，南到未来滨海大道，北至八里滩北边界。选址充分借鉴了世界港口

---

① 晔枫:《超越传统——管理科学的绿色化推进与拓展》，中国环境科学出版社，2007，第 197 页。

城市发展的经验,遵循港口、港区、港城协调发展的理念,使之与港区空间适度分离,为未来港口和工业区发展留出充足的发展空间。在这里建设生态城市,可以依托港口,与客户本土建立起紧密的产业联系;可以依托京津唐三大城市和大油田、大项目,发展高端服务业。生态城紧紧依托北京、天津、唐山三个特大城市,拥有中国增长速度最快的全国第八大港口、最具潜力的消费市场和最完善的城市配套设施。以曹妃甸国际生态城为中心,方圆 500 千米范围内还分布着 11 座 100 万人以上人口的大城市。对外,置身于世界经济的整体之中,拥有无限的发展机遇。唐山市自然资源丰富,这里有大量开发成本低廉的荒地和滩涂,具有丰富的石油、天然气、原盐和其他海洋资源等。在这里,同时还拥有雄厚的工业基础,是国内外公认的发展现代化工业的理想区域。

　　开发建设曹妃甸国际生态城,是唐山市委、市政府贯彻落实上届中央领导"把曹妃甸建设成为科学发展示范区"和"现代化的港口、港区和港城"的指示精神做出的重大战略决策,是唐山"四点一带"和"四大主体功能区"开发战略的重要组成部分,目标是建设服务于曹妃甸新区的现代化未来生态城市,与现在的市区共同成为唐山"双核"。在规划设计中,学习借鉴瑞典可持续发展理念和技术,科学制定的 141 项指标体系是曹妃甸城市生态化建设的一个重要标志。为此,它们构建了水利用及处理、垃圾处理及利用、新能源开发及利用、交通保障、信息系统、绿化生态、公用设施、城市景观、绿色建筑等九个方面的技术体系。在城市发展方向上,重点发展科技研发、休闲会展、金融贸易、技术服务、教育培训、城市服务业等六大产业。

　　2. 主要做法

　　曹妃甸按照世界一流标准,打造低碳宜居示范城市。同时,还以先进的规划设计为基础,按照低碳标准、生态环保理念和可持续发展要求,整合在城市建设中的低碳应用技术,在全国乃至全球率先建设低碳宜居示范城市,以进一步提高城市生态化建设的档次。

　　一是严格落实 141 项指标体系。实施科技兴城战略,抓好生态城工程技术中心及"规划设计研究院""循环经济发展公司",打出技术研究和指标落实"两个拳头",按照瑞典 SWECO 公司和北京清华规划设计院设计完成的规划要求,围绕生态城"内湖外海、水系循环、绿色交通、桥岛相间"的布局理念和"低碳宜居、清洁能源、知识经济"等突出特点,将七大类 141 项生态指标落实到生态城建设之中,让城市建设的每一处、每个细节都体现生态特色。曹妃甸生态城是从无到有的过程,所以每个指标都涉及近中远期规划,按照系统街区和区块进行划分。事实上,系统街区在做总规划的时候就已经确定了,通过控规确定一些指标和数值,进而按街区进行落实。与此同时,曹妃甸还开拓了生态城市与低碳宜居城市的建设方面的市场,打造了城市建设中生态、低碳技术应用品牌,并示范和推广这些品牌,从而形成系统接纳和输出城市生态化建设的技术能力。

二是提前做好专项规划编制。按照生态城总体规划及生态环保和可持续发展要求,结合生态城实际,提前做好城市功能性基础设施的专项规划设计,实现概念性规划、控制性规划和专项规划有效衔接。曹妃甸还进一步细化设计方案,认真搞好城市道路、给水、安全等专项规划设计,为城市建设打下坚实基础。对上报规划委员会的项目,通常都要严格把关,并督促项目规划设计进度,使每个项目的规划设计充分体现新技术、新理念、新方法,争取每项规划设计都成为精品和典范。

三是确定城市发展的产业支撑。围绕为工业区和港口服务的定位,规划建设以房地产业为先导,以高新技术和港口服务业为主导,以国际教育和休闲旅游业为辅助,以行政管理服务业为特色的产业支撑体系,重点发展科技研发、休闲会展、金融贸易、技术服务、教育培训、城市服务六大产业,大力发展创意产业,搭建引导城市发展的产业支撑。最终规划为未来之城、创新之城、生态之城、幸福之城,成为"世界一流、中国气派、唐山特色"的国际示范城市。

四是按照区域化布局构建城市基本框架。推进"五区开发",围绕重点突出、成片发展的思路,重点铺开科教城、假日酒店等园区建设,进一步完善城市功能区划,形成起步区城市的基础框架:科教城区,围绕建设资源共享、水系分隔、生态节能校园、绿色交通体系、社区融入大学的目标,统筹考虑科教城范围内科研、教育、文化体育、休闲度假和资源共享区域的功能分区和布局,建造高端职业技术人才培养基地、城市发展高新技术支撑基地、全民健康示范基地。采取"以地养地、滚动发展、组团推进"的建设投资模式,采取建设—运营—转让模式(BOT)、建设—移交(BT)、土地置换等方式运作。积极推进市委党校新校园、共享区商业中心、青龙湖度假区等开发建设,打造良好的周边环境,形成科教城区域雏形;创新产业区,组建园区管理局和园区开发建设公司,引进"高、新、尖"技术产业,突出发展生态城特色创意产业。优先推进教育和科技研发及创意文化等知识创新型产业,使其成为曹妃甸生态城的亮点。同时,面向国内外招聘高学历、高素质、高技能人才入驻园区从事创意研究。把创意产业作为招商重点,围绕引进先进技术,加大招商力度,全力打造环渤海地区的创意产业基地;央企服务区,按照生态环保理念,为到曹妃甸发展的大中型企业建设宜居的居住区域,为聚集人口和提高幸福指数创造条件。在已建8万平方米住宅的基础上,加快市政功能、基础管网、周边环境、商贸设施等配套设施建设,尽快形成良好的居住环境;临港服务区,围绕发展与港口相配套的金融、贸易等现代服务业,在综合服务区以西,青龙河以东区域开发建设以便捷办公、休闲居住为主的临港服务区,吸引相关的物流中介、保险、贸易等临界服务业企业和机构进入;旅游度假区,加快假日酒店建设,打破传统的建设模式,整合已建成的小木屋和周边环境,引入高端技术和生态环保理念,打造区域内档次最高的接待场所。

(五)吐鲁番生态策略

近年来,身处西北荒漠化地区的吐鲁番市,大力调整能源结构,深入开展电气化吐鲁番、燃煤锅炉和餐饮油烟治理、低空面源污染防治、机动车尾气治理等大气污染综合整治,全面提高了城市空气质量,建设生态型田园城市。以吐鲁番市新区概念为实例,根据我国西北荒漠化地区城市发展的生态环境特征和吐鲁番市新区的生态本底特征,探讨了新区空间规划应采取的生态理念与策略,力求为我国西北荒漠化地区城镇发展提供借鉴与范例。

1.基础条件

吐鲁番市是国家历史文化名城、世界著名的旅游胜地、葡萄名城,是新疆东部门户,天山北坡经济带的重要节点,乌鲁木齐经济圈副中心城市,城市地位较突出。吐鲁番市新区位于吐鲁番市区东部的戈壁滩上,距离老城区5千米,北依火焰山,东临土哈油田作业区,西北紧邻著名的葡萄沟景区,原312国道从中部穿过,规划区总面积约8.8平方千米。

新区现状地势北高南低,海拔在30—100米,坡度在3%以内。其中,北部为火焰山，海拔86—150米，坡度相对较陡。中部及南部为缓坡区，海拔在30—80米，坡度在3%以下。新区西、北侧沿葡萄沟有葡萄田，面积约7平方千米，应严格保护。新区312国道南侧有若干坎儿井，其中葡萄沟收费站以西有部分常年有水的坎儿井，用于农业灌溉，规划应予以保护。沿312国道北侧150米前后有地下光缆和输油管道。建设用地应避让这些基础设施走廊。另外，新区西北侧有5条高压线呈扇形穿越新区，规划考虑对其进行迁移整合。

吐鲁番市新区的自然本底条件独具特色：地处绿洲边缘、戈壁滩上，自然植被稀少，干旱缺水，夏季极端炎热，风沙灾害较为严重。但可再生能源非常丰富，太阳能、风能、干空气能、地热条件在新疆都比较突出。从场地条件看，规划区范围内大部分土地为戈壁荒漠，限制因素有葡萄田、坎儿井保护区、市政管廊等。因此，在考虑新区布局时，必须充分利用本地资源，避开生态限制因素，运用适宜的技术手段和规划策略改善人居环境。

2. 主要做法

新区以科学发展观为指导，坚持以人为本、因地制宜，结合吐鲁番独特的生态环境和人文特点，采用科学适宜的规划建造技术，建设特色鲜明、适合人居、充满活力的和谐生态城区和城乡一体化示范区。

一是建立生态防护体系。吐鲁番市是绿洲城市，绿洲城市面临的最大生态威胁是荒漠化及风沙灾害。为保障新区的基本生态安全，考虑新区周边的环境要素，规划提出应该构建由"城市绿地—农田林网—生态防护林带—外围山地水源与荒漠复合生态系统"所组成的生态空间格局。根据吐鲁番的水资源条件，合理配置绿地比例，以水定绿，建立布局合理、分布均匀、乔灌草相结合的防护林体系，降低风速，调节气温，减少土壤蒸发与作物蒸腾，削减干热风强度。

二是进行区域生态整合。新区建立有机协调的空间结构关系，城市空间结构包括组成要素的空间分布（城市形态）和各要素相互作用的内在机制（城市结构），在不同层面的城市空间结构呈现出不同的特点。城市空间结构很大程度上决定了城市生态功能和生态效益的发挥。因此，需从城市整体的角度，进行区域整合，建立有机协调的空间结构。

首先整合老城区、北站区和新区的发展。它们在功能上各有侧重，错位发展。老城区是吐鲁番历史文化名城的重要载体，拥有众多历史遗迹，历史文化保护是其主要职能之一,且作为吐鲁番市的政治文化中心,行政管理、公共服务及居住是其主要职能。北站区依托 312 国道,交通条件优越,以农产品加工及物流为主。新区根据其资源的比较优势与地方的发展设想,将成为地区的行政管理及公共服务中心、旅游综合服务中心、职业教育与创新研发中心以及现代化宜居新城。其次从空间关系上,以葡萄沟为绿心,3 个组团有机组合,以葡萄田为主的生态绿地自然渗透于组团之间。整合城乡空间发展传统的城乡关系是二元对立的,从空间上是壁垒分明、互不融合的。在城乡一体化作为城市发展方向的今天,应该塑造一种新型的城乡关系:现代城市与新型农村相互融合的空间形态,城市绿地与葡萄田自然渗透衔接,使城中有园,园中有城,城绿相依,融为一体。

三是构筑城乡融合生态化。城市生态网络主要是由斑块与廊道组成,所以,新区采用"连藤结瓜"的规划方式,使生态廊道与景观斑块有机连接,是生态网络构建的主要方式。同时,在城市空间形态上,生态网络与城市建设实体构成了互为共轭的关系,这种空间形态关系对促进城市的有序发展具有战略性的指导意义。新区西侧紧邻葡萄沟乡和葡萄沟景区,以葡萄田为主的生态绿地自然渗透于组团之间。新区空间规划延续了这个特点,根据建设用地适宜性评价,将不适宜建设的用地(坎儿井保护区等)规划为科技农业示范区,将农业用地(葡萄园等)穿插布置在城市组团之中,与带状的城市公园绿地互相渗透融合,与周边的葡萄园融合连接,使生态廊道与景观斑块有机结合,构筑生态化的空间图底关系。

四是积极利用地下空间。城市地下空间作为一种宝贵的自然资源,其开发与利用已成为人类节约能源、解决城市用地不足、改善交通拥堵、减少环境污染、防灾抗毁、空间拥挤等难题,走可持续发展道路必不可缺的重要途径。利用地下空间是吐鲁番城市建设的传统,交河故城是历经千百年的杰出范例。根据地质勘探情况,拟在中轴线地区大规模开发地下空间,并结合"现代坎儿井"地下水系开发地下广场、地下商业服务设施、地下休闲娱乐设施等。

五是注重特色空间结构。新区采用高密集型、紧凑式的结构形态,改善室内外环境的局部气温。狭窄的街道和密集的建筑会产生更多的阴影。国内外相关研究证实:在夏季白天,高宽比为 1∶1 的街道温度会比高宽比为 3∶1 的街道高出40℃。因为它们受到更多的太阳辐射;与此相反,随着街道两侧建筑墙体间距减小,在东西墙上形成的阴影面积将会增大,有利于墙壁的相互遮掩,从而减少了阳光的直接辐射量,并利于风从建筑物之间的间隙吹过。

吐鲁番的蒸发率较高,植物的蒸腾作用以及从覆盖植物的土壤中蒸发的水汽可以降低气温、提高湿度,发挥"冷岛"效应。因此,城市绿色阴凉空间(包括街边绿地、社区公园等)对该地区的气候影响最为显著,但需要根据水资源条件挑选耐旱植物,尽量以葡萄等乡土原生植物为主。通过大面积的浅色屋顶与树木种植的有机结合,将会提高空气湿度,并明显降低该地区的室外温度。在炎热的气候下,人行道及自行车道应尽可能地不暴露在阳光下,可利用葡萄架遮阳,来创造舒适宜人的步行及室外活动环境。

吐鲁番市的水源来自天山上的冰川和雪水,通过长距离的输水渠及坎儿井将水输送至绿洲城市,供人生产生活之用。水温低,可以作天然冷源。规划结合城市绿地和葡萄架,布置城市喷雾降温系统,以葡萄沟水库为水源,用管线引入城市,定时自动喷洒,可以显著降低局部气温,改善城市夏季酷热环境。

水体的引入对降低气温、改善微气候无疑具有直接而显著的作用。但要避免因水体蒸发而造成的水资源浪费。坎儿井这种传统的建造方式,建造地下或半地下输水系统,在水系两侧规划市民公共活动空间,借助植物覆盖,尽可能减少水体蒸发,既能改善城市微环境,又能避免水资源的无效浪费。

(六)内蒙古的沙漠化治理

荒漠化是当今全球最严重的环境与社会经济问题,严重威胁着世界各国的土地使用面积。我国是世界上荒漠化危害严重的国家之一,尤其是内蒙古的沙漠化(沙质荒漠化)相当严重,它以其面积广大和发展迅速而引人关注。根据内蒙古自然环境背景、人类活动与社会经济特点及其相互作用,通过近20年沙漠化研究的理论与实践,我们将沙漠化的概念界定为:沙漠化是在干旱、半干旱及部分半湿润地区,由于人类不合理经济活动以及与自然资源环境不相协调的种种行为所导致的以风沙肆虐为主要标志的土地退化。内蒙古沙漠化的发生发展伴随着人类文明历史全过程,而且尤以近一个世纪以来的速度最快。沙漠化过程使土壤的风蚀、风积作用加剧,破坏了土壤的理化性质,降低乃至丧失了土地生产潜力,并使自然环境趋于严重恶化,给国民经济造成了巨大损失,也严重影响到牧区广大农牧民的生活水平和生存环境。为此,深入开展土地利用过程及沙漠化形成问题的研究,对于阐明沙漠化形成原因,对研究沙漠化的机理和理论,对制定防治沙漠化的政策和措施,均具有重要的现实意义。

1. 基础条件

沙漠化已成为内蒙古地区一个重大的环境和社会经济问题,也是我们国家草原生态环境严重破坏的重要问题。究其原因是新自由主义的风行,以及在其主导下的不利于草原生态环境保护的私有化土地(或草地)利用的方式。人类经济活动强度的增加和范围的不断扩大,造成内蒙古地区农牧交错带逐渐北移,大面积的地表植被覆盖减少,使得风沙肆虐日趋频繁,大规模的沙尘暴经常发生。据报道,内蒙古地区近50年来的土地沙漠化面积在不断扩展,目前已达近18.5万平方千米,且其蔓延的速度呈加快趋势。

早在1977年,联合国荒漠化会议明确指出:"荒漠化是指土地滋生生物潜力的削弱和破坏,最后导致类似荒漠的情况,是生态系统普遍恶化的一个方面"。历史上的土地沙漠化,主要发生在荒漠草原地带和干旱地带的沙漠边缘,及河流沿岸或深入沙漠内部的河流下游地区。现代的沙漠化土地从20世纪50年代后期到70年代中期,平均每年以1560平方千米的速度在蔓延。通过大范围野外调查和遥感技术的应用,结合当地研究与分析结果表明,从20世纪70年代中期至80年代后期,内蒙古沙漠化土地更以年均2100平方千米的速度在加速扩展。这样,整个北方沙漠化土地面积已达近350000平方千米,其主要在以下三个地区分布和蔓延:①半干旱地带的农牧交错区域,占北方沙漠化土地总面积的40.5%,特别是草原农垦区,如内蒙古乌盟后山的草原农垦区,沙漠化土地面积从50年代末期占农田面积的3%增加到70年代中期的13%,再到80年代后期的25%;②半干旱地带波状沙质草原区,占36.5%,如科尔沁草原沙漠化土地的发展,从50年代末期占草原面积的20%,增加到70年代中期的53%,再到80年代后期的77.6%;③干旱地带绿洲边缘及内陆河下游地区,占23.0%,主要表现在固定沙丘的活化,如黑河下游沙漠化土地的发展从50年代末占该地区面积的5%增加到70年代中期的22%,再到80年代后期的36%。

历史上,内蒙古地区就是许多游牧部族活动的场所,由于气候干旱、自然资源贫乏和难以利用等原因,而成为古代经济落后的地区。这里的牧民惯常于利用传统的方式来适应由于气候波动、降水的变化,及土地利用的自然过程。如牧民利用天然牧场,逐水草而居;农民则实行农田轮作制等。在人类历史的绝大部分时段内,牧民通过游牧,充分利用天然草场的多样性和季节性的临时积水,使牲畜及时获得食物,这样也避免了草场的过度放牧。而农田轮作制或曰游耕制,则充分利用了天然草场的再生能力和土壤物理化学特性的恢复能力,协调了土地利用和生态环境自然恢复之间的关系,因而达到了一种原始的可持续性草场或土地利用。其实质就是人类活动尚未超越自然资源的负荷限度,在天然植被自我恢复能力的调节下,环境相对稳定,生态系统保持着一种动态的平衡。但自18世纪中叶以后,特别是进入20世纪以来,内蒙古地区的人口随着几次大规模的移民拓荒而迅速增长,从而使得草场或土地沙漠化的程度逐渐加剧。

2. 主要做法

不合理的土地利用使沙漠化日趋严重,也激起了内蒙古政府和当地一些著名企业家急切治理沙漠化的决心。为了防止沙漠化的继续蔓延,并从根本上寻找出高效合理的土地利用方式,内蒙古根据自己的地理特点,探讨符合自身区域生态规律的沙漠化治理路径。他们将沙漠化地区自然资源环境、社会经济特点、土地开发利用中存在的问题集中起来统一研究,总结了沙漠化治理的典型经验,做出沙漠化土地的防治规划,并认为必须本着经济效益、生态效益和社会效益协同发展的科学精神,建立起既可防止土地沙漠化,又可促进生产发展的资源节约、适度开发和环境保护型的经济体系。在沙漠化土地治理的具体措施上,内蒙古在农牧交错地区,可针对沙区中居民点、耕地、草场相对分散分布的特点,以生态户为基础,采取天然封育,调整以旱作农业为主的土地利用结构,加大林草用地比重,集约经营水土条件较好的土地。营造防风沙林带、林网及在沙丘表面栽植固沙植物、丘间地营造片林并采取了封育相结合的措施。在草原牧区,合理确定草场载畜量、轮牧和建立人工草地及饲料基地,还把合理修建牧道、配置水井及确定放牧点密度等结合起来统一管理。在干旱地带,还以内陆河流域为生态单元进行全面规划,合理确定用水计划,以绿洲为中心,建立绿洲内部护田林网、绿洲边缘乔灌结合的防沙林带与绿洲外围沙丘固定等措施相结合,形成一个完整的防治体系。

实践证明,合理的土地利用是可以达到土地沙漠化的防治及可持续利用的目的的。通过进一步的研究和总结,它们也为全国不同地带的沙漠化防治提供理论基础和实践样板。

(七)右玉的生态精神

山西省右玉县从当年的"不毛之地"到今天的"塞上绿洲",走的就是一条为民植绿、保绿、增绿、富绿之路。特别是近年来,右玉围绕绿色做文章,坚持"生态立县、旅游兴县",以生态为基、旅游为体、文化为魂,打品牌、办节会、抓项目、兴产业,走出了一条文化与旅游深度融合、生态与产业一体发展的新路子。右玉这种战胜恶劣自然条件,不懈植树造林,并始终倡导艰苦奋斗、迎难而上的拼搏精神,也成了山西省大力弘扬和学习的典型。

1.基础条件

右玉县地处晋北边陲,属黄土丘陵缓坡风沙区,海拔在 1230—1975 米之间,境内有黄河与海河两大流域,土地面积约 1967 平方千米,地形地貌为东西部常见土石山区,山区约占其土地面积的 9.5%,平原区约占 10.5%,其余 80% 为丘陵缓坡地带。右玉属温带大陆季风气候,全县辖 4 镇 6 乡 1 个旅游区,321个行政村落,总人口 11.2 万人,其中农业人口 8.5 万人,农业劳动力仅有 7.2万人左右。

右玉经过 60 多年的水土保持和生态化建设,现在已成就斐然。县域内禁垦坡度以上的坡耕地全部采取水土保持措施,陡坡开荒全面禁止。80.3%的坡耕地得到治理,林草保存面积占宜林宜草面积的 69.3%,林草植被覆盖率达60.2%,治理程度 80%以上的小流域面积占县域应治理小流域总面积的 56%,水土流失综合治理程度达 61.2%,土壤侵蚀量减少 42%。生产建设项目严格落实水土保持"三同时"制度,水土保持方案申报率、实施率、验收率均达到 95%以上。

2. 主要做法

右玉历届县委、县政府高度重视水土保持工作,将水土保持纳入国民经济和社会发展规划,并列入重要议程和各级政府考核目标之中。60 年来,全县干部群众艰苦奋斗,坚持不懈,造林种草、治理水土的集体主义精神,将工程措施与生物措施、人工造林与自然修复有效结合,形成了一系列有效治理水土流失、改善生态环境的有效措施。通过多年的水土保持建设性工作,县域生态环境明显改善,形成了牛羊养殖和生态旅游等特色产业,提高了农民收入和公众的环境保护意识,为右玉县经济社会可持续发展奠定了坚实基础。

多年来,右玉县继续坚持"山上治本立体化、身边增绿园林化、生态致富产业化、环境保护社会化"的新时期绿化目标,全年造林绿化不松劲,强力推进山西省朔州地区县域性大生态建设战略。

科学规划,狠抓春季造林绿化。2016年重点实施了大呼(大同至呼和浩特)高速连接线荒山造林工程,栽植1米高樟子松3.9万余株。实施京津风沙源治理人工造林工程,栽植樟子松苗木50余万株。巩固退耕还林成果薪炭林造林工程,栽植1年生柠条110万株,栽植1米高樟子松13.2万株。巩固退耕还林成果,补植1年生柠条548.7万株,通过补植补造进一步巩固了造林绿化成果,确保林地生态效益最大程度发挥。

加强管护,全力巩固造林成果。依托森林资源巡保队和森林派出所,对全县林区进行常年巡查,严厉打击各类涉林违法行为。完善巡护体系,改进巡护装备,修订了《森林火灾应急预案》,建立了森林管护GPS巡检系统,为70名重点林区护林员每人配备GPS仪一部,同时,新购置风力灭火机60台、水枪200把、灭火弹3000枚、割灌机30台等灭火器材,做到物资储备充足。全县上下各级防火力量一级抓一级,层层抓落实,对重点林区森林火情实时预警监控,确保全县森林防火工作准确、有效、及时。

强化服务,推动林木种植产业化发展。制定了《关于加快林木种苗产业发展的意见》,出台了专项资金、金融信贷、林木品种审定奖励等扶持政策。充分发挥右玉林木种苗协会的主力作用,积极开展业务咨询,信息交流等服务。成功举办首届"右玉苗木交易大会",吸引来自河北、辽宁、内蒙古、安徽等省150多家苗木供应商、园林施工及资材企业参会,进行交易、洽谈、合作,取得良好成果。

创新思路,完善林权配套改革。根据《山西省森林保险保费补贴试点实施方案》,与人寿财险公司签订保单,为全县79.81万亩符合参保条件的森林投保,缴纳保费 143.66 万元。

右玉正是凭借这些严密的措施,治理了这一带以往的风沙肆虐、自然灾害频发的严酷恶劣环境,确保了这里多年来与大自然抗争的人工绿色植被茂密生长,使右玉真正成了人造的生态绿洲。

二、园区生态协同发展的案例分析

在世界各国大力推进生态工业园促进区域生态化协同发展的进程之中,我国也开始了基于循环经济理念的生态工业示范园区的建设,形成了一批国家级工业生态示范园区。其中包括:鲁北生态工业园区、广西贵港生态工业(制糖)示范园区、沈阳再生资源生态产业园等。这些园区通过探索和实践力图找出适合我国区域经济生态化定向和发展的基本路径,以及我国生态工业园区建设的可持续性发展模式,进而打造出新型工业生态化建设的工业示范基地,也树立起区域生态化定向的典范。

(一)鲁北生态工业园区

鲁北生态工业园区是山东鲁北化工集团 1997 年 5 月开始规划建设的、以可持续发展为宗旨的新型现代化工业企业。鲁北生态工业园区,通过关键技术创新、过程耦合、工艺联产、产品共生和减量化、再循环、再利用等一系列措施,建成了以三条生态产业链:磷铵—硫酸—水泥联产(PSC)、海水"一水多用"和盐碱热电联产为主体的工业生态园区。现在,鲁北工业生态园区已经形成了自给的工业生态共生体系,实现了物质充分循环、能量的多级集成使用和信息交换共享产业循环链。不仅取得了良好的经济效益、社会效益和生态效益,而且促进了沿渤海地区较好的自然环境保护单位的友好协调。因此,研究和剖析鲁北生态工业园区的生态工业特征,及其所创造的环境效益、经济效益和社会效益方面在我国区域经济的生态化定向方面的典型特征,对我国区域经济发展具有重要的指导意义。

1. 基础条件

鲁北生态工业园区濒临渤海,北邻国家重点工程—黄骅港,南依历史文化名山—碣石山,是国家首批环境友好企业,国家首批循环经济试点单位,国家第一家工业生态建设企业示范园区,国家海洋科技产业基地,中国化肥五强,中国化工 500 强。创建的中国鲁北生态工业模式成为国际上首推的循环经济最佳发展模式,在 2005 年列入了《中华人民共和国国民经济和社会发展第十一个五年发展规划纲要》,并获得了 2005 年中华环境奖,成为联合国环境规划署确定的中国生态工业的典型。山东鲁北生态工业园区遵循生态规律,应用循环经济理论和系统工程的思想,通过实施技术集成创新,创建了磷铵—硫酸—水泥联产、海水"一水多用"、盐碱热电联产的三条生态工业产业链。"通过关键技术创新、过程耦合、工艺联产、产品共生和减量化、再循环、再利用等系列措施,对各个下属企业之间和产业链之间物质、能量和公用工程进行系统集成,构建了一个较为完善的化工工业生态系统,创造了一个结构紧密、协同共生的中国鲁北生态工业模式,科学地解决了工业发展与环境保护的矛盾,实现了生态效益、经济效益和社会效益的协调发展。

2. 运行方式

鲁北国家级生态工业园现有三条生态产业链,分别是磷铵—硫酸—水泥联产(PSC)、海水"一水多用"和盐碱热电联产。仅以 PSC 生态工业链为例,就可看出该园区巨大的经济效益。PSC 生态工业链中原料是海水、磷矿石、煤矸石,产品是磷铵、水泥、烧碱、溴素等,所产生的废料全部成为可再生原料,使生产过程节约了大量的成本。据测算,磷铵成本降低了 30%,水泥成本降低了20%,硫酸成本降低了 50%,对企业年总产值的增长贡献率达到 40%。据鲁北企业集团网站介绍,PSC 技术每年可以节约硫铁矿 600 万吨(合矿山建设投资30 亿元);石灰石 1300 万吨(合矿山建设投资 21 亿元);减少磷石膏 2000 万吨(合 10 年存 20000 万吨堆场建设费 6 亿元)。园区 15 万吨磷铵、20 万吨硫酸、30 万吨水泥生产项目(国家放大试点工程,并列入了国家经济和社会发展计划)已建成投产。该项目的生产过程实现了磷复肥生产"三废"零排放,是运用循环经济理念发展我国磷复肥工业的典范。与此同时,该项目还带来了十分显著的经济效益,磷铵、硫酸、水泥联产装置在同行业、同规模的企业中,也是产量最高、成本最低、效益最好的生态友好型标杆。园区拥有的三条高度关联的生态产业链上的每个企业节点都连接紧密,其副产物和废弃物在生态工业系统内的利用程度很高,也很充分,实现了污染物的零排放,使自然资源利用、生态环境保护与企业发展之间的关系做到了有机统一。

在鲁北企业集团的工业生态共生体系中，热电厂利用海水产业链中的海水替代淡水进行冷却，既利用了余热蒸发海水，又节约了淡水；磷铵、硫酸、水泥产业链中的液体二氧化硫用于海水产业链中的溴素厂提溴，硫元素转化成盐石膏返回用来生产水泥和硫酸；热电厂的煤渣是生产水泥的原料，热电生产的电和蒸汽用于各个产业链的生产过程；海水产业链氯碱厂生产的氢气用于磷铵、硫酸、水泥生产过程中的合成氨生产，海水产业链的钾盐产品用于复合肥生产。各个产业链内部和产业链之间建立了良性的共生关系，系统中共生性链接总数达 17 个，包括 15 个互利共生关系和 2 个偏利共生关系。这些共生关系产生了占总产值 14% 的经济效益，同时系统的资源共享共管模式具有较强的适应不确定因素的柔性，这使得鲁北工业园区的生态工业发展模式实现了资源的有效整合，表现在经济范畴，不仅使主要产品的成本降低了 30%—50%，而且对企业年总产值的增长贡献率高达 40%。[①]

3. 成功经验

鲁北生态工业园区是我国乃至世界上为数不多的、具有多年成功运行经验的工业生态共生系统。对我国实施可持续发展战略，推广循环经济，走出一条科技含量高、经济效益好、资源消耗低、环境污染少、人力资源优势得到充分发挥的新型工业化路子，产生了重要的示范作用。就其成功的经验来说：

一是集成思维和集成创新。鲁北生态工业园区工业生态系统的成功实践，并不在于产品本身，而在于集成思维和集成创新。它将不同的产品依照其内在的联系，实施科学有机的排列组合，各系统之间相互关联形成了一个完整的工业系统，使有限的资源构成一个多次生成过程，资源、能源利用率和循环利用率特别高。据相关研究鉴定，其磷矿石的利用率达 97.7%，清洁能源利用率达 85.9%。通过检测还表明，鲁北生态工业园的科技、经济、社会、生态等综合贡献率，高出丹麦卡伦堡生态工业园一倍之多，致使其成为化学工业范畴内世界知名的工业生态共生企业。

二是实施"三度"构建工业生态体系。鲁北生态工业园区把循环经济作为

---

① 冯久田：《鲁北生态工业园区案例研究》，《中国人口资源与环境》2003 年第 13 卷第 4 期。

坚定的发展理念和企业文化最重要的组成部分,不断通过"三度"即发展度、协调度和持续度有机协调,构建起了具有自身特色的工业生态科学发展体系。以可持续发展战略为宗旨,以科学发展观为战略导向,以国家循环经济试点企业为契机,把鲁北生态工业示范园区建成知识密集、管理文明、技术先进、环境友好、结构和谐的世界知名生态工业园区,带动全社会循环经济的健康向前发展。

三是注重科技创新和成果转化。科学研究一直是鲁北生态工业园处于世界领先水平的保证。园区非常重视技术研发和科技体系建设,重视思维及其技术的集成创新,建立了国家级企业技术中心,国家循环经济研究教育基地、博士后科研工作站、院士工作站、化工建材设计院、绿色化学研究院,形成了设计、科研、成果转化相结合的科技开发体系。鲁北企业集团一边科研一边形成产业的技术创新机制,使技术创新成果不仅迅速转化为生产力,而且有效地转化为协同力。这既有力地推动了企业技术创新,同时也有效地促进了经济、社会生态多元目标合理性的有机整合。具体到企业生产和经济发展方面,使集团在磷复肥、石膏制酸、海洋化工、建筑建材等领域建成了一批具有国内外先进水平的支柱产业。既创立了符合鲁北特色和具有集团自主知识产权的生态技术,又有力地促进了企业自身经济的持续快速增长。

(二)苏州生态工业园

苏州生态工业园开发建设 30 年来,始终坚持"生态立区、环境立区"理念,高起点、高标准、高水平谋划推进生态文明建设,大力发展新兴产业,加快淘汰落后产能,坚决打好污染防治攻坚战。在经济快速发展的同时,园区生态环境质量稳步提高, 环境保护与生态建设评价指标在国家级经济开发区综合考评中连续多年位列第一,实现了经济发展与环境保护相得益彰。

1. 基础条件

苏州工业园区于 1994 年 2 月经国务院批准设立,行政区划面积 288 平方千米,是中国和新加坡两国政府的重要合作项目,开创了中外经济技术互利合作的新模式。2011 年,园区实现地区生产总值 1589.6 亿元,地方一般预算收入164.3 亿元,新增实际利用外资 19.35 亿美元,完成进出口总额 770 亿美元,以占苏州市 3.4%土地、5.2%人口创造了 15%左右的经济总量,连续两年名列"中国城市最具竞争力开发区"排序榜首, 综合发展指数位居国家级开发区第二位。生态工业园是继经济技术开发区、高新技术产业开发区的第三代产业园区,是循环经济在区域和企业群层次的表现形式。苏州工业区经过十多年的快速发展,目前已经成为集现代化新城区、高科技产业园区和开放型经济聚集区三位一体的新型园区,是苏州经济发展最具活力的增长极。人均经济指标及每平方千米的投入产出比在全国的开发区中名列前茅。

2. 运行方式

苏州工业园区自 2004 年启动国家生态工业示范园区创建工作以来,积极实施生态优化行动计划,围绕率先基本实现现代化的目标,全面推进转型升级,加快生态建设。

园区积极发展以纳米技术为引领,以纳米光电新能源、生物医药、融合通信、软件与动漫游戏和生态环保等五大新兴产业为支撑的战略性新兴产业,实施"人才强区"战略,加快创新型园区建设,全面开展能源审计、清洁生产审核、碳排放评测、合同能源管理,大力推广中水回用和新能源使用,开展智能电网建设,构建循环型基础设施、电子废弃物综合利用等多条静脉产业链,生态经济持续优化。园区建成高水平的环境基础设施,实现污水管网 100% 覆盖、水处理污泥 100% 全收集和资源化处置。环境监测体系不断完善,建成包含污染源监控、环境质量监控、基础设施监控、风险源监控和视频监控在内的环境远程综合监控系统。积极开展"清水畅流工程"和"蓝天工程",持续提高景观绿化水平。

园区大力推广绿色建筑,出台绿色建筑管理制度和资金鼓励办法,成为江苏省第一个建筑节能和绿色建筑示范区。积极发展绿色交通,推广清洁能源公交试点,完成智能公交系统建设。倡导建设绿色社区,开展再生资源回收利用网络体系建设,推进生活垃圾分类收集试点工作,绿色消费、低碳生活理念已渗透到社会生活的各个方面。

园区坚持规划先行,扎实开展各项创建活动,全面实施各项环保工程,积极探索循环经济和生态工业园区建设的新理念、新模式,区域经济、社会、环境得到协调发展。2008 年,该园区被正式命名为国家生态工业示范园区。

3. 成功经验

作为全国首批"国家生态工业示范园区",园区更加重视经济发展与生态环境保护之间的平衡,着力科技创新驱动,加快产业转型提升,探索以生态优先、绿色发展为导向的高质量园区发展路径。

一是以产业升级驱动绿色发展。园区坚持创新引领,新兴产业快速发展。加快高层次人才引进,人才项目质量、规模快速提高、扩大,形成了"引进高层次人才、创办高科技企业、发展高新技术产业"的链式效应;加快科技载体建设,累计建成各类科技载体超 800 万平方米,引进科研院所 40 多家,平均每天产生发明专利 18 件;加快创新项目孵化,集聚众创空间达 76 家,孵化创新创业项目 2000 多个。生物医药、纳米技术应用、人工智能产业初具规模,2018 年产值同比分别增长 27%、30%、38%,电子信息、精密机械、生物医药以及新材料产业为主体的高新技术产业集群优势不断巩固,高新技术产业产值占规上工业产值比重达 70% 以上,成功跻身世界一流高科技园区行列。园区坚持以督促改,传统产业持续升级。以推进落实中央、省生态环境保护督察整改要求为契机,对交办的各类信访问题实行"一案一策"和"领导包案"制度,涌现出一批以督促改的示范项目,比如金螳螂金浦九号苏州设计小镇这个既具有苏州特色,又在国内领先的艺术设计创意小镇,原址是被中央生态环境保护督察组"点名"督办的家具厂,如今完成了"制造"到"智造"的蝶变。在强化整改的基础上,举一反三,针对督察中反映的重点行业环境问题,组织开展化工行业专项整治、涉重金属行业专项整治、危险废物规范化管理等专项执法工作,企业环境管理水平持续提高。园区坚持落后淘汰,低端产能加快退出。保持攻坚力度和势头,坚决治理"散乱污"企业。不断建立完善"散乱污"企业(作坊)的长效管理机制,针对2018 年排摸出来的 879 家"散乱污"企业(作坊)制订工作方案,在 2019 年 6 月底前全面完成整治。持续推进"四个一批"整治和低端低效产能淘汰工作,2018 年关停两家化工生产企业和 41 家低端低效产能企业,腾出土地面积 400 余亩,涉及电子、纺织、机械等多个行业领域。

二是以污防攻坚推动环境改善。污染防治是生态环境保护中的重要一环。园区认真落实水、气、土三个"十条",深入推进"两减六治三提升"专项行动,着力解决群众身边的环境问题,让环境质量改善"看得见、摸得着"。首先,着力打赢蓝天保卫战。2018 年,园区实际消费原煤 90.21 万吨,较 2016 年减少 10.69 万吨,超额完成序时进度。完成 16 个工业企业 VOCs 改造和清洁原料替代项目,高污染燃料禁燃区范围实现区域全覆盖,二氧化硫、氮氧化物、总磷、总氮等主要污染物减排任务全面完成。清洁能源车辆加快推广,报废停运柴油公交车 102 辆,新购入 200 辆公交车全部为纯电动车,实现新增清洁能源公交车辆的"全覆盖"。其次,着力打好碧水保卫战。加强饮用水源地环境安全保障,制定《苏州工业园区阳澄湖饮用水源地保护区管理办法》,设立阳澄湖水源地保护办公室,建立阳澄湖饮用水源保护长效管理机制。建立园区三级"河长制",明确 262 位"河长",全面消除区内黑臭水体。继续高水平建设环境基础设施,生活污水处理率达到 100%,形成了以"污水处理—污泥处置、餐厨及园林绿化垃圾处理—热电联产、沼气利用"为核心的循环产业链,实现了集污水处理、污泥处置、有机废弃物处理等多环节的资源再生利用。再次,着力推进净土保卫战。严控土壤风险,率先开展"地块全扫",对所有拟回购及拟出让地块开展土壤环境调查,确保"净地流转",实现场地的安全利用。2018 年,园区共完成 95 个地块的调查,发布了第一批疑似污染地块名单,基本完成工业用地土壤调查工作(一期)、完成农用地详查和 90 家重点行业企业的信息采集和质控工作。同时,进一步加强土壤污染源的监管,制定重点监管企业名单。

三是以机制创新优化治理体系。园区从理念升华到制度建设,再到实践检验,对照各项工作要求,自觉进行再审视、再对照,建立 13 项针对性创新性工作机制,推出 9 项创新做法,加快优化环境治理体系,提升环境治理能力。组织机构更加完善。园区区级和各功能区、各街道、各社工委分别成立相应的打好污染防治攻坚战指挥部,率先建立环境执法力量下沉和综合执法机制,成立 4 个功能区安全与环境执法大队,实现重心下移、力量下沉、责任压实,进一步夯实环境执法基础。企业责任持续增强。2018 年,园区国土环保局牵头发起环境管理合作伙伴计划,通过政府指导、企业自检、专家外检,解决环境管理难题,提升企业环境管理绩效,吸引 60 家企业参与,形成 380 项整改方案,真正实现了"从企业中来到企业中去"和优秀管理经验的分享传递。社会力量不断引入。针对自身产城融合程度较高的特点,成立全省第一家社区环境管理自治机构"汀兰家园环境理事会",推动环境管理由政府主导向"社区—企业—公众"三方共管模式转变,被原环保部誉为环境社会治理的"苏州模式"。园区企业环境健康安全协会、低碳产业联盟协会等一批社会组织也相继成立,在节能环保领域发挥了带头作用。中国人民大学苏州校区与太阳星辰花园四区垃圾分类示范案例荣获"2018年度生活垃圾分类入选案例""厨余变沃土"。月亮湾七彩社区花园项目等作为垃圾处置的创新做法受到上级主管部门一致肯定。

(三)广西贵港生态工业(制糖)示范园区

广西贵港生态工业(制糖)示范园区是以上市公司贵糖(集团)股份有限公司为核心,以蔗田系统、制糖系统、酒精制造系统、造纸系统、热电联产系统、环境综合处理系统等为框架,通过盘活、优化、提升、扩张等步骤,建成的以制糖为主、多种产业生态合理性协同经营的生态工业示范园区。

1. 基础条件

广西贵港生态工业(制糖)示范园区是全国第一个获批准设立的循环经济试点园区,2001年8月经国家环境保护总局正式批准并对示范园区进行授牌。2011年5月31日,经贵港市委、市政府批准成立贵港国家生态工业(制糖)示范园区管理委员会。2012年、2014年分别被确认为自治区A类产业园区和自治区重点园区。园区致力打造成西江经济带特色园区和100亿元园区。

生态工业园区地处南宁、北海、柳州、梧州四大重要城市的几何中心,区位优势得天独厚,交通便利。西江航运干线在港北区与黔桂、湘桂、枝柳、南昆、黎湛铁路和324国道、209国道、南梧公路、南宁—广州高速公路等多条公路干线纵横交会处,形成良好的水陆交通运输网络,可水陆联运,江海直达。港北区是广州5小时经济圈和南宁2小时经济圈的叠加区域,自古至今是中国岭南地区商贾云集之地和交通枢纽中心,水陆联运直达海外。

园区总体规划面积为30.53平方千米,由三个产业区组成,包括:西江科技创新产业城、贵糖产业区、热电循环经济产业区。园区主导产业定位为:以电子信息、节能环保新型材料、糖纸循环、热电联产发展新能源为主导产业,配套发展物流业等。

2. 运行方式

广西贵港生态工业(制糖)示范园区地处贵港市中心城区,2001年8月经国家环境保护总局正式批准并对示范园区进行授牌,是全国第一个批准设立的循环经济试点园区。其功能分区产业布局主要包括三个产业区:一是贵糖产业区,以糖纸循环为主导产业;二是西江产业区,以电子信息、纺织服装为主导产业;三是热电循环经济产业区,以热电联产、能源、造纸等产业为主导产业。

其中,贵糖产业区是贵港市的老牌工业基地,主要企业由贵糖集团、洁宝纸业、红旗纸厂等六个系统构成(图3-3)。各系统内,分别又有特定产品产出,并使得各系统之间通过中间产品和废弃物的相互交换而互相衔接,从而形成一个比较完整的闭合的生态工业网络。在此网络中,园区内资源得到最佳配置、废弃物得到有效利用,环境污染也降低到了最低水平。目前,已形成以制糖和纸制品加工,以及乙醇(酒精)生产为主的产业链。其中,规模最大的贵糖集团,年销售收入达10亿元以上。西江产业区即西江科技创新产业城,位于贵港城区西侧,距中心城区约4千米,是生态工业园的核心区,园区已经具备完善的交通网络和配套设施。规划建设有色金属新材料高新技术产业园,打造产城融合,宜业、宜商、宜居的生态新城。热电循环经济产业区,重点发展热电、制糖、造纸、新型建材等产业。其中,主要有中国华电集团贵港发电有限公司、贵糖(集团)股份有限公司、华南纸业等,主要利用贵港电厂的热力资源和温排水资源,发展制糖、造纸及其他相关产业,重点建设能源功能区、制糖功能区、造纸功能区及其他循环经济功能区。同时,广西贵港生态工业(制糖)示范园区还依

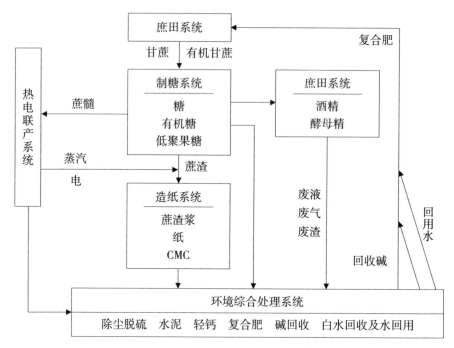

图3-3　广西贵港生态工业(制糖)示范园区循环模式

托贵港钢铁集团打造钢材加工贸易产业园。

3. 成功经验

广西贵港生态工业(制糖)示范园区的成功之处在于:各系统之间通过中间产品和废弃物的相互交换而互相衔接,形成一个较完整的、闭合的生态工业网络。园区内资源得到生态合理性优化配置,废弃物得到有效利用,环境污染降低到最低水平。园区内主要生态链:一是甘蔗→制糖→废糖蜜→(乙醇)酒精→酒精废液制复合肥→蔗田;二是甘蔗→制糖→蔗渣造纸→制浆黑液→碱回收;三是制糖业(有机糖)低聚果糖、制糖滤泥→水泥等较小的生态链。这些生态链相互间构成横向耦合关系,并在一定程度上形成网状结构,致使生产流程中没有废物产生,使生产各个环节实现了充分的资源共享,变废弃物、污染负效益为资源正效益。

(四)沈阳再生资源生态产业园

在我国区域经济生态化建设中,除了鲁北化工生态工业园区和广西贵港生态工业(制糖)示范园外,有沈阳再生资源生态产业园等。沈阳再生资源生态产业园位于国家装备制造业示范基地——沈阳铁西新区冶金工业园内,是2007年经国家批准建设的循环经济重要试点单位,是中华人民共和国商务部(以下简称"商务部")批准实施的沈阳市再生资源回收利用体系建设的核心和标志性工程。它的建立,旨在改变传统粗放型工业生产发展方式,节约自然资源,减少自然资源的开发和利用,以充分利用生产过程产生的废弃物,变废弃物为重要资源。从本书主题角度讲,它也是沈阳区域经济生态化定向和建设的一个重要举措,也是资源型地区突破粗放型增长方式实现区域生态化发展的典型案例。

1. 基础条件

沈阳再生资源生态产业园坐落于沈阳铁西新区冶金工业园内,在沈西工业走廊经济开发区内建立一个再生资源生态产业园试点,园区规划用地3平方千米,具体分为海关集装箱区、分选拆解区、再生深加工区、交易仓储区、三废处理区、商务办公区、技术研发区、综合服务区和员工生活区等。该园区的主要任务是完成集国内废旧物资的拆解、分类、初加工、深加工、科技开发、废旧金属材料贸易于一体的资源再生利用工作。这里目前已成为东北地区唯一的再生资源拆解、加工和物流中心。

2. 运行方式

沈阳再生资源生态产业园建设期为四年,分三期实施:一期工程占地 0.667 平方千米,拆解能力 100 万吨 / 年,其中废电机 10 万吨、废电线 20 万吨、废五金 60 万吨、其他废弃材料 10 万吨;二期工程占地 1 平方千米,整个园区的进口拆解能力增加到 300 万吨 / 年,其中废电机 30 万吨、废电线 60 万吨、废五金 180 万吨、其他料 30 万吨;三期工程占地 1.33 平方千米,有色金属、冶炼、深加工能力达 80 万吨 / 年。项目建成后,基本满足了沈阳工业产业对再生资源的需求,对东北工业产业振兴和可持续发展具有重要的推动意义。项目建成废旧汽车拆解、废电线电缆拆解等五条生产线,建成废钢铁、废杂铜、废橡胶等六条资源再生和初加工生产线及一条贵金属提取生产线,初步形成了资源再生利用产业链和产业网络,并因需要进驻了 32 家生产企业和 20 家经营服务型公司。这不仅对于节约自然资源有着重要意义,而且提供了 1 万个就业岗位,解决了由技术进步原因(技术密集型原因)引发的劳动力就业紧张问题。

3. 成功经验

沈阳再生资源生态产业园的成功建设及运营,将为我国再生资源产业生态化发展提供良好示范,其成功经验主要有以下两个方面:

一是形成完善的资源再生产业链。沈阳再生资源生态产业园以建设生态型产业园区为目标,以科学发展观为指导,坚持园区发展与环境保护相协调、园区内产业共生耦合发展、鼓励技术创新和园区管理的原则,以"产业生态化"为先决条件,运用产业生态学、循环经济等原理指导产业发展,形成较为完善的资源再生产业链和先进的再生资源产业发展模式,使沈阳区域经济的生态化定向和建设,找到了一个重要的突破口。

二是强化静脉产业[①]孵化。园区在国内同行业中率先提出"静脉产业企业

---

① 静脉产业,即资源再生利用产业,是以保障环境安全为前提,以节约资源、保护环境为目的,运用先进的技术,将生产和消费过程中产生的废物转化为可重新利用的资源和产品,实现各类废物的再利用和资源化的产业,包括废物转化为再生资源及将再生资源加工为产品两个过程。它又被称为"静脉经济"、第四产业。

孵化器",以"再生资源交易中心"为先导,通过提供生产、经营、研发的场地,借助通信、网络、办公等方面的共享设施,又以系统培训、咨询服务,以及政策、融资、担保、法律和市场推广等方面的支持,大大降低了入园企业的投资风险,增强了新生企业的生产活力,同时也提高了企业的投资利润率。

(五)广州开发区全要素生态系统

面对新时代生态文明建设和生态环境保护的新形势、新要求,广州开发区坚持以习近平新时代中国特色社会主义思想为指导,牢固树立创新、协调、绿色、开放、共享的新发展理念,充分运用市场化手段,推进生态环境保护市场化进程,发挥生态环境成本内部化、促进全社会节约、加快绿色环保产业发展的积极作用,进而激发全社会力量,共同促进绿色发展和生态文明建设。

1. 基础条件

广州开发区包括广州经济技术开发区、广州高新技术产业开发区、广州出口加工区和广州保税区四个国家级经济功能区。开发区经济规模在全国开发区中位居首位,2017年全区实现地区生产总值947.66亿元,占广州市生产总值的13.44%;实现工业总产值451.34亿元,占全市工业总产值的24.83%;产值超亿元企业达到234家,占全区总产值的93.59%。园区聚集了包括微软、英特尔、杜邦、甲骨文、西门子、SONY和IBM等在内的103家跨国公司,有些还是世界500强企业。2017年实际使用外资9.27亿美元,占广州市实际使用外资的27.18%;出口总值84.39亿美元,占广州市总量的22.27%。2016年8月20日,由天津开发区、广州开发区等发起联合全国36个国家级经开区推动国家级经济技术开发区绿色发展联盟正式成立。广州开发区代表国家级经开区绿色发展联盟与中信国际资产管理有限公司签署了《国家级经开区绿色发展产业基金合作备忘录》,共同组建国家级经济技术开发区绿色发展产业基金。为绿色转型公共服务平台项目、园区生态环保基础设施建设提供金融支持,促进国际优秀清洁技术转移、扶持创新型绿色产业技术发展,推动国家级经开区转型升级和绿色发展,基金主要投向园区节能减排项目、生态基础设施建设项目、新能源等清洁技术项目以及园区绿色发展公共平台项目等四大领域。将为包括广州开发区在内的国家级经开区循环经济、循环化改造和新能源应用等项目融资提供便利。

2. 运行方式

广州开发区是国家第二批循环经济试点园区,编制完成《广州经济技术开发区国家循环经济试点实施方案》,并经国家发展改革委批准实施;出台《关于加快推进循环经济发展的若干意见》,积极推进一批循环经济重点项目建设和关键技术实施;设立1500万元循环经济专项奖励资金,推进一批资源梯级利用、循环利用企业的发展。通过利用循环经济专项资金,带动了赫尔普、华德、迪森、珠江钢铁、恒运等一批节能和资源综合利用项目取得明显成效,可带动社会投资超过10亿元,初步估算节约40万吨标煤,节电1500万千瓦·时,节水400万吨,减少SO_2排放6000吨,回收固体废弃物4万多吨。目前,企业清洁生产全面开展,已有珠江钢铁、恒运电厂等11家企业通过清洁生产审核,约20家企业正积极组织实施。开展萝岗中心区和广州国际生物岛循环经济示范区域建设,积极推进萝岗新城的建筑节能、节能空调应用、垃圾真空回收以及广州国际生物岛的集中供冷、地埋再生水厂、风光互补路灯系统等项目实施。

3. 成功经验

广州开发区的全要素生态系统的实施重点在广州国际生物岛,它是广州开发区循环经济建设重点示范区域,位于广州市东南端的官洲岛,定位为国际化的生物技术和医药研发及产业化基地,规划占地面积1.8平方千米,分为科研生产区、技术服务区与生活服务区三大功能区。《广州国际生物岛循环经济技术规划》已经编制完成,将严格把生态型和循环经济理念贯穿到建设中,将重点开展湿地建设、建筑节能、节能照明、水资源综合利用和再生资源综合利用等工作。

一是开发生态主题公园。广州国际生物岛通过保护和利用自然山体、湿地及滨水地带,开发主题公园并营造出湿地公园、山地公园、环岛滨水休闲绿化带等自然与人工相结合的生态景观区域。主题公园分布在生物岛的中部,是全岛的自然地标;湿地公园则是利用现有湿地生态结合人工景观塑造的公园,保留咸水草、芦苇等水草和落羽杉等水生植物形成的植物群落;山地公园以现状山体为基础,结合山脚的环形绿地规划而成;环岛滨水休闲绿化带是生物岛与仓头水道和官洲水道的自然衔接界面,与大学城滨水公园、瀛洲生态公园等构成珠江一河两岸的自然风光。

二是利用风能和太阳能。开发区采用风光互补路灯,即在灯杆上安装风机和太阳能电池板发电,在灯杆下埋下蓄电池储电,利用太阳能与风能在时间和地域上有很强的互补性,设立独立的电源系统,循环利用风能和光能,满足照明需要。这种利用风能和太阳能发电的路灯最初投入大约需要 2.5 万元,比传统路灯高投入。但由于不采用高压电源,其使用寿命一般可达 15 年,5 年内省下的电费就足以弥补其与传统路灯的差价,余下的 10 年寿命里,其完全不需外接电源的效益优势便可显示出来。未来园区将在 8 千米的环岛路上全面推广。

三是全地埋式再生水厂。园区再生水厂位于生物岛南端,规划用地面积 1.27 平方千米,投资近 1 亿元,已在 2010 年建成投产。该项目引入国际先进的水资源循环利用战略理念,将污水变成资源,使生物岛实现污水真正意义上的零排放。水厂通过收集岛内每日约 1.3 万吨的市政污水,采用国际领先的膜分离技术与生物技术相结合的膜生物反应器污水处理工艺,将污水直接处理到优于城市杂用水水质标准,通过覆盖全岛的杂用水管网输送到每家每户,满足岛内绿化、水体景观、道路冲洗、冲厕等杂用水的需求。再生水厂建成后将实现岛内污水的就地处理、就地回用的良性循环。此外,再生水厂采用全封闭、零公害、无污染、全地下的建设方式,主要的污水、废气处理设施全部位于地下,地上部分将用作城市景观建设或休闲场所。地下全封闭再生水厂除了减少空气污染,还实现了土地的集约化利用。

第三节　国内外区域生态化协同的启示

从国内外生态工业园区和生态城市建设的众多案例来看,生态化协同发展已成为区域经济发展的必然趋势。区域性的低碳、生态、绿色发展是解决资源能源危机、缓解生态环境恶化、应对气候变化等问题的重要途径。国外很多国家都把建设生态城市和工业生态园区作为公共政策来推动和引导区域发展,并积累了诸多成功经验。我国很多地区,由于受新自由主义片面的经济发展观的影响,都程度不同地受到空气污染、资源短缺、交通拥堵等问题困扰,因此,区域经济亟待生态化转型。在国家可持续发展和生态文明战略引导下,目前各地也提出生态协同发展的区域建设目标,并在最近几年陆续开始实质性推进,特别是生态新城建设呈现出数量多、规模大、速度快的特点。但由于理念、政策、技术、管理等方面尚未形成系统的标准体系,部分项目仍深受新自由主义发展观的严重制约,因而在区域性生态化协同发展中依然存在发展目标上的偏差。

在实践方面,国外政府较为重视区域生态化协同发展的可操作性,注重将区域生态共生理论运用到现实的规划和建设中,倡导公众积极参与,因地制宜地进行区域性生态化协同发展。反观国内,区域建设特征,往往主要以所谓"经济人自身利润最大化"为主导,而一些地方政府决策者为了追求自身利益的最大化,同样缺乏对区域生态化协同发展的系统性规划、设计和管理。一切向钱看,为所谓"地方政府型经济人"自身利润最大化,而大肆进行权力寻租,丝毫不考虑党的十九大以来着重强调的生态文明建设战略决策的要求,也成了一些地方的痼疾,它严重制约着区域经济的生态化协同和发展。综上所述,如何推进区域经济的生态化协同发展,如何改变以往片面的经济发展方式,并在政府主导下,将区域性生态化协同发展的规划、设计、建设和管理融为一体,将国际先进的区域性生态化建设经验和标杆引入我们的区域生态化协同发展之中,并引导社会公众行为向着区域性生态化协同发展的目标靠拢,是未来区域生态化协同发展亟待研究和解决的重要问题。

一、国外区域生态化协同的政策与机制

国外在区域生态化建设过程中的政策实施和建设中建立的新机制,为其区域生态化协同发展的成功提供了有效的政策支持和运行保障。

(一)区域生态化协同的政策

国外区域生态化协同发展实践中的政策大体可以分为三类,即污染者负担政策、排污收费政策和治理污染优惠政策。

一是污染者负担政策。所谓"污染者负担"是联合国经济合作与发展组织环境委员会为了促进合理利用资源,防止环境污染,于1972年在国际范围内提出的一项治理环境污染的原则,此后逐渐演变为环境管理中一项重要政策。

实行污染者负担政策主要是基于两个方面的考虑。①体现社会公平性。因为环境污染是由于污染者不合理地开发资源所造成的，污染者在破坏环境的同时也获得了巨额利润。作为以破坏环境为代价的"受益者"理应承担治理环境的费用，补偿环境资源的损失。②治理环境污染需要大量的资金投入，实行污染者负担政策可以筹集治理污染的资金，引导企业有效利用资源，遏制环境状况的进一步恶化。污染者负担政策的主要内容是由污染者治理自己的污染源，承担相应的治理费用，并赔偿污染受害者的经济损失。

二是排污收费政策。西方国家的排污收费政策包括两个方面的内容：①根据排污者排污量的多少收取一定的费用；②开征环境污染税。在实践中，加拿大政府鼓励企业建立污染处理设施，自行处理污染，使其达到国家规定的排放标准。如果没有能力处理污染，或者超标排放的要交纳排污费。开征环境污染税的共同做法是依据污染物排放的数量和浓度来计税。排污收费筹集来的资金专门用于环境污染治理和环境保护方面。为监督排污收费政策的执行，各国政府还制定了严格的处罚措施。凡是违反国家排放标准，超标排放的，施以重罚，或处于监禁，或者二者并处。通过排污收费政策的实施，一方面，加重了污染者的负担，迫使污染者积极治理污染，减少污染排放量，保护环境；另一方面，为政府筹集了治理环境污染的资金，提高了政府控制和治理污染的能力，这在总体上为推进企业积极参与区域生态化协同发展提供了一个适宜的社会环境。

三是治理污染优惠政策。为了鼓励企业积极治理污染，参与区域生态化的建设，政府对环保产业和主动治理的企业实行了一系列的优惠政策。①税收优惠。日本政府对治理设施的固定资产折旧费实行减税；对根据法律规定设置的大气和水体污染控制设施和装备，不收不动产税；为了迁离人口稠密地区而购买土地进行建筑的，免于征税等。②经济补偿。政府对企业主动治理环境采取补偿政策，一个公司无论是在新地区选址建厂，还是扩充旧厂设备，只要寻找到使新的污染排放水平低于原来水平的方法，就会在这方面的耗费都将得到政府的补偿。补偿的方式包括减税、贷款优惠、低息补贴等。③财政资助。鉴于环保产业投资回报率比较低，政府对投资环保产业的企业和个人给予资金资助。同时，国家还鼓励开展环保科学研究，凡从事环保科学研究者，国家给予一定的资金资助。

从区域生态协同政策的角度讲，尽管各国政府在环境污染治理方面采取的具体政策措施有所不同，但基本上都是以经济刺激手段为主。一方面，用财政资助的手段对污染者改进防污设施提供必要的资金和技术援助；另一方面，用收费、征税、罚款等强制手段加重排污者的经济负担，以督促其采取积极行动，主动治理污染，保护环境。[①]我国在推动区域生态化协同发展的过程中，应发挥政策优势，完善政府服务功能，为区域共生网络创造良好的运营环境。政府应针对工业共生网络发展的实际情况，制定相应的发展政策和规章制度，鼓励企业相互交换副产品，提高资源的使用效率，使参与企业充分享受因共生而带来的优惠政策。同时，制定相关制度，规范共生企业的行为，鼓励诚信合作，培育共同的组织文化等，增强区域内企业的凝聚力。在此基础上，政府还应制定优惠的招商政策，大力吸引各种产业类型的企业进入园区。一方面，填补共生链条中的空白环节，增强共生链的连续性，提高共生网络中关键环节的企业冗余度，使共生关系更加稳固。另一方面，丰富区域内的共生网络类型，使各种模式的共生网络同时出现在区域内，增加区域生态系统的复杂程度，增强共生网络抵抗干扰的能力，从而实现区域共生网络的安全和可持续发展。

(二)区域生态化协同的机制

各国政府在区域生态化建设中建立起了促进区域生态化协同发展的新机制，值得我们参考和借鉴。

一是智力支持机制。科研机构与大学在区域生态化协同发展过程中起着重大的促进作用，为区域生态规划与建设提供了重要的智力支持。纵观世界各国的区域生态化建设，都有当地著名大学和科研机构参与。加拿大的工业生态园发展就得到了当地大学和科研机构的积极支持，滑铁卢大学的环境学院与加拿大环境署共同设立了用于支持本国工业生态园项目开发的基金，鼓励专家与学者参与生态工业项目的研究。在加拿大最大的伯恩赛德工业生态园的开发与规划过程中，达尔湖西大学资源和环境研究学院的学者们对之进

①王震、石磊、徐毅等：《我国环境政策中生态工业园区内涵误区的分析》，《环境科学与技术》2009 年 32 卷第 11 期，第 196 页。

行了科学的指导和规划,提供了技术咨询服务,并开展教育与培训等,保证了园区的顺利发展。

二是交流融通机制。区域生态化协同发展需要营造适宜的文化环境和交流与沟通机制,工业生态学的本意就是鼓励园区内的企业相互合作,建立工业共生关系,只有在区域内形成特色文化环境以及宽松、融洽的交流机制,才能促进区域生态化的健康发展。纵观世界著名的工业生态园和生态城市,其发展的深层动力都与其独特的生态文化有着密切的关系。除了公司经理们相互交流,公司各级员工的密切交往是区域共生关系成功建立的重要因素。公司间如培训之类的合作成果增强了"密切精神距离"感,使他们在物料与能量相关事务的合作中,已经意识到单凭自己力量很难处理的问题可以通过合作解决,并能从中获利。因此,高层间良好的、以信任为基础的交流对建立区域共生关系是必要的,各级别雇员间的密切交往对实现最佳的副产品交换也是必不可少的。

文化与交流机制的形成不仅体现在工业生态园和生态城市的内部,外部的政府、社区以及居民的参与同样是特色文化的一部分。企业、政府、居民以及其他组织之间建立密切的合作关系,有利于区域生态化协同项目的开展。在项目开发中,项目开发者经常组织当地政府、社区居民、企业和股东参与项目的讨论,并建立合作关系,通报规划方案。为了维持和巩固这些社会网络关系,项目管理者采用了大量的参与性措施,包括参与性的研究、调查会、社区前景讨论会、设计援助基金以及调研、访谈和焦点小组讨论等吸引相关人员参加。这些活动的主要目的是为持股人提供一种机会以交流彼此的忧虑、兴趣、想法,从而最大限度地保证社区的环境质量和生活水平。例如,在弗吉尼亚的查尔斯角工业生态园项目开发中,一个由居民、州和地方政府代表、企业股东、设计专家和其他成员组成的"社区未来发展前景论坛",发动最广大的社会成员参与工业生态园的项目开发,实现当地的可持续发展。这种因鼓励共同参与而形成的融通机制,加深了企业与社区和政府之间的相互了解,增强了企业间的合作,且赋予了文化环境特色文化内涵,促进了区域内的创新活动,为企业提供了良好的发展空间。

三是创新环境机制。区域生态化协同发展是区域经济发展的重要组成部分,因此,在其发展的各方面均体现出区域经济的许多特性。创新一直是区域经济发展的主要动力,竞争意识、冒险精神、创业胆识和宽容失败是促进区域经济发展的积极因素。纵观世界区域生态化协同发展状况,创新环境的差异将直接决定区域发展的水平和速度。良好的基础设施当然是区域生态化建立和发展的重要前提,这是管理者和政府最容易做到的,而构建有利于创新的文化环境已成为区域生态化协同发展不可或缺的因素。区域文化的包容性对区域经济的发展至关重要。如加拿大波恩赛德工业生态园内大约有 1300 家企业,分布在十几个工业产业领域,目前仍有许多新的产业不断进入,不同产业领域内的企业相互利用副产品的机会增大。为了鼓励和促进园区内的新企业进入园区,使工业共生网络更加完善,园区内建立了企业环境孵化器,专门扶持中小企业的发展。此外,园区的经营者和当地政府鼓励企业为副产品寻找新的用途,并制定相关政策帮助企业利用其他企业的副产品。

然而,许多区域生态建设的管理者过多地热衷于修路、盖房等基础设施建设,认为"硬件"好了,就会有企业进来,而在服务和营造有利于创新的文化环境和特色方面做得不够,没有形成符合国际规范的创新环境,缺少特色,缺乏对企业的吸引力,以至于有些地区出现企业和人才外流现象。

四是政府管理机制。由于政府的特殊地位,在协调与维护区域共生网络安全方面具有独立性和权威性。在企业的治理制度安排中,政府充当"第三方",有利于多种治理结构的并存,维护诚实守信企业的利益,保持公正性。此外,在网络运作过程中,当合作企业之间的关系影响到网络安全时,政府作为区域的管理者最适合扮演"协调人"的角色。通过政府的参与可以减少企业间因微小冲突就中断合作关系的可能性,避免由此发生的更多损失。在必要的时候,通过实施政府职能,同样可以维持网络的稳定,这是其他"协调人"无法做到的。政府的参与协调,使网络的安全更有保障,增强了企业参与区域共生网络的信心和积极性。同时,政府制定区域共生网络总体发展方案,进行积极的维护与管理。政府从有利于整个区域发展的角度,对共生网络的发展方向进行规划,并提出明确的发展思路和规划方案。同时,共生网络若能平稳和有效地运行,必须有一个维护者。在很多成功的工业生态园案例中,政府责无旁贷地承担了维护的功能。区域维护者的作用是多方面的,监控网络运营中的大量关键企业以及与其他企业的关系,对网络成员进行培训和教育,促进组织学习,同时针对网络的实际运作情况培育新的企业、调整发展计划和制定改进方案等。因此,政府从网络的全局出发,对网络的维护和管理是网络安全运作的重要保障。

从区域生态化机制的角度讲,世界各国区域生态化协同发展的重点不同,但著名的案例均有一些共同的特点,正是这些区域成功原因,对我国发展区域生态化协同具有借鉴意义。首先,在主导产业发展上应有明确的目标。主导产业的选择十分重要,往往一个产业,甚至产品的成功,将会极大地增强区域的竞争优势,并将对区域的发展产生重要的影响。而过多的产业发展目标会误导区域的发展方向,使区域难以形成优势,甚至会丧失内在引力。其次,政府政策的支持。区域生态化协同发展是一个长期过程,在项目运作的前期比较缓慢,整体盈利能力较弱,区外的企业,尤其是领先的大企业加入区域的积极性不高,此时最需要政府的支持,政府应该根据具体情况,决定自己的干预程度。再次,充分发挥区域各生产要素协同作用所形成的创新网络。区域的生态化显示出生产与研究活动在空间上的集聚,在一种能鼓励信息自由交流的体制里,很多不同性质的组织里的人们相互联系,形成网络,发生协同作用,从而导致创新的出现。最后,有利于创新的文化环境。区域生态化协同发展需要适宜的文化环境,外部环境仅是重要的因素,仅有好的外部环境是不够的,还应大力发展区域内部的企业文化,以人为本,满足创业者的高层次需求,形成有特色的文化氛围和内在引力。

二、国内外区域生态化协同发展的趋势

目前,国内外区域生态化协同发展趋势已经从传统的小城镇、工业园区延伸到一些开发时间较长、城市空间较大、产业形态复杂的国际大都市方向。这种情况不仅包括发达国家的地区,也包括发展中国家的地区。纵观这些区域的生态化建设过程,我们可以发现国内外区域生态化建设有着以下几大基本趋势。①

---

① 莱斯特·布朗:《生态经济——有利于地球的经济构想》,东方出版社,2002。

一是区域发展趋向集约型。紧凑型、集约型区域生态经济建设,一般都注重混合使用和密集开发的策略,使人们居住在更靠近工作地点和日常生活所必需的服务设施周围。它不仅包含着地理概念,更重要的是强调区域内在的紧密关系以及时间、空间对集约式协调生态化效率的特征。紧凑型区域生态化协同建设的思想主要包括高密度居住、代替对汽车的低依赖、城乡边界和景观明显、混合土地利用、生活多样化、身份明晰、社会公正、日常生活的自我丰富等八个方面。在蒂姆西·比特利看来,紧凑的形态无疑是区域生态化协同得以实现的良好基础。土地的集约化利用,不仅减少了资源的占用与浪费,而且还将使土地功能的混合使用、城市活力的恢复以及公共交通政策的推行与社区中一些生态化措施的尝试将得以实现。可以说,紧凑型区域开发模式的目标是为了实现区域可持续发展的现代城市特征。

二是以公共交通为导向开发。国内外的一些区域生态化在实践中都采取了一些创造性的改革措施以解决城市中人们过度依赖机动车辆所带来的局限及环境污染等问题。确保城市公共交通的优先权是公共交通导向的主要原则。基于此项原则,快速公共交通和非机动交通得到大力发展,私人小汽车的使用率有所降低。以公交导向为区域开发规划模式的巴西库里蒂巴市,城市化进程迅速,人口从 1950 年的 30 万人增加到 1990 年的 210 万人,但它在快速的城市化进程中却成功地避免了城市交通拥堵问题的产生。

三是生态网络化得到重视。国内外的区域经济生态化发展,尤其是一些亚洲和欧洲的地区,所进行的区域生态环境改善的实践值得人们特别关注。德国的弗莱堡把环境保护与经济的协调发展视为整个城市和区域发展的根本基础,制定了可行的环境规划、城市规划、能源规划和气候保护规划。日本千叶县高度尊重原有自然地貌,在城市地区对湖泊、河流、山地、森林等加以精心规划,与市民交流活动设施紧密结合,并辅以相应的景观设计,形成了十几个大小不一、景观特色各异、均匀分布于城区的开放式公园。西班牙巴塞罗那建设了一个富有想象力的 150 个相互连贯的公共空间的网络。由于区域生态系统的网络化,生态系统与城市市民休闲娱乐空间规划得以紧密地结合起来。

四是引入了社区驱动开发模式。国内外区域生态化的成功,最终是要依靠社区居民来实现的。社区驱动开发模式与公众参与密切相关,强化了公众作为城市的生产者、建设者、消费者、保护者的重要作用。澳大利亚阿德莱德市大力发展公共设施，提供给残疾人使用的轮椅通行的专用通道在街道车站和大楼内随处可见，在公共交通设施中也有许多方便女性、小孩或者老人的设计，使得使用者能够在使用公共设施的同时感受到无微不至的人文关怀。新西兰的维塔克在生态城市蓝图中阐明了市议会和地方社区为实现环保前景所需要采取的具体措施，明确了市议会对生态城市建设的责任、步骤和具体行动。

五是大量采用绿色技术。国内外的区域经济生态化建设在开发过程中，将区域发展纳入生态系统中的主要组成部分加以考虑，高度重视城市的自然资源。可再生的绿色能源、生态化的建造技术同样在生态城市建设中得到了倡导。日本大阪利用了大量最新技术措施来达到生态住宅的理想目标，如太阳能外墙板、中水和雨水的处理再利用；设施、封闭式垃圾分类处理及热能转换设施等。西班牙马德里与德国柏林合作，重点研究和实践城市空间与建筑物表面绿色植被覆盖，雨水就地渗入地下等技术。同时还推广建筑节能技术材料，使用可循环材料等。这些举措改善了城市生态系统状况。太湖新城也在整个过程中推广绿色建筑设计、规划与实施，利用现代信息技术和智能化技术对整个城市能源进行全方位的系统管理。

三、推进区域生态化协同的几个关键

区域生态化协同发展，是对区域生态诸要素的系统整合抑或综合整治过程，其目标、成果、程序、内容、方法和实施对策的全过程，都要进行全面协调与规划，因为它是实现区域性生态系统动态平衡、调控人与环境关系的必然途径。就目前我国的总体情况而言，城市化已进入了快速推进阶段，城市建设、经济开发正以前所未有的规模展开。但一些城市在未经区域经济生态化抑或城市生态化理性规划的建设，无疑还存在注重短期经济效益，忽视长期环境效益的行为，因为新自由主义的多年影响是根深蒂固的。因此，在我国区域经济或城市化建设过程中，首先必须着重强调在此过程中的生态化建设的重要性，否则，将必然与党的十九大以后着重强调的"生态文明"思想形成理论上的相悖和事实上的严重冲突。为了避免将区域经济发展和城市化建设建立在生态环境污染与破坏的基础上，避免"先污染，后治理"的传统发展方式导致的灾难性

结果,必须将区域经济的生态化协同发展及城市的生态化建设,提上各级领导的议事日程。目前,我国推进区域生态化建设及城市生态化发展,应重点把握以下几个关键点:

一是以树立生态文明理念为前提。区域生态化协同发展,首先需要树立生态文明理念。在建设过程中,应着力培育公民的生态文明理念,包括生态忧患理念、生态科学理念、生态伦理理念、生态消费理念、生态责任理念等,使建设生态文明理念不断深入人心,成为民众的自觉行动。在制订具体的行动计划时,应拓宽公众参与的渠道,广泛激发公众参与的热情,使区域生态化建设的愿望能够迅速转变成社会行动。

二是以遵循自然法则作为前提。坚持"以人与自然和谐为本",始终记住人的社会目标和为实现社会目标所发挥的社会生产力绝不能违反自然规律,更不能突破自然承载力这个底线。要把环境作为生产力的基本要素,善待环境、保护环境和改善环境,把生态恢复和修复作为突破口,把发展循环经济作为基本途径:优化区域的用地结构,搞好用地平衡,控制高层建筑的增加,疏解建筑密度;加强绿化建设,保护生物多样性;加强生态环境保护,推广清洁能源与绿色消费,强化城市物质循环;实行城乡社会、经济、生态一体化规划,优化城乡空间,加强城市公共服务设施建设,提高居民生活质量。

三是以发展生态经济为目标。发展过程中,不仅注重经济建设,而且强调经济、社会和生态三者之间关系的动态平衡,协同关注经济效益、社会效益、生态效益平衡关系。为此目的,必须突出抓好经济结构调整和发展方式的转变,大力发展科技先导型、资源节约型、清洁生产型、生态保护型、循环经济型产业。大力发展生态农业,调整和优化农业结构与布局,促进特色农业的推广,培育优势品种,提高农业效益。大力发展生态工业,按照"不破坏资源、不污染环境、不搞重复建设"的原则,不断深化工业结构调整,改造传统产业,发展高新技术产业和新兴产业。加快产业结构调整及技术创新,大力发展生态服务业,构建现代商贸体系、信息服务体系、技术保障体系等,支持各类企业参与污染治理,使环保产业成为具有良好经济效益和社会效益的新兴产业。

四是以保护生态环境为基础。将生态环境保护放在突出位置,积极植树造林,加强湿地保护、生态功能区建设以及饮用水保护、开发与整治。大力实施节能技改、循环经济、清洁生产和资源综合利用等项目,深入开展化工行业整治,即如我国鲁北化工集团那样,建立高效节约和综合利用的化工工业生态园区,提高各类化工集聚区的污染集中处理能力。进一步完善执法体系,强化目标责任制,严把项目准入关,严格实行节能减排一票否决制和问责制,加大监管力度。把环境保护作为常态化的工作主题,善待环境、保护环境和改善环境,把生态恢复和修复作为突破口,把发展循环经济作为基本途径。

五是以培育生态文化为支撑。生态文化对生态文明建设具有促进作用,推进区域生态化协同发展必须注重培育和发展生态文化。开展多形式、多层次的以普及生态环境知识和增强环境保护意识为目的的国民生态环境教育;把生态教育作为学生素质教育的一项重要内容,使生态伦理教育作为生态文化建设的重要组成部分,努力培养具有生态环保知识和意识的一代新人;积极开展群众性生态科普教育活动;将生态示范区建设与生态科普基地建设结合起来,建设集生态教育和科普、生态旅游、环境保护、生态恢复示范等功能于一体的生态景区。组织公众参与城市生活垃圾定点分类堆放和资源回收利用等活动,培育公众保护生态环境的积极性和自觉性,努力在全社会形成提倡节约、爱护生态环境的价值观念、生活方式和消费行为。

四、国内外区域生态化协同实践的启示

我国当前的城市化建设与区域生态化协同发展目标之间并不协调,甚至还有较大差距,主要存在着一些问题:严重的工业化污染阻碍生态城市建设,各种城市垃圾不利于城市环境保护与治理,噪声、电磁污染日益加剧,影响着城市环境改善。前述各类工业生态园区和生态城市,在土地利用模式、交通运输方式、社区管理模式、城市空间绿化等方面都进行了有益的探索,为世界其他国家的区域生态化协同发展提供了范例,对我国的区域生态化协同也有着重要的借鉴价值,他们将从以下几个方面给我们提供参考作用:

一是明确的生态环境承载阈限是区域发展的必要前提。从生态学角度来看,区域发展以及人们赖以生存的生态系统所能承受的人类活动强度是有限的,也就是说,区域发展存在生态极限。区域生态化建设,实现区域经济社会发展模式转型,必须坚持区域生态承载力原则,科学地估算区域生态系统的承载

能力,并运用技术、经济、社会、生活的调控等手段来确保提高这种能力,合理控制与调整城市人口的总数或密度,综合考虑城市的产业种类、数量结构与布局,重点关注直接关系到生活质量与发展规模的环境自净能力与人工净力,以及关注区域生态系统中资源的再利用问题等。

二是需要加强区域合作和城乡协调发展。一个区域只注重自身的生态化建设是不够的,光想着自己的发展,不惜掠夺外部资源或将污染转嫁于周边地区的做法是与生态化发展理念背道而驰的。城市间、区域间乃至国家间必须加强合作,建立伙伴关系,进行技术与资源共享,形成互惠共生的网络关系,同样是至关重要的。

三是要有切实可行的规划目标作保证。一般来说,国外的区域生态化建设都制定了明确的目标,并且以具体可行的项目内容作支撑。面对纷繁复杂的生态环境问题,国外区域生态化的建设从开始就注重对目标的设计,从小处入手,具体、务实,并便于直接用于指导实践活动。美国的伯克利被誉为全球生态城市的建设样板,其实践就是建立在一系列具体的行动项目之上,如建设慢行车道,恢复废弃河道,沿街种植果树,建造利用太阳能的绿色居所,通过能源利用条例来改善能源利用结构,优化配置公交线路,提倡以步代车,推迟并尽力阻止快车道的建设等。由于清晰、明确的目标,既有利于公众的理解和积极参与,也便于职能部门主动组织规划实施建设,保证了区域生态化建设能够稳步推进并不断取得实质性的成果。

四是以发展区域循环经济为支撑。从某种意义上讲,发展循环经济,强调资源高效循环再利用,是实现区域经济系统的生态化的重要支撑力量,也是建设区域生态化成功的关键。将可循环生产和消费模式引入区域生态化建设过程,同样是生态城市建设的重要内容。日本的九州市从 20 世纪 90 年代初开始以减少垃圾、实现循环型社会为主要内容的生态城市建设,提出了"从某种产业产生的废弃物为别的产业所利用,使地区整体的废弃物排放为零"的构想。澳大利亚的怀阿拉市则制定了传统的能源保证与能源替代、可持续的水资源使用和污水的再利用等建设原则,解决了长期困扰该市的能源与资源问题,这些都是值得参考的方式。

五是完善的政策、法律及管理体系。国内外的区域生态化协同发展,均已制定了比较完善的法律、政策和管理上的保障体系,确保区域生态化建设得以顺利健康地发展。政府通过对自身的改革,包括政府的采购政策、建设计划、雇用管理以及其他政策来明显减少对资源的使用,从而保证区域自身可持续性的发展。并且,在已有的生态城市经济区内,很多城市政府已认识到可持续发展是一条有利可图的经济发展之路,可以促进城市经济增长和增强企业竞争力。另外,国外有些城市还建立了生态城市的全球化对策体系和都市圈生态系统的协同管理政策等。这些都给予了区域生态化快速健康发展强有力的保障。

六是区域生态化建设需要有公众的参与。国外成功的区域生态化案例表明,在区域经济生态化建设过程中,鼓励尽可能多的公众参与,无论从规划方案的制订及实际的建设推进过程,还是后续的监督与监控,都要有具体的措施来保证公众的广泛参与。建设者或管理者都主动地与市民一起进行规划,有意与一些行动团队特别是与环境有关的团队合作,使他们在一些具体项目中既能合作,又能保持相对独立。这种做法在很多地区收到了良好的效果。可以说,广泛的公众参与是国外区域生态化建设得以成功的一个重要环节。

第四章　区域经济生态化协同发展的
途径与运作

在区域生态化和协同学理念下，区域经济生态化协同就是要找到使区域经济发展与生物生态系统"正常"运行相匹配的革新路径和经济发展的定向，其实现途径是通过区域性经济、社会和生态的协同发展，来纠正以往新自由主义主导的片面所谓市场经济资源优化配置，使区域经济发展朝着资源生态合理性优化配置的方向转化。区域性的经济发展和生态化建设需要彼此互动与联动、合作与交换、互补与互惠、镶嵌与混入，直至相互融合，达到协同适应、协同优化和发展。只有这样，区域经济发展才能形成功能协同优化、效益协同优化和成本最小化，从而实现区域经济与生态发展的和谐共生目标。区域经济生态化协同，在实现中就是区域各单元间均处于协调共生状态，在资源配置过程中，同样基于共生理念，以区际、代际、种际和谐共生为前提，以人与人、人与自然之间的相互包容性发展为特征，以与自然相和谐的绿色经济转型为价值目标，促进区域各单元间不仅形成经济共生体，而且形成生态共生体。很显然，这一过程将是一个动态的协同演化过程，是区域各单元间从被动的组织融合行为到主动的自组织共生行为，各单元间在协同发展过程中，通常不存在隶属关系，更多体现为相互帮助的共生关系。[①]这一过程，体现为将以往因行政区划形成的区域特征调整为区域资源生态合理性协调框架下的价值选择，是一种动态的资源生态合理性配置的过程。

区域经济生态化协同发展所倡导的区域运行模式与我国生态文明建设的目标在本质上是相一致的。党的十八大以来，习近平总书记高度重视生态文明建设，提出了一系列关于生态文明建设的新理念、新思想、新战略，为推进生态

---

① 陈运平、黄小勇：《论区域经济的共生发展》，《光明日报》2014 年 4 月 2 日。

文明建设提供了理论指导和行动指南。习近平总书记关于生态兴则文明兴、生态衰则文明衰以及"两山"理论的科学论断,从辩证唯物主义和历史唯物主义的立场,总结了人类文明发展规律,揭示了人与自然关系在人类文明进步中的基础性地位。人类文明进步要处理好人与人、人与自然这两个最基本的关系。如果人与人的关系处理不好,就会导致社会动荡、国家衰败;如果人与自然的关系处理不好,同样会导致环境破坏、文明衰退。这是一个客观规律,古今中外这方面的事例很多,保护生态环境已成为全球共识。其中提出的绿水青山就是金山银山的论断蕴涵着区域经济生态化协同发展的必要性和重要性。从生产即供给角度看,绿水青山就是金山银山,保护生态环境就是保护生产力,改善生态环境就是发展生产力,它们之间具有高度一致的内涵:把绿水青山抑或我们现存生态环境内化为生产力的要素之一。从社会需求角度看,这同样是发展观或发展之逻辑思想的重要体现,不仅纠正了以往对发展观内涵与外延的偏狭理解,而且使我们对之有了新认知,并因此使发展观有了理论上的升华。与此同时,还丰富了社会主义的发展观和目的论,在实践中对绿水青山和金山银山之间关系的认识经过了三个阶段:第一个阶段是用绿水青山去换金山银山;第二个阶段是既要金山银山,但是也要保住绿水青山;第三个阶段是认识到绿水青山可以源源不断地带来金山银山,绿水青山本身就是金山银山。这三个阶段是经济增长方式转变的过程,既是发展理念不断进步的一个过程,也是从观念范畴指导人与自然关系不断调整,进而趋向和谐的过程。习近平总书记关于山水林田湖草是一个生命共同体的重要论述,也形象地阐明了自然生态系统各要素间相互依存、相互影响的内在规律。他指出,人的命脉在田,田的命脉在水,水的命脉在山,山的命脉在土,土的命脉在树。如果种树的只管种树、治水的只管治水、护田的单纯护田,很容易顾此失彼,最终造成生态的系统性破坏。这就告诉我们,保护并修复自然生态系统,必须遵循自然生态系统自身的规律,否则可能事倍功半,甚至徒劳无功。当前,我国社会主要矛盾已经转化为人民日益增长的美好生活需要和不平衡不充分的发展之间的矛盾,人民群众从过去"盼温饱"到现在"盼环保"、从过去"求生存"到现在"求生态",期盼享有更加优美的生态环境。习近平总书记立足发展新阶段和人民新期待,提出良好生态环境是最公平的公共产品,是最普惠的民生福祉。强调环境就是民生,青山就是美丽,蓝天也是幸福。人类命运共同体思想是习近平外交思想的重要内容。习近平总书记强调,人类是命运共同体,建设绿色家园是人类的共同梦想。国际社会应该携手同行,构建尊崇自然、绿色发展的经济结构和产业体系,解决好工业文明带来的矛盾,共谋全球生态文明建设之路,实现世界的可持续发展和人的全面发展。党的十九大报告明确提出,构建人类命运共同体,建设持久和平、普遍安全、共同繁荣、开放包容、清洁美丽的世界。共建全球生态文明、建设清洁美丽世界是推动构建人类命运共同体的关键核心,符合世界绿色发展潮流和各国人民共同意愿,彰显了习近平生态文明思想的鲜明世界意义。

习近平总书记就人与自然关系发表重要论述,强调生态文明建设是关系中华民族永续发展的根本大计。人与自然是生命共同体,人类必须尊重自然、顺应自然、保护自然。人类只有遵循自然规律才能有效防止在开发利用自然上走弯路,人类对大自然的伤害最终会伤及人类自身,这是无法抗拒的规律。党的十九大把"坚持人与自然和谐共生"作为新时代坚持和发展中国特色社会主义的基本方略之一,全国生态环境保护大会又将其作为新时代推进生态文明建设必须坚持的重要原则之一。这些举措为我们科学把握和正确处理人与自然关系提供了根本遵循。

第一节   区域复合生态系统的演化及途径

自从有了人类活动,生态复合系统就产生了,协同进化和系统协同进化也随之发展。19世纪50年代,达尔文提出了以自然选择为基础的进化学说。达尔文把生存斗争,即适者生存、不适者被淘汰的过程称为自然选择。达尔文进化论即物种选择论,核心是生存斗争,实质是弱肉强食,结果是优胜劣汰。达尔文进化论过分强调生存斗争,而忽略了生物其他方面的种种联系。20世纪60年代,埃利希和雷文提出协同进化的概念。认为协同进化是一个物种的性状作为对另一个物种性状的反应而进化,而后一物种的这一性状本身又是作为对前一物种性状的反应而进化。与达尔文的进化论不同,协同进化论承认生物多样性,承认大自然的自组织功能,强调物种之间的相互作用。正是这种多样性和协同进化造就了生物圈的千姿百态,协调了全球生态环境的相对平衡,维系了生物圈的持续演化发展,共同构成了人类赖以生存和发展的物质基础。20世纪70年代,德国物理学家赫尔曼·哈肯通过探讨耗散结构大量的系统元素,如何在适当的外在环境下,根据其内在的分合机制,经过合作竞争完成系统相变的自组织过程,揭开了复杂系统有序化的面纱。哈肯认为在复杂的多元系统中,子系统间的协同作用能够产生具有一定功能的有序自组织结构。

一、区域复合生态系统的演化

生物系统中的协同进化指一种物种的某一性状为了适应另一物种的某一性状的进化而进化,同时另一物种也得到进化的现象。把这一概念引申到一般系统中,得到系统协同进化的概念。系统的协同进化是指一个系统的某一个或几个组成部分的属性为了适应系统的其他部分属性的进化而进化,同时系统其他部分也因为适应这种进化而得到进化的现象。在人类与自然生态相互作用中,复合生态系统协同演进可分为以下三个阶段(图4-1)。

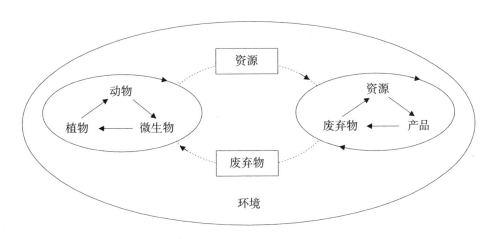

图4-1 区域复合生态系统的循环

一是农耕文明阶段复合生态系统的演化。从地球生物圈孕育诞生了第一批生命体——单细胞生物开始,自然生态循环就已经存在,从无机物到有机物再到无机物,标志着生物圈循环的开始,生物圈在循环中不断地创造出新的物种,并最终诞生了人类。在采集与狩猎时期,人类的采集、渔猎活动的循环时序与自然生态循环的时序是完全一致的，人类的活动没有扰乱自然系统循环的基本规律。当人类步入农业文明时代，自然生态系统循环越来越多地受人类活动的干扰，成为一个不完全的生态系统循环。人类通过种植植物以及农作物的轮作和驯养繁殖动物的农业生产方式，把自然生态系统中难以被人类直接利用的无机物变为有机物，把太阳能转化为化学储藏能。传统农业生产的过程是农业再生产与自然再生产相互交织，有机地组成一个复合系统。在这个系统内，物质、能量循环转化、多次利用，既极大地提高了系统的产出，又使得生产、消费中排放的废弃物保持在一定的限度内，维系了系统整体的良性循环。在这个阶段，复合生态系统仅是由自然生态系统与社会经济系统简单耦合而成，且自然生态系统的循环占主导地位，其循环基本上是一种封闭式的自我循环，自然系统的恢复弹性、供给能力对于社会经济系统的影响较强，整个系统结构维持相对平衡和稳定。列宁指出：在自然经济下，社会是由许多单一的经济单位（家长制的农民家庭、原始村社、房间领地）组成的，每个这样的单位从事各种经济工作，从采掘各种原料开始，直到最后把这些原料制造成消费品①，由于农民家庭不依赖于市场和它以外的社会的生产运动和历史运动，而形成几乎完全自给自足的生活。自然经济的这种特点使得人类活动对自然系统的干扰是有限的。

二是工业文明阶段复合生态系统的演化。当人类跨入工业社会后，随着工业替代农业成为社会的中心产业，人类借助各种工具对自然系统产生了前所未有的巨大影响。当今，地球上的任何一个自然循环过程都是在人类参与下的循环，人类已经成为一种新的力量，不断改造着地表形态，改变着物质和能量的循环形式。在经济利益的刺激下，形成了"资源—产品—废弃物"单向的、非循环的线性经济增长模式，这种背离生态系统循环基本规律的经济增长模式，阻滞、截断了复合生态系统的循环，导致不断增长的经济系统对自然资源需求的无止境性与相对稳定的自然生态系统的资源供给有限性的矛盾越来越突出。可以说经济系统的有序进化是以生态环境的退化为代价的，其直接后果是人类赖以生存、发展的自然生态系统不断恶化，资源匮乏、能源短缺、

---

① 列宁：《列宁选集》，人民出版社，1971，第 161 页。

生态失调、环境污染、生物多样性消失等一系列不可持续发展的问题,致使复合生态系统向无序方向退化,乃至威胁到人类的生存。尤其是进入20世纪90年代,工业化和城市化进程步伐加快。一方面,人类为自身创造了方便、舒适的生活条件;另一方面,城市化进程加速又极大地干扰了植物、动物等其他生物的生存和发展。人类将自己圈在了自身创造的人工化的系统里,越来越远离、背离自然,严重破坏了人与自然的共生关系,阻滞了复合生态系统循环系统的运行。

三是生态文明阶段复合生态系统的演化。生态文明建设就是要遵循复合生态系统演变规律,实现自然生态系统和人工系统的耦合。与工业社会物质循环的线性运动模式不同,生态文明背景下复合生态系统的循环是超循环模式,这个超循环既包括自然系统、经济系统、社会系统的自我循环,更涉及物质、能量在各子系统间的循环以及系统整体的循环。在这个大系统中,自然子系统为人类生产和发展提供了物质基础和生存条件,人类则通过经济子系统从自然子系统获取能量和资源,且社会经济子系统的运行受制于自然子系统的阈值。在系统的演化过程中,一些子系统之间会通过相互的协同作用形成新的循环,新的循环又会与其他子系统循环一起构成更大的、新的超循环。与自然生态系统的仅限于自然要素之间的闭合循环不同,复合生态系统的循环突破了原有的尺度,尤其是各子系统之间的耦合,形成闭合或非闭合的循环,物质和能量多梯次利用,成为自然—经济—社会复合生态系统演进的必需途径。

复合生态系统在人与自然的协同作用中形成和发展,其总的发展趋势是复杂性和有序性的增加,系统自我调节和发展的能力增强,系统的稳定性和抵御外界干扰的能力不断提高,这个过程是一个不可逆的过程。

二、区域复合生态系统的动力机制

耗散结构理论把系统演变的顶级态和趋近的过程做了明确的区分。按照普里戈金的耗散结构理论,良性循环即理想状态是一种无限趋近却最终无法到达的状态。"系统演变所趋向的这个定态就一定是个非平衡态"[1]且在这个

---

[1] 郭治安、沈小峰:《协同论》,山西经济出版社,1991。

态上发生着速率不为零的耗散过程,好比微积分中函数的极限和函数在这点的取值不能混为一谈一样,和无穷小量不能混为一谈。无穷小量是一个极限过程,可以理解为"运动物体",而任何一个确定的数值,总是一个"静止物体"。一个无穷小量可以达到和零无限接近,而取值总是不能为零,因为极限过程表达的只是一个变量的变换过程。一旦事物到达了一种状态,这种状态必将死亡,趋向更新的先进状态。我国著名经济学家许涤新曾指出"良性循环是一种期望状态"。可见,复合生态系统良性循环是复合生态系统演进的方式,不是存在的状态,也不是复合生态系统循环的终极目标,它强调的是动态过程,无限趋近的过程。只有在这种动态过程中,系统才更具有生命力。因此,复合生态系统良性循环是寻求自然、经济、社会系统之间的稳态,是建立自然、经济、社会系统之间的良性互动的、共同生长的耦合关系,即系统处于"生态阈值"状态。

科学家们已经发现整个自然界是通过循环的形式进化的, 而人类社会也是以某种循环的形式演化发展的,"整个世界被证明是在永恒的流动和循环中运动着"①。复合生态系统是人与自然系统复合而成的生命有机体,在这个系统中,不论是自然系统,还是人类的社会、经济系统,彼此间存在互相依赖、互相作用的多种因果关系。这种多重因果相互作用,可以建立起宏观功能组织,其中包括自复制、选择并且向高级水平进化。首先,从太阳中的反应到生物、化学中的反应,再到生命系统、社会系统、经济系统中都存在着不同等级的循环组织。其次,在自然、经济和社会各子系统遵循自身规律循环演进的同时,作为系统组分的人及其主体的适应性发挥着"酶的催化作用,由此形成了人与自然共生的循环网络组织,并在酶的催化作用下,自我复制、自我选择、自我适应,推动系统的生长、演替、进化。再次,自然、社会、经济系统在自催化的基础上,各子系统在功能上循环联系起来,达到一种相互支持,相互增强,互利互补的状态,构成区域复合生态系统的超循环结构。正是区域复合生态系统各功能的连续循环和超循环的相互作用,推动系统从无序向有序、从简单向复杂的演进,实现无生命向有生命的进化。

---

① 马克思、恩格斯:《马克思恩格斯选集》第 4 卷,人民出版社,1995,第 270 页。

按照超循环理论,区域复合生态系统是自然系统、经济系统与社会系统相互作用、耦合形成的有机体,而维持这个自组织循环演化的动力就是源于亚单元之间的相互作用及形成的"超循环链"。这种相互作用受环境的影响是动态发展的,而且在系统主体与环境的相互适应过程中,这种作用的因果是相互转化、共同进化的。最终产生出具有统一细胞结构的原细胞组织。或者如艾根所说:"催化功能与各种反馈机制结合将表现为自组织的决定性前提之一"。可见,复合生态系统内部各组分的相互作用、因果转化是系统自组织得以发生和发展的内部原因。复合生态系统超循环发展的实现,除了需要具备系统内部各元素的相互作用外,取决于系统所处的条件,这个"特定条件"就是系统自复制、自选择的外因。

超循环理论把物质自组织系统的相互作用概括为竞争和协同的相互作用。在区域复合生态系统超循环演进中,随着人类活动对自然系统扰动的不断增强,资源的有限性与社会需求的无限性的矛盾、生态需求与生态供给的矛盾、发展经济与保护环境的矛盾、生态效益与经济效益的矛盾越来越突出,这些对立、差异、竞争发展至某个临界值时,必然导致合作、协同。协同意味着实现资源消耗与供给的均衡,保证生物圈资源的循环再生和增值,维系资源、环境、经济、社会复合生态系统运行的良性循环。

三、区域复合生态系统的实现途径

区域复合生态系统是一个复杂的自组织系统,其演化发展按照超循环演进的方式进行,其实现途径分为内部途径和外部途径。

(一)内部途径

实现系统演进的超循环是复合生态系统良性循环的内部实现途径。区域复合生态系统良性循环意味着在自然、经济、社会子系统之间建立起一种功能上互相促进、互相约束、互利互惠的双向因果循环关系,达到区域系统生态效益、经济效益和社会效益的统一。区域复合生态系统良性循环从三个循环圈层展开。一是自循环圈。自然—经济—社会复合生态系统是开放系统,其各子系统又包含多个子系统,在每个子系统中都存在自循环,彼此通过单向或双向的流动不断地进行物质、能量和信息的交流,并使各子系统之间形成相互增强、相互依赖,不可分割的更大规模的循环。二是自催化循环圈。自然、经济、社会系统以生态价值为纽带组成总体的功能整合,达到功能的催化。自然系统为经济、社会系统的发展提供资源,经济、社会系统为自然系统的恢复提供物质补偿。三是交叉催化循环圈。自然、经济、社会子系统通过协同形成一个新的超循环(图4-2)。

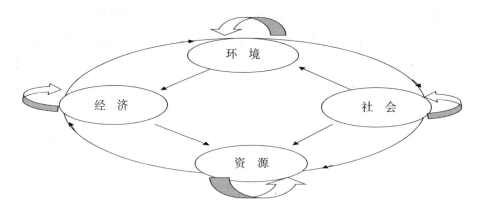

图4-2   区域复合生态系统超循环运行模式

(二)外部途径

维系资源、环境、经济、社会复合生态系统的良性循环是将社会、经济系统与自然生态系统耦合为一个统一的系统,系统各组分按照物质生产者、消费者、分解者的形式存在,并完成物质循环、能量流动和信息交流的功能。这不仅意味着系统各组分的相互因果循环关系的建立,最终还要表现为资源、环境、经济、社会系统在时间、空间域上的协同发展。即在时间域上,实现资源合理配置和有效利用;在空间域上,仿照自然生态系统的运行模式。根据环境、资源空间分布状况,合理规划和布局产业,构建资源—生产—产品消费—废弃物再资源化的闭环流动结构,既满足和提高人们生活水平,又实现从源头节约资源使用量和减少废弃物的排放量。而发展循环经济就是这样一个协调统一的过程。综上所述,发展循环经济是实现复合生态系统良性循环的外部途径。

发展循环经济旨在构建自然经济社会复合生态系统统一的循环结构,使经济系统以子系统的形态和谐地融入生态系统中,最终实现系统整体的良性循环。表面上看,自然子系统为人类生产和发展提供物质基础和生存条件,人类通过经济子系统从自然获取资源和能量,实际上,组分之间的相互关联方式是极其复杂的,经济子系统循环过程中任一环节、过程的变化都会成为影响到自然系统乃至整个系统不可预见或完全未知的因子。因此,人类的一切活动必须建立在与自然和谐共生的联系中进行和发展。人类活动应该有利于实现区域复合生态系统的整体目标,而不仅仅限于子系统的目的。循环经济系统是自然系统与经济系统的耦合, 作为系统组分的自然系统和经济系统并非简单的并置或叠加,而是在一定边界约束下,互为开放、互为相干地进行物质、能量和信息的交换,形成相互联系、相互依存、相互适应、相互协调的共生关系。在复合生态系统中, 经济系统是不断扩张的, 表现为对自然资源的需求是无止境的,而相对稳定的自然系统对自然资源的供给是有限的,无论是容量,还是速度都有一定的阈值和限度。循环经济的主旨就是使进入经济系统的物质流最小化、进入经济系统的物质流的利用最大化以及废弃物最小化和无害化。

循环经济系统与传统经济发展模式不同, 循环经济的物质流动模式是资源—产品—再生资源。它以资源的高效利用和循环利用为核心,以"减量化、再利用、资源化"为原则,以低消耗、低排放、高效率为基本特征,以实现复合生态系统整体的良性循环为根本目标。

第二节　区域经济生态化协同发展的目标

区域经济生态化协同发展的目标是区域经济、社会、生态多元目标协同共生。"共生"的概念首先是由德国真菌学家德贝里在 1879 年提出的。德贝里将共生定义为不同属种关系的生物生活在一起的特征。它暗示了生物体某种程度的永久性物质联系。随着生物学研究的深化以及社会科学的进一步发展,20世纪 60 年代以后,对"共生"概念的研究已不仅仅为生物学家所独享,而且逐渐引起了人类学家、生态学家、社会学家乃至经济学家的广泛关注。"共生性"研究方法在社会科学方面的应用, 首先为西方社会的学者们所提出。他们认为,在科技高度发达的现代社会里,人们之间的交往越来越密切,具有高度知识的人与生产工具的结合,比以往任何时候都要紧密。因此,人与人之间、人与物之间已经结成了一个相互依赖的共同体。"共生"还是自然界和人类社会普遍的自组织现象,而对称互惠共生也是自然界与人类社会自组织现象发展的必然趋势。进化是共生系统发展的总趋势和总方向,在此基础上提出"协同共生",本质上就是强调合作的重要性,实际上,强调事务的合作本质抑或协同共生,目的就在于纠正新自由主义的所谓片面竞争,纠正他们过度强调所谓"丛林法则"而导致的自然界或社会范畴的高度不和谐性。协同共生强调:①合作是共生现象的本质特征之一,是各单元性共生的相互促进、补充和合作;②共生强调了存在双方的相互理解与依赖;③共生过程是单元性共生的共同进化过程,也是特定时空条件下的共同激活、适应和发展的内在本质。换言之,共生是一种和谐、互动的共振现象。在特定的区域范围内,它又是一种动态的、可持续的区域性系统状态,是区域系统功能优化和效用集合状态或性质的特征,也是衡量区域系统中多生物或生态互动功能的重要指标。从区域经济生态化来说,所谓"协同共生"通常指在区域建设上的相互依赖、共生共存的区域性发展,又指区域性物质流、能量流、信息流朝着生态化范畴运行或发展的局面。

区域是各种不同功能与活动的共同表现空间,所表现的空间具有共生的形态,它的各部分是相互依赖的。从协同共生理论的角度出发,合作、协同和共同适应、共同发展是当今社会经济发展关系中的重要原则和方法。区域的规模效应是建立在区域多种经济活动混合和聚集基础上的,通过经济互补效应相互促进、共同发展。在积极的环境秩序中,相邻建筑在整体环境的作用下便产生了更强的功能,这种功能互动带来了"整体大于局部之和"的聚集效应,使环境产生巨大的聚合力成为促进城市发展的积极媒介。区域建设的协同共生理论实质是强调不同区域多样性的功能协同效应与互动的情况,这与简·雅各布斯提出的城市"混合功能区"的概念内涵基本是一致的。

区域经济生态化协同共生发展的本质是要增进区域经济各单元间的共生价值。增进区域各单元间的协调和合作是区域经济协调发展与协同合作发展理论的观点,而在生态与经济融合发展的基础上,共生将成为区域经济发展新的趋势。增进区域经济发展的共生价值是各区域单元间必须坚持的重大方向和目标。其本质属性可以解构为共生性利益、共生性资源、共生性价值等几方面。通过这一动态的逻辑过程来揭示或展现区域经济生态化共生发展的本质。因而,这一概念具有以下三个特征。一是区域经济生态化共生发展倾向于寻找共生利益,在共生利益的指导下形成共生意愿和行为,尽可能好地造福区域社区居民,并使区域内或社区间生态环境更好。二是区域经济生态化共生性发展,更多的是强调区域各种资源不因行政区划而忽略资源的共生、共享性质。就其本质来说,既然是属于共生性资源,就应该以有利于各方的方式去进行综合开发和利用,包括各种废弃物资源化的利用。在此过程中,如果通过废弃物区域性资源协同利用的效应关系使资源利用效率大大提高,那么,德国伍珀塔尔气候、环境和能源研究所强调的"因子X"(资源利用效率)理论及"MIPS"最小化思想(伍珀塔尔研究所提出的与"因子X"相反方向的资源节约利用法)将贯穿其中。三是区域经济生态化共生发展,更加注重共生价值,区域经济发展正是需要发挥资源的最大价值,而这个最大价值应该是区域各单元消除了区域内耗而产生的共生乘数效应,创造的应该是比自身价值更大的价值,是能量在共生后的叠加效应。

一、区域经济生态化协同的共生利益

区域经济生态化协同共生发展方式的各单元间,以及它所涉及的各利益相关主体之间,必然强调共生性利益的重要性。这种情况,包括经济范畴和社会范畴的共生,更重要的是还包括逻辑外延之更为广泛的生态共生,这是在考虑了区域经济生态化发展中的代际公平(约翰·罗尔斯用语),以及代内区际公平等因素后所做出的一种生态合理性判断。

在区域性经济发展中,区域性各单元抑或其中各个行为主体间,有着太多的要素交织在一起,亦即你中有我,我中有你,故此共生性利益是显而易见的。必须指出,我们强调的"共生性利益"不同于亚当·斯密式"看不见的手"形成的所谓"公共利益",因为后者并不包含保护自然生态系统有利于共生性的任何内容。如前所述,传统的亚当·斯密理论连同新自由主义的学说,都是"经济人假设前提"建构的学说和思想体系,更加关注所谓"经济人自身利润最大化目标"。福利经济学家庇古1920年提出的"外部不经济"问题,根本不会被亚当·

斯密纳入自己的理论体系之中,故此,必然导致粗放型的发展结果,即"外部不经济"抑或加勒特·哈丁所说的"公地悲剧"。正因为此,在全球化经济发展中,世界范围内的许多区域(尤其是发展中国家大多区域)生态环境遭受巨大破坏,从本质上说,都与新老自由主义理论对共生性利益的严重无视息息相关。或者说,与对共生性利益根本不予关注密切相关。也正是这一原因,遭到了国际上许多著名学者的批评。美国"稳态经济学"家赫尔曼·E.戴利批评指出:"亚当·斯密'看不见的手'使得私人的自利在不自觉地为公共利益服务。'看不见的脚'却导致私人的自利自觉地把公共利益踢成碎片。"①

共生性利益不只限于亚当·斯密式的社会内容,还涉及逻辑外延更加广泛的自然生态系统,这当然包括清洁的空气和未经污染干净的水等。既然如此,即使是鲁宾孙式的"无人岛"状态,共生性利益也是各个物种存在的必然条件。在那里,尽管没有更多的人存在,法国史怀泽《敬畏生命》蕴含的"种际公平",亦即一物种与它物种的公平同样重要。毫无疑问,无论从理论还是实践角度说,区域经济的生态化发展,必须重视与亚当·斯密"看不见的手"的所谓"公共利益"相区别的"共生性利益",因为没有人愿意呼吸被经济人破坏而形成的雾霾空气,以及饮用同样由其破坏行为造成的有毒之水。因此,"共生性利益"是区域生态化建设和发展的动力因素,是人类和动物界,以及整个自然生态系统的共同需要。

二、区域经济生态化协同的共生资源

区域各单元间存在着资源的优劣势互补现象,行政区划切断了资源的共生本性,而区域经济共生发展就是要恢复资源的本性——共生资源。同时在配置共生资源时,能够更加符合自然规律和生态本性,做到资源利用与生态环境的共生。

共生资源配置的实现要打破行政区划,使资源作为一个整体来进行开发和利用,同时能够考虑生态环境,在人类分享资源开发利益的同时,使生态环

---

① 赫尔曼·E.戴利等:《珍惜地球——经济学、生态学、伦理学》,商务印书馆,2001,第41—43页。

境也能够共享其益。这就要求各区域单元能够以更加开放的态度使各种资源得到有效融合,在整体资源基础上形成共生资源,从而使资源能够得到最大价值的利用,并使人与自然得到共享。同时,区域内部能够在技术方面实现创新和突破,使原本因为行政区划造成的资源分离得到融合,形成共生资源,并实现人类的可持续发展。共生资源是共生价值实现的源泉,是区域经济共生发展的基础,如果区域间所有的资源都能够从共生角度来进行考虑,加以组合和优化配置,并形成自组织的融合体,其内耗自然会减少,真正在生态与经济融合基础上实现资源价值的最大化。

三、区域经济生态化协同的共生价值

共生价值是因为共生资源的使用而产生的价值增值,对独享价值具有排斥性,是消除了资源的机械拆除和组装的结果。

共生价值涉及的相关利益主体以开放、开明的共生意愿为先导,秉承多赢理念,能够以共生策略为先,达到共生崛起。共生价值的产生需要区域各单元的政府、产业、企业等相关利益主体在资源配置过程中,尽量保证资源的共生性,基于资源的共生性来进行资源利用,使资源在创造经济价值的同时,保证带来生态价值,实现共生价值。因此,可以做出判断,共生价值是区域经济共生发展最本质的属性,也是区域经济共生发展理论的核心。

因此,存在区际联系、形成共生资源、产生包容性增长是区域经济生态化共生发展的实现标志,对应的区域经济生态化共生发展的本质分别是共生利益、共生资源和共生价值。

第三节　区域经济生态化协同发展的机理

区域经济生态化协同系统是自然、环境、经济、社会复合而成的复杂系统,系统各要素、子系统之间关联形式的复杂性,表现在内容上是物质、能量、信息的关联,结构上是各种各样的非线性关系,这些关联、关系具有非线性、多目标性、动态性、不确定性等复杂性特征。

一、协同发展的前提条件

按照协同学理论,系统出现协同现象的基本条件是:系统是一个开放系统、远离平衡态、非线性。区域经济生态化协同系统是高度开放的系统,与其外界环境存在着持续的人员、物质、能量、信息以及资金等各方面的交流,从而保持系统的活力。该系统是远离平衡态的开放系统,区域内各城市规模以及区位条件的不平衡,形成了城际、城乡间的人口、资金、物质、能量流。这种非平衡特性使区域经济生态协同系统的发展成为可能。区域经济生态协同系统是非线性系统。作为系统组分的子系统,资源、环境、经济和社会并非简单的并置或叠加。在区域系统中,各个要素或子系统中存在着普遍的非线性相互作用,非线性既使远离平衡态的区域形成新的有序结构,又使区域的演化具有多样性、不确定性、复杂性以及自组织性。总之,区域经济生态化协同发展是自组织的。开放性、不平衡性、非线性相互作用是区域经济生态化系统实现协同发展的前提条件。

二、协同发展的内部条件序参量

在协同学里,序参量是为了描述系统整体行为而引入的宏观参量。区域的本质是聚集。一方面,序参量是系统内部大量子系统集体运动相互竞争和协同的产物;另一方面,序参量一旦形成后又起着支配或役使系统子系统的作用。区域经济生态化协同发展系统的序参量是其内部各子系统的序参量的竞争和协同在宏观上的总的反映和体现。在区域形成的初期,各子系统独立运动、各行其是,不存在合作关系,不能形成序参量;而当系统接近临界点时,子系统间产生关联,形成协同关系,促使序参量形成,标志着系统进入了一个新的有序态。区域经济生态化协同发展受许多变量的影响,但区域的发展轨迹主要由少数几个相互作用的缓慢增加的变量决定的,这些慢变量是子系统介入协同运动程度的集中体现,并主宰系统的整体演化过程。区域经济生态化协同发展的序参量主要是决定区域内部要素存在状态的关键变量,即系统结构,包括区域的产业结构、社会结构、城乡结构、空间结构。

三、协同发展的外部条件控制参量

区域经济生态化协同发展过程具有明显的自组织特征,是一定区域在结构形态、发展模式呈现出来的相互影响、相互促进的自组织特征和行为机制。但是,区域生态化协同系统是一个开放系统,需要不断地与外部环境交换物质、能量和信息。外部环境通过对系统输入物质、能量、信息等外部控制参量,使系统达到一定的阈值,从而形成自组织。不同发展阶段的区域发展所需要的外部控制参量是不同的,起步阶段的区域生态化协同发展的外部控制参量中政策是首位要素,而处于发展阶段的协同发展的控制参量是技术、信息、市场等要素。

四、协同发展的竞争与协同动力

在区域的聚集过程中,竞争与协同是相互依存和相互矛盾的,通过竞争达到协同,协同又会引发更高一级新的竞争,两者是对立统一的。一方面,竞争造就了系统远离平衡态的自组织演化条件。区域内各级地方政府和行政区之间对外部环境和条件的适应与反应不同,获取的物质、能量、信息势必存在差异。有差异就会有竞争,在竞争的作用下,形成资源、物质、能量在各主体之间的流动,实现资源有效配置。竞争的存在必然造成各子系统之间更大的差异,导致区域不均衡发展的加剧和整体效益的下降。竞争使整个系统趋于非平衡状态。另一方面,竞争推动了协同,竞争推动了系统向有序结构演化。

协同是系统诸多子系统相互协调、合作或同步联合作用的集体行为。协同是系统整体性、相关性的内在表现,协同行为能够使系统自组织形成某种有序的结构。协同机制的产生使得区域生态化协同系统能够更有效、多渠道地利用资源,提高系统的整体功能和效益,使一个区域系统得以持续发展。

区域生态化协同系统的演化发展作为区域物质形态的空间蔓延,是区域主体物质构建的宏观体现。区域系统的竞争与协同,源于微观建设主体的选择行为。区域经济生态化协同系统的演化发展就是区域空间从一个平衡空间结构到非平衡结构,再到另一个平衡结构这样一个不断反复的自组织过程。

第四节　区域经济生态化协同发展的构架

　　区域经济生态化协同发展作为一个动态的过程，是各区域从相对独立分散的发展状态，会聚成为系统整体的自创生、自稳定、自重组的演化过程，是区域系统的一种整体优化状态，是一种具有整体性、结构稳定性、功能优化性的稳态。区域经济生态化协同系统的超循环是以城市、乡村的循环作为亚单元，把不同等级的、不同功能的城镇循环和乡村循环联系起来，共同组成城市、乡村、城际和城乡四重空间的城市群超循环网络系统，在功能上达到一种互相支持、互相增强、互利互补的状态，构成一种社会生态系统的超循环结构。

　　构建区域经济生态化协同发展超循环结构的基本原则是：尊重自然原则、保护生态原则和差异化原则。首先，良好的生态环境是农业之本、农民的生存之本，也是一个区域可持续发展的基础。农村、农业与自然环境是共生的，破坏了自然环境就等于破坏了农村、农业、农民乃至城市的生存发展环境。因此，农村、农业要通过保留、保护的办法来维护与人类共生的生态环境，并根据生态资源的承载力，优化农村、农业的生态循环模式，实现农村、农业生态化。其次，城市是完全的人工系统，其生产、生活和生态在空间上是分离的；而农村是在特定的自然环境条件下，经过长期的自然、经济和社会等要素共同作用形成的。乡村生活与生产在土地和空间使用上的混合是构成生活、生产循环过程中不可缺少的分解者环节，也是一种有效率的存在，机械地照搬工业文明、城市发展的模式改造农村、农业，只能导致失败。再次，作为系统组分的农村和城市是两个异质系统，农村的建设和发展不能照搬城市的生产、生活方式，而必须按照城乡空间差异化协调发展的思路进行规划建设。因此，消灭"三农"来达到城乡同质化发展目的的做法，早已被实践证明是"本末"倒置的。

　　区域经济生态化协同系统的超循环是以主导工业产业循环网络、城市及乡村社会生活循环网络、土地资源与水资源循环利用保护体系以及清洁能源体系、清洁公共交通运营体系、生活垃圾资源化体系等支撑体系为主要内容，以城市、乡村的循环为亚单元，以跨行政区优化配置资源，形成"资源—产品—

再生资源"的循环反馈式闭环流动。因此,超循环结构构建可在城市、乡村、城际和城乡四重空间中展开。

一、城市循环系统

工业是一个区域特别是区域内城市的主要经济活动,城市循环系统的核心是构建城市工业循环系统。其根本就是把工业产品生产和消费过程纳入大生态系统中,把工业生产、消费活动对自然资源的消耗和环境的影响置于大生态系统物质、能源的总交换过程中。为此,城市循环圈的构建要以可循环资源为起点,以企业之间的横向共生、产业链之间的纵向闭合、区域性生态产业内部的系统耦合为作用形式,形成"资源—产品—再生资源"的反馈式闭环流动。

城市循环系统包括四个部分。一是产品和原料在厂商和居民家庭内部的循环。二是产品和原料在产业之间的循环,即将一定区域内的工厂或部门连接起来,形成资源共享和互换副产品的产业共生组合。这个循环链是建立在产业的相互关联、互动发展基础上的。三是从外界输入能量和原料,同时将产品输出。四是将系统的废弃物排放到自然环境中。

城市循环系统在企业、产业园区和城市三重空间展开。第一重空间是企业、居民家庭。企业通过推行清洁生产,将流失的物料、生产过程中生成的废料回收返回生产流程中重新利用,或是将生产过程中生成的废料作为原料用于其他生产环节,以实现废物排放最小化的目标,居民家庭则通过适度消费实现废弃物减量化。第二重空间是生态工业园。生态工业园是按照工业生态学的原理,通过产业结构的重组和转型,建立"生产者—消费者—分解者"的生态产业链,形成资源共享和互换副产品的产业共生组合,由此实现物质能量流在系统内不同行为主体间有序地循环,实现企业间废弃物与原材料的有机对接,实现资源的综合利用,形成更大的环境效益、经济效益和社会效益。第三重空间是城市。在城市范围内,通过构建以产业共生和物质能源循环利用为特征的城市社会生活循环网络、工业产业循环网络,构建以土地资源和水资源循环利用保护体系以及清洁能源体系、清洁公共交通运营体系、生活垃圾资源化体系等为主要内容的城市基础设施,形成城市的"资源—产品—再生资源"的循环路径,构建起城市社会生产生活的重要支撑体系。

二、城际循环系统

城际循环拟在通过各城市子系统的"交叉循环"耦合成为一个以大城市为中心、诸多中小城市紧密联系的共生体即城市系统,从而形成资源共享、产业共生的统一体。尤其对于环境资源的利用和保护,需要有足够大的空间,如大气循环、水循环等具有外部性,明显带有区域特征,对于它们的治理单靠某一城市是很难彻底完成的,而突破城际的行政限制,在区域空间范围内配置资源,有利于实现大区域的生态、经济和社会效益的统一。

城际循环圈根据生态效率的理念,以预防污染为出发点,以物质循环流动为特征,以高效利用资源和能源、减少污染物排放为目标,在交通便利、地理位置相近的两个或两个以上、具备相当的企业数量和产业规模的区域内,以资源为纽带构建产业衔接关系,实现资源跨城市的循环流动。城际循环圈主要包括:产业循环、物质能量在城际系统中的循环。

三、乡村循环系统

乡村复合生态系统是与自然环境联系最为密切的部分。乡村系统与城市系统不同,乡村系统的生产既有自然生态系统的生产,如水生、草地、森林系统,也有农田这样的半人工生态系统的生产,以及非农产业系统和人类自身的生产,主要为初级生产。其生活功能不仅包括对自己生产的产品和输入商品的消费、基础设施的占用,还包括无劳动价值的资源与环境消费以及时间、空间、信息的消费;其生态服务功能不仅为其自身的生态系统服务,而且,作为城市生态系统的生态腹地,还具有维持人类生存环境的服务功能,如维持生物多样性,调节气候和物质循环,减轻自然灾害,保持和改良土壤,净化环境,以及感官、心理和精神调节、美学和旅游价值等。农村的生态服务功能对于区域整个生态系统的良性循环具有重要意义。乡村循环系统遵循生态系统和经济活动系统规律,通过优化农产品生产——消费产业链的结构,实现物质、能量的多级循环使用和废弃物排放的减量化,其实质是以环境友好的方式利用自然资源和环境容量,实现传统农业向生态化的农业经济活动的转变。

在人类生态系统中,乡村循环系统的组成包括农业资源子系统、经济子系统(农业生产子系统)、农村社会子系统。其中,农业资源子系统是以生物与环境的协同共生及环境对农业生产活动的支持、容纳、缓冲、净化为特征;经济子系统以资源为核心,是农村复合生态系统的主要运营结构,涉及产业结构、资源结构和能源结构;而社会子系统的核心由一定地域内的人口和人类活动构成。

乡村循环系统的物质流动和能量转换是农村复合生态系统最为重要的生态过程。与传统农业发展模式不同,乡村循环系统倡导的是一种与环境和谐共生的经济发展模式,是以生态农业建设为基础,把农业经济活动组织成为"资源—农产品—再生资源"的反馈式流程。

构建农业循环系统是通过产业链把农业生产、农产品加工和农业废弃物的再利用有机地组合在一起,推动农业循环系统的物质流、能量流、信息流、人口流、价值流的良性循环,产业链、价值链、利益链和技术链良性互动,并和工业系统、社会系统组成更大的循环。乡村循环系统模式主要有三种。一是农户的庭院生态系统的循环。这种模式是以庭院经济为核心,把生态环境与居住环境结合,通过种—养—加链条,形成一个无废弃物的循环式结构,实现生态效益、经济效益和社会效益的统一。二是农业生态园区的系统循环。充分利用太阳能、生物能、土地资源、水资源及矿物质营养元素,构建一个空间上多层次、时间上多序列的生态环境,使资源和能源在这个产业系统中循环使用,形成农产品加工、农业副产物资源化产业链的多级农业—工业型循环系统的生态产业网络,既减少资源的投入,使资源得到最佳配置、废弃物得到有效利用、环境污染降低到最低水平。三是农业—旅游业—加工业循环系统。这是以"农家乐"为基点的旨在把农业、加工业和服务业等连接起来的综合循环系统。

四、城乡循环系统

城乡循环系统的构建是通过拉长产业链条,在城乡产业超循环耦合基础上,形成一个更大的城乡共生体:区域一体化。构建城乡循环核心圈是构建人与自然、工业和农业、城市与乡村和谐共生、良性互动的共同生长耦合关系,实现城市与乡村协同发展。

城乡循环圈主要包含:农业生态系统内部循环和物质能量在城乡系统之间的循环。在这个反馈式流程中,城市及城市系统循环产生的废弃物,一部分经废物利用等技术加工分解形成新的资源,返回到城市经济体系中;另一部分经环境无害化处理后,形成无污染或低度污染物质返回自然环境中,从而减少了废弃物向自然环境的排放量,减轻了城市经济系统对自然资源的需求压力,实现自然资源可持续利用,最终维系人与自然的共生关系。

构建城乡之间的循环圈,有利于突破城市在资源等方面的局限性,把经济、社会的建设与生态环境的建设统一起来,把城市的发展与"三农"问题的解决统筹起来,把近期的建设和长期的建设统一起来,在较大的空间范围内实现单个城市无法达到的聚集效应和扩散效应,在区域的形成和发展中解决农村、农业和农民的发展问题,实现区域整体的可持续发展。

第五节　区域经济生态化协同发展的模式

区域经济生态化协同发展的模式不仅涉及资本、劳动力、技术等生产要素的投入、制度的创新,还涉及空间布局的变化,与区域发展的阶段相适应,发展模式表征为是经济增长、社会发展和环境保护协同发展的可持续增长模式。产业发展模式及产业结构的调整是影响区域发展及其模式转变的核心要素。而人、财、物及技术创新是区域生态化协同发展的基础。

一、构建循环经济多维产业体系

区域产业生态化包括产业结构和生产模式生态化。"两型"区域建设集中体现为以资源—生产—消费—废弃物—再生资源的物质代谢模式为导向,通过建立"生产者—消费者—分解者"的生态产业链,建立起系统内反馈式、网络状的动态联系,并在空间上表现为区域内企业间、城际、城乡间废弃物与原材料的有机对接。物质能量流在系统内不同行为主体间有序循环,从而,推进区域内传统产业系统转向生态产业系统。区域内的产业生态化是各产业之间的循环经济体系的建立和各产业自身生态化,即在产业发展和产业升级整个过程中,统筹考虑自然环境因素,使产业结构和运行功能符合生态环境的要求,即在建设生态农业、生态工业和生态型服务业的同时,实现经济系统的循环经济模式化。具体包含三层含义:一是通过产业结构调整和重组,建立起集约化、生态化、清洁化的产业体系;二是通过不同产业的整合、优化配置,构建系统良性循环的产业链结构;三是通过物质集成、能源集成、信息集成,建立起相应的产业循环经济发展支持体系,实现经济效益、社会效益和生态效益的统一。

区域产业生态化的主要内容为发展生态农业,实现农业与其他产业的生态链网状结构的建立和运行;实现工业生态化,建立生态工业结构和生态工业的运行模式;企业实现清洁生产,工业与农业、服务业之间构建起生态产业链、网结构和运行模式;发展生态化的服务业,合理确定服务业在社会经济系统中的生态位,构建生态化的、资源节约型、循环型的服务业体系;大力发展再生资源产业,以废弃物再资源化为中心,构建系统的政策、机制和产业体系。

(一)生态化的农业

农业、乡村是区域协同不可或缺的重要组成部分。相对于工业、城市而言,农业、乡村具有自然环境支配性强、人口密度相对较低、经济活动分散等特点,是维系工业、城市系统及区域系统良性循环的基础。在农村,人类活动主要集中于农业生产,经济与环境的矛盾也主要是由于不适当的农业生产活动所引起。为了维持系统整体的良性循环,既要遵循自然规律,又要按照社会经济发展规律的要求,既最大限度地减小或限制人类对环境的破坏作用,又积极发挥人类对环境的有利影响,而生态农业建设不仅能加强系统整体的产业支撑能力,对于维持系统整体的良性循环具有重要意义。20世纪70年代初,威廉奥伯特(W. Albrecht)提出"生态农业"概念,80年代英国农学家沃延顿(M. K. Worthington)将生态农业定义为生态上能自我维持、低输入,经济上有生命力,在环境、伦理和审美方面可接受的小型农业系统。生态农业是以生态学、生态经济学原理为指导,以生态、经济、社会效益为目标,应用生态系统工程技术,建立的具有生态和经济良性循环的多层次、多结构、多功能的综合农业生产体系。生态农业突出发挥农业生态系统的整体功能,以大农业为出发点,按照整体、协调、循环、再生的原则,利用能量、物质在生态系统的多级转化的规律与功能,通过合理安排种植业、养殖业等农业经济系统的内部结构、增加生态组分,发掘系统的生产潜力,使物质、能量在系统中得到充分利用,提高资源再生能力,最终实现改善农村生态环境,提高生态服务能力的目标。农业生态化就是遵循复合生态系统演进规律,应用生态系统方法,把农业、林业、牧业、渔业以及相关加工业有机地结合起来,构建农业及相关产业的生态产业体系,实现农业生产、农村经济发展、生态环境保护和资源多级循环利用与高效利用以及系统整体良性循环的过程。农业生态化主要包括三个层次:农产品生产层次,构建资源节约型、环境友好型的生产模式,实现清洁生产和资源高效利用;整合农业产业系统内部源流的闭合循环和纵向耦合,在"植物生产—动物转化—微生物还原"的食物链中,将人工养殖动物、栽培植物、培育微生物等生物种群有机地匹配组合起来,从而形成各子系统之间物质、能量相互交换,物质循环利用,多级生产的农林牧副渔超循环生态系统;从农业产业链到农业产业链环,农业生态化的一个重要方面是通过对不同产业间食物链网的耦合,形成多产业横向扩展、产品深加工的纵向延伸、副产物和废弃物资源化利用的产业链环,在农业、林业、牧业、渔业以及相关加工业之间形成物质循环利用、协调发展的关系,既实现产品生产的优质、高效、低耗,最大限度地利用进入系统的物质和能量,又充分吸收、消化和利用来自生活领域和其他产业的部分排放物。农业产业链反映了产业依次递进的关联关系,在空间上相互联系,在时间上顺序发展、有机衔接。在区域层面,农业超循环系统主要在农户、村、区域三个层面展开。农户是生活的基本单元,也是生产的基本单位,是循环农业链上的基本环。以农户为主体的农业循环模式有种植—养殖生态模式和"四位一体"生态模式。所谓的"四位一体"生态模式是将农民庭院的种植、养殖生产、生活废弃物与沼气池连接起来,实现种植、养殖与农村清洁能源使用的有机结合,使农户生产、生活、生态的各种要素构成一个复合网络,实现种植、养殖与清洁能源使用的有机结合。村级生态农业的建设是以村落为基础,村民为主体,以生态、社会、经济效益为目标,利用系统各组分生态位的差异,建立起在空间上多层次、时间上多序列的农业产业结构,使物质、能源在系统中得到充分利用,实现提高资源利用效率,改善农业生态环境的可持续发展目标。以农业为主导,通过间作、套作和轮作等立体种植、立体养殖、种植养殖结合,提高土地资源以及自然、经济和社会资源的利用效率,以物质能量的多级利用为目标,有机整合种、养、加和沼气为主的农村能源利用事业,使系统中产生的废弃物在系统内部得到多次循环利用。区域层次以整个农村产业和农村生态环境建设为目标,构建以资源链纵向闭合、横向闭合、区域整合为特征的循环农业发展模式,把农业和林业、牧业、渔业、加工业以及服务业有机结合起来,实现农村生产、生活和生态功能的协调发展。

(二)生态化的工业

工业生产是城市经济活动的主体,工业循环系统是循环经济体系的核心。构建区域工业循环系统的实质是实现区域工业生态化。

工业系统是从农业系统和自然系统中分离和发展起来的,工业系统既是人类社会系统的一个子系统,也是自然生态系统的一个子系统,还是人类社会与自然生态系统相互作用强度最高的一个子系统。工业的发展不能脱离自然系统的束缚,而是要以维系生态系统内部的共生关系为根本。区域工业生态化是以区域为载体,以自然系统提供的资源和服务为基础,由制造企业、服务业组成,通过企业间物质循环和能量流动的功能流相互作用、相互联系而形成的生态工业体系。即把各企业按照其功能,组织为生产者—消费者—分解者的产业循环链网体系,减少从对资源和能源的获取、使用到处置整个过程的废弃物排放和污染,实现能量梯级利用,使区域工业经济活动所引发的物质代谢,能够协调、持续地融入自然生态系统物质代谢的过程之中,最终达到工业经济系统与生态系统的和谐共生。区域工业生态化是一个过程,要按照复合生态系统的能量转化和物质循环规律重构区域工业经济循环系统,以使区域工业经济系统和谐地纳入自然生态系统的物质循环过程中。在这个反馈式流程中,从生产、流通、消费过程中产生的废弃物,一部分经废物利用等技术加工分解形成新资源,返回到区域经济体系中;另一部分经环境无害化处理后,形成无污染或低度污染物质返回自然环境中,由自然环境对其进行净化处理,从而把区域经济活动对自然环境的影响降低到尽可能小的程度。

区域内工业生态化以企业为基础,逐级在城市和城际展开。一是企业—生产环节纵向闭合。工业企业是实现区域工业生态化的最基本空间,其实现途径是清洁生产。在企业内部,通过对生产全过程的排污审核筛选并实施污染防治措施,以减少生产的物料和能源的使用量,实现废弃物排放的最小化,在产品使用寿命结束后的处置阶段,应能回收并加以简单、有效处理或循环再利用,从而达到自然资源和能源利用的最合理化、经济效益最大化以及对人类和环境的危害最小化的目的。二是城市—产业链横向耦合。工业经济活动的主要空间是城市,城市工业生态化是区域工业生态化的基础。所谓城市工业生态化就是以城市的信息、技术、能源、交通、环境等公共服务生态设施为基础,按照复合生态系统物质和能量流动规律,将各企业物质流动的"闭路环"首尾相接,循环展开,形成生产者—消费者—分解者产业链,使各企业的各种废物在不同行业、企业间循环利用,形成物质的多层分级利用网络和新的物质闭路循环。通过产业链形成的工业共生网络系统,既凭借废弃物的再生资源化减轻了区域经济系统对自然资源的需求压力,又减少了废弃物向自然环境的排放量,降低了环境污染程度。三是城际—区域耦合。以大城市为中心,构建跨城市的循环产业系统,不仅是在较大空间构建产业生产过程及产业和产业间的耦合关系,更突出的是产业系统与自然系统及社会系统在特定空间范围内的耦合关系。城际耦合通过对一定地域空间不同生产部门、居民点和自然生态系统之间的空间格局、物质能量代谢及人类生态关系的优化,联系并协调该区域与区外相关区域的关系,形成优势互补、互利共生、自然生态链与人工产业链结合、可循环再利用的资源和环境为基础的复合生态系统,从而促进复合系统中的各子系统协同向前发展,并推动系统整体良性循环。

（三）生态化的服务业

服务业是第一、第二产业生态链的中间环节,对于整个经济系统的经济模式向循环经济转化起着协同、支持和推动作用,服务业是区域循环系统的重要组成部分。服务业在各产业之间发挥着信息沟通、资金和资源流通的作用,为生产、生活提供必要的科技、教育和管理支持,为人们提供物质和精神需求的服务,服务业的发展在一定程度上标志着社会发展水平和现代化的程度。

服务业在其发展、运营过程中所排放的废弃物对环境会造成直接、间接的污染和影响,产生一系列与生态环境不协调的现象,如餐饮业、旅游、水运等对水体环境的影响,交通运输业造成的大气污染,零售业、饮食业发展带来的产品包装——"白色污染",移动通信、电脑、电视和手机的使用带来的电磁波辐射污染。此外,保护环境的宣传、教育和绿色文化的建设力度不适应社会发展的要求。服务业生态化的目标是以可持续发展思想为指导,建设生态化的、资源节约型、循环型的服务业。服务业生态化的根本是要把环境作为产业发展的内生变量,从而使环境具有更新自身的经济基础,并得以维持物质能量的循环。服务业生态化的路径是推行服务过程的清洁化、生态化。对单个企业的工艺流程按循环利用原则进行生态化改造,实现清洁生产,达标排放;以城市功能区、社区为尺度,按照生态经济链,将多个企业连接起来,形成废料—原料的闭合生态链;在更大的范围内,通过多条生态经济链,将多个企业连接起来,形成网状共生的循环生产、消费以及回收等生态经济系统,实现资源循环利用及无废物、无污染、少污染的目的。服务业生态化的发展需要建设包括清洁生产技术、资源回收利用技术和环境无害化技术体系,使效益型的技术创新向生态型的技术创新转变。一方面,随着经济快速发展,居民的收入水平和消费水平提高,城市生活垃圾产生量、堆积量均逐年增加,现有的生活垃圾的混合收集、运输、排放、填埋不仅造成可再生资源的极大浪费,还导致污染呈蔓延之势向农村扩散。另一方面,乡村的生活垃圾成分也越来越复杂化,其中难于降解的塑料垃圾、有毒有害的电子垃圾量都呈增长趋势,而乡村的生活垃圾基本处于简单的分散堆积,严重影响了环境。减少垃圾,根本要从源头着手,并贯穿生产和消费整个过程,应尽量减少一次性包装物的使用,实行垃圾分类回收。同时,结合乡村振兴建设,统一规划、建设农村生活垃圾的集中处理设施,做到城乡生活垃圾的减量化、资源化、无害化。提高城市污水处理率,减轻废水排放造成的环境负面影响,改善区域水环境质量。在城区推广生活再生水回用,在乡村重点是减轻面源污染,推广废水的循环利用。同时,完善法律体系,加大执法力度。加强对新问题、新情况的研究,适时制定新的法律法规和实施细则,对违法者给予严厉的惩罚。

区域产业循环系统不仅包括农业循环系统、工业循环系统、服务业循环系统,还包括资源再生产业系统。构建区域产业循环系统,一方面是大力推进农业系统、工业系统、服务业系统的生态化,即通过组织更新、技术改造、政策调整来恢复、补偿、更新各子系统的功能;另一方面是大力发展承担系统分解者功能的资源再生产业(第四产业)。

二、建立废弃物再资源化体系

伴随着经济社会的快速发展,资源消耗的强度不断增大,同时,人口增长和城市化进程的加快,造成可再生的垃圾资源的迅速增加。再生资源炼制是资源消耗利用、重复利用的重要渠道,大力发展再生资源产业,对再生资源进行回收利用不但可创造经济价值,还可以缓解对环境的压力。大力发展再生资源产业是贯彻科学发展观,实现区域经济社会与资源环境协同发展的重要途径。

再生资源产业是对人类生活、生产所产生的废弃物进行回收、处理、加工与利用后使之成为"再生资源",以及从事再生资源流通、加工利用、科技开发,信息服务和设备制造等经济活动的总和。再生资源产业,首先是再生资源回收企业,即再生资源回收产业的主体,由各地再生资源回收公司和所属的回收网点构成,主要职能是进行再生资源的社会回收、分类、初加工以及贸易流通;以各类再生资源为主要原料或加工对象的加工制造企业,即资源再生产业的主体,包括有色金属重熔提炼及有色金属材料生产企业,以废纸、废塑料、废轮胎等非金属再生资源为加工对象的制造加工企业。其次是再生资源拆解企业,即从事报废车辆、船舶、废旧电子产品拆解的企业;个体经营者,即散布于街头巷尾的回收个体户;专门从事再生资源加工利用科技开发、信息咨询服务,以及从事再生资源市场交易的组织和中介机构与再生资源工业园区。再生资源回收包括再生资源的回收和集散。作为再生资源生态工业系统的前端,再生资源回收网络建设着重在网点的建设和规范方面,以及改造、建设再生资源专业集散市场。鉴于再生资源的特征,为了防止二次污染,再生资源的加工利用宜采用园区化发展模式,通过产业集成,将相关废弃物的回收、运输、拆解、加工利用企业聚集在一起,使回收企业、分类拆解企业、再制造企业和加工利用企业形成有机的产业耦合链,以保证资源再生过程的无害化、规模化和科学化,达到提高资源利用率和环境保护的目的。

三、组建区域循环经济技术系统

区域循环经济的技术体系是以对环境无害的技术作为操作平台。构建区域循环经济的技术体系就是构建从资源开发、原材料生产、中间产品制造、加工生产、流通、消费、循环利用全过程的循环型技术体系,主要包括清洁生产技术、污染治理技术和废弃物减量化、再利用、资源化技术。

借鉴发达国家循环经济技术成果,结合我国循环经济实践,应加大关键技术的研发,如新能源利用技术、节水节能技术、开发废弃物再生利用技术、农产品无公害安全技术等。创新循环经济的科研投入方式,走市场化道路,建立全社会、多元化的循环经济科技投入体系和推广体系,调动各类人员从事科技推广的积极性,大力推广新理念、新技术、新方法。建立完善的循环经济科技推广体系和完善的推广机制。

构建区域循环经济技术系统是一个系统工程,涉及各个层次、各个方面,需要全社会共同协作和长期努力。以系统整体效益为目标,突出生态效益与经济效益的统一;实现资源由单向式、线性利用向循环利用、多重利用、高效利用转变;大量引进、研发和应用新技术、工艺、材料、能源,为区域可持续发展提供技术支撑;坚持城乡统筹发展的产业政策,促进产业协同发展。

四、全方位推进循环型社会建设

资源节约型和环境友好型社会,其根本上是人与自然和谐共生的社会形态,是循环型的社会发展形态。"两型"社会建设的核心内容是实现经济发展模式向循环经济的模式转变,构建具有能够支持整个社会以循环经济发展模式为核心的结构组成和功能机制,此即为建设循环型社会。

循环型社会是以维系自然—环境—经济—社会复合生态系统良性循环为目标,围绕实现经济发展模式向循环经济模式转变的核心内容,构建能够长期稳定地支持经济系统按照循环经济模式运行的正负反馈等自组织机制和功能的社会支持体系。建设循环型社会旨在通过人类社会经济发展模式的转变,从根本上解决社会经济发展与资源、环境的矛盾。循环型社会的主要内容是经济发展模式向循环经济型的转变,社会、经济制度的生态化。循环型社会的经济、社会制度是循环型社会的支持体系,其目的是使经济发展的社会基础和制度支持系统,适应循环经济发展模式的需求,支撑循环经济模式的建立和发展。应全方位开展环境教育,在全民中培育生态发展理念,营造绿色文化氛围,实现绿色生产、消费观念和模式的转变。建设循环型社会是一个巨大的系统工程,涉及资源、环境、经济和社会各个方面,居民、企业、政府,任何个体的、部门的、地方的局部行为。仅从经济、环境、资源某个方面谋求效益最大化的决策,都会造成系统整体的失衡。应科学制定循环型区域社会经济发展总体发展规划,科学地规划区域内自然资源环境的开发、利用、管理和决策,正确实施区域经济系统向循环经济模式转化的重点路径和步骤。调整区域经济结构,构建区域循环经济的超循环结构。完善循环型社会的经济、社会和技术发展机制。建立自适应调节机制、系统正负反馈机制、城市激励机制,大力发展环保产业和资源回收、再资源化产业,大力开展环保技术及资源再利用技术的研究、开发和应用。

此外,构建循环型社会需要发挥政府的主导作用、企业的主体作用,更需要全体社会公众的参与。结合日常生活教育公众参与循环经济,节水节能,循环利用,有效利用资源,参与废弃物的回收,减少废弃物的产生,形成环境友好型的和环境保全的可持续消费观念。[①]

---

① 袁莉:《城市群协同发展机理、实现途径及对策研究》,中南大学,2015。

第五章　区域经济生态化协同发展的实践

　　区域经济生态化协同系统是区域自然、环境、经济、社会复合而成的复杂系统,系统各要素、子系统之间关联形式的复杂性,表现在内容上是物质、能量、信息的关联,在结构上是各种各样的非线性关系,这些关联、关系具有非线性、多目标性、动态性、不确定性等复杂性特征。20 世纪 70 年代,第一届以"人类与环境"为主题的世界环境大会在斯德哥尔摩召开。这次大会唤起了人们从系统观的视角认识人类活动对整个自然生态系统的影响,以及各因子之间的联系。1983 年以"环境与发展"为主题的第三届世界环境大会,开始把环境与发展联系起来, 号召各国在工业化高速发展的过程中保护支撑人类发展的环境。1987 年布伦特兰夫人在《我们共同的未来》报告中阐述了可持续发展的内涵。1992 年在里约热内卢举行的联合国环境与发展大会提出了可持续发展战略,包括生态可持续性、社会可持续性、文化可持续性,标志着人类对自身命运的认识从消极的环境保护到积极的生态建设,从线性思维转向系统思维,从预警性的环境运动到自觉的社会运动的质的飞跃。

　　区域经济生态化协同发展是以可持续发展为目标,通过建立持续增长的经济发展模式、绿色的消费模式、可循环的资源利用模式,实现区域内或区域间全面、协调、可持续发展。其实质是在资源、环境、经济和社会之间建立一种可持续的关系,实现人与自然的和谐共生。区域经济生态化协同发展是区域整个系统结构和功能的一种表达,既包括资源、环境、经济和社会各子系统的良性循环,同时也包括各系统间的共生演进,集中体现为区域经济系统整体的良性发展态势,在空间上表征为区域之间、区域之内、城乡之间良性互动的共生耦合关系。其内涵包括了经济的持续增长、资源的可持续利用、体制的公平合理、社会的和谐共生、传统文化的延续及自然活力的维系。本章以我国近几年典型的区域一体化协同发展为例,在实践层面探讨区域一体化发展、循环经济建设、区域组群式发展、区际生态补偿、经济与生态协调发展等区域经济生态化协同发展问题,以期为其他区域的生态化协同发展提供参考和借鉴。

第一节　区域间的生态化协同发展

全球化发展与区域竞合加剧,城市与区域正经历着巨大变革,城市间或区域间以空间协同的形式取长补短,实现合作共赢已成为区域经济生态化协同发展的主要方式之一,其表现为城市群的协同发展。

城市群的形成和发展是国家综合竞争力提升的重要标志,以城市群为主体形态推动紧凑集约和高效绿色发展是我国重要的国家战略。从空间特征来看,城市群是在特定的地域范围内具有相当数量的不同性质、类型和等级规模的城市,依托一定的自然环境条件,以一个或两个特大或大城市作为地区经济的核心,借助于综合运输网的通达性,发生与发展着城市个体之间的内在联系,共同构成一个相对完整的城市"集合体"。从区域发展角度来看,城市群是资源高度密集的城市连绵区,其整合区域资源的能力打破了行政区的划分,提高了区域整体的经济联系和竞争力。从形成机制上来看,城市群的形成是由经济要素聚集和扩散导致的,市场效率机制下经济要素在局部地区高度聚集,聚集成本的升高,使得经济要素向周围城市扩散,从而逐渐带动城市群的形成。可以说,城市群的形成就是城市之间资源互动、协同发展的结果。城市群的协同发展能够充分发挥不同城市的比较优势,避免核心城市内部要素的过度集中而造成的不经济性,带动周围城市的产业升级,从而既能平衡各个城市内部的发展矛盾,又能促进区域性的合作互联。在协同发展过程中,城市群作为一个有机体,存在着联系各个城市生产、生活、生态"节点"与"流"的空间,这些空间形成了城市群的网络体系特征。相反,非空间协同的城市群内单个城市或区域往往成为经济发展的散点而非节点,从而阻碍城市群系统的要素共享与分工协作。①

---

　　① 高丽娜、宋慧勇、张惠东等:《城市群协同创新形成机理及其对系统绩效的影响研究》,《江苏师范大学学报(哲学社会科学版)》2018年第44期,第125—132页。

一、京津冀地区的协同发展

京津冀协同发展是我国实施区域协调发展战略的重要载体,同时也是贯彻落实新发展理念的伟大实践。习近平总书记在 2019 年 1 月主持召开的京津冀协同发展座谈会时强调,京津冀协同发展是一个系统工程,不可能一蹴而就,要做好长期作战的思想准备。过去的 5 年,京津冀协同发展总体上处于谋思路、打基础、寻突破的阶段,当前和今后一个时期进入到滚石上山、爬坡过坎、攻坚克难的关键阶段,需要下更大气力推进工作。疏解北京非首都功能,进入"牛鼻子"跨上动真、碰硬阶段,雄安新区和北京城市副中心从高起点规划向高标准建设转变,跨区域政策协调、利益分享等深层次协同问题逐步显现,京津冀世界级城市群建设进入关键时期。深入研究京津冀城市群内部各城市之间存在的差异,探究深化协同发展路径对于推动京津冀世界级城市群建设和区域经济的协同发展具有重要的理论意义和实践价值。

(一)京津冀协同发展的背景

随着国际经济发展形势的不断变化、经济发展水平的提高,京津冀三地需要经济体制的发展和创新。协同发展是京津冀三地发展的内在要求,因为目前京津冀三地在发展过程中都遇到了如资源短缺、产业结构不完善、经济发展动能不足等问题。然而仅依靠自身的力量很难解决这些问题,为了更好地解决这些问题,京津冀三地要把之前的竞争关系改变为合作关系,只有通过合作才能有效调整自身产业结构、找到发展方向,为促进自身经济发展添加新的动力。

京津冀地区地位十分重要,在以往的经济发展过程中,各个地区之间存在较多的是竞争关系,导致各个地区之间的联系不紧密。京津冀的区域协同发展面临诸多问题。首先是区域观念淡薄。京津冀三地各自的经济发展过程中,区域观念的淡薄,使京津冀无法成为一个真正的区域整体,无法从综合角度提高整体的产业水平,产业还需优化,最终影响京津冀总体发展水平。其次是区域环境问题严峻。近年来,京津冀经济发展水平显著提高,与此同时,京津冀区域产生了很多环境问题,总体生态环境受到不良影响。其中主要存在的问题有,水资源短缺、地表植被破坏、大气污染等。在京津冀区域经济发展过程中,区域人口增长速度较快、人口密度大以及工厂数量增加等,使工业用水、居民用水的需求也在逐步加大。为满足用水需求不得不开始开采地下水。对地下水的过度开采导致多个地方形成了地下水漏斗。除此之外,工业废水的排放,城市污染的扩散等问题也导致部分地区的河流和大中型水库受到了污染。近些年来,京津冀区域主要以钢铁、机械等重化工产业为主,产业结构不合理,高污染高耗能产业聚集排放出大量的有害气体。因此城市空气污染严重,雾霾时常发生。城市汽车数量的大幅增加,汽车排放出大量的尾气以及居民冬天用煤炭取暖等都对城市空气造成了严重污染。京津冀地区蕴藏有丰富的矿产资源。随着京津冀协同发展水平的显著提高,其对矿产的需求量逐渐加大,为了解决供需矛盾,维护自身经济利益,个别矿产企业开始频繁进行矿山开采活动,矿山开采过于频繁使得地区塌陷,严重破坏了土地植被。矿物残渣的堆积占用了大量的土地资源,同时也可能造成土地污染问题。

京津冀协同发展战略的实施可以让京津冀三地优势互补,在发展过程中互帮互助,进一步推进各自经济的发展。再加上京津冀原有的雄厚工业基础和经济实力为三地协同发展提供了经济基础。除此之外,"协同"可以让京津冀三地政府之间有更好的沟通交流,增强信息共享,三方取长补短共同发展。

(二)京津冀协同发展的重点

在京津冀协同规划中,最受瞩目的无疑是京津冀三地功能定位。

1.功能定位:以首都为核心的世界级城市群

功能定位是科学推动京津冀协同发展的重要前提和基本遵循。经反复研究论证,京津冀区域整体定位和三省(市)功能定位:北京市是"全国政治中心、文化中心、国际交往中心、科技创新中心";天津市是"全国先进制造研发基地、北方国际航运核心区、金融创新运营示范区、改革开放先行区";河北省是"全国现代商贸物流重要基地、产业转型升级试验区、新型城镇化与城乡统筹示范区、京津冀生态环境支撑区"。功能定位体现了区域整体和三省(市)各自的特色,符合协同发展、促进融合、增强合力的要求。京津冀整体定位是"以首都为核心的世界级城市群、区域整体协同发展改革引领区、全国创新驱动经济增长新引擎、生态修复环境改善示范区"。区域整体定位体现了三省(市)"一盘棋"的思想,突出了功能互补、错位发展、相辅相成;三省(市)定位服从和服务于区域整体定位,增强了整体性,符合京津冀协同发展的战略需要。

2. 发展目标：北京五年后人口在 2300 万人以内

京津冀协同发展的目标是：到 2017 年，有序疏解北京非首都功能取得明显进展，在符合协同发展目标且现实急需、具备条件、取得共识的交通一体化、生态环境保护、产业升级转移等重点领域率先取得突破，深化改革、创新驱动、试点示范有序推进，协同发展取得显著成效。

到 2020 年，北京市常住人口控制在 2300 万人以内，北京"大城市病"等突出问题得到缓解；区域一体化交通网络基本形成，生态环境质量得到有效改善，产业联动发展取得重大进展。公共服务共建共享取得积极成效，协同发展机制有效运转，区域内发展差距趋于缩小，初步形成京津冀协同发展、互利共赢新局面。

到 2030 年，首都核心功能更加优化，京津冀区域一体化格局基本形成，区域经济结构更加合理，生态环境质量总体良好，公共服务水平趋于均衡，成为具有较强国际竞争力和影响力的重要区域，在引领和支撑全国经济社会发展中发挥更大作用。

3. 空间布局：首要任务解决北京"大城市病"

京津冀确定了"功能互补、区域联动、轴向集聚、节点支撑"的布局思路，明确了以"一核、双城、三轴、四区、多节点"为骨架，推动有序疏解北京非首都功能，构建以重要城市为支点，以战略性功能区平台为载体，以交通干线、生态廊道为纽带的网络型空间格局。

"一核"即指北京。把有序疏解非首都功能、优化提升首都核心功能、解决北京"大城市病"问题作为京津冀协同发展的首要任务。

"双城"是指北京、天津，这是京津冀协同发展的主要引擎，要进一步强化京津联动，全方位拓展合作广度和深度，加快实现同城化发展，共同发挥高端引领和辐射带动作用。

"三轴"指的是京津、京保石、京唐秦三个产业发展带和城镇聚集轴，这是支撑京津冀协同发展的主体框架。

"四区"分别是中部核心功能区、东部滨海发展区、南部功能拓展区和西北部生态涵养区，每个功能区都有明确的空间范围和发展重点。

"多节点"包括石家庄、唐山、保定、邯郸等区域性中心城市和张家口、承德、廊坊、秦皇岛、沧州、邢台、衡水等节点城市,重点是提高其城市综合承载能力和服务能力,有序推动产业和人口聚集。

4.功能疏解:四类非首都功能将被疏解

当前,北京人口过度膨胀,雾霾天气频现,交通日益拥堵,房价持续高涨,资源环境承载力严重不足,造成这些问题的根本原因是北京集聚了过多的非首都功能。从疏解对象讲,重点是一般性产业,特别是高消耗产业,以及区域性物流基地、区域性专业市场等部分第三产业,部分教育、医疗、培训机构等社会公共服务功能,部分行政性、事业性服务机构和企业总部等四类非首都功能。疏解的原则是:坚持政府引导与市场机制相结合,既充分发挥政府规划、政策的引导作用,又发挥市场的主体作用;坚持集中疏解与分散疏解相结合,考虑疏解功能的不同性质和特点,灵活采取集中疏解或分散疏解方式;坚持严控增量与疏解存量相结合,既把住增量关,明确总量控制目标,也积极推进存量调整,引导不符合首都功能定位的功能向周边地区疏解;坚持统筹谋划与分类施策相结合,结合北京城六区不同发展重点要求和资源环境承载能力统筹谋划,建立健全倒逼机制和激励机制,有序推出改革举措和配套政策,因企施策、因单位施策。

5.重点领域:交通、环保产业升级先突破

在交通一体化方面,构建以轨道交通为骨干的多节点、网格状、全覆盖的交通网络。重点是建设高效密集轨道交通网,完善便捷通畅公路交通网,打通国家高速公路"断头路",全面消除跨区域国省干线"瓶颈路段",加快构建现代化的津冀港口群,打造国际一流的航空枢纽,加快北京新机场建设,大力发展公交优先的城市交通,提高交通智能化管理水平,提高区域一体化运输服务水平,发展安全绿色可持续交通。

在生态环境保护方面,打破行政区域限制,推动能源生产和消费革命,促进绿色循环低碳发展,加强生态环境保护和治理,扩大区域生态空间。重点是联防联控环境污染,建立一体化的环境准入和退出机制,加强环境污染治理,实施清洁水行动,大力发展循环经济,推进生态保护与建设,谋划建设一批环首都国家公园和森林公园,积极应对气候变化。

在推动产业升级转移方面,加快产业转型升级,打造立足区域、服务全国、辐射全球的优势产业集聚区。重点是明确产业定位和方向，加快产业转型升级,推动产业转移对接,加强三省(市)产业发展规划衔接,制定京津冀产业指导目录,加快津冀承接平台建设,加强京津冀产业协作等。

(三)京津冀协同发展的生态系统

对于京津冀生态化的协同发展,多数学者认为,京津冀区域之间形成的经济系统具有类生物性,其中区域内任何一个城市都不是孤立存在的,某一个城市的发展必然会对其他城市产生影响,不同城市之间存在协同演化的共生关系。对于京津冀区域经济生态系统的认识,比较有代表性的观点主要有三种:一是将京津冀区域经济生态系统视为以功能聚类的社会经济系统,由北京、天津与河北省诸城市构成;二是将京津冀区域经济生态系统划分为人口、资源、环境、经济和社会五个子系统;三是将京津冀区域经济生态系统归结为区域内部城市之间通过物质、信息、技术、人员和能量的交换流通而形成的具有特定结构与功能的复杂系统。从整体上看,现有研究多是从微观角度来探究京津冀区域经济生态系统的相关问题, 从区域社会发展的宏观视角进行研究的理论涉及较少。

京津冀生态环境问题防治关键是处理好两个关系。一是处理好经济发展与环境保护的关系。经济发展以生态保护为基础才能更好地促进经济的可持续发展,经济的不断发展才能更好地落实环境保护政策。经济的发展要时刻关注生态环境的变化,经济发展绝不能以牺牲生态环境为前提,保护环境与经济发展应当并行。单一的治理办法无法真正解决当前环境问题,对于环境问题应当综合治理。二是正确处理好经济发展与环境承载力的关系。经济发展应当与环境承载力相适应,为了加快经济发展速度而过度消耗自然资源和破坏生态环境,必然会带来一系列的问题,必然会牺牲子孙后代的利益。因此,在经济发展过程中应当充分考虑环境承载力,科学定位区域发展方向与规模,确定生态保护红线,从源头上控制环境污染。

1. 协同生态系统的构成

作为一个复杂共生的有机系统, 京津冀区域经济生态系统须具备三个基本条件:第一,多样的构成要素,主要包括北京、天津和河北省诸城市之间的经济交流、合作、活动等,其中,每一个要素都不可或缺,它们既是构成京津冀区域经济生态系统的最基本要素，也是京津冀区域经济生态系统存在的基础条件；第二，复杂的关系结构，区域内城市之间的不同性质、类型、行业的经济往来及其与外部环境之间都存在着一定的有机联系，进而在内部形成一定结构，在外部表现一定秩序，区域内部任何两个城市组成的经济生态系统又是从属于京津冀区域经济生态系统的子系统；第三，特定的功能表现，京津冀区域经济生态系统具有特定的功能，这是区域经济生态系统具有不同于各个构成城市的新功能，这种新功能是由京津冀区域经济生态系统的内部构成要素之间的有机联系共同决定的，而单个构成要素则不具备。如果一个京津冀区域经济生态系统消失了，其独有的特定功能就将被取代，它将面临消亡或解体。京津冀区域经济生态系统是一个具有主体要素、客体要素、介体要素和目标要素的复杂系统，也是一个具有多样构成要素、复杂关系结构和特定功能表现的有机系统。从空间结构来看，京津冀区域经济生态系统是社会系统的一个子系统，与社会经济系统、政治系统、教育系统、文化系统等存在着一定程度的物能联系，这些系统的发展变化总是对京津冀区域经济生态系统产生影响，并在一定程度上塑造、制约其内部结构的形态与变化。从时间发展来看，京津冀区域经济生态系统是北京、天津、河北省诸城市长期适应外部环境，在彼此交往协调、相互适应过程中形成的有机功能体，区域内各城市之间绝非彼此独立、互不影响，而是一种网络式交叉的结构关系。与其他生态系统一样，京津冀区域经济生态系统也具有自校平衡性。作为一个复杂的有机体，京津冀区域经济生态系统不是完全被动地受制于外部环境的影响，而是会根据环境发展走向及时完善内部结构，主动适应环境变化。为了确保与环境之间的动态平衡，京津冀区域经济生态系统通常会合理协调内部要素的结构关系，有效搭配要素组分的比例关系，充分挖掘要素的功能潜质，及时与外部环境进行多层面的交往活动。

2. 协同生态系统的特征

在性质特征上，京津冀区域经济生态系统是具有特定结构、功能和外在关系的，体现生态关联、生态适应、生态共生和生态平衡，并不断遗传、变异和演化的复杂自组织系统。作为经济发展生态化趋势影响下的区域经济活动，京津冀区域经济生态系统是北京、天津和河北省诸城市以彼此经济交往的融通性和互补性连接的一种共生现象，为区域内部各城市之间的交流互动提供了条件。北京、天津和河北省诸城市之所以能形成共生态势，不仅是因为区域经济交往的需要，更在于这种共生态势能够产生多元复合、排列合理、组合有序的生态关系。由于京津冀区域经济生态系统内部的协同适应性，区域内部城市之间的交往产生了更加有利的生态环境。京津冀区域经济生态系统还通过内部要素的有机协同与外部环境的适应互动，产生了北京、天津和河北省诸城市简单叠加所不具有的新功能。在区域内部城市之间及其与外部环境共同作用下自组织产生的对内和对外的共生效应，正是京津冀区域经济生态系统本质的集中表现。在沟通方式上，京津冀区域经济生态系统是系统内部与外部之间实现经济交往、沟通的网络化系统。京津冀区域经济生态系统通过准确定位要素功能，有效整合要素关系，合理设置内部结构，及时调整资源取向，有力构筑发展空间以及动态构建外部环境关系等方式，达到区域内部经济交往活动内外相渗透、纵横相交错、动静相结合的健康互动效应。京津冀区域经济生态系统可根据外部生态环境状态，构建内外高效互动渠道与平台，打破传统区域经济交往的时空局限。较之传统的区域经济交往，京津冀区域经济生态系统在沟通方式上实现了系统内外信息共享的网络化。在整合机理上，京津冀区域经济生态系统是通过内部物能整合、信息整合、结构整合以及功能整合等方式，成为结构与功能最优协调化的有机整体。京津冀区域经济生态系统具有自组织性，内部构成要素之间是一种双向的、多重的、非线性的复杂关系。京津冀区域经济生态系统的结构和功能都会随着要素关系的重新组合而不断变化，准确判断京津冀区域经济生态系统的最优功能和最优结构就显得非常困难。为此，京津冀区域经济生态系统必须具有较强的整合机制来有效规范和协调每一个构成要素的经济行为，维持经济发展秩序，促进区域经济发展，提高区域经济管理水平，增强京津冀区域经济生态系统的凝聚力。

3. 协同生态系统的运作

京津冀区域经济生态化协同系统的运作机制就是京津冀区域经济生态系统优化内部构成要素结构、整合外部环境资源结构、协调自身与环境相互关系的动态过程和作用机理，包括动力机制、整合机制、创新机制、控制机制和保障机制等多层面机制。京津冀区域经济生态化协同系统的动力机制有三种，政府的拉动力、自动力和环境的推动力。三者共同作用、交互影响和均衡发展而形成合力。政府服务职能的有效发挥是京津冀区域经济生态化协同系统发展演化的重要拉动力量。京津冀区域内各城市通常会强化市场意识和产业观念,合理设置发展目标和内部结构,适当调整发展规模,有效利用现有资源,充分挖掘资源潜能,加快京津冀区域经济生态化协同系统的内涵式发展。近年来,在社会各方面力量的支持下,京津冀区域经济生态化协同系统在管理绩效评估方面全面考虑社会环境因素的影响;在结构优化方面充分认识、突出重点、突破难点,实现系统内部结构与外部环境的持续发展和生态循环;在功能塑造方面注重吸纳社会力量、培育市场经济、引导系统再造、整合资源结构。京津冀区域经济生态化协同系统整合可以被视为京津冀区域经济生态系统一体化的过程或这一过程的终极状态,其具有丰富的内容,包括结构整合、物能整合、信息整合和功能整合等。大量的彼此存在交互关联性的区域内部城市聚集在特定的地理空间上,所形成的集群系统功能优势,使得京津冀区域经济生态系统必须具有较强的整合能力来有效规范和控制其中每一个城市的行为,以提高京津冀区域经济生态系统的群体凝聚力。创新机制是京津冀区域经济生态化协同系统以持续发展为导向,以外部环境为依托,建立的一种新的内部结构关系与资源整合模式,以实现由竞争优势提高能力的机制。随着以战略变化和组织适应性为研究焦点的战略管理潮流的来临,京津冀区域经济生态化协同系统发展原先所依赖的因素会导致其发展轨迹的路径依赖性,可能成为系统持续发展的障碍。只有体现京津冀区域经济生态化协同系统的发展动力和竞争优势才是其独特的创新机制,尤其是对于系统的全面创新。全面创新是在网络环境与激烈竞争的环境下,京津冀区域经济生态化协同系统通过完善创新机制和方法,激发系统主体要素的创新热情,通过战略、文化、制度、组织结构、技术和市场等要素创新,整合系统内外关系及资源,增强区域竞争优势,推进区域持续发展。京津冀区域经济生态化协同系统的控制机制具有丰富的内容:在时间维度上,不能仅限于对近期行为及绩效的控制,还要注重对主体要素长期行为及其绩效的关注;在空间维度上,要着眼于京津冀区域经济生态系统的内部结构与外部环境的协同关系的控制;在价值维度上,要加强对系统内部主体构成要素价值的控制整合,统筹考虑经济价值、社会价值和生态价值的有机协调;在投入维度上,要着力加大对人、财、物资源投入与各种政策法规投入以及二者间关系的控制力度。保障机制是京津冀区域经济生态系统根据内部结构的发育程度和外部环境的变化态势,遵循内部构成要素成长规律、系统演化规律以及环境变化规律,逐步建立健全促进系统内部要素生存发展,推进系统有序演化的机制体系。保障机制是一项内容复杂、目标多样、手段丰富和体系健全的系统工程。①

(四)京津冀协同发展的效果

京津冀城市群协同发展经过五年多的努力,已经初步形成了经济、社会、生态协同共生三地协调发展的局面。2019 年是推进京津冀协同发展中期目标实现的关键之年,三地深入贯彻习近平总书记重要讲话精神,紧紧围绕《京津冀协同发展规划纲要》,优势互补,通力协作,区域经济稳中提质,协同发展取得新的进展和成效。

1.区域发展稳中有进,功能定位日趋强化

从经济总量看,2019 年,京津冀地区生产总值合计 84580 亿元,比上年增长 6.1%。其中北京、天津、河北地区生产总值分别为 35371.3 亿元、14104.3 亿元和 35104.5 亿元,按可比价格计算,分别比上年增长 6.1%、4.8%和 6.8%。从城镇化水平看,2019 年,京津冀地区城镇化率为 66.7%,比上年提高 0.8 个百分点。其中北京、天津、河北城镇化率分别为 86.6%、83.5%和 57.6%,分别比上年提高 0.1 个、0.4 个和 1.2 个百分点。

北京加强"四个中心"功能建设。从文化中心建设看,制定文化产业高质量发展三年行动计划,2019 年全市规模以上文化产业法人单位实现收入 12849.7 亿元,同比增长 8.2%。举办首都市民系列文化活动 2.3 万场,239 家实体书店获得专项支持。从科技创新中心建设看,截至 2019 年底,每万人发明专利拥有量达 132 件,比上年增加 20 件,全市技术合同成交额增长 14.9%。从国际交往中心建设看,北京成功举办世界园艺博览会、第二届"一带一路"国际合作高峰论坛等重大活动;全市货物进出口增速持续高于全国平均水平,中国国

---

① 张向阳、党胜利、刘志峰:《京津冀区域经济生态系统运作机制研究》,《企业经济》2009 年第 6 期。

际服务贸易交易会参展参会人次比上年增长 3 倍。

天津全面落实"一基地三区"定位。围绕全国先进制造研发基地建设实施智能制造"攻坚年"行动,高技术制造业投资增长 36.5%,快于全市总投资 22.6 个百分点。规模以上工业中装备制造业带动作用增强,增加值占规模以上工业的 33.5%,比上年提高 0.7 个百分点。北方国际航运核心区功能持续提升,天津港集装箱吞吐量达 1730 万标准箱,增长 8.1%,增幅位居全球十大港口前列。金融创新运营示范区建设稳步推进,中外金融机构本外币贷款余额增长 6%。改革开放先行区建设取得重要成果,自贸试验区改革创新持续深化,新登记市场主体累计超过 6.4 万户,注册资本超过 2.16 万亿元。

河北"三区一基地"功能定位日趋增强。积极构建全国现代商贸物流重要基地,2019 年,物流业增加值占 GDP 比重达到 7.6%,比上年提高 0.5 个百分点;快递服务企业业务量达 23 亿件,同比增长 32.3%。全国产业转型升级试验区加快推进。重点行业去产能力度不减,新经济加快发展,成功举办中国国际数字经济博览会,签约项目过百项、总投资超千亿元。全国新型城镇化与城乡统筹示范区建设稳步推进。全年改造老旧小区 2779 个,完成农村危房改造 7.7 万户,城镇化率比 2013 年提高 9.5 个百分点。全力打造京津冀生态环境支撑区。张家口首都水源涵养功能区和生态环境支撑区获批建设,大气质量达 6 年来最好水平。

2.疏解转移有序推进,减量发展成效明显

北京坚持疏控并举,严格执行新增产业禁止和限制目录。截至 2019 年底,全市不予办理工商登记业务累计达 2.28 万件。同时,扎实开展"疏解整治促提升"专项行动,退出一般制造业企业 399 家,疏解提升市场和物流中心 66 个,拆违腾退土地 5706 公顷。北京城市副中心规划逐步实施,市级机关完成涉及 35 个部门 165 个单位行政办公区搬迁,一批重大工程项目加快推进。天津积极打造"1+16"承接平台,滨海—中关村科技园新增注册企业 502 家;京津合作示范区完成首批 10 个地块出让,宝坻京津中关村科技城采用市场化运营模式,项目建设与招商势头良好。河北依托区位优势、产业基础和市场要素等资源,承接京津产业,2019 年,共承接京津单位 964 个;京津产业转移项目固定资产投资增长 16.0%。雄安新区加强产业集聚与协同布局,与中关村管委会签订建设雄安新区中关村科技园合作协议;碧水源等 12 家中关村企业入驻雄安中关村科技产业基地。

3. 新兴产业快速发展,创新驱动效果显现

2019 年,京津冀区域第三产业结构为 4.5∶28.7∶66.8,第三产业增加值占GDP 的比重比上年提高 5.5 个百分点,高于全国平均水平 12.9 个百分点。其中,京津冀三地均超过 50%,分别为 83.5%、63.5% 和 51.3%。产业结构不断优化升级。北京产业发展聚焦"高精尖":规模以上工业中高技术制造业、战略性新兴产业增加值分别增长 9.3% 和 5.5%,对工业增长的贡献率分别为 74.7% 和58.9%(二者有交叉)。规模以上现代服务业和高技术服务业法人单位收入分别增长 8.8% 和 10.2%,均高于服务业平均水平。天津新兴产业加快发展:规模以上工业中,智能制造工业增加值增长 8.2%,快于全市工业增加值增长 4.8个百分点。规模以上服务业中,新服务、高技术服务业、战略性新兴服务业营业收入均实现两位数增长,分别增长 14.8%、19.3% 和 12.4%。河北新动能不断集聚:工业战略性新兴产业增加值比上年增长 10.3%,快于规模以上工业增加值增长 4.7 个百分点。其中,风能原动设备、城市轨道交通设备和显示器件制造的增幅均在 30% 以上。高新技术制造业增加值增长 9.9%,占规模以上工业增加值的比重接近两成。

创新驱动持续发力。北京科技创新保持活跃:创新驱动发展指数连续多年稳步提升。中关村示范区先行先试,引导各分园聚焦主业,实现特色化发展。2019 年中关村国家自主创新示范区高新技术企业实现总收入 6.5 万亿元,同比增长 10.5%,其中实现技术收入 13061.3 亿元,同比增长 16.9%。天津创新驱动成效明显:智能科技、生物医药、新能源新材料产业发展三年行动计划扎实推进,国家新一代人工智能创新发展试验区获批建设。科技型企业发展壮大,国家高新技术企业、国家科技型中小企业总数均突破 6000 家,万人发明专利拥有量 22.3 件。河北科技创新实现新突破:综合创新生态体系加速形成,创新主体数量猛增,国家级高新技术企业新增数量超过 2000 家,总数是三年前历史总和的 3.5 倍;新增科技型中小企业 1.1 万家。推动京津冀创新资源共享、资质互认,共建省级以上创新平台 98 家、产业技术创新联盟 76 家。

4.共享发展取得实效,居民获得感不断增强

京津冀三地加大惠民增收力度,居民收入稳步增长。2019 年北京、天津、河北居民人均可支配收入分别为 67756 元、42404 元和 25665 元,分别比上年增长 8.7％、7.3％和 9.5％。京津冀污染防治成效明显,北京完成第二个污水治理三年行动任务,提前实现"十三五"国家考核的水体比例目标,天津、河北地表水优良水体比例分别为 50％和 58.1％,同比分别提高 10.0 个和 4.1 个百分点。与此同时,大气质量有所提升。京津冀区域 $PM_{2.5}$ 平均浓度为 50 微克／立方米,同比下降 9.1％,其中北京、河北 $PM_{2.5}$ 浓度分别为 42 微克／立方米和 50.2 微克／立方米,同比分别下降 17.6％和 5.8％,天津 $PM_{2.5}$ 平均浓度总体保持稳定。交通建设扎实推进。北京大兴国际机场高速、新机场北线高速(京开—京台)建成通车,京礼高速、京张铁路全线、京雄城际北京段开通运营,河北唐廊高速公路与天津连通, 北京大兴国际机场北线高速公路廊坊段主体建成, G105 京冀和 G205 津冀接线段、G228 沧州段开工建设。2019 年末,三地公路里程合计达 23.5 万千米,比上年末增加 0.4 万千米,其中高速公路里程 9938.4 千米,增加 281.0 千米。

京津冀持续加强公共服务资源的共建共享,"民生红利"在区域间不断释放。在教育融合方面,北京成立了职业教育专家顾问团,帮助河北职教院校提高办学水平;推进优质教育向北三县辐射,与河北廊坊签署《关于北三县地区教育发展合作协议》;北京三所职业培训机构与雄安新区培训机构开展"一对一"合作帮扶,启动建设援建雄安"三校一院"交钥匙项目。在医疗协作方面,持续推动北京与河北廊坊、张家口等五市医疗卫生合作,16 家市属医院已与河北 26 家医院共同开展 31 个合作项目。36 项临床检验结果在京津冀 411 家医疗机构实现互认,20 项医学影像检查资料在 176 家医疗机构试行共享。

二、长江三角洲地区的协同发展

长江三角洲(以下简称"长三角")地区是我国经济发展最活跃、开放程度最高、创新能力最强的区域之一,在国家现代化建设大局和全方位开放格局中具有举足轻重的战略地位。推动长三角区域一体化协同发展,增强长三角地区创新能力和竞争能力,提高经济集聚度、区域连接性和政策协同效率,对引领

全国区域生态化协同发展、推进高质量发展、建设现代化经济体系意义重大。长江三角洲作为全国区域协同发展和区域生态化共建的先进地区，其区域协同一体化发展主要体现在区域协同、产业创新和生态共保等方面，其成功实践为我国其他地区的区域生态化协同发展提供了宝贵的经验和借鉴。

（一）长三角协同发展的基础

2018年11月5日，习近平总书记在首届中国国际进口博览会上宣布，支持长江三角洲区域一体化发展并上升为国家战略，着力落实新发展理念，构建现代化经济体系，推进更高起点的深化改革和更高层次的对外开放，同"一带一路"建设、京津冀协同发展、长江经济带发展、粤港澳大湾区建设相互配合，完善中国改革开放空间布局。推进长三角区域一体化发展，有利于提升长三角在世界经济格局中的能级和水平，引领我国参与全球合作和竞争；有利于深入实施区域协调发展战略，探索区域一体化发展的制度体系和路径模式，引领长江经济带发展，为全国区域一体化发展提供示范；有利于充分发挥区域内各地区的比较优势，提升长三角地区整体综合实力，在全面建设社会主义现代化国家新征程中走在全国前列。

长三角地区区域生态化协同发展具有良好的基础条件。一是区位优势突出。长三角地区处于东亚地理中心和西太平洋的东亚航线要冲，是"一带一路"与长江经济带的重要交会地带，在国家现代化建设大局和全方位开放格局中具有举足轻重的战略地位。二是交通条件便利，经济腹地广阔，拥有现代化江海港口群和机场群，高速公路网比较健全，公铁交通干线密度全国领先，立体综合交通网络基本形成。三是自然禀赋优良。长三角地区滨江临海，环境容量大，自净能力强。气候温和，物产丰富，突发性恶性自然灾害发生频率较低，人居环境优良。平原为主，土地开发难度小，可利用的水资源充沛，水系发达，航道条件基础好，产业发展、城镇建设受自然条件限制和约束小，是我国不可多得的工业化、信息化、城镇化、农业现代化协同并进区域。四是综合经济实力强。长三角地区产业体系完备，配套能力强，产业集群优势明显。科教与创新资源丰富，拥有普通高等院校300多所，国家工程研究中心和工程实验室等创新平台近300家，人力人才资源丰富，年研发经费支出和有效发明专利数均约占全国的30%。国际化程度高，中国（上海）自由贸易试验区等对外开放平台建设不断取得突破,国际贸易、航运、金融等功能日臻完善,货物进出口总额和实际利用外资总额分别占全国的 32% 和 55%。五是城镇体系完备。长三角地区大中小城市齐全,拥有 1 座超大城市、1 座特大城市、13 座大城市、9 座中等城市和 42 座小城市,各具特色的小城镇星罗棋布,城镇分布密度达到每万平方千米 80 多个,是全国平均水平的 4 倍左右,常住人口城镇化率达到 68%。城镇间联系密切,区域一体化进程较快,省、市多层级、宽领域的对话平台和协商沟通比较通畅。六是生态联动共保。绿水青山就是金山银山理念深入人心,"千村示范、万村整治"工程谱写美丽中国建设新篇章,新安江流域生态补偿形成可复制可推广经验,全国森林城市、环保模范城市和生态城市较为密集,河长制、湖长制率先施行并在全国推广。空气、水、土壤污染联防联治联动机制逐步完善,太湖、淮河等流域合作治理取得明显成效。333 条地表水国考断面中水质Ⅲ类及以上占 77%,41 个城市细颗粒物($PM_{2.5}$)平均浓度较 2015 年下降 19%。

同时,长三角地区协同发展也存在诸多瓶颈。区域一体化发展质量不高,国际竞争力不强。制造业附加值不高,高技术和服务经济发展相对滞后,高品质的城市创业宜居和商务商业环境亟须营造。城市间分工协作不够,低水平同质化竞争严重,区域一体化发展的体制机制有待进一步完善。人均地区生产总值、地均生产总值等反映效率和效益的指标,与其他世界级城市群相比存在明显差距。城市包容性不足,外来人口市民化滞后。长三角地区是我国外来人口最大的集聚地,也是外来人口落户门槛最高的区域之一。区域内约有 2500 万人未在常住城市落户,未能在教育、就业、医疗、养老、保障性住房等方面均等化地享受城镇居民基本公共服务。城市内部二元矛盾突出,给经济社会发展带来诸多风险隐患。城市建设无序蔓延,空间利用效率不高。2015 年,长三角地区建设用地总规模达到 36153 平方千米,国土开发强度达到 17.1%,高于日本太平洋沿岸城市群 15% 的水平, 后续建设空间潜力不足。上海开发强度高达 36%,远超过法国巴黎地区的 21%、英国伦敦地区的 24%。粗放式、无节制的过度开发,新城新区、开发区和工业园区占地过大,导致基本农田和绿色生态空间减少过快过多,严重影响到区域国土空间的整体结构和利用效率。生态系统功能退化,环境质量趋于恶化。生态空间被大量蚕食,区域碳收支平衡能力日益下降。湿地破坏严重,外来有害生物威胁加剧,太湖、巢湖等主要湖泊富营养化问题严峻,内陆河湖水质恶化,约半数河流监测断面水质低于Ⅲ类标准;近岸海域水质呈下降趋势,海域水体呈中度富营养化状态。区域性灰霾天气日益严重,江浙沪地区全年空气质量达标天数少于250天。城市生活垃圾和工业固体废弃物急剧增加,土壤复合污染加剧,部分农田土壤多环芳烃或重金属污染严重。

因此,以改革创新推动长三角地区协调发展,有利于促进产业升级,推进以人为核心的新型城镇化,加快农业现代化,辐射带动周边区域和中西部地区发展,增强国家竞争力。长三角地区是我国参与国际竞争的重要平台。优化提高长三角地区全面开放水平,集聚创新要素,形成与国际通行规则相适应的投资、贸易制度,培育具有全球影响力的科技创新高地,有利于提升国际国内要素配置能力和效率,带动国家竞争力的全面增强。长三角地区是我国经济社会发展的重要引擎,是长江经济带的引领发展区。优化提升长三角地区,有利于促进经济增长和市场空间由东向西、由南向北梯次拓展,推动人口经济布局更加合理、区域发展更加协调,对推动长江经济带创新发展,辐射中西部地区,带动全国发展都具有重要作用。长三角地区是我国城镇化基础最好的地区之一,有条件在更高起点上提高城镇化质量。优化提升长三角地区,有利于有序推进农业转移人口市民化,优化区域的空间格局,促进大中小城市和小城镇协调发展,提高城市品质和居民生活质量,为我国新型城镇化和区域生态化探索经验。

(二)长三角协同发展的重点

长三角地区的区域经济生态化协同发展致力于推动形成区域协调发展新格局,加强协同创新产业体系建设,提高基础设施互联互通水平,强化生态环境共保联治,加快公共服务便利共享,推进更高水平协同开放,创新一体化发展体制机制,建设长三角生态绿色一体化发展示范区和中国(上海)自由贸易试验区新片区,努力提升配置全球资源能力和增强创新策源能力,建成我国发展强劲活跃的增长极。

1. 推动形成区域协调发展新格局

区域内重点是发挥上海龙头带动作用,苏浙皖各扬所长,加强跨区域协调互动,提高都市圈一体化水平,推动城乡融合发展,构建区域联动协作、城乡融合发展、优势充分发挥的协调发展新格局。

一是强化区域联动发展。提升上海服务功能。面向全球、面向未来,提升上海城市能级和核心竞争力,引领长三角一体化发展。围绕国际经济、金融、贸易、航运和科技创新"五个中心"建设,着力提升上海大都市综合经济实力、金融资源配置功能、贸易枢纽功能、航运高端服务功能和科技创新策源能力,有序疏解一般制造等非大都市核心功能,形成有影响力的上海服务、上海制造、上海购物、上海文化"四大品牌",推动上海品牌和管理模式全面输出,为长三角高质量发展和参与国际竞争提供服务。发挥苏浙皖比较优势。强化分工合作、错位发展,提高区域发展整体水平和效率。发挥江苏制造业发达、科教资源丰富、开放程度高等优势,推进沿沪宁产业创新带发展,加快苏南自主创新示范区、南京江北新区建设,打造具有全球影响力的科技产业创新中心和具有国际竞争力的先进制造业基地。发挥浙江数字经济领先、生态环境优美、民营经济发达等特色优势,大力推进大湾区大花园大通道大都市区建设,整合提升一批集聚发展平台,打造全国数字经济创新高地、对外开放重要枢纽和绿色发展新标杆。发挥安徽创新活跃强劲、制造特色鲜明、生态资源良好、内陆腹地广阔等优势,推进皖江城市带联动发展,加快合芜蚌自主创新示范区建设,打造具有重要影响力的科技创新策源地、新兴产业聚集地和绿色发展样板区。加强区域合作联动。推动长三角中心区一体化发展,带动长三角其他地区加快发展,引领长江经济带开放发展。加强长三角中心区城市间的合作联动,建立城市间重大事项重大项目共商共建机制。引导长三角市场联动发展,推动跨地域跨行业跨商品市场互联互通、资源共享,统筹规划商品流通基础设施布局,推动内外贸融合发展,畅通长三角市场网络。加强长三角中心区与苏北、浙西南、皖北等地区的深层合作,加强徐州、衢州、安庆、阜阳等区域重点城市建设,辐射带动周边地区协同发展。探索共建合作园区等合作模式,共同拓展发展空间。依托交通大通道,以市场化、法治化方式加强合作,持续有序推进 G60 科创走廊建设,打造科技和制度创新双轮驱动、产业和城市一体化发展的先行先试走廊。深化长三角与长江中上游区域的合作交流,加强沿江港口、高铁和高速公路联动建设,推动长江上下游区域一体化发展。

二是加快都市圈一体化发展。推动都市圈同城化。以基础设施一体化和公共服务一卡通为着力点,加快南京、杭州、合肥、苏锡常、宁波都市圈建设,提高都市圈同城化水平。统一规划建设都市圈内路、水、电、气、邮、信息等基础设施,加强中心城市与都市圈内其他城市的市域和城际铁路、道路交通、毗邻地区公交线路对接,构建快速便捷都市通勤圈。实现都市圈内教育、医疗、文化等优质服务资源一卡通共享,扩大公共服务辐射半径,打造优质生活空间。推动中心城市非核心功能向周边城市(镇)疏解,在有条件的地方打造功能疏解承载地。推动都市圈内新型城市建设,打造功能复合、智慧互联、绿色低碳、开放包容的未来城市。推进都市圈协调联动。加强都市圈间合作互动,高水平打造长三角世界级城市群。推动上海与近沪区域及苏锡常都市圈联动发展,构建上海大都市圈。加强南京都市圈与合肥都市圈协同发展,打造东中部区域协调发展的典范。推动杭州都市圈与宁波都市圈的紧密对接和分工合作,实现杭绍甬一体化。建设宁杭生态经济带,强化南京都市圈与杭州都市圈协调联动。加强淮河生态经济带、大运河文化带建设,发展环太湖生态文化旅游,促进都市圈联动发展。加强都市圈间重大基础设施统筹规划,加快大通道、大枢纽建设,加大城际铁路、高速公路的路网密度。加快建立都市圈间重大事项协调推进机制,探索协同治理新模式。

三是促进城乡融合发展。提高城乡基础设施联通水平。加快覆盖城乡的公路、电力、天然气、供水、信息、物流和垃圾污水收集处理等基础设施建设,形成联通中心城市、县城、中心镇、中心村的基础设施网络。推动中心区农村公路提档升级、电网升级改造、天然气管网延伸布局、宽带网络建设应用、垃圾污水集中处置,鼓励有条件的市、县、区建设统一的供水管网,加强农村饮水安全设施建设,提高城乡基础设施互联互通和便捷高效水平。加大苏北、浙西南、皖北等城乡基础设施投入和支持力度,加强大别山革命老区对外联通通道建设,实施农村基础设施补短板工程,提高区域交通通达能力和其他基础设施综合配套水平。推动城乡公共服务一体化。统筹推进城乡公共服务一体化发展,推动城乡公共服务便利共享,提高农村基本公共服务水平。完善统一的城乡居民基本医疗保险和基本养老保险制度,提高农村居民保障水平。优化农村基础教育学校布局,建立城乡教育联合体,推动城乡校长、教师轮岗交流,提高农村基础教育整体水平。鼓励县级医院与乡村医疗卫生机构组建县域医疗服务共同体,推动城市大医院与县级医院建立对口支援、巡回医疗和远程医疗制度。加大对农村医务人员培训力度,提高农村医疗服务能力。推行城乡社区服务目录制度,促进城乡社区服务标准衔接和区域统筹。全面推进人的城镇化。加快以人为核心的综合配套改革,破除制约人全面发展的体制机制障碍,提高人的城镇化水平。深化户籍制度改革,构建城乡居民身份地位平等的户籍登记制度。推进城镇基本公共服务常住人口全覆盖,增强城市包容性,有序推进农业转移人口市民化。完善适应上海超大城市特点的户籍管理制度和南京、杭州特大城市的积分落户制度,提升中心区其他城市人口集聚能力,全面放开Ⅱ型大城市、中小城市及建制镇的落户限制,有序推动农村人口向条件较好、发展空间较大的城镇、特色小镇和中心村相对集中居住和创业发展。推动城乡人才双向流动,鼓励和引导城市人才回乡创业兴业。提升乡村发展品质。大力实施乡村振兴战略,推动农村一、二、三产业深度融合,提高农民素质,全面建设美丽乡村。加强农产品质量安全追溯体系建设和区域公用品牌、企业品牌、产品品牌等农业品牌创建,建立区域一体化的农产品展销展示平台,促进农产品加工、休闲农业与乡村旅游和相关配套服务融合发展,发展精而美的特色乡村经济。推广浙江"千村示范、万村整治"工程经验,加快农村人居环境整治,打造农村宜居宜业生产生活生态空间。加强独具自然生态与地域文化风貌特色的古镇名村、居住群落、历史建筑及非物质文化遗产的整体性保护,全面繁荣乡村文化。建立健全党组织领导的自治、法治、德治相结合的乡村治理体系,促进农村社会全面进步。提高农民文化素养和农村现代文明水平。

四是推进跨界区域共建共享。推动省际毗邻区域协同发展。加强跨区域合作,探索省际毗邻区域协同发展新机制。推动宁波前湾沪浙合作发展区、嘉兴全面接轨上海桥头堡建设,打造上海配套功能拓展区和非核心功能疏解承载地。加强浙沪洋山区域合作开发,共同提升国际航运服务功能。支持虹桥—昆山—相城、嘉定—昆山—太仓、金山—平湖、顶山—汊河、浦口—南谯、江宁—博望等省际毗邻区域开展深度合作,加强规划衔接,统筹布局生产生活空间,共享公共服务设施,强化社会治安协同管理,加强重大污染、安全事故等联合管控与应急处置,共同推动跨区域产城融合发展。共建省际产业合作园区。加强省际产业合作,有序推动产业跨区域转移和生产要素双向流动。推广上海临港、苏州工业园区合作开发管理模式,提高合作园区开发建设和管理水平。继续推进皖江城市带承接产业转移示范区、连云港东中西区域合作示范区、江苏沿海地区发展。加快推进沪苏大丰产业联动集聚区、上海漕河泾新兴技术开发区海宁分区、中新苏滁现代产业合作园、中新嘉善现代产业合作园等一批省际合作园区建设,推动产业深度对接、集群发展。联合推动跨界生态文化旅游发展。加强跨界江河湖荡、丘陵山地、近海沿岸等自然与人文景观保护开发,在共同保护中开发,在共同开发中保护,形成自然生态优美、文化底蕴深厚、旅游资源充分利用的生活休闲开敞空间。统筹规划建设长江、淮河、大运河和新安江上下游两岸景观,加强环太湖、杭州湾、海洋海岛人文景观协同保护,强化跨界丘陵山地的开发管控和景观协调,加快江南水乡古镇生态文化旅游和皖南国际文化旅游发展,加强浙皖闽赣生态旅游协作,共同打造长三角绿色美丽大花园。

2. 加强协同创新产业体系建设

长三角地区深入实施创新驱动发展战略,走"科创 + 产业"道路,促进创新链与产业链深度融合,以科创中心建设为引领,打造产业升级版和实体经济发展高地,不断提升其在全球价值链中的位势,为其高质量一体化发展注入强劲动能。

一是构建区域创新共同体。联合提升原始创新能力。加强科技创新前瞻布局和资源共享,集中突破一批卡脖子核心关键技术,联手营造有利于提升自主创新能力的创新生态,打造全国原始创新策源地。加强上海张江、安徽合肥综合性国家科学中心建设,健全开放共享合作机制。推动硬 X 射线自由电子激光装置、未来网络试验设施、超重力离心模拟与实验装置、高效低碳燃气轮机试验装置、聚变堆主机关键系统综合研究设施等重大科技基础设施集群化发展。优先布局国家重大战略项目、国家科技重大专项,共同实施国际大科学计划和国际大科学工程。加快科技资源共享服务平台优化升级,推动重大科研基础设施、大型科研仪器与科技文献、科学数据等科技资源合理流动与开放共享。协同推进科技成果转移转化。充分发挥市场和政府作用,打通原始创新向现实生产力转化通道,推动科技成果跨区域转化。加强原始创新成果转化,重点开展新一代信息技术、高端装备制造、生命健康、绿色技术、新能源、智能交通等领域科技创新联合攻关,构建开放、协同、高效的共性技术研发平台,实施科技成果应用示范和科技惠民工程。发挥长三角技术交易市场联盟作用,推动技术交易市场互联互通,共建全球创新成果集散中心。依托现有国家科技成果转移转化示范区,建立健全协同联动机制,共建科技成果转移转化高地。打造长三角技术转移服务平台,实现成果转化项目资金共同投入、技术共同转化、利益共同分享。共建产业创新大平台。瞄准世界科技前沿和产业制高点,共建多层次产业创新大平台。充分发挥创新资源集聚优势,协同推动原始创新、技术创新和产业创新,合力打造长三角科技创新共同体,形成具有全国影响力的科技创新和制造业研发高地。发挥长三角双创示范基地联盟作用,加强跨区域"双创"合作,联合共建国家级科技成果孵化基地和双创示范基地。加强清华长三角研究院等创新平台建设,共同办好浦江创新论坛、长三角国际创新挑战赛,打造高水平创新品牌。强化协同创新政策支撑。加大政策支持力度,形成推动协同创新的强大合力。研究制定覆盖长三角全域的全面创新改革试验方案。建立一体化人才保障服务标准,实行人才评价标准互认制度,允许地方高校按照国家有关规定自主开展人才引进和职称评定。加强长三角知识产权联合保护。支持地方探索建立区域创新收益共享机制,鼓励设立产业投资、创业投资、股权投资、科技创新、科技成果转化引导基金。在上海证券交易所设立科创板并试点注册制,鼓励长三角地区高成长创新企业到科创板上市融资。

二是加强产业分工协作。共同推动制造业高质量发展。制定实施长三角制造业协同发展规划,全面提高制造业发展水平,按照集群化发展方向,打造全国先进制造业集聚区。围绕电子信息、生物医药、航空航天、高端装备、新材料、节能环保、汽车、绿色化工、纺织服装、智能家电十大领域,强化区域优势产业协作,推动传统产业升级改造,建设一批国家级战略性新兴产业基地,形成若干世界级制造业集群。聚焦集成电路、新型显示、物联网、大数据、人工智能、新能源汽车、生命健康、大飞机、智能制造、前沿新材料十大重点领域,加快发展新能源、智能汽车、新一代移动通信产业,延伸机器人、集成电路产业链,培育一批具有国际竞争力的龙头企业。面向量子信息、类脑芯片、第三代半导体、下一代人工智能、靶向药物、免疫细胞治疗、干细胞治疗、基因检测八大领域,加快培育布局一批未来产业。合力发展高端服务经济。加快服务业服务内容、业态和商业模式创新,共同培育高端服务品牌,增强服务经济发展新动能。围绕现代金融、现代物流、科技服务、软件和信息服务、电子商务、文化创意、体育服务、人力资源服务、智慧健康养老九大服务业,联合打造一批高水平服务业集聚区和创新平台。在研发设计、供应链服务、检验检测、全球维修、总集成总承包、市场营销、制造数字化服务、工业互联网、绿色节能等领域,大力推动服务业跨界发展。在旅游、养老等领域探索跨区域合作新模式,提高文化教育、医疗保健、养老安老等资源的供给质量和供给效率。积极开展区域品牌提升行动,协同推进服务标准化建设,打造一批展示长三角服务形象的高端服务品牌。引导产业合理布局。坚持市场机制主导和产业政策引导相结合,完善区域产业政策,强化中心区产业集聚能力,推动产业结构升级,优化重点产业布局和统筹发展。中心区重点布局总部经济、研发设计、高端制造、销售等产业链环节,大力发展创新经济、服务经济、绿色经济,加快推动一般制造业转移,打造具有全球竞争力的产业创新高地。支持苏北、浙西南、皖北和皖西大别山革命老区重点发展现代农业、文化旅游、大健康、医药产业、农产品加工等特色产业及配套产业。充分发挥皖北、苏北粮食主产区综合优势,实施现代农业提升工程,建设长三角绿色农产品生产加工供应基地。建设皖北承接产业转移集聚区,积极承接产业转移。推动中心区重化工业和工程机械、轻工食品、纺织服装等传统产业向具备承接能力的中心区以外的城市和部分沿海地区升级转移,建立与产业转移承接地的利益分享机制,加大对产业转移重大项目的土地、融资等政策支持力度。

三是推动产业与创新深度融合。加强创新链与产业链跨区域协同。依托创新链提升产业链,围绕产业链优化创新链,促进产业链与创新链精准对接,打造产业链为基础、创新链为引领的升级版产业。聚焦关键共性技术、前沿引领技术、应用型技术,建立政学产研多方参与机制,开展跨学科跨领域协作攻关,形成基础研究、技术开发、成果转化和产业创新全流程创新产业链。支持龙头企业跨区域整合科研院所研究力量,鼓励科研人员深度参与产业创新活动。成立区域产业联盟。综合运用政府采购、首台套政策、技术标准等政策工具,加快科研成果从样品到产品、从产品到商品的转化。共同培育新技术、新业态、新模式。推动互联网新技术与产业融合,发展平台经济、共享经济、体验经济,加快形成经济发展新动能。加强大数据、云计算、区块链、物联网、人工智能、卫星导航等新技术研发应用,支持龙头企业联合科研机构建立长三角人工智能等新型研发平台,鼓励有条件的城市开展新一代人工智能应用示范和创新发展,打造全国重要的创新型经济发展高地。率先开展智能汽车测试,实现自动驾驶汽车产业化应用。提升流通创新能力,打造商产融合产业集群和平台经济龙头企业。建设一批跨境电商综合试验区,构建覆盖率和便捷度全球领先的新零售网络。推动数字化、信息化与制造业、服务业融合,发挥电商平台、大数据核心技术和长三角制造网络等优势,打通行业间数据壁垒,率先建立区域性工业互联网平台和区域产业升级服务平台。

3. 提升基础设施互联互通水平

长三角地区在基础设施方面坚持优化提升、适度超前的原则,统筹推进跨区域基础设施建设,形成互联互通、分工合作、管理协同的基础设施体系,增强一体化发展的支撑保障。

一是协同建设一体化综合交通体系。共建轨道上的长三角。加快建设集高速铁路、普速铁路、城际铁路、市域(郊)铁路、城市轨道交通于一体的现代轨道交通运输体系,构建高品质快速轨道交通网。围绕打通沿海、沿江和省际通道,加快沪通铁路一期、商合杭铁路等在建项目建设,推动北沿江高铁、沿江高铁武合宁通道、沪通铁路二期、沪苏湖、通苏嘉甬、杭临绩、沪乍杭、合新、镇宣、宁宣黄、宁扬、宁马等规划项目开工建设,推进沿淮、黄山—金华、温武吉铁路、安康(襄阳)—合肥、沪甬、甬台温福、宁杭二通道的规划对接和前期工作,积极审慎开展沪杭等磁悬浮项目规划研究。以都市圈同城化通勤为目标,加快推进城际铁路网建设,推动市域铁路向周边中小城市延伸,率先在都市圈实现公交化客运服务。支持高铁快递、电商快递班列发展。提升省际公路通达能力。加快省际高速公路建设,对高峰时段拥堵严重的国省道干线公路实施改扩建,形成便捷通达的公路网络。加快推进宁马、合宁、京沪等高速公路改扩建,提高主要城市之间的通行效率。完善过江跨海通道布局,规划建设常泰、龙潭、苏通、崇海等过江通道和东海二桥、沪舟甬等跨海通道。滚动实施打通省际待贯通路段专项行动,取消高速公路省界收费站,提高省际公路通达水平。合力打造世界级机场群。编制实施长三角民航协同发展战略规划,构建分工明确、功能齐全、联通顺畅的机场体系,提高区域航空国际竞争力。巩固提升上海国际航空枢纽地位,增强面向长三角、全国乃至全球的辐射能力。规划建设南通新机场,成为上海国际航空枢纽的重要组成部分。优化提升杭州、南京、合肥区域航空枢纽功能,增强宁波、温州等区域航空服务能力,支持苏南硕放机场建设区域性枢纽机场。完善区域机场协作机制,提升区域航空服务品质。加强航空货运设施建设,加快合肥国际航空货运集散中心、淮安航空货运枢纽建设,规划建设嘉兴航空联运中心。统筹空域资源利用,促进民航、通用航空融合发展。深化低空空域管理改革,加快通用航空发展。协同推进港口航道建设。推动港航资源整合,优化港口布局,健全一体化发展机制,增强服务全国的能力,形成合理分工、相互协作的世界级港口群。围绕提升国际竞争力,加强沪浙杭州湾港口分工合作,以资本为纽带深化沪浙洋山开发合作,做大做强上海国际航运中心集装箱枢纽港,加快推进宁波舟山港现代化综合性港口建设。在共同抓好长江大保护的前提下,深化沪苏长江口港航合作,苏州(太仓)港建设上海港远洋集装箱运输的喂给港,发展近洋航线集装箱运输。加强沿海沿江港口江海联运合作与联动发展,鼓励各港口集团采用交叉持股等方式强化合作,推动长三角港口协同发展。加快建设长江南京以下江海联运港区、舟山江海联运服务中心、芜湖马鞍山江海联运枢纽、连云港亚欧陆海联运通道、淮河出海通道,规划建设南通通州湾长江集装箱运输新出海口、小洋山北侧集装箱支线码头。完善区域港口集疏运体系,推进重点港区进港铁路规划和建设。加强内河高等级航道网建设,推动长江淮河干流、京杭大运河和浙北高等级航道网集装箱运输通道建设,提高集装箱水水中转比重。

二是共同打造数字长三角。协同建设新一代信息基础设施。加快构建新一代信息基础设施,推动信息基础设施达到世界先进水平,建设高速泛在信息网络,共同打造数字长三角。加快推进5G网络建设,支持电信运营、制造、信息技术等行业龙头企业协同开展技术、设备、产品研发、服务创新及综合应用示范。深入推进IPv6(互联网协议第6版)规模部署,加快网络和应用升级改造,打造下一代互联网产业生态。统筹规划长三角数据中心,推进区域信息枢纽港建设,实现数据中心和存算资源协同布局。加快量子通信产业发展,统筹布局和规划建设量子保密通信干线网,实现与国家广域量子保密通信骨干网络无缝对接,开展量子通信应用试点。加强长三角现代化测绘基准体系建设,实现卫星导航定位基准服务系统互联互通。共同推动重点领域智慧应用。大力发展基于物联网、大数据、人工智能的专业化服务,提高各领域融合发展、信息化协同和精细化管理水平。围绕城市公共管理、公共服务、公共安全等领域,支持有条件的城市建设基于人工智能和5G物联的城市大脑集群。加快长三角政务数据资源共享共用,提高政府公共服务水平。支持北斗导航系统率先应用,建设南京位置服务数据中心。推进一体化智能化交通管理,深化重要客货运输领域协同监管、信息交换共享、大数据分析等管理合作。积极开展车联网和车路协同技术创新试点,筹划建设长三角智慧交通示范项目,率先推进杭绍甬智慧高速公路建设。全面推行长三角地区联网售票一网通、交通一卡通,提升区域内居民畅行长三角的感受度和体验度。加强长三角数字流域和智能水网建设。推动智慧广电建设,加快广播电视技术革新与体系重构。加强智慧邮政建设,支持快递服务数字化转型。合力建设长三角工业互联网。积极推进以"互联网+先进制造业"为特色的工业互联网发展,打造国际领先、国内一流的跨行业、跨领域、跨区域工业互联网平台。统筹推进省际工业互联网建设,推动企业内外网改造升级,积极参与国家标识解析与标准体系构建。加快建设以跨行业、跨领域、跨区域平台为主体、企业级平台为支撑的工业互联网平台体系,推动企业上云和工业App应用,促进制造业资源与互联网平台深度对接。全面建立工业互联网安全保障体系,着力推动安全技术手段研发应用,遴选推广一批创新实用的网络安全试点示范项目。

三是协同推进跨区域能源基础设施建设。统筹建设油气基础设施。完善区域油气设施布局,推进油气管网互联互通。编制实施长三角天然气供应能力规划,加快建设浙沪联络线,推进浙苏、苏皖天然气管道联通。加强液化天然气(LNG)接收站互联互通和公平开放,加快上海、江苏如东、浙江温州LNG接收站扩建,宁波舟山LNG接收站和江苏沿海输气管道、滨海LNG接收站及外输管道。实施淮南煤制天然气示范工程。积极推进浙江舟山国际石油储运基地、芜湖LNG内河接收(转运)站建设,支持LNG运输船舶在长江上海、江苏、安徽段开展航运试点。加快区域电网建设。完善电网主干网架结构,提高互联互通水平,提高区域电力交换和供应保障能力。推进电网建设改造与智能化应用,优化皖电东送、三峡水电沿江输电通道建设,开展区域大容量柔性输电、区域智慧能源网等关键技术攻关,支持安徽打造长三角特高压电力枢纽。依托两淮煤炭基地建设清洁高效坑口电站,保障长三角供电安全可靠。加强跨区域重点电力项目建设,加快建设淮南—南京—上海1000千伏特高压交流输电工程过江通道,实施南通—上海崇明500千伏联网工程、申能淮北平山电厂二期、省际联络线增容工程。协同推动新能源设施建设。因地制宜积极开发陆上风电与光伏发电, 有序推进海上风电建设, 鼓励新能源龙头企业跨省投资建设风能、太阳能、生物质能等新能源。加快推进浙江宁海、长龙山、衢江和安徽绩溪、金寨抽水蓄能电站建设,开展浙江磐安和安徽桐城、宁国等抽水蓄能电站前期工作,研究建立华东电网抽水蓄能市场化运行的成本分摊机制。加强新能源微电网、能源物联网、"互联网＋智慧"能源等综合能源示范项目建设,推动绿色化能源变革。

四是加强省际重大水利工程建设。以长江为纽带,淮河、大运河、钱塘江、黄浦江等河流为骨干河道,太湖、巢湖、洪泽湖、千岛湖、高邮湖、淀山湖等湖泊为关键节点,完善区域水利发展布局。长江沿线,重点加强崩塌河段整治和长江口综合整治,实施海塘达标提标工程,探索建立长三角区域内原水联动及水资源应急供给机制,提升防洪(潮)和供水安全保障能力。淮河流域,启动实施淮河入海水道二期等淮河治理重大工程,保障淮河防洪排涝安全。太湖流域,实施望虞河拓浚、吴淞江整治、太浦河疏浚、淀山湖综合整治和环太湖大堤加固等治理工程,开展太湖生态清淤试点,形成太湖调蓄、北向长江引排、东出黄浦江供排、南排杭州湾的流域综合治理格局。以巢湖、洪泽湖、高邮湖、淀山湖、华阳湖等湖泊为重点,完善湖泊综合管控体系,加强湖泊上游源头水源涵养保护和水土保持,强化水资源保护与水生态修复。加快实施引江济淮工程,完善引江济太运行机制。

4. 强化生态环境共保联治

长三角地区在协同发展中更加注重生态化的共建共保, 坚持生态保护优先,把保护和修复生态环境摆在重要位置,加强生态空间共保,推动环境协同治理,夯实绿色发展生态本底,努力建设绿色美丽长三角。

一是共同加强生态保护。合力保护重要生态空间。切实加强生态环境分区管治,强化生态红线区域保护和修复,确保生态空间面积不减少,保护好长三角可持续发展生命线。统筹山水林田湖草系统治理和空间协同保护,加快长江生态廊道、淮河—洪泽湖生态廊道建设,加强环巢湖地区、崇明岛生态建设。以皖西大别山区和皖南—浙西—浙南山区为重点,共筑长三角绿色生态屏障。加大对自然保护区、风景名胜区、重要水源地、森林公园、重要湿地等其他生态空间的保护力度,提高浙江开化钱江源国家公园建设水平,建立以国家公园为主体的自然保护地体系。共同保护重要生态系统。强化省际统筹,加强森林、河湖、湿地等重要生态系统保护,提升生态系统功能。加强天然林保护,建设沿海、长江、淮河、京杭大运河、太湖等江河湖岸防护林体系,实施黄河故道造林绿化工程,建设高标准农田林网,开展丘陵岗地森林植被恢复。实施湿地修复治理工程,恢复湿地景观,完善湿地生态功能。推动流域生态系统治理,强化长江、淮河、太湖、新安江、巢湖等流域森林资源保护,实施重要水源地保护工程、水土保持生态清洁型小流域治理工程、长江流域露天矿山和尾矿库复绿工程、淮河行蓄洪区安全建设工程、两淮矿区塌陷区治理工程。

二是推进环境协同防治。推动跨界水体环境治理。扎实推进水污染防治、水生态修复、水资源保护,促进跨界水体水质明显改善。继续实施太湖流域水环境综合治理。共同制定长江、新安江—千岛湖、京杭大运河、太湖、巢湖、太浦河、淀山湖等重点跨界水体联保专项治理方案,开展废水循环利用和污染物集中处理,建立长江、淮河等干流跨省联防联控机制,全面加强水污染治理协作。加强港口船舶污染物接收、转运及处置设施的统筹规划建设。持续加强长江口、杭州湾等蓝色海湾整治和重点饮用水源地、重点流域水资源、农业灌溉用水保护,严格控制陆域入海污染。严格保护和合理利用地下水,加强地下水降落漏斗治理。联合开展大气污染综合防治。强化能源消费总量和强度"双控",进一步优化能源结构,依法淘汰落后产能,推动大气主要污染物排放总量持续下降,切实改善区域空气质量。合力控制煤炭消费总量,实施煤炭减量替代,推进煤炭清洁高效利用,提高区域清洁能源在终端能源消费中的比例。联合制定控制高耗能、高排放行业标准,基本完成钢铁、水泥行业和燃煤锅炉超低排放改造,打造绿色化、循环化产业体系。共同实施细颗粒物($PM_{2.5}$)和臭氧浓度"双控双减",建立固定源、移动源、面源精细化排放清单管理制度,联合制定区域重点污染物控制目标。加强涉气"散乱污"和"低小散"企业整治,加快淘汰老旧车辆,实施国Ⅵ排放标准和相应油品标准。加强固废危废污染联防联治。统一固废危废防治标准,建立联防联治机制,提高无害化处置和综合利用水平。推动固体废物区域转移合作,完善危险废物产生申报、安全储存、转移处置的一体化标准和管理制度,严格防范工业企业搬迁关停中的二次污染和次生环境风险。统筹规划建设固体废物资源回收基地和危险废物资源处置中心,探索建立跨区域固废危废处置补偿机制。全面运行危险废物转移电子联单,建立健全固体废物信息化监管体系。严厉打击危险废物非法跨界转移、倾倒等违法犯罪活动。

三是推动生态环境协同监管。完善跨流域跨区域生态补偿机制。建立健全开发地区、受益地区与保护地区横向生态补偿机制,探索建立污染赔偿机制。在总结新安江建立生态补偿机制试点经验的基础上,研究建立跨流域生态补偿、污染赔偿标准和水质考核体系,在太湖流域建立生态补偿机制,在长江流域推行污染赔偿机制试点。积极开展重要湿地生态补偿,探索建立湿地生态效益补偿制度。在浙江丽水开展生态产品价值实现机制试点。建设新安江—千岛湖生态补偿试验区。健全区域环境治理联动机制。强化源头防控,加大区域环境治理联动,提高区域污染防治的科学化、精细化、一体化水平。统一区域重污染天气应急启动标准,开展区域应急联动。加强排放标准、产品标准、环保规范和执法规范对接,联合发布统一的区域环境治理政策法规及标准规范,积极开展联动执法,创新跨区域联合监管模式。强化环境突发事件应急管理,建立重点区域环境风险应急统一管理平台,提高突发事件处理能力。探索建立跨行政区生态环境基础设施建设和运营管理的协调机制。充分发挥相关流域管理机构作用,强化水资源统一调度、涉水事务监管和省际水事协调。发挥区域空气质量监测超级站作用,建设重点流域水环境综合治理信息平台,推进生态环境数据共享和联合监测,防范生态环境风险。

(三)长三角协同发展的机制

区域经济的协同发展关键在体制机制的创新和共建。长三角地区关注创新联动发展机制,遵循市场发展规律,以建设统一大市场为重点,加快推进简政放权、放管结合、优化服务改革,推动市场体系一开放、基础设施共建共享、公共服务统筹协调、生态环境联防共治,创建区域一体化发展的"长三角模式"。

1. 推动要素市场一体化建设

长三角地区建设产权交易共同市场。依托三省一市产权交易市场,逐步实现联网交易、统一信息发布和披露。探索将交易种类拓展至国有企业实物资产、知识产权、农村产权、环境产权等各类权属交易,实现交易凭证互认。推进水、矿产、森林等资源使用权跨省交易。加强碳排放管理合作,依托上海碳排放交易平台,率先在长三角地区开展碳排放交易,推进长三角区域内排污权交易工作。提高金融市场一体化程度。在区域范围积极推广自贸试验区金融改革可复制试点经验。切实发挥长三角金融协调发展工作联席会议等平台的作用,加快推进金融信息、支付清算、票据流通、信用体系、外汇管理一体化,提升金融服务实体经济能力。强化金融监管合作和风险联防联控,合力打击区域内非法集资,建立金融风险联合处置机制。做实"信用长三角"合作机制,推动征信体系互联互通。建立土地(海域)高效配置机制。坚持最严格的耕地保护制度和最严格的节约用地制度,强化土地利用总体规划实施管理,严格控制新增建设用地占用耕地。完善城乡建设用地增减挂钩政策,实行城镇建设用地增量供给与存量挖潜相结合,探索实行城镇建设用地增加规模与吸纳农业转移人口落户数量挂钩机制。实行长期租赁、先租后让、租让结合、弹性出让等多种方式相结合的工业用地供应制度,建立健全城镇低效用地再开发激励约束机制和存量建设用地退出激励机制。依托现有基础探索建立城乡统一的建设用地交易市场,优化建设用地配置依法科学配置海域资源,严格围填海项目审查,优先保障国家重大战略项目用海需求,推进海域资源市场化配置。推动资源市场一体化。创新和完善长三角人口服务和管理制度,加快实施户籍制度改革和居住证制度,统筹推进本地人口和外来人口市民化,加快消除城乡区域间户籍壁垒,促进人口有序流动、合理分布和社会融合。统筹规划、联合共建一批重要资源储备基地,完善安全风险防范机制。健全跨区域资源基础设施网络共享机制,鼓励第三方公平使用,提高网络资源配置效率。推进长三角城市群数据信息交易,促进数据信息基础设施互联互通,建立安全可信、公正透明的隐私保护与定价交易规则,推动数据信息交易有序开展。

2. 建立基本公共服务一体化发展机制

区域内加速推进社会保障一体化。运用信息化手段提高养老保险待遇资格协助认证效率,便利异地居住人员享受养老保险待遇,加快推进区域内养老保险关系转移接续。鼓励联建或跨市共建养老服务设施。加快推进省际医疗保险合作,实现退休异地安置人员就医医疗费用联网实时结算。健全工伤保险合作机制。探索在享受基本社会服务方面率先打破户籍限制,并建立相应的财政支出统筹分担机制。提高教育发展质量和共享水平。加快完善现代教育体系,全面提高教育质量,推进多种形式的教育合作,率先实现教育现代化。加快基本公共教育均衡发展,加强教师队伍特别是乡村教师队伍建设,推进城乡义务教育公办学校标准化建设。完善现代职业教育体系,加强职业教育基础能力建设,推进职业教育产教融合。率先推行高等教育改革创新试点,提升大学创新人才培养能力,推进世界一流大学和一流学科建设。推进医疗合作机制建设。推进医改综合试点,加快建立药品出厂价格信息可追溯机制,全域推广"两票制",鼓励"一票制"。全面建立分级诊疗制度,以提高基层医疗服务能力为重点,完善服务网络、运行机制和激励机制,提升区域基层医疗服务能力。加强区域医疗卫生人才联合培养,鼓励发展医联体或跨区办医,促进医疗卫生信息互联互通,扩大远程医疗合作平台连接服务的城市和医疗机构范围。推进并完善重大疾病联防联控和应对突发公共卫生事件联动机制,构建共同应对突发公共卫生事件的机制,建立应急物资跨省调配机制和重大灾害事件紧急医疗救援联动机制。加快构建现代公共文化服务体系。以需求为导向,扩大社会力量参与,加强多层次文化供给。推动区域公共文化服务协同发展,深入实施基本公共文化服务标准化、均等化工程,提高公共文化服务社会化、专业化水平,建设全面覆盖、互联互通的公共文化设施网络体系。继续推进公共文化设施免费开放。加强重点文艺院校和重大文化设施建设。深度挖掘丰富的文化资源,实施地方戏曲振兴、传统工艺传承、当代文学提升、影视精品打造、网络文艺发展、基层文艺繁荣等文化工程。加强历史文化名城、名镇、名村和历史文化街区保护,联合建设非物质文化遗产保护体系。加强劳动保障监察合作机制建设。完善劳动保障监察委托协查制度、劳动者工资支付异地救济制度、同一单位异地用工情况通报制度、跨地区劳动派遣用工协查和信息通报制度,统一政策执行标准、条件、程序,切实保障跨地区就业劳动者权益,探索跨行政区劳动保障监察执法联动机制。加强与劳动人事争议调解仲裁机构的交流协作,提高跨地区争议案件处理效能。推动公共事务协同治理。推动社会治理由单个城市向区域协同治理转变,形成全覆盖的社会管理和服务网络。加强区域应急管理合作,共建食品安全、旅游安全、灾害防治和安全生产等保障体系。协同加强流动人口管理和服务。建立社会治安综合治理联动机制,消除公共安全盲区。按照统一规划、统一标准、统一监测、统一执法、统一评估的要求,统筹区域生态环境质量管理。探索多个城市联合资助第三方开展跨区域环境治理的新模式。

3. 健全成本共担利益共享机制

研究设立长三角城市群一体化发展投资基金。在相关城市自愿协商的基础上,研究设立长三角城市群一体化发展投资基金。分期确定基金规模,采用直接投资与参股设立子基金相结合的运作模式,鼓励社会资本参与基金设立和运营,重点投向跨区域重大基础设施互联互通、生态环境联防共治、创新体系共建、公共服务和信息系统共享、园区合作等领域。完善基金治理结构,构建基金支出监督和绩效评估机制,确保基金合理高效利用。建立地区间横向生态保护补偿机制。推广新安江流域水环境补偿试点经验,界定流域生态保护区和生态服务受益区,合理确定转移支付标准,严格监督转移支付资金使用,促进生态补偿横向转移支付常态化、制度化。加强跨省(市)界环境污染纠纷协调,建立环境污染赔偿机制,制定具体赔付补偿办法。探索建立区域生态建设投入激励机制。建立合理的税收利益共享和征管协调机制。在充分尊重各方意愿的基础上,研究探索产业转移税收利益共享机制。按照统一税制、公平税负、促进公平竞争的原则,加强区域税收优惠政策的规范管理,减少税收政策洼地,促进要素自由流动。建立省际互认的征收管理制度,构建税收信息沟通与常态化交流机制,实现税源、政策和稽查等信息共享,建立区域税收利益争端处理和稽查协作机制。

三、成渝地区的协同发展

成渝城市群是西部大开发的重要平台,是长江经济带的战略支撑,也是国家推进新型城镇化的重要示范区。成渝城市群具体范围包括重庆市的渝中、万

州、黔江、涪陵等 27 个区(县)以及开县(现开州)、云阳的部分地区,四川省的
成都、自贡等 15 个市,总面积 18.5 万平方千米,2014 年常住人口 9094 万人。
培育成渝城市群协同发展,既具有西部大开发战略深入实施的强力支撑,也具
有"一带一路"、长江经济带战略实施带来的新机遇。成渝地区的区域经济生态
化协同发展的成功范例,为充分发挥地区比较优势,补齐短板、消除瓶颈、强化
协同、优化格局,探索走出一条中西部内陆地区区域协同发展的新路子并给其
他地区提供了参照。

(一)成渝地区协同发展的基础

成渝地区处于全国"两横三纵"城市化战略格局沿长江通道横轴和包昆通
道纵轴的交会地带,是全国重要的城镇化区域,具有承东启西、连接南北的区
位优势。自然禀赋优良,综合承载力较强,交通体系比较健全。一是经济发展水
平较高。成渝地区是西部经济基础最好、经济实力最强的区域之一,电子信息、
装备制造和金融等产业的实力较为雄厚,具有较强的国际国内影响力。人力资
源丰富,创新创业环境较好,统筹城乡综合配套等改革经验丰富,开放型经济
体系正在形成,未来发展空间和潜力巨大。二是城镇体系日趋健全。重庆、成都
核心引领作用不断增强,一批中小城市特色化发展趋势明显,县城(区)和建制
镇分布密集,每万平方千米拥有城镇 113 个,远高于西部的 12 个/万平方千
米和全国的 23 个/万平方千米,各级各类城镇间联系日益密切。三是经济社
会人文联系密切。成渝地区各城市间山水相连、人缘相亲、文化一脉,经贸往来
密切,区域交通、农业、商贸、教育、科技、劳务等领域合作不断加强,毗邻区域
合作不断深化,川渝合作进程逐步加快,一体化发展的趋势日益明显。

培育成渝地区协同发展,既具有西部大开发战略深入实施的强力支撑,也
具有"一带一路"、长江经济带战略实施带来的新机遇。区域协同发展和新型城
镇化有利于拓展成渝城市群发展新空间。国家新型城镇化战略加快实施,以城
市群为主体形态推进新型城镇化已成为优化城镇化布局的战略选择,加快培
育发展中西部地区城市群已成为促进发展空间从东向西、由南向北拓展的重
大战略举措,这将促使重大基础设施和公共资源加快向中西部城镇化地区倾
斜,为成渝城市群加快形成提供有力支撑。"一带一路"倡议有利于扩大成渝地
区开放新优势。"一带一路"倡议使西部地区成为新时期对外开放的前沿,有利

于成渝地区充分利用国际国内两个市场、两种资源,深化内陆开放高地建设,强化与广阔欧亚市场的经贸往来,深度参与国际经济合作与竞争,提高开发开放水平,形成西部开发开放新平台。长江经济带战略有利于培育成渝地区发展新动力。长江经济带战略实施有利于发挥长江黄金水道支撑引领作用,提高成渝地区对外交通网络畅通水平,密切与东部发达地区、中部潜力地区的经济联系,促进先进产业和生产要素集聚,为形成新的经济增长极提供了有利条件。同时,培育成渝地区协同发展也面临着很多现实挑战和突出矛盾,主要包括:核心城市背向发展。重庆、成都两个核心城市协调合作机制仍需健全,空间发展战略缺乏充分对接,高端发展平台的谋划和建设竞争大于合作,产业分工协作不够充分,经济尚未形成紧密的有机联系,基础设施建设不尽协调。次级城市发育不足。地级城市发展相对缓慢,人口经济集聚能力不强,部分区位条件好、资源环境承载能力强的城市发展潜力亟待挖掘。区域内城区人口百万人以上大城市数量不多,对核心城市职能分担不够,对中小城市和小城镇带动辐射不足。基础设施互联互通程度不高。对外运输通道有待完善。重庆、成都与其他城市间的快速轨道交通仍在建设中,城际高速网络尚未形成。沿江港口建设缺乏统筹,三峡枢纽通过能力不足,以重庆、成都等为起点的中欧班列运输有待优化。信息基础设施网络和能源水资源保障水平有待提高。资源环境约束日趋加剧。部分地区开发强度过大,城市建设用地扩展与耕地保护矛盾加剧,水土能矿资源利用效率较低。部分城市大气污染严重,部分支流水环境恶化,整体环境质量不容乐观。生态系统退化趋势尚未得到根本遏制,自然灾害易发频发。协同发展机制不健全。地方保护和市场分割现象严重,行政壁垒未完全破除,要素流动不畅,区域内统一市场和信用体系建设滞后,城市群一体化发展成本共担和利益共享机制尚未破题。

(二)成渝地区协同发展的定位和布局

明确功能定位、优化空间格局是区域协同发展的核心任务。成渝地区根据资源环境承载能力,优化提升核心地区,培育发展潜力地区,促进要素聚集,形成集约高效、疏密有致的空间开发格局,建设引领西部开发开放的国家级城市群。

成渝地区突出立足西南、辐射西北、面向欧亚,着力于高水平建设现代产业体系、高品质建设人居环境、高层次扩大对内对外开放,其协同发展从五个方面定位和聚焦。一是全国重要的现代产业基地。加快推进新型工业化进程,培育壮大新动能,加快发展新经济,实施"互联网+"行动计划,创新承接产业转移,发展壮大先进制造业和现代服务业,打造全国重要的先进制造业和战略性新兴产业基地,建设世界级文化旅游目的地、全国重要的商贸物流中心、长江上游地区金融中心等现代服务业高地,建成产业链完善、规模效应明显、核心竞争力突出、支撑作用强大的现代产业基地。二是西部创新驱动先导区。充分发挥重庆、成都国家创新型城市和绵阳国家科技城等创新资源优势,聚焦重点领域和关键技术,促进创新资源综合集成,加快区域创新平台建设,推进全面创新改革试验,健全技术创新市场导向机制,激发企业、大学和科研机构创新活力,强化科研成果转化,推动军民融合发展,将其建设成为西部创新驱动先导区。三是内陆开放型经济战略高地。充分发挥长江上游开放高地优势,依托长江黄金水道强化对内合作,依托西南西北通道强化对外开放。完善开放体系,健全开放平台,创新内陆开放模式,建成西南地区国际交往中心、国家向西开放战略支点,打造推动长江经济带与丝绸之路经济带联动发展的战略性枢纽。四是统筹城乡发展示范区。深化重庆、成都全国统筹城乡综合配套改革试验区建设,重点突破农业转移人口市民化、农村产权流转交易、新型农业经营体系构建、城乡要素自由流动、城乡统筹规划、农村基层治理创新等方面的体制机制障碍,总结推广行之有效的经验做法,全域推进城乡统筹发展,形成以工促农、以城带乡、工农互惠、城乡一体的新型工农、城乡关系。五是美丽中国的先行区。推进生态文明建设,优化国土开发空间,构建生态安全格局,打造长江上游生态屏障。依托江河湖泊丰富多样的生态要素,发挥历史文化遗存和风景资源丰富、山水聚落独特的优势,建设显山露水、透绿见蓝的区域开敞空间,建设有历史记忆、文化脉络、地域风貌、民族特点的美丽城市,形成城在绿中、道在林中、房在园中、人在景中的山水城市群。

成渝地区协同发展旨在发挥重庆和成都双核带动功能,重点建设成渝发展主轴、沿长江和成德绵乐城市带,促进川南、南遂广、达万城镇密集区加快发展,提高空间利用效率,构建"一轴两带、双核三区"空间发展格局。一是打造成渝发展主轴。依托成渝北线、中线和南线综合运输通道,积极推进重庆两江新区和四川天府新区建设,加快推动核心城市功能沿轴带疏解,辐射带动资阳、遂宁、内江、永川、大足、荣昌、潼南、铜梁、璧山等沿线城市加快发展,打造支撑成渝地区发展的"脊梁"。加快城际轨道交通、高速公路和沿线交通枢纽建设,构筑发达的基础设施复合廊道。加强沿线城市产业分工协作,引导先进制造业和现代服务业集群发展。支持沿线中心城市拓展发展空间,提高人口经济集聚能力。培育沿江城市带。依托长江黄金水道及沿江高速公路、铁路,充分发挥重庆的辐射带动作用,促进泸州、宜宾、江津、长寿、涪陵、丰都、忠县、万州等节点城市发展,培育形成沿江生态型城市带。发挥沿江区位和港口优势,有序推进岸线开发和港口建设,增强泸州、宜宾、涪陵、长寿、万州等产业园区支撑作用,建设临港产业、特色产业和现代物流基地。规范开发秩序,严守生态红线,建设沿江绿色生态廊道,强化沿江生态保护和修复,统筹流域环境综合治理。二是优化成德绵乐城市带。依托成绵乐城际客运专线、宝成—成昆铁路和成绵、成乐、成雅高速公路等构成的综合运输通道,发挥成都辐射带动作用,强化绵阳、德阳、乐山、眉山等城市的节点支撑作用,带动沿线城镇协同发展,提升人口综合承载能力,建成具有国际竞争力的城镇集聚带。依托沿线产业基础,发挥天府新区、成都自主创新示范区和绵阳国家科技城的平台优势,围绕电子信息、装备制造、航空航天、科技服务、商贸物流等产业,打造创新驱动的特色产业集聚带。三是提升重庆核心功能。围绕建成国家中心城市,强化重庆大都市区西部开发开放战略支撑和长江经济带西部中心枢纽载体功能,充分发挥长江上游地区经济中心、金融中心、商贸物流中心、科技创新中心、航运中心的作用,加快两江新区建设,全面增强集聚力、辐射力和竞争力。加强城市规划建设管理,强化城市规划约束性作用,根据山地特色合理控制建筑物高度,提升现代化国际大都市形象。以主城区为核心,以城市发展新区为腹地、联动沿江城市带和四川毗邻城市发展,构筑具有国际影响力的现代化大都市区。四是提升成都核心功能。以建设国家中心城市为目标,增强成都西部地区重要的经济中心、科技中心、文创中心、对外交往中心和综合交通枢纽功能,加快天府新区和国家自主创新示范区建设,完善对外开放平台,提升参与国际合作竞争层次。强化城市规划建设管理,发挥自然因素在城市风貌特色塑造中的基础作用,提升城市形象。充分发挥成都的核心带动功能,加快与德阳、资阳、眉山等周边城市的同城化进程,共同打造带动四川、辐射西南、具有国际影响力的现代化都市圈。五是培育川南城镇密集区,包括自贡、内江、泸州、宜宾的市区和部分县(市),促进自贡—内江联合发展、泸州—宜宾沿江协调发展,建设成为成渝城市群南向开放、辐射滇黔的重要门户。培育南遂广城镇密集区,包括南充、遂宁、广安的市区和部分县(市),加强与重庆协作配套发展,建设成为成渝地区跨区域协同发展示范区。六是培育达万城镇密集区,包括达州市部分地区、万州、开县(现开州)和云阳部分地区,加快达万综合通道建设,促进万开云一体化融合发展,建设成为成渝地区向东开放的走廊。

(三)成渝地区协同发展的重点

成渝地区的区域协同发展,关键是充分发挥地区比较优势,补齐短板、消除瓶颈,加强协同,以强化创新驱动、保护生态环境和夯实产业基础为重点,增强人口经济集聚能力;以统筹城乡综合配套改革试验区建设为抓手,推进城乡发展一体化,辐射带动农业现代化和新农村建设;以一体化体制机制建设和双向开放平台建设为切入点,推动形成城市间资源优势互补、功能合理分工、基础设施互联互通、生态环境共建共享的格局,充分发挥对长江经济带的战略支撑作用,拓展发展新空间。

1. 推进生态共建环境共治

成渝地区协同发展,需严格保护水土资源,严格控制城市边界无序扩张,严格控制污染物排放,贯彻落实主体功能区制度,切实加强生态保护和环境治理,确保区域生态安全。

成渝地区协同发展坚持区域生态建设一体化,推动区域内区域外生态建设联动,加快推进与地区生态安全关系密切的周边重点生态功能区建设,筑牢地区生态安全屏障。强化省级统筹,推动毗邻地区与川西、川北、渝东南等共建川滇森林及生物多样性生态功能区、大小凉山水土保持和生物多样性生态功能区、武陵山区生物多样性与水土保持生态功能区、秦巴生物多样性生态功能区、三峡库区水源涵养与水土保持生态功能区。共建生态廊道,构建以长江、岷江、大渡河、沱江、涪江、嘉陵江、渠江、乌江、赤水河为主体的地区生态廊道,维护流域水生态空间。加强流域水生态系统保护与修复,开展湖滨带、重点湖库及小流域水土流失综合治理,因地制宜实施坡改梯并配套坡面水系工程,发展特色林果业，推进库区及上游生态清洁小流域建设。严格河湖滨岸保护和管理，保护滨岸生态空间。恢复河流上下游纵向和河道—滨岸横向的自然水文节律动态，拓展河湖横向滩地宽度。提升农田、农村集水区河段滨岸植被面源污染截留功能，以及城市河段植被的固岸护坡和景观等功能。统筹考虑自然保护区、风景名胜区、湿地、鱼类产卵场等敏感区域的生态需水要求，加强水利水电工程的联合调度。满足自然保护区、风景名胜区、湿地、水产种质资源保护区和水生生物"三场一通道"等敏感区域的蓄水需求。保障河流、湖泊生态环境需水，优先保障长江干流生态基流。依托龙门山、龙泉山、华蓥山及盆地南北部边缘和川中等自然丘陵、山体，构建地区生态隔离带。共保城市间生态空间，加强生态空间管制，严守生态保护红线、城市开发界线。在重点生态功能区、生态环境敏感区和脆弱区等区域划定生态保护红线，科学划定森林、林地、草地、湿地、河流、湖库等领域生态红线，实行空间开发"准入清单"管理，确保生态功能不降低、面积不减少、性质不改变。加快划定城市周边永久基本农田，强化城郊农业生态功能，优化城市空间格局，严控城市无序扩张。保护和建设城市之间生态隔离带，确保足够的绿色开敞空间。渝东北生态涵养发展区要坚持点上开发、面上保护，突出生态涵养和生态屏障功能，集中开发建设万(州)—开(县)—云(阳)一体化发展区。渝东南生态保护发展区要突出生态保护和生态修复功能，增强黔江的区域辐射带动作用，推动石柱等地实现集约式开发、绿色化发展。

成渝地区协同发展注重实施环境共治，深化跨区域水污染联防联治。实施流域分区管治战略，在江河源头、饮用水水源保护区及其上游，严禁发展高风险、高污染产业，严格控制高能耗、高排放行业低水平扩张和重复建设，加大化工等行业关停整治力度。建立跨境断面区域联防联控和流域生态保护补偿机制。强化环境执法，坚决打击违法排污行为，重点解决局部河段污染严重问题。加强三峡库区水生态、水环境综合治理，实施消落区综合整治工程。结合新农村建设，统筹实施次级河流沿线农村环境综合治理工程，加强农业面源污染治理，发展生态循环农业。推进长江干流、岷江、沱江、渠江、乌江、嘉陵江等水污染防治，加快实施内河航道能源清洁化工程，大力推进实施"气化长江"工程，加强沿线城市污水管网建设，做好生活污水收集处理，推进污水处理设施提标改造。加强造纸、有色金属、农副产品加工等重点行业清洁化改造。加强水土流失动态监测和生产建设活动人为水土流失监管。联手打好大气污染防治攻坚战,强化城市群大气污染联防联控,加大工业源、移动源、生活源、农业源综合治理力度,加强二氧化硫、氮氧化物、颗粒物、挥发性有机物等多种污染物协同控制。控制煤炭消费增长幅度,全面推进煤炭清洁高效利用。严格执行统一的大气污染物特别排放限值,加快推进煤电机组超低排放改造。加快钢铁、水泥、平板玻璃等重点行业及燃煤锅炉脱硫、脱硝、除尘改造,确保达标排放,推进石化、涂装、包装印刷、涂料生产等重点行业挥发性有机物污染治理。推行绿色交通,加大黄标车和老旧车辆淘汰力度,推进港口船舶、非道路移动机械大气污染防治。推进钢铁、水泥等重点行业清洁生产技术改造,强化农业源控制。加强固废危废污染联防联治。严格防范搬迁关停工业企业改造过程中二次污染和次生突发环境事件。搬迁关停工业企业应当开展场地环境调查和风险评估,未进行场地调查及风险评估的,未明确治理修复责任主体的,禁止土地流转。加快建设一批固废资源回收基地和危废处置节点,构建区域性资源回收、加工和利用网络。强化城市间固体废弃物联合处理处置,优化生活垃圾填埋场、焚烧厂等环境基础设施布局。落实污水处理厂污泥和垃圾渗滤液配套处理设施建设。在成都、重庆等重点城市优先建立完善的医疗废物和危险废物产生源数据库和独立的收集运输体系,鼓励跨区域合作共建危废处理设施。

成渝地区强化绿色城市建设。严格城市"三区四线"规划管理,合理安排生态用地,合理控制建筑物高度,适度扩大城市生态空间,让人们看得到风景、记得住乡愁。统筹规划地下地上空间开发,推进城市地下综合管廊建设。推广低冲击开发模式,加快建设海绵城市、森林城市和绿色生态城区。发展绿色能源,推广绿色建筑,构建绿色交通体系。推进产业园区循环化和生态化。支持形成循环连接的产业体系。以国家级和省级产业园区为重点,推进循环化改造和生态化升级,实现土地集约利用、废弃物交换利用、能量梯级利用、废水循环利用和污染物集中处理。深入推进广安、达州、长寿等园区循环化改造试点和生态工业示范园区建设。倡导生活方式低碳化。培育生态文化,引导绿色消费,鼓励低碳出行,倡导简约适度、绿色低碳、文明节约的生活方式。推行"个人低碳计划",开展"低碳家庭"行动,推进低碳社区建设。

此外,成渝地区加强环境影响评价,密切跟踪规划实施对区域生态系统和环境、人民健康产生的影响,重点对资源占用、生态影响、污染排放等方面可能产生的不良影响进行监测评估。对纳入规划的重大基础设施建设项目依法履行环评审批程序,严格土地、环保准入,合理开展项目选址或线路走向设计。建立统一、高效的环境监测体系和跨行政区环境污染与生态破坏联合防治协调机制,实行最严格的环境保护制度。发展先进适用的节能减排技术,实行更加严格的排放标准,严格控制规划实施区域内重点污染物排放总量。把环境影响问题作为规划中期评估的重要内容,依据中期评估结果对规划相关内容做相应完善。

2. 深化对内对外开放合作

扩大成渝地区向东向西、对内对外开放,不断拓展内陆开放高地的高度、广度、深度,在开放中增强发展新动能、增添改革新动力,形成全方位开放新格局和国际合作竞争新优势是成渝地区对内对外协同的关键所在,也是内陆地区实施区域协同发展和扩大开放的有益参考。

成渝地区强化共建开放通道和平台,构建便捷畅通的国际开放通道。依托长江黄金水道,加快建成长江上游航运中心,加快完善沿江铁路和高速公路,构建向东出海大通道。扩大以成都、重庆等为起点的中欧班列品牌影响力,提高运行效率和运营效率,将其培育发展成为内陆地区连接丝绸之路经济带的西向国际贸易大通道。以渝昆铁路、成昆铁路复线川藏铁路、渝黔铁路建设为基础,形成经云南至中南半岛、经西藏至南亚次大陆、经广东出海的南向国际贸易大通道。以两江新区、天府新区为对外开放大平台,整合新区政策资源,高起点打造内陆对外开放门户。积极营造国际化、市场化、法治化营商环境,按照国家有关部署,推广自由贸易试验区的改革试点经验。以主要港口、民航机场、铁路枢纽为基础,以水运、铁路、航空国家一类开放口岸为支撑,以保税港区、综合保税区、出口加工区等为载体,联动各级各类开发区(园区),构建对外开放平台体系。构建内陆口岸经济体系,完善海关、检验检疫等口岸机构布局。优先在符合条件的沿江港口、对外开放通道上的交通枢纽,设立海关特殊监管区域和开放口岸。务实推进并适时扩大国别合作产业园区建设。依托成都国家自主创新示范区,推进中韩创新创业园建设,共建众创空间,开展联合研发,推动产业联动,建设亚太一流的创新创业中心和创新创业成果产业化基地;加快中德创新产业合作平台建设,以先进制造业和现代服务业为重点,聚焦多领域创新产业合作,打造"中德创新合作升级版"。高标准实施中新(重庆)战略性互联互通示范项目,大力推进金融服务、航空、交通物流、信息通信技术等重点领域合作,构建以重庆为营运中心、有机连通成都和西安等城市、辐射内陆、连通欧亚的国际贸易辐射圈。

成渝地区的协同发展还不断加强与国内区域的合作。重点加强与长江中游和长三角城市群的合作。依托长江黄金水道为主的综合立体交通走廊,加强与中下游港口协作,优化沿江经济产业布局,扩大沿江物流、人流、信息流和资金流流动,有效承接产业转移和人口回流。加强与丝绸之路经济带和关中—天水地区的合作。发挥西南西北科教、旅游资源优势,结合能源资源互补性强的特点,加强在科技创新、旅游组织、资源能源互通等方面的合作。构建成渝与西安、兰州之间的多向通道,增强辐射带动能力,更好衔接欧亚大陆桥,对接丝绸之路经济带。加强与黔中、滇中和北部湾城市群的合作。构建与昆明、贵阳、南宁之间的多向通道,打通南向能源资源进口通道,对接21世纪海上丝绸之路,建设面向南亚、东南亚的重要对外开放基地。主动创造合作条件,积极参与粤港澳大湾区合作。加强对周边欠发达地区的辐射带动。加强与秦巴山区、武陵山区、乌蒙山区、四川藏区等集中连片地区在产业、基础设施、生态环境保护等方面的合作,积极吸纳这些地区劳动力转移就业,积极带动这些地区特色产业发展,促进其同步实现小康。

成渝地区充分利用自身优势参与"一带一路"合作,积极主动融入"一带一路"倡议,构建丝绸之路经济带重要战略支点、21世纪海上丝绸之路产业腹地。加强与欧盟国家在高新技术、高端装备、研发设计、新能源、新材料等领域的合作。推动建立与中东欧国家在物流运输、文化旅游、食品农产品进出口等方面的合作新机制,积极探索开展跨境贸易本币结算等金融合作。深化与俄罗斯伏尔加河沿岸联邦区经贸合作机制,鼓励优势企业转移部分产能,支持企业在俄建立海外仓。扩大与东盟区域和大湄公河次区域合作交流。鼓励企业参与孟中印缅经济走廊、中巴经济走廊、南宁—新加坡经济走廊建设。鼓励发展面向共建国家的电子商务,在"一带一路"交通枢纽和节点共建一批经贸合作园区。

3. 健全区域协同发展机制

成渝地区围绕生产要素自由流动、基础设施互联互通、公共服务设施共建共享、生态环境联防联控联治等关键环节,探索建立地区管理协同模式,实现区域一体化发展。

区域协同发展需要建立要素市场一体化管理机制。成渝地区推进资本市场一体化,依托重庆两江新区和保税港区,建设离岸金融结算中心。完善金融要素交易市场体系,吸引资产、商品、权益等要素交易。加快推进金融基础设施一体化建设,建立一体化信息网络和服务平台。完善区域金融服务网络,实现存取款等金融服务同城化。适当扩大成渝地方政府一般债券和专项债券发行规模。促进劳动力自由流动。加快户籍制度改革,促进城市群内劳动力自由流动。推行居住证制度,成都、重庆实行积分制有序推进外来人口落户,其他城市全面放开落户限制。探索成渝特点的新型城镇化道路,鼓励一批农民带着集体资产股份成为新型市民。建立统一规范灵活的人力资源市场,联合推进集政策咨询、职业指导、职业介绍、创业服务等功能于一体的就业服务平台建设。加强区域内人才制度衔接,健全人才柔性流动机制,联合共建人力资源开发基地。制定成渝地区联合开展劳动保障监察、调解仲裁等劳动者权益保护的具体办法。推动技术市场一体化。支持有关园区复制转化中关村国家自主创新示范区相关先行先试政策。建设成渝科技资源共享与服务平台,实现科技资源整合、信息开发共享互动、技术成果交易及科技金融服务无缝对接。鼓励成渝科研院所、高等学校联合大型企业集团,共建科研成果研发和转化基地。发展跨地区的知识产权交易中介服务,鼓励金融机构开展知识产权质押融资业务,鼓励联合培育技术联盟、孵化器等创新组织。清理和消除城市间因技术标准不统一形成的各种内部障碍。探索推进土地制度一体化改革。成都市和重庆市以统筹城乡国家综合配套改革试验区为引领,加快成渝地区一体化土地市场建设。坚持最严格的耕地保护制度和最严格的节约用地制度,强化土地利用总体规划实施管理,严格控制新增建设用地占用耕地。有序推进区域内不动产统一登记。完善城乡建设用地增减挂钩制度。将农村土地三项制度改革试点经验率先在成渝地区复制推广。完善区域内低效和闲置土地退出机制。共构市场秩序和信用体系,实行统一的市场准入制度和标准,推进建立公平、开放、透明的市场规则,支持成都、重庆先行试点负面清单管理制度,并逐步扩大至区域内全部城市。清理和废除妨碍城市群市场统一和公平竞争的各种规定和做法,规范非税收入管理,严格财政支出型优惠政策。成渝地区开展市场监管体制改革试点。加强质监、工商、安监、公安等联合执法。加快信用成渝建设,创建一批社会信用体系建设示范城市。依法建立健全企业和个人信用数据库以及信用信息征集、查询和应用制度。完善守信激励和失信惩戒机制,共建成渝地区市场主体违法经营提示清单。

成渝地区共同建立健全利益协调机制。探索建立区域一体化发展基金,借鉴欧盟结构基金和凝聚力基金运作经验, 鼓励各城市根据实际需求研究设立"成渝城市群一体化发展基金",促进川渝两省(市)联席会议议定的区域建设事项落实。鼓励川渝两省(市)联合设立成渝城市群政府和社会资本合作(PPP)项目中心。建立区域生态保护补偿机制。建立成渝地区与周边生态屏障地区的横向生态补偿机制,选择嘉陵江等上下游环境目标清晰、利益关系清楚、合作意愿强烈的流域、跨区县生态保护地区等开展区域性横向生态补偿试点。在区域内鼓励采取共享公共资源等方式, 建立生态受益地区对生态保护地区的横向补偿。建立成本共担和利益共享机制。探索建立跨市基础设施、公共服务和生态环境建设项目成本分担机制。推动城市群内交通、水利等基础设施共建共享,实行公共交通智能"一卡通"、高速公路收费"一卡通"。取消区域内移动电话漫游费。建设统一的科技资源开放共享平台,建立科技创新协同机制,推动科技创新政策一体化。探索建设项目税收分配办法,研究在企业注册地和投资地之间合理分配地方税。推动社会治理由单个城市向区域协同治理转变,构建区域公共事务协同治理机制。加强地区应急管理合作,共建食品安全、灾害防治和安全生产等保障体系。建立重大传染病疫情和突发公共卫生事件联防联控机制及灾害事件紧急医学救援合作联动机制。建立社会治安综合治理联动机制,有效打击跨省市犯罪活动。以大气污染联防联治、流域上下游协同治理、水资源保护及共建城市群生态空间为重点,统一成渝地区生态环境保护规划、标准、监测和执法体系。

四、哈长城市群的协同发展

哈长城市群是东北地区城市群的重要组成区域,处于全国"两横三纵"城市化战略格局京哈京广通道纵轴北端,在推进新型城镇化建设、拓展区域发展新空间中具有重要地位,哈长城市群区域生态化协同发展的探索和实践也为其他地区的区域协同发展提供了有价值的参考借鉴。

(一)哈长城市群协同发展的基础

哈长城市群范围包括黑龙江省哈尔滨市、大庆市、齐齐哈尔市、绥化市、牡丹江市,吉林省长春市、吉林市、四平市、辽源市、松原市、延边朝鲜族自治州。核心区面积约 5.11 万平方千米,常住人口约 2000 万人。加快哈长城市群协同发展,是推进实施新型城镇化战略的重要举措,有利于探索粮食主产区新型城镇化道路,推动形成功能完备、分工合作、布局合理的城镇体系,优化全国城镇化战略格局;有利于推动实施东北地区等老工业基地振兴战略,加快产业集群发展和人口集聚,破解发展难题、依靠内生发展推动东北经济提质增效升级,培育推动国土空间均衡开发、引领区域经济发展的重要增长极,促进东北地区全面振兴;有利于完善东北地区发展格局,拓展区域发展新空间,增强东北地区发展后劲,推动区域协调发展;有利于加快推进"一带一路"建设,深化东北亚地区合作,进一步提高东北地区对外开放水平。

哈长城市群区位优势独特,南依辽中南城市群,北临俄罗斯远东地区,东靠朝鲜半岛,西接内蒙古自治区,与京津冀、环渤海地区相呼应,便捷联通北美、欧洲地区,是我国东北地区对外开放的重要门户。经济基础较好。该区域是全国重要的老工业基地和最大的商品粮基地,煤炭、石油、天然气等资源禀赋条件良好,已形成以装备、汽车、石化、能源、医药、农产品加工等为主体的工业体系,边境贸易、国际物流等服务业快速发展,开放型经济体系初步形成。城镇体系完备。拥有哈尔滨一座特大型城市,长春一座Ⅰ类大型城市,大庆、齐齐哈尔、吉林、四平四座Ⅱ类大型城市,牡丹江、绥化、松原、延吉四座中型城市。一批小城市和各具特色的中小城镇快速成长。旅游资源丰厚。哈长地区历史文化遗产和现代工业遗产丰富,拥有长白山、黑土地和松花江等生态旅游资源,具有发展生态和冰雪文化旅游的独特优势。

国家深入实施区域发展总体战略,重点实施"一带一路"建设、京津冀协同发展等重大战略,推进全面振兴东北地区等老工业基地,为哈长城市群转型发展带来新的机遇。"两个一百年"奋斗目标加快实现,新型城镇化发展战略有力推进,为哈长城市群全面提高城镇化质量、推动城乡区域协调发展提供了支撑。东北亚区域合作日趋紧密,开放型经济体制全面建立,为哈长城市群充分发挥区位优势和开放优势,高水平参与国际经济合作创造了条件。生态文明建设加速推进,为促进哈长城市群绿色发展提供了有力支持。同时,哈尔滨、长春两大城市产业结构和空间布局不尽合理,创新能力和城市综合功能有待提升,对周边区域发展的辐射带动作用有待增强。各城市功能定位与分工不明确,低水平同质化竞争严重。产业结构偏资源型、重化工型、传统型,支柱产业增长乏力,一些深层次体制机制和结构性矛盾凸显,民营经济发展不足,发展活力欠缺。跨流域污染和冬季大气污染问题突出,生态环境治理任务艰巨。人口老龄化日益严峻,人口外流趋势明显,人力资本积聚能力较弱,人才外流、"招工难"等问题制约产业发展。行政壁垒阻碍要素有序自由流动,跨区域协同发展机制尚须完善。

(二)哈长城市群协同发展的布局

哈长城市群协同发展的目的是通过区域的一体化发展,构建东北老工业基地振兴发展重要增长极。着力推进结构性改革,加快转变发展方式,改造提升传统产业,建设国家新型装备制造业基地、粮食生产基地、食品医药产业的绿色安全示范区,加快形成以创新为引领和支撑的经济体系和发展模式,带动东北地区经济转型发展。建设北方开放重要门户。加强"中蒙俄经济走廊"陆海丝绸之路经济带建设,加快长吉图开发开放先导区建设,大力实施"走出去"战略,构建外向型现代产业体系,深入推进国际产能和装备制造合作,积极参与国际分工合作,打造"一带一路"我国北方对外开放合作的重要门户。打造老工业基地体制机制创新先行区。着力先行先试、改革创新,破解制约经济社会发展的体制机制障碍,营造有利于全面实施创新驱动发展战略、大力推进"双创"的政策环境和制度环境,形成促进创新的体制构架,为带动区域协同发展提供示范模式。共建绿色生态城市群。尊重自然格局,合理布局城镇各类空间,保护自然景观,传承历史文化,保持特色风貌,促进大中小城市和小城镇协调发展,建设国际知名的生态和冰雪文化旅游目的地,推动形成人与自然和谐发展新格局。

为此,需强化哈尔滨、长春两市的核心带动作用,有效发挥其他城市的支撑作用,建设哈长发展主轴和哈大(庆)齐(齐哈尔)牡(丹江)、长吉(林)图(们江)发展带,构建"双核一轴两带"的城市群空间格局。相向发展、提升双核是进一步增强哈尔滨、长春的集聚和辐射能力,促进两市分工协作、互动发展,提升服务和开放功能,引领带动周边地区产业转移和要素流动,促进区域协同发展。以榆树、五常、双城、德惠、扶余、舒兰等县(市、区)为基础,探索建立哈长一体化发展示范区,在统一规划编制、基础设施共建、公共服务共享、体制机制协同等方面进行探索和试点。南北延伸、拓展一轴是依托贯通南北的哈大交通轴线,拓展哈长发展主轴,向北延伸至绥化,向南延伸至四平、辽源,推动沿线城镇、产业和人口集聚,建成面向东北亚、具有较强竞争力的城市发展轴和产业集聚带。扩大开放、壮大两带。哈大齐牡发展带,以建设"中蒙俄经济走廊"黑龙江丝绸之路经济带为重点,以绥满高速、哈齐高铁、哈牡客专、牡绥铁路等为纽带,连接哈尔滨、大庆、齐齐哈尔、牡丹江、绥芬河等节点城市,强化对黑龙江全省、内蒙古东部地区的辐射带动作用以及对俄蒙开放枢纽功能,推动口岸与中心城市双向互动,推进绥芬河—东宁重点开发开放试验区建设,形成东北地区陆路对外开放型城市发展带。长吉图发展带,以建设"中蒙俄经济走廊"陆海联运通道、图们江区域合作长吉图开发开放先导区为重点,依托珲乌交通干线,连接长春、吉林、松原、敦化、珲春等节点城市,强化向西腹地支撑作用和向东沿边开放功能,推进长吉一体化和延龙图一体化发展,构建与俄罗斯远东的贸易通道,加强与韩朝的交流合作,形成面向东北亚的沿边开放型城市发展带。加强两带合作联动,培育形成东北东部地区沿边开发带,形成核心带动、节点支撑、多点呼应、轴带联通的网络化格局。

构建"双核一轴两带"的城市群空间格局,关键是推动以人为核心的新型城镇化,促进有能力在城镇稳定就业和生活的常住人口有序实现市民化,引导要素在城市群空间集聚,形成更合理的人口、城市与经济布局体系。发挥特大城市、大城市集聚效应。优化提升哈尔滨、长春综合服务功能,有序疏解特大城市非核心功能,引导人口向新区、开发区合理布局,推进城区、开发区、县域协调发展,防治"城市病"。提升吉林、四平、齐齐哈尔、大庆等城市综合功能,促进产城融合,有序推进棚户区改造、农民工融入城市等城镇化进程,增强人口承载集聚能力。发展中等城市。全面放开牡丹江、松原等城市落户限制,利用本地特色资源,合理拓展产业空间,有效承接产业转移,提升人口吸引聚集能力,形成城区人口规模在50万人以上、具有较强空间承载能力的中等城市。培育一批生态宜居小城市。依托"一轴两带"节点地区、沿边开放地区与特色资源地区,发展一批基础较好、承载能力较强的小城市,积极承接大中城市产业转移,完善公共服务资源配置,强化宜居环境建设,扩大对外围城市人口的服务和吸纳半径,引导农业转移人口就地就近市民化。

(三)哈长城市群协同发展的重点

哈长城市群的协同发展抓住实施"一带一路"建设和新一轮东北地区等老工业基地振兴的机遇,着力完善体制机制,着力加强结构性改革,着力推进大众创业、万众创新,着力保障和改善民生,统筹空间、规模、产业三大结构,科学规划城市空间布局,实现基础设施互联互通、产业协作发展、生态环境共建、开放合作共赢、公共服务共享,探索粮食主产区新型城镇化道路,不断提高城市环境质量、人民生活质量、城市竞争力和新型城镇化水平,力图将哈长城市群建设成为具有重要影响力和竞争力、宜居宜业的绿色城市群的典范。

1.实施生态文明共建

哈长城市群努力实现绿色发展,树立绿水青山就是金山银山的意识,强化尊重自然、传承历史、绿色低碳等理念,加大自然生态系统和环境保护力度,推动城市发展由外延扩张式向内涵提升式转变,全面促进资源节约循环利用,建立健全生态文明制度体系,旨在建设人与自然和谐发展的绿色生态城市群。

实施区域生态化协同发展,最重要的是构建区域生态屏障。哈长城市群严格开发保护制度,推动各地区依据主体功能定位发展,加快完善财政、产业、投资、人口、环保等配套政策,健全国土空间用途管制制度,完善自然资源监管体制。强化土地用途管制,落实占补平衡制度,切实减少各类建设对耕地的占用。科学划定城市开发边界,控制城市开发强度,推动城市发展由外延扩张式向内涵提升式转变。落实最严格的耕地保护制度、节约用地制度和基本农田保护制度,加快划定永久基本农田保护红线,加强黑土地、草原保护和利用,强化土地用途管控。开展水土流失综合治理,加强坡耕地及侵蚀沟水土流失治理。严格河湖管理与保护，严禁非法侵占河湖水域。构建反映市场供求和资源稀缺程度、体现自然价值和代际补偿的资源有偿使用和生态补偿制度。加快推进长白山林区生态保护和经济转型发展。打造区域生态廊道，依托长白山脉、张广才岭、大小兴安岭等，构筑连接城市群东北—西南走向的生态屏障。新建一批自然保护区，加强自然保护区管理，结合中西部平原地区的水土保持和荒漠化治理，推进建设吉林西部长岭乾安高地防风固沙生态保护带。以山脉、河流水系、道路为基本骨架，以平原、台地为自然本底，以城市区域为人文景观板块，推动实现自然景观与人文景观共融，打造区域生态廊道。依托现有各级交通路网，建设城市群交通干线两侧绿化带，构建高度连通的生态廊道网络体系。推进四平、延边、牡丹江、五常生态文明先行示范区建设。哈长城市群力图形成生态景观格局。重点是加快城市群东部森林山地景观风貌区、中东部低山丘陵景观风貌区、中部农田景观风貌区和西部草原景观风貌区建设，打造松花江、嫩江、牡丹江、图们江和拉林河五条水域生态景观廊道，形成"四区、五廊"景观生态空间格局。以松花江、嫩江等主要河流为轴线，合理规划滨河绿带、坝、堤和人行步道系统，建设沿江水系自然景观带，加快推进哈尔滨松花江百里生态长廊、长春伊通河等沿江两岸的绿色生态廊道建设。扩展城市生态空间，将环境容量和城市综合承载能力作为确定城市定位和规模的基本依据，划定水体保护线、绿地系统线、基础设施建设控制线、历史文化保护线、永久基本农田和生态保护红线，打造以自然山水为依托，林地、草原、农田为基础，园林绿地为重点的城市绿地生态系统，优化重组城市内部生态节点、生态廊道、生态斑块等生态功能区，维护景观生态格局的连续性，形成结构合理、环境优良、景观特征明显的城市空间生态格局，全面推进城市园林绿化及人居生态环境建设，促进城市绿色发展。加快城区老工业区、独立工矿区搬迁改造和采煤沉陷区生态修复与综合治理，加强工矿损毁土地复垦，加快资源枯竭城市转型，促进城市生态环境良性发展。推动吉林、齐齐哈尔、松原、牡丹江、绥芬河、舒兰、海林等市（县）生态市建设。

哈长城市群加快推进环境综合治理。各城市深化污染联防联治机制，推进区域环境监测网络一体化建设，实现区域环境信息共享，系统提高区域环境监管水平。严格环保执法，建立环保与各职能部门的联动机制，强化环境考核和问责机制。完善突发环境事件应急机制。完善危险废物经营许可证制度,加强危险废物污染环境突发事件应急体系的建设。深入做好大气、水、土壤污染防治工作。建立大气污染联防联控机制,加大对工业、城镇生活、农业、移动源等各类污染源的综合治理力度,加强对二氧化硫、氮氧化物、颗粒物、挥发性有机物等多种污染物协同控制,确保稳定达标排放,稳步减少重污染天气。加强城中村棚户区改造、集中供热替代、散煤清洁化治理、煤改气。加快优化产业结构、调整能源结构,加强企业技术改造及污染治理,重点推进淘汰落后产能、清洁能源替代利用、煤炭清洁高效利用、工业节能和清洁生产改造、秸秆综合利用和供热计量改革等工作。加大松花江流域水环境综合治理力度,加强流域内城镇和工业园区污水、垃圾、污泥、危险废物处理等设施建设,改善重点流域水环境质量。以饮用水水源地保护为重点,科学划定饮用水水源保护区,健全饮用水卫生供应系统和监测系统。加强水功能区限制纳污红线管理,建立入河湖污染物限排总量控制和水功能区监督管理制度,保护水生态环境。加强农村面源污染治理,以及畜禽养殖粪污及死亡动物、农作物秸秆、废弃农膜及农业投入品废弃包装物的治理。加强城市河湖综合整治和水系连通,消除城市黑臭水体,保护地下水系统。在大庆等地开展地下水修复和生态补水试点工作。实施白山水库调水工程,修复东、西辽河等生态脆弱漂流季节性断流,保障区域水资源供水安全。

哈长城市群积极推动绿色循环低碳发展。合理规划园区产业结构和企业空间布局,推动企业、园区和行业间废弃资源、能源和伴生副产品的梯级和循环利用,加强城市生产系统和生活系统循环链接,积极开展园区循环化改造和低碳经济园区试点。推进再生资源产业规范化、规模化发展,提高工业固体废物综合利用水平。鼓励企业实行清洁生产和工业用水循环利用,建设节水型工业。加强重点企业清洁生产审核,推进重点行业改造生产流程,提高能源资源利用水平和效率。节约集约利用资源,统筹土地资源的开发利用和保护,工业向园区集中、居住向社区集中、农业适度规模集中,推动土地集约利用、规模经营,提高土地使用效率。严控增量用地、优化利用存量,实行建设用地强度控制。严格土地利用总体规划实施管理,优化土地资源配置,推动土地综合开发利用,推广应用科学先进的节地技术和节地模式。加强生活垃圾分类回收和再生资源回收的衔接。严格水资源红线管理,加强用水效率控制管理,强化工业、农业等领域节水改造和技术推广,全面推进节水型社会建设。实行雨污分流,加大推广再生水利用力度,提高污水资源化利用程度。强化节能理念,大力发展绿色建筑和低碳、便捷的交通体系,推进绿色生态城区建设。发展绿色生态产业,倡导绿色循环低碳生活方式,鼓励绿色生产和绿色消费,推广使用绿色产品。大力发展节能环保产业,提高节能环保技术、现代装备和服务水平。发展有机农业、生态农业,以及特色经济林、林下经济、森林旅游等林产业和草牧业。因地制宜地发展新能源和可再生能源,推动能源新技术产业化。建立能源消费总量控制和节约制度。强化约束性指标管理,实行能源消费总量和强度双控行动,健全节能和能源消费总量控制目标责任制和奖励制度,确保完成本地区节能和能源消费总量目标。实施全民节能行动计划,提高节能标准,开展能效"领跑者"引领行动。进一步完善能源统计制度,控制重点城市煤炭消费总量。建立健全工业、建筑等重点用能单位节能管理制度,探索实行节能自愿承诺机制。强化节能评估审查和节能监察。加强对可再生能源发展的扶持。

此外,哈长城市群也依法开展环境影响评价,以改善环境质量为核心,实行最严格的环境保护制度,建立统一、高效的环境监测体系和跨行政区环境污染与生态破坏联合防治协调机制,形成政府、企业、公众共治的环境治理体系。严格执行环境影响评价制度,对纳入规划的重大基础设施等建设项目依法开展环境影响评价、履行相关程序、落实环境保护要求。完善产业和项目准入制度,严格土地、环保准入,确保项目选址或选线与区域生态环境保护相协调。把环境影响问题作为规划实施监督及规划后评估的重要内容,密切关注规划实施对区域生态系统、环境质量、人民健康产生的不良影响,发现不良生态环境影响应及时提出改进措施或调整修订规划。严格执行污染物排放标准,完善污染物排放许可制度,严格控制规划实施区域内主要污染物排放总量。

2.加强区域创新发展

创新是区域生态化协同和高质量发展的动力,哈长城市群区域协同发展更加注重区域整体的创新发展,以科技创新为引领,推进大众创业、万众创新,优化创新创业生态链,加强创新合作机制建设,着力深化体制机制改革,努力构建开放高效的创新资源共享网络,以改革创新引领城市群创新发展。

　　在创新发展方面，哈长城市群突出科技创新引领作用，壮大区域创新主体。支持一汽、一重、长客、哈电气、吉化、大庆石油石化、齐轨道交通等骨干企业增强自主创新能力，建设智能制造业创新中心。支持中国科学院长春光机所、应化所、地理所、中国农科院哈尔滨兽研所和吉林大学、哈尔滨工业大学、哈尔滨工程大学、东北大学等开展重大创新研究，支持大中企业建设技术中心、中试中心和技术服务中心，鼓励中小型企业联合高等学校、科研院所设立行业研发中心和技术创新联盟，加快建立高科技企业孵化中心。促进创新成果转化，完善创新体系，提高自主创新能力，加大主导产业与战略性新兴产业科技投入力度。加强汽车、高铁、飞机、石化、生物医药、新能源、新材料、机器人、海洋工程和高端船舶装备、卫星等重大关键性核心技术与共性技术研发，完善"产学研"协同创新机制。鼓励城市群建立技术创新联盟，引导和促进城市群创新要素集聚和整合。支持哈尔滨、长春建设科技创新转化基地。推动创新载体建设，推进哈尔滨、长春国家创新型城市试点建设，促进创新资源、创新要素集聚发展。鼓励企业与高校院所开展合作，推动科技成果率先在本地转化。加快建设长春长东北科技创新中心、长春北湖科技园、哈尔滨科技创新城等一批科技创新产业园，推进吉林中部创新转型核心区建设。

　　哈长城市群营造"双创"良好环境，构建"双创"平台。发挥行业领军企业、创业投资机构等社会力量作用，鼓励发展众创、众包、众扶、众筹等新支撑平台。发展创客空间、创新工场、创业社区等新型孵化载体。广泛应用研发创意众包、生活服务众包等业态，支持哈尔滨、长春、大庆服务外包示范城市建设。发展创业风险投资基金，构建多元化、多层次、多渠道的创新创业投融资体系。完善"双创"扶持政策，降低创业门槛，深化商事制度改革，鼓励更多社会成员特别是科技人员和高校毕业生自主创业，形成政府激励创业、社会支持创业、劳动者勇于创业的活跃局面，以创业带动就业。构建普惠性"双创"支持政策体系，加大金融支持和税收优惠力度。健全"双创"服务体系，加快重大产业集群及小微企业集聚区公共服务平台建设，大力发展创业辅导、信息咨询、技术支持、融资担保等公共服务，联合打造一批"双创"服务品牌。打破行政分割，建立科技基础设施、大型科研仪器和专利信息资源共享机制，探索创业券、创新券等公共服务新模式，完善管理和运行机制。

人才是区域协同发展的根本。哈长城市群不断激发人才创新创业活力,优化创新创业人才培养与流动机制。重点培养一线创新人才、青年科技人才和科技领军人才,打造杰出科技创新创业团队。打破体制壁垒,鼓励人才合规有序流动和兼职兼业。建立完善人才吸引制度,健全人才公共服务体系,引进高层次人才和急需紧缺人才,激发各类人才的创新活力和创业热情。建立以智力资本为重点的科技人员收入分配机制,实行以增加知识价值为导向的分配政策,提高科研人员成果转化收益分配比例,鼓励人才弘扬奉献精神。加强技术和知识产权交易平台建设,建立从实验研究、中试到生产的全过程科技创新融资模式,改革技术创新管理体制机制和项目经费分配、成果评价和转化机制,促进科技成果资本化、产业化,激发创新创业活力。完善知识产权快速维权与维权援助机制。

哈长城市群深化体制机制改革,创造区域协同发展的软环境。深化行政管理体制改革,加快推进简政放权、放管结合、优化服务,加快转变政府职能,统筹推进行政审批、职业资格、收费管理、商事制度、教科文卫体等领域改革,着力解决跨领域、跨部门、跨层级的重大问题,加快形成区域统一大市场。加快建立科学完善的食品药品安全治理体系,创新社会治理,共保社会和谐稳定。建立协作协同发展机制,逐步统一城市群内土地、环保等政策,推进区域产业政策对接。鼓励黑龙江和吉林两省及相关城市共建产业合作园区,为推进区域产业合作开展先行先试。统一市场准入制度,促进城市群市场主体登记注册一体化。建立城市群企业信用信息互通共享机制,实现统一社会信用代码、企业登记、纳税、合同履约、产品质量监管等政府信息共享,支持金融信用信息基础数据库、资本市场诚信数据库建设。加强知识产权协同保护。规范发展多功能、多层次的综合性产权交易市场。推进长春民营经济综合配套改革示范区建设。创新利益共享机制,鼓励黑龙江、吉林两省和城市群内各市(县)共同出资设立区域合作发展基金,推行政府和社会资本合作(PPP)模式,重点用于跨区域基础设施建设、生态建设与环境治理、公共服务体系建设、产业协作等合作共建项目建设。建立跨地区投资以及地区生产总值和财税等利益分享机制,推动城镇间产业分工、产业整合、园区共建。探索建立跨行政区水资源开发利用、生态环境保护和生态保护补偿机制。

3. 基础设施互联互通

基础设施的顶层设计和互联互通是区域经济生态化协同发展的重要环节。哈长城市群按照适度超前、布局合理、结构优化、一体服务的原则,统筹重大基础设施建设,加快构建高效快捷的综合交通运输网络体系、配套完善的水利设施体系、安全清洁的能源保障体系、资源共享的一体化信息网络体系,增强了城市群发展的支撑和保障能力。

哈长城市群加强区域内道路的互联互通,构筑综合交通运输网络。重点是推进以哈尔滨、长春为核心的高速铁路及区域连接线建设,优化路网结构,扩大城市群路网规模,构建以哈大(连)线、牡(丹江)通(化)线和珲(春)乌(兰浩特)线、齐(齐哈尔)牡(丹江)线为主干线,以覆盖50万人以上城市的高速铁路为主、实现各区域有效连接的普速铁路为辅的网络化、现代化铁路运输格局。改造提升既有线路,重点建设、改造繁忙干线、主要枢纽和中心城市客货站场,大力发展集装箱运输,着力提高客运快速化和货运重载化水平,完善黑龙江和吉林对俄铁路跨境运输通道。规划建设哈尔滨机场轻轨。构建覆盖全域的公路网络,加强主要城市和重点城镇的互联互通,突出区域间、经济轴线间的连接线建设,重点推进国家高速公路,完善大中城市绕城高速公路,新建改造区域间干线公路,完善农村公路网络,构建形成以高速公路为骨架,以国省干线公路为基础,以农村公路为补充的外通内畅、快速高效、便捷安全的公路交通运输网络。构建安全畅通的水运网络,以松花江、嫩江为主,加强航道提升和港口码头建设,实施松花江依兰航电枢纽、悦来航电枢纽等航道治理工程,构建形成以松花江、嫩江为主航道,干支联动、畅通高效、安全生态的内河运输网络。构建便捷高效的空运网络,推进哈尔滨太平机场、长春龙嘉机场改扩建,新增和加密通往俄罗斯、日本、韩国等国际航线航班,开辟对欧洲、北美地区的新航线,培育哈尔滨、长春机场区域枢纽。推进绥芬河、松原机场新建,延吉机场迁建,齐齐哈尔、大庆机场改扩建等支线机场建设工程,拓展国内航线和城市群内支线航线,优化航线网络。规划建设若干重要特色节点城镇的通用机场。加快交通综合枢纽建设。重点建设集铁路、公路、机场、城市公共交通等功能于一体、实现"零距离换乘"的综合客运枢纽,建设与开发区、商贸市场、粮食主产区、口岸等重点区域有效对接的综合货运枢纽(物流园区)。推进运输服务信息化、智能化、一体化建设,促进各种运输方式的协调衔接,提高综合交通运输服务水平和管理效能。

哈长城市群区域内各城市共建水利基础设施,增强供水保障能力。推进重点地区、重要城市水源工程、水资源调配工程和应急备用水源工程建设,建设哈尔滨松花江水源地工程及引嫩扩建骨干、引呼济嫩、引松入榆、林海供水、吉林中部引松供水等重大引调水工程,以及穆棱奋斗、绥化阁山、龙江花园、通河二甲沟、依兰丹青、尚志幸福沟、蛟河团山子等大中型水库。巩固提升农村(林区)饮水安全工程成果,提高城乡供水保障水平。健全防洪减灾体系,加强大江大河治理,建成松花江、嫩江干流治理及胖头泡蓄滞洪区工程,加强主要支流及重点中小河流治理工程建设,推进病险水库水闸除险加固,提高防洪标准,江河干流堤防达到20—100年一遇,主要支流及重要中小河流达到10—30年一遇,哈尔滨、长春达到200年一遇,其他城市达到100年一遇。完成山洪灾害防治区内重点山洪沟工程措施治理,升级改造山洪灾害防治非工程措施系统。推进现有大型灌区续建配套与节水改造工程建设。加快城市及产业集中区排涝泵站等设施建设,建设海绵城市,加强重点大中型涝区建设,除涝标准达到5—10年一遇。

能源保障体系建设是区域协同发展的基础和支撑,哈长城市群提升传统能源供给能力,加大油气、煤炭资源勘探力度,增加石油、天然气、煤炭后备可采储量。提高大庆、松原油田原油采收率,积极开发天然气。深化国际能源合作开发,加大能源进口。加强能源储备,建设国家重要的石油、天然气、煤炭储备基地。强化煤电油气能源运行管理和调度调节,完善跨区域能源保障机制,建设新能源和可再生能源基地。推动城市群中西部风能资源开发,加快建设大型现代风电基地。积极发展光伏发电,加强光伏发电并网服务。聚焦太阳能光热利用,建设太阳能采暖和制冷示范工程。大力发展生物质发电,支持生物质液化、气化等综合利用项目建设。提高水能资源梯级利用效能,推进黑龙江荒沟抽水蓄能电站建设。统筹推进齐齐哈尔、大庆、牡丹江、松原、长春、吉林地区地热能开发利用,建设地热能综合开发利用示范基地。强化垃圾焚烧热电厂污水沼气发电、污水源热泵等分布式清洁能源的开发利用,建设能源就地供应示范基地。构建能源大通道,加强油气管网建设,投产大庆—锦西原管道(大庆—铁岭段),建设中俄原油管道二线工程及中俄东线天然气管道,推进大连 LNG 与陕—京—沈—长管线连接工程,落实内蒙古煤制气至长吉工程。加强天然气干线管网和大中城市天然气基础设施建设。控制新增火电装机,研究建设电力外送通道,从供需两端推动解决"窝电"问题。

哈长城市群还积极推进城市基础设施建设,为区域协同发展提供民生保障。着力推进城市地下综合管廊建设,支持老城区结合旧城更新、道路改造、河道治理等统筹安排管廊建设。加快现有城市电网、通信网络等架空线入地,在城市建造用于集中敷设电力、通信、给排水、热力、燃气等市政管线的地下综合管廊。加快推广 PPP 等合作模式,引入社会资本参与市政基础设施建设和运营。加快哈尔滨地下综合管廊建设试点城市建设。提高城市公共交通发展水平,推进哈尔滨、长春"公交都市"示范城市建设,转变城市交通发展模式,鼓励吉林、大庆、齐齐哈尔、牡丹江等具备条件的城市有序规划建设轨道交通、城市快速干道和立体交通,推进城市智能公交系统建设,完善快速公共汽车等大容量地面公共交通系统。支持中小城市和县城发展公共交通。加快实现城市群内公共交通"一卡通",提高居民出行便利化水平。促进信息基础设施共建共享,加强信息通信网络建设,推进 4G 网络覆盖城市公共热点区域,建设"宽带哈长""无线哈长"。推进哈尔滨、长春、齐齐哈尔、牡丹江、大庆、辽源等智慧城市试点建设,打造城市群信息共享平台。加强新一代移动通信、下一代互联网、数字电视、卫星通信等网络建设,推进电信网、广电网和互联网"三网融合"。加强信息资源安全管理,建成通信应急指挥平台系统和覆盖城市群的卫星通信网,共保信息网络安全。

4.区域产业协调发展

哈长城市群坚持协调发展,依托现有产业基础,推动产业互补协作和转移承接,围绕创新链布局产业链,集群发展优势产业和战略性新兴产业,改造提升传统产业,大力发展现代服务业,巩固提升现代农业,落实"中国制造2025""互联网 +"行动等,探索粮食主产区新型城镇化道路,形成支撑新一轮东北振兴发展、辐射东北亚区域的重要产业集聚区。

哈长城市群联手打造优势产业集群,构建区域一体化产业体系,促进区域协同发展。①装备制造产业集群。利用信息技术提高装备制造产业水平,发展以数字化、柔性化及系统集成技术为核心的智能装备制造,共同建设装备制造产业集群。依托长客轨道客车,建设轨道客车研发、生产和维修基地。依托齐齐哈尔铁路货车,建设重载铁路货车研发、生产和维修基地。依托哈尔滨电站设备,打造具有国际竞争力的新能源装备产业集群。依托哈尔滨民用航空产业基地,建设国内一流的航空产业集群。推进哈尔滨、大庆、齐齐哈尔和长春、四平装备制造联合研发和配套协作,打造大型发电设备、成套装备和数控机床、农机装备、石油化工装备、光电和新能源装备等产业集群。②汽车产业集群。以长春、哈尔滨、大庆、吉林为重点,整合四平、公主岭、辽源、牡丹江零部件配套优势,优化整车产品结构,积极发展自主品牌汽车,共同建设具有国际竞争力的汽车研发和生产基地。提升质量品牌,做大做强汽车零部件配套产业,联手打造大型零部件产业集群,支持长春、哈尔滨、大庆建设零部件研制生产中心。发展纯电动汽车、插电式混合动力汽车等新能源汽车,打造新能源汽车研发中心与生产中心。加快发展汽车后市场,推进配套服务体系建设,打造具有竞争力的汽车服务中心。③石油化工产业集群。统筹大庆、哈尔滨、吉林、松原等石油化工产业发展,突出产品差异化、精细化、规模化优势,联手打造特大型石油化工产业集群。加快建设大庆千万吨级炼油、百万吨级乙烯工程,深度开发乙烯及下游产品,重点发展合成树脂、合成橡胶、合成纤维、有机化工材料,把大庆建设成为国家重要的石油化工产业基地。积极争取利用境外石油、天然气资源。④农林产品精深加工产业集群。依托区域丰富的农(林)产品资源优势和黑土地资源优势,联合打造重要的农(林)产品加工产业集群,建设农业产业化示范基地。推动哈尔滨、长春食品产业创新发展,支持县城为重点的特色农业绿色科技基地建设,重点发展水稻、玉米、大豆、马铃薯等农产品精深加工,壮大乳制品、蛋制品、啤酒饮料、食用菌、人参、鹿茸、蛙鹿禽鱼等绿色食品产业,打造全国知名绿色食品品牌。推进玉米主产区的深加工企业联合重组,促进玉米加工向糖、酸、醇、酯深加工发展,积极发展非粮生物化工和生物质能源产业。提升畜禽乳精深加工能力,大力推进畜禽产业向下游延伸,提高产品科技含量和附加值。⑤战略性新兴产业集群。依托哈尔滨、长春科研资源优势和高新技术产业基础,充分发挥国家级新区、高新区和新型工业化产业示范基地要素集聚平台作用,联合打造一批创新园区和战略性新兴产业基地,重点突破创新链的关键技术、产业链的关键环节,加快形成生物医药、机器人及智能控制设备、航天装备、海洋工程装备、光电信息、新能源、新材料、云计算等战略性新兴产业集群集聚区。

第二节　区域内的生态化协同发展

近年来,我国各省、市贯彻国家区域协调发展战略,立足区域比较优势,突出区域功能定位,整体谋划省内经济区发展和城市群建设,统筹资源配置、产业布局和生态建设,推动区域生态环境共建共治、基础设施互联互通、产业统筹布局、公共服务共建共享,实施区域差异化协同发展,形成了各具特色的区域经济协同发展的典型案例,为我国区域经济的生态化协同发展提供了有益的实践示范。

一、广东省的区域协同发展

广东省作为我国的经济大省,不但在经济总量上遥遥领先,在区域协同发展方面同样处于领跑者地位。历届省委和省政府高度重视区域协同发展,特别是党的十八大以来,大力实施粤东西北地区振兴发展战略,全省区域差距扩大的趋势有所减缓。2019 年 7 月,广东省委和省政府印发《关于构建"一核一带一区"区域发展新格局促进全省区域协调发展的意见》,提出要以功能区战略定位为引领,加快构建形成由珠三角地区、沿海经济带、北部生态发展区构成的"一核一带一区"区域发展新格局。为当前以及今后广东解决区域发展不平衡不充分问题明确了发展思路,指明了工作的主战场,有利于加快统筹实施区域协调发展战略和乡村振兴战略,促进城乡融合发展。

(一)广东省区域协同的基础

珠三角核心区九市地处粤港澳大湾区中心地带,是城市和工业发展的主要地区,用全省 30%的土地创造了全省超过 80%的地区生产总值和承载超过全省 55%的人口,是广东建设世界级城市群和世界级先进制造业集群的核心依托。沿海经济带区东西两翼七市面向南海,区位优越、资源丰富、人口众多,土地和人口约占全省的 1/4,经济总量约占全省的 1/7,未来发展前景广阔。生态发展区五市是广东省重要的生态屏障和水源保护地,空间辽阔,生态环境优越,面积占全省的 42.7%,2018 年经济总量占全省的 5.8%,常住人口占全省的 14.9%。

"最富在广东,最穷也在广东。"一句老话折射老问题。在广东 21 个地级市中,深圳市的 GDP 超过 24000 亿元,而云浮市的 GDP 只有 840 多亿元,前者是后者的 28 倍多。贫困市土地面积占全省的七成,生产总值仅占全省的两成,财政收入仅占一成多一点。这就是粤东、粤西、粤北地区 12 个地级市的薄弱家底。广东全省区域发展差异系数为 0.67,高于浙江和江苏。区域发展不协调是广东基本省情和突出短板,发展差距偏大的格局尚未根本转变,粤东、粤西、粤北地区内生发展动力亟待增强, 基础设施建设和基本公共服务均等化方面存在突出短板,区域政策体系与机制仍不健全,定位清晰、各具特色、协同协调的区域发展格局尚未形成,缩小粤东、粤西、粤北地区与珠三角地区差距,是广东区域协调发展的紧迫任务。

短板背后蕴藏着难得机遇和巨大潜力,要用辩证的思维看待变与不变,依据基础条件、资源禀赋和发展阶段确定各区域的功能定位,让每个功能区各尽所能、各展所长,由原来单一发展模式的"跟随者"转变为各自功能的"引领者"。广东省提出新思路,必须树立与新发展理念相适应的区域发展理念,改变按地理方位简单划分珠三角与粤东、粤西、粤北的传统思维,突破行政区划局限,全面实施以功能区为引领的区域发展新战略。新的发展模式针对不同地区的特点,开出不同药方,旨在激发粤东、粤西、粤北的内生动力,发展"内源型经济"。按照新的发展思路,广东全省将形成由珠三角核心区、沿海经济带、北部生态发展区构成的"一核一带一区"新格局。以前是依靠珠三角一极驱动,现在则是强调多极驱动。从短板到潜力板,从一核发动机到多核发动机,立体式布局将代替平面式布局。

(二)广东省区域协同的布局

进一步促进广东省区域协同发展,广东省把握粤港澳大湾区建设重大战略机遇, 坚持统筹协调和分类指导, 实施以功能区为引领的区域协调发展战略,构建形成"一核一带一区"区域发展新格局,着力增强珠三角地区辐射带动能力及东西两翼地区和北部生态发展区内生发展动力，推动区域经济协调发展、基本公共服务均等化、基础设施通达程度比较均衡、人民基本生活保障水平大体相当、生态环境美丽安全，提高发展平衡性和协调性，奋力实现"四个走在全国前列"。

"一核"即珠三角地区，是引领全省发展的核心区和主引擎。该区域包括广州、深圳、珠海、佛山、惠州、东莞、中山、江门、肇庆九市。重点对标建设世界级城市群，推进区域深度一体化，推动珠江口东西两岸融合互动发展，携手港澳共建粤港澳大湾区，打造国际科技创新中心，建设具有全球竞争力的现代化经济体系，培育世界级先进制造业集群，构建全面开放新格局，率先实现高质量发展，辐射带动东西两翼地区和北部生态发展区加快发展。

"一带"即沿海经济带，是新时代全省发展的主战场。该区域包括珠三角沿海七市和东西两翼地区七市。东翼以汕头市为中心，包括汕头、汕尾、揭阳、潮州四市；西翼以湛江市为中心，包括湛江、茂名、阳江三市。重点推进汕潮揭城市群和湛茂阳都市区加快发展，强化基础设施建设和临港产业布局，疏通联系东西、连接省外的交通大通道，拓展国际航空和海运航线，对接海西经济区、海南自由贸易港和北部湾城市群，把东西两翼地区打造成全省新的增长极，与珠三角沿海地区串珠成链，共同打造世界级沿海经济带，加强海洋生态保护，构建沿海生态屏障。

"一区"即北部生态发展区，是全省重要的生态屏障。该区域包括韶关、梅州、清远、河源、云浮五市。重点以保护和修复生态环境、提供生态产品为首要任务，严格控制开发强度，大力强化生态保护和建设，构建和巩固北部生态屏障。合理引导常住人口向珠三角地区和区域城市及城镇转移，允许区域内地级市城区、县城以及各类省级以上区域重大发展平台和开发区（含高新区、产业转移工业园区，下同）点状集聚开发，发展与生态功能相适应的生态型产业，增强对珠三角地区和周边地区的服务能力，以及对外部消费人群的吸聚能力，在确保生态安全前提下实现绿色发展。

"一核一带一区"区域发展新格局的发展目标是到2020年，建立与全面建成小康社会相适应的区域协调发展新机制。"一核一带一区"区域发展新格局初步确立，区域协调发展取得新进展，区域发展差距扩大趋势基本扭转，珠三角地区的辐射带动作用进一步增强,东西两翼地区和北部生态发展区与全国同步全面建成小康社会。到 2022 年,"一核一带一区"区域发展新格局基本确立,区域协调发展新机制更加完善,珠三角地区高质量发展、一体化水平和核心引领作用进一步提升,横贯东西两翼地区和珠三角沿海地区的沿海经济带基本形成,北部生态发展区绿色发展成效显著,全省区域发展差距显著缩小,基本公共服务普惠可及,交通通达程度比较均衡,东西两翼地区和北部生态发展区人民基本生活保障水平接近全国平均水平。到 2035 年,全省基本实现社会主义现代化,在"一核一带一区"区域发展新格局引领下,区域协调发展水平显著提高,全面实现基本公共服务均等化,各区域基础设施通达程度比较均衡,全省人民基本生活保障水平大体相当,粤港澳大湾区建成世界级城市群,东西两翼地区和北部生态发展区成为各自功能的"引领者",与全省一道迈入全国高质量发展先进地区行列。

根据"一核一带一区"区域发展新格局,广东省分类扎实推进区域协调发展。一是携手港澳共建粤港澳大湾区。全面落实《粤港澳大湾区发展规划纲要》,携手港澳共同打造国际一流湾区和世界级城市群。加快推进开放型经济新体制和高质量发展体制机制创新,构建具有全球竞争力的现代化经济体系,打造高质量发展先行区和示范区。推进粤港澳协同创新,加快推进珠三角国家自主创新示范区和"广州—深圳—香港—澳门"科技创新走廊建设,建设粤港澳大湾区国际科技创新中心。深入推进区域一体化建设,推动大湾区经济协同发展,促进文化交流交融,逐步实现珠三角地区产业、交通、营商环境、社会治理、生态环境、基本公共服务深度一体化。加快推进深圳前海、广州南沙、珠海横琴等重大平台开发建设,创新合作体制机制,探索粤港澳协作发展新模式。加快推进跨珠江口通道建设,扎实推进大湾区跨境基础设施互联互通,促进高端要素在珠江口东西两岸合理流动和优化配置,引导建立各具特色、协调共进的多元化产业发展格局,推动珠江口东西两岸融合互动发展。加快建设黄茅海大桥,推动建设粤港澳大湾区产业集聚区。开展珠三角内部跨行政区经济合作探索。引导支持东西两翼地区和北部生态发展区共同参与大湾区建设,带动全省全域协同发展。二是强化珠三角核心引领带动作用。强化广州、深圳"双核"驱动作用。推动广州在综合城市功能和提升城市文化综合实力、现代服务业、现代化国际化营商环境方面出新出彩,实现老城市、新活力。推动深圳建设中国特色社会主义先行示范区,创建社会主义现代化强国的城市范例。加快珠海经济特区发展,将珠海培育成为珠江口西岸核心城市。支持佛山、惠州、东莞、中山、江门、肇庆等重要节点城市发挥自身优势、突出产业特色、提升综合实力,加快形成分工有序、功能互补、高效协同的区域城市体系。发挥交通基础设施的先导作用,建设"轨道上的珠三角",实现城际和城市公交无缝对接,构建以珠三角核心城市为中心、辐射环珠三角地区的两小时经济圈。以广佛同城化、广清一体化为示范,推进环珠三角地区与珠三角地区一体化融合发展。加快推进深汕特别合作区建设,打造区域协调发展示范区,加强广清产业园、广梅产业园等区域合作平台建设,推动珠三角地区通过产业协同化、交通网络化、服务高端化,辐射带动东西两翼地区和北部生态发展区发展。三是加快建设现代化沿海经济带。坚持陆海统筹发展,培育壮大汕头、湛江两个发展极,增强汕尾、阳江衔接东西两翼地区和珠三角沿海地区的战略支点功能。加快沿海经济带快速通道建设,打造以珠三角城市群为核心、汕潮揭城市群和湛茂阳都市区为两翼的沿海城市带、产业集聚带、滨海旅游带。加强汕头、湛江两个省域副中心城市建设,赋予其部分省级管理权限,增强支撑引领区域发展能力。支持汕头开展营商环境综合改革试点,加快汕头经济特区发展,充分发挥汕头华侨经济文化合作试验区、汕潮揭临港空铁经济合作区、揭阳滨海新区、潮州港经济开发区等重要平台作用,大力推进汕潮揭同城化发展。充分发挥湛江作为北部湾地区中心城市作用,大力推进湛茂阳都市区建设,主动对接国家支持海南建设自由贸易港战略,积极参与国家南海开发,拓展大西南和东盟发展腹地。统筹推进海岸带和岛屿的开发与保护,大力发展海洋经济,建设海洋经济发展示范区。四是推动北部生态发展区绿色发展。坚持共抓大保护、不搞大开发,加快构建和巩固北部生态保护屏障,大力推进发展方式向绿色发展转型,形成符合主体功能定位的生态安全格局。推进北部生态发展区城市中心城区适度扩容并提升品质,提升人口承载和公共服务能力。在韶关市和清远市北部开展试点,高标准、高水平打造集中连片、规模较大的生态特别保护区,积极创建国家公园,探索建立以国家公园为主体的自然保护地体系。加强东江、西江、北江、韩江等重要流域上中游的水源保护,强化生态保护与水源涵养功能。加强生态文明制度建设,有效落实最严格的耕地保护制度、水资源管理制度、生态环境保护制度。加强生态景区和区域绿道建设,推进南粤古驿道保护修复与活化利用,整体促进北部生态发展区全域旅游发展,打造全球知名旅游品牌和旅游目的地以及服务粤港澳大湾区旅游休闲区。五是促进城乡融合发展。统筹实施区域协调发展战略和乡村振兴战略,加快建立健全促进城乡融合发展的体制机制和政策体系,推动城乡基础设施互联互通、公共服务普惠共享、资源要素平等交换、生产销售充分对接,引导人才、资金、技术等要素资源"上山下乡"。统筹城乡规划建设管理,合理安排城镇建设、村落分布、产业聚集、农田保护和生态涵养空间,优化城乡空间布局和结构。强化城乡基础设施连接,推动水电路气等城乡联网、共建共享。完善城乡产权制度和要素市场配置,建立城乡人力资源和建设用地统一市场,完善城乡普惠金融体系和科技成果下乡转化机制,引导社会资本投向农村兴办各类事业。加快建成覆盖城乡的基本公共服务体系,推动城乡基本公共服务和社会保障自由顺畅转移、无障碍对接,缩小城乡基本公共服务水平差距。加快推进新型城镇化建设,充分发挥小城镇上接城市、下引乡村的综合功能,积极培育一批特色小镇、特色小城镇,高标准推进现代农业产业园建设,带动周边农村发展。大力推进乡村产业、人才、文化、生态和组织全面振兴。实施"头雁"工程,全面建强农村基层组织。因地制宜推进"一村一品、一镇一业",开展"万企帮万村",引导有条件有意愿的企业扎根农村发展,做强富民兴村产业。深入整治农村人居环境,创新美丽乡村特色差异化发展模式,实施"千村示范、万村整治"工程,推进农村"厕所革命",建设生态宜居美丽乡村。坚决打赢脱贫攻坚战,加快构建农民持续较快增收长效机制,持续缩小城乡居民收入差距。

(三)广东省区域协同的重点

构建"一核一带一区"区域发展格局,需突出重点攻坚克难,使各个区域各尽其能、各展所长。强化"一核"引领带动作用,在转型升级、创新驱动上下功夫;强化"一带"产业发展主战场地位,在打造高水平产业集群上下功夫;强化"一区"生态屏障作用,在绿色发展上下功夫,推动产业生态化、生态产业化,为不同功能区明确了定位和重点。创新体系是区域协同的动力,产业协同是区域发展的重点,交通是区域功能布局的先导,城市是实现区域协调的重要支撑,均等化的公共服务是保障。

1. 推进区域创新体系建设

广东省注重优化重大创新平台布局，推进珠三角国家自主创新示范区建设，充分发挥创新发展引领作用，争取创建国家综合性科学中心。支持广州大学城—国际创新城、中新广州知识城、广州科学城、琶洲互联网创新集聚区、广州国际生物岛、南沙资讯科技园、深圳空港新城、深圳高新区、深圳坂雪岗科技城、深圳国际生物谷、深圳光明科学城、佛山三龙湾高端创新集聚区、东莞松山湖高新区、东莞滨海湾新区、东莞中子科学城、惠州潼湖生态智慧区、中山翠亨新区、江门高新区、肇庆新区等重点创新平台建设。统筹重大科技基础设施规划布局，加快推进国家大科学装置和新型研发机构建设，打造国际一流的重大科技基础设施集群，强化粤港澳大湾区国际科技创新中心对东西两翼地区和北部生态发展区的创新引领作用。以省级投入为主在东西两翼地区和北部生态发展区布局建设省级实验室等科技创新平台，重点支持汕头、湛江等地根据资源禀赋和产业特点建设省级实验室。支持符合条件的东西两翼地区和北部生态发展区建立产业园区，创建省级高新区，推进东西两翼地区和北部生态发展区国家级高新区建设，支持符合条件的省级高新区创建国家级高新区。支持东西两翼地区和北部生态发展区建设现代农业产业园和高新技术产业示范基地。着力构建区域协同创新生态，强化"广州—深圳—香港—澳门"科技创新走廊的辐射带动作用，制定促进东西两翼地区和北部生态发展区创新驱动发展实施方案，构建区域创新体系，推动创新资源向东西两翼地区和北部生态发展区集聚，加快提升东西两翼地区和北部生态发展区创新发展能力，缩小与珠三角地区发展质量差距。深入实施高等教育"冲一流、补短板、强特色"提升计划，推进高水平大学和高水平理工科大学建设，推动引进港澳高等学校、科研院所到东西两翼地区和北部生态发展区合作办学和设立研发机构。加快完善科技成果转化机制，强化企业在技术创新中的主体地位，完善中小企业创新支持政策，促进省部院产学研合作和军民深度融合发展。探索开展科技成果所有权改革，大力推进普惠性科技金融改革。建立珠三角高新区与东西两翼地区和北部生态发展区高新区对口帮扶机制，开展园区对园区、孵化器对孵化器、平台对平台的精准帮扶和合作共建。支持珠三角地区与东西两翼地区和北部生态发展区专业镇精准对接合作,支持共建协同创新平台、产业技术创新联盟。促进创新人才集聚,深化人才发展体制机制改革,实施更加积极开放有效的人才政策,推进粤港澳大湾区人才协同发展,优化实施省"珠江人才计划""广东特支计划""扬帆计划",打造创新人才高地。支持建设博士后科研流动站、科研工作站、创新实践基地和博士工作站等创新平台,集聚创新型青年拔尖人才。实施高技能人才振兴、职业教育提升、南粤工匠培养等计划,打造支撑我省现代化产业体系建设的高素质技能型人才队伍。围绕实施乡村振兴战略、打赢脱贫攻坚战、构建"一核一带一区"区域发展新格局,支持东西两翼地区和北部生态发展区引进培养创新创业团队和紧缺拔尖人才,实施东西两翼地区和北部生态发展区人才知识技能提升工程,加大智力帮扶力度,促进创新人才向东西两翼地区和北部生态发展区集聚。

2. 优化区域产业协同布局

广东省在"一核一带一区"区域发展格局下优化产业布局,推动珠三角地区产业高端化发展。推进新旧动能转换,以新产业、新业态、新模式为引领,推动互联网、大数据、人工智能和实体经济深度融合。重点支持珠三角地区新一代信息技术、高端装备制造、绿色低碳、生物医药、新材料等战略性新兴产业以及数字经济、海洋经济发展,建设珠三角人工智能产业集聚区、国家大数据综合试验区,大力培育发展工业设计、供应链金融等高端服务业,积极发展健康、旅游等生活性服务业。提高家电、家具、医药食品、纺织服装等传统优势产业发展水平。促进珠三角地区产业协调联动发展,发挥广州国际产业服务中心和深圳国际产业创新中心的引领作用,支持珠海、佛山重点发展高端装备制造业和智能制造产业,惠州重点发展高端电子信息和石化产业,东莞重点发展智能制造和新材料产业,中山重点发展高端装备制造业和健康产业,江门重点发展轨道交通产业,肇庆重点发展新能源汽车和节能环保产业。以广州、深圳为重点研究制定珠三角地区产业疏解清单,推进产业疏解与产业共建。推动重大产业向东西两翼沿海地区布局发展。加大省对重大产业布局的统筹力度,推动重大产业、战略性新兴产业布局到东西两翼沿海地区。培育一批千亿元级产业集群,打造世界级沿海产业带。支持汕头中以科技创新合作区、汕头临港经济区、揭阳大南海石化区、潮州凤泉湖高新区建设,培育壮大粤东生物医药、石化等重大产业集群。加快推进湛江钢铁、中科炼化、茂名石化等重大项目建设,支持湛江巴斯夫新型一体化石化基地建设,全力打造粤西区域重化产业集群。主动参与南海保护与开发,建设国家级海洋经济发展示范区和海洋科技合作区。支持湛江市建设军民融合产业和保障基地。支持在阳江市建设海上风电产业基地,在粤东建设临港重型装备和海上风电运维、科研及整机组装基地。加快东西两翼地区产业与珠江东岸高端电子信息制造产业带、珠江西岸先进装备制造产业带联动发展。支持埃克森美孚惠州化工综合体、中国海油惠州炼化三期等项目建设,推动湛江东海岛、茂名石化、揭阳大南海与惠州大亚湾串珠成链,将其打造成世界级沿海重化产业带。同时,着力推动北部生态发展区产业绿色化。实行差别化产业政策,构建与区域发展功能相适应的绿色产业体系。依托资源禀赋,因地制宜发展绿色低碳新型工业、数字经济、文化生态旅游、健康养生、绿色食品、生物医药、运动休闲、现代农林业等产业。支持北部生态发展区建设特色生态产业园区,重点支持建设梅州梅兴华丰产业集聚带、韶关老工业城市和资源型城市产业转型升级示范区、河源深河产业共建示范区、清远广清产业园、云浮氢能产业基地等产业重大发展平台。支持韶关、河源、梅州、清远、云浮等地借助北部生态发展区资源环境优势,积极发展生物医药、大数据等战略性新兴产业,发展对接珠三角地区的高端制造、智能制造和生产性服务业。加快北部生态发展区传统产业的转型升级,限制、淘汰污染型产业。加大产业生态化、生态产业化投入。大力推进乡村振兴,提高农业发展质量,培育乡村发展新动能,构建农村一、二、三产业融合发展体系。依托农产品生产保护区、特色农产品优势区等,打造现代农业产业园。

3. 提高区域对内对外开放水平

广东省作为我国对外开放的前沿阵地,着力改善区域整体营商环境,大力推进营商环境综合改革,对标国际先进区域标准,对接国际经贸规则,优化外商投资审批服务,建立健全知识产权保护机制。重点破解"准入""准营"和"退出"的机制障碍,推进"证照分离""照后减证",提高企业开办、运营、退出便利化水平。加快建立以信用监管为核心的新型监管方式,建立统一权威、简明高效的市场监管体制。加快推动"数字政府"省、市、县一体化建设,打造高效便捷的政务服务环境。全面及时落实国家税费优惠政策,着力降低实体经济税费负担。强化政务诚信建设,革除陈规陋习,构建亲清新型政商关系,树立良好发展形象。大力弘扬粤商精神,支持设立潮商、客商协会总部或永久会址,增强粤商向心力和归属感。深入推进审批服务便民化,最大限度减少企业和群众跑政府的次数,不断优化办事创业和营商环境。重点推动区域市场一体化建设。按照建设统一、开放、竞争、有序的市场体系要求,加快探索建立规划制度统一、发展模式共推、治理方式一致、区域市场联动的区域市场一体化发展新机制。着力破除行政区划壁垒,促进城乡区域要素自由流动。围绕营造稳定公平透明、可预期的营商环境,建立竞争政策与产业、投资等政策的协调机制,防止地区间恶性竞争,严禁对外地企业、产品和服务设置歧视性准入条件以及补贴政策。落实公平竞争审查制度,全面清理废止妨碍统一市场和公平竞争的各种规定和做法。开展政务服务事项"十统一"标准化梳理工作,推动同一事项在纵向不同层级、横向不同区域间保持事项名称、事项类型、设定依据、办理流程等要素相对统一。在统一的区域市场体系下,鼓励各市在优化政务服务、营造亲商重商氛围方面,根据自身的资源禀赋和产业需求出台具有地方特色的惠企措施。完善区域交易平台和制度,建立健全用水权、排污权、碳排放权、用能权初始分配与交易制度,培育发展各类产权交易平台,完善区域性碳排放权和股权交易市场。推进水电气、土地、融资、流通等重点领域改革,加大能源综合改革力度,破除各种形式的垄断和市场壁垒,放开竞争性环节价格,加快建设公平统一高效的市场环境。加快提高区域对外开放水平。以"一带一路"建设、粤港澳大湾区建设为引领,加快构建全面开放新格局。充分发挥广东自贸试验区牵引作用,全面对接国际高标准市场规则体系,促进粤港澳三地各类要素便捷高效流动。加快大湾区内地制造业与港澳国际化优势结合,联手开拓国际市场,共同打造"一带一路"建设的重要支撑区。深化与港澳基本公共服务领域合作,引进港澳优质公共服务资源,共同打造宜居、宜业、宜游的优质生活圈。推进深圳前海、广州南沙、珠海横琴等三个粤港澳重大合作平台开发建设,充分利用省级新区资源积极打造一批特色合作平台,建设开放型经济体制先行区。在深港科技创新合作区及深港毗邻区域、珠海横琴中医药科技产业园及周边适宜开发区域、广州南沙粤港产业深度合作园及庆盛科技创新产业基地等区域,携手港澳共建三大科技创新合作区。强化粤港澳大湾区辐射作用,带动东西两翼地区和北部生态发展区的外贸转型升级。建立珠三角地区与东西两翼地区和北部生态发展区产业链互补招商机制，引导外资重点项目投向东西两翼沿海地区和北部生态发展区。扩大东西两翼地区和北部生态发展区外贸进出口，依托优势产业培育外贸转型升级示范基地，支持符合条件的地区申报综合保税区。办好中国(湛江)海洋经济博览会、粤东侨博会、中德(欧)中小企业合作交流会、世界客商大会等经贸活动。深化与东盟、德国、以色列等国家和地区的合作，推进广东(湛江)奋勇东盟产业园、中德精细化工园、汕头中以科技创新合作区等平台建设。在区域合作方面，广东省加快推进跨省区域合作。深化区域合作机制，提高区域合作层次和水平。建立以中心城市引领城市群发展、城市群带动区域发展新模式，推动珠三角城市群、海峡西岸城市群、北部湾城市群等区域板块之间融合互动发展。推动与有关省(区)共同编制实施《泛珠三角区域合作发展规划》《琼州海峡经济带和南北两岸发展规划》等跨省区域合作规划，深入贯彻实施《赣闽粤原中央苏区振兴发展规划》《北部湾城市群发展规划》。加强粤琼、粤桂、粤湘、粤赣、粤闽合作，着力推进粤桂黔高铁经济带、珠江—西江经济带、粤桂合作特别试验区、闽粤经济合作区等跨省区域合作平台建设，缩小广东省边远地区与邻省的区域发展差距。加强与黑龙江等省际合作交流。

4.促进基础设施均衡通达

广东省在区域协同发展上着力基础设施的通达性，加强交通枢纽建设，着力打造广州—深圳国际性综合交通枢纽，支持汕头、湛江建设高水平全国性综合交通枢纽。构建"5+4"骨干机场体系，提升广州和深圳机场国际枢纽竞争力，共同打造珠三角地区世界级机场群，支持广州临空经济示范区发展，推动珠三角枢纽机场(广州新机场)尽早建设，推进广州、深圳、珠海、惠州、揭阳机场扩建工程，推进湛江机场、梅县机场迁建和韶关机场军民合用建设，规划建设云浮、阳江、怀集、连州等支线机场，规划布局通用机场，不断扩大东西两翼地区和北部生态发展区航空服务范围。以广州港、深圳港为龙头打造两大世界级枢纽港区。优化整合全省港口资源，形成以珠三角港口群为主体、粤东和粤西港口群为两翼的港口发展格局。以建设汕头区域性枢纽港为重点，将粤东港口群建设成为粤东地区对外开放和对台经贸合作的重要平台。强化湛江区域性枢纽港功能,将粤西港口群打造成为大西南地区出海主通道。在此基础上,建设区域间快速交通网。规划建设互联互通、高效便捷的粤港澳大湾区城际轨道交通网。加快建设东西两翼地区和北部生态发展区联通珠三角地区以及贯通沿海经济带的快速大通道,实现所有地级市通高铁。建设深茂铁路深圳至江门段,广州至汕尾、汕尾至汕头、赣州至深圳、合浦至湛江铁路,湛江至海口铁路扩能改造等项目,规划建设广州至湛江、龙川至梅州等铁路项目,研究谋划深圳至汕尾、广州至清远铁路延长线和深圳至南宁、汕头至漳州等铁路项目。加快推进汕昆高速、武深高速等国家高速公路以及汕湛高速、河惠莞高速等省内干线高速公路建设,抓紧做好深汕第二高速公路、南中高速、黄茅海大桥、韶关至连州高速等项目前期工作,规划建设莲花山通道、狮子洋通道等项目。加强高速公路与沿线重要开发区、产业园区、城市新区、重要城镇连接,提高交通辐射水平。同时,不断完善基础交通网络。加强区域内部交通体系建设。加快粤东地区城际轨道建设。完善普速铁路、普通公路以及航道网络建设,提高基础交通服务水平。推进广州枢纽东北货车外绕线、南沙港铁路、柳州至韶关、韶关至赣州铁路复线、柳州经肇庆至广州、龙川至汕尾、瑞金至梅州等铁路规划建设,实施既有铁路复线和电气化改造,拓展铁路服务覆盖范围。加强国道省道和“四好农村路”建设,加大对欠发达地区的支持力度,切实提高农村公路路况水平和技术水平,逐步消除交通瓶颈路段和穿越城镇的交通拥挤路段,完善连接交通枢纽、中心镇、旅游景区的公路建设。推进广东滨海旅游公路建设,规划建设环南岭旅游公路。加强东西两翼地区和北部生态发展区重要航道建设,改善欠发达地区水运条件,适时推进东江、韩江、北江上延段航道扩能升级项目,规划建设湛江40万吨级航道工程,大力推进珠江—西江黄金水道建设。在能源等基础设施方面,补齐能源水利信息物流设施短板。推动能源结构调整,安全高效发展核电,积极发展海上风电等清洁能源,大力推进东西两翼地区和北部生态发展区天然气主干管网建设,加快建成全省天然气主干管网工程。积极推进全省农村电网改造升级任务,支持东西两翼地区和北部生态发展区建设骨干电网工程,增强电力输送能力。加快补齐东西两翼地区和北部生态发展区环保基础设施短板。提升城乡水利防灾减灾能力,优化区域水资源配置,加快实施韩江高陂水利枢纽、珠三角水资源配置、粤东灌区续建配套与节水改造工程,推进环北部湾水资源配置、潮州引韩济饶等区域水资源配置工程建设和韩江榕江练江水系连通工程等规划与建设,继续推进中小河流治理,提高城乡水利服务水平。按照国家有关规划,积极推进国家物流枢纽建设,加快建设一批铁路物流基地,推进珠三角区域物流设施一体化、联运化建设,完善东西两翼地区和北部生态发展区物流基础设施网络。以高速光网、IPv6、5G 网络、移动物联网建设为重点,建成高速、移动、安全、泛在的新一代信息基础设施网络,打造全球大数据网络枢纽中心,将珠三角地区建成世界级宽带城市群,推动东西两翼地区和北部生态发展区信息基础设施发展水平进入全国前列。

5. 推进区域公共服务均等化

区域协同发展必须注重以人为本,广东省着力推进区域公共服务均等化,不断提高教育均等化和公共卫生服务化等水平。重点是推动城乡义务教育优质均衡发展,扩大东西两翼地区和北部生态发展区普惠性学前教育资源供给,提高规范化幼儿园覆盖率,加大珠三角地区对东西两翼地区和北部生态发展区的对口帮扶力度,扩大优质教育资源覆盖面。继续加强义务教育标准化学校建设,全面改善东西两翼地区和北部生态发展区薄弱学校基本办学条件,推进寄宿制学校建设和管理。切实落实每个乡镇建有一所以上规范化公办乡镇中心幼儿园;在合理布局前提下,每个街道至少建设一所公办幼儿园。结合区域产业布局,在东西两翼地区和北部生态发展区打造一批高水平职业院校和专业院校。支持东西两翼地区和北部生态发展区地级市结合实际采取多种形式建设和发展本科层次院校,打造一批当地支柱产业急需的重点学科和创新平台,加大应用人才培养力度。逐步提高基本医保和大病保险保障水平,扩大异地就医直接结算范围,继续提高东西两翼地区和北部生态发展区基本公共卫生服务经费人均财政补助标准。加强东西两翼地区和北部生态发展区全科医生及儿科、产科、精神科等医生队伍建设,加快推进分级诊疗服务。组建跨区域医疗联合体,充分发挥珠三角地区著名医院在品牌、技术、专家等方面的优势,通过专家互派、远程会诊等方式,提高东西两翼地区和北部生态发展区医疗服务水平。加强县域医疗服务能力和社区、乡镇基层首诊能力建设。依托汕头、韶关、湛江等市的优质医疗教育资源,打造若干个区域医疗和教育中心,辐射东西两翼地区和北部生态发展区。推进基层医疗卫生机构医务人员"县招县管镇用"。支持东西两翼地区和北部生态发展区中医药事业传承创新发展。完善现代公共文化体育服务体系,城市建成"十分钟文化圈"、农村建成"十里文化体育圈",城乡建成"十五分钟健身圈"。加强东西两翼地区和北部生态发展区综合性文体场馆建设,全方位加强公共就业服务,大规模开展职业技能培训,加强困难就业群体的就业帮扶。稳步提高东西两翼地区和北部生态发展区社会救助、城乡居民基本养老保险基础养老金等标准,进一步扩大各项社会保险覆盖面。加强东西两翼地区和北部生态发展区"三留守人员"和困境儿童关爱保护工作。推进东西两翼地区和北部生态发展区各市谋划建设一批高质量养老服务机构。提高东西两翼地区和北部生态发展区残疾人康复服务设施建设水平和康复服务能力,健全社会救助体系,在重点保障城乡低保对象、特困人员的基础上,将专项救助向低收入家庭延伸。强化东西两翼地区和北部生态发展区自然灾害应急救助能力。加大公租房保障力度,对低保及低保边缘住房困难家庭实现应保尽保,将符合条件的新就业无房职工、外来务工人员纳入保障范围。

6. 加强区域协同平台建设

广东省加强新区提质增效、开发区改革创新、特色小镇健康发展,为区域协同发展提供了良好的平台。重点是改革新区运行管理体制机制,赋予新区更大的自主发展权。着力推动东西两翼地区和北部生态发展区新区提质增效,集中资源力量抓好核心区建设,完善基础设施和公共服务配套,推动新区与老城区功能的融合对接。促进新区产城融合发展,结合当地实际突出主导产业,精心布局打造一批产业发展载体,大力推进人口和产业集聚。加快推进广州黄埔、深圳龙岗、清远清城国家级产城融合示范区建设。通过经验推广复制、区域创新合作等方式,更好地发挥新区引领区域发展的作用。加强对各类开发区的统筹规划和优化整合,坚持集聚集约发展,推进开发区建设和运营模式创新,完善开发区公共设施和服务体系,形成布局合理、错位发展、功能协调的开发区发展格局。实施东西两翼地区和北部生态发展区开发区基础设施提升工程,优先推进列入国家公告目录的开发区基础设施建设,促进开发区基础设施水平明显提高。引导金融机构优化园区和入园企业金融服务,建立健全担保和再担保机构及体系。优化产业园区布局,北部生态发展区向市一级集中,东西两翼地区向沿海重大发展平台集中。强化分类指导和精准扶持,重点引导东西两翼地区和北部生态发展区各市园区向综合园发展，推动各县园区向专业园转型,形成市、县园区联动发展的新机制。按照全省区域协调发展和城乡融合发展的要求,科学合理布局建设特色小镇。按照集产业链、创新链、服务链、资金链、政策链于一体的理念,构筑特色小镇创新创业生态系统,促进"产城人文旅"各项功能有机结合,建设宜创、宜业、宜居、宜游、宜享的新型发展空间。统筹产业、科技、财税、金融、土地等各项政策,系统性支撑特色小镇发展。支持特色小镇加快构建高端和特色要素集聚平台,推动互联网、物联网技术与特色产业深度融合发展,充分发挥特色小镇优化城市功能、促进产业升级和推动绿色发展的作用。切实做到严防政府债务风险、严控房地产化倾向、严格节约集约用地、严守生态保护红线。

　　7. 建立区域协同发展新机制

　　推进体制机制的创新是区域协同发展的有力支撑。广东省通过实行差别化的区域政策、省级财政转移支付体制、健全区际利益补偿机制等促进省内区域协同发展。一是以主体功能区配套政策改革为引领,统筹考虑功能区战略定位和县域主体功能,实行差别化的财政、投资、产业、环保、用地、用林、用海、人才等发展政策,充分发挥区域的比较优势。"一核""一带"生态发展县(市、区),适用于北部生态发展区的发展政策。北部生态发展区是地级市市区、县城及全省生态发展县(市、区)各类省级以上区域重大发展平台和开发区,在实行更加严格的开发强度管控和生态环保准入门槛前提下，适用重点开发区域和东西两翼地区的发展政策。建立健全区域政策与其他宏观调控政策联动机制,围绕区域规划和区域政策导向,完善相关的财政、投资和产业政策。二是根据"一核一带一区"功能定位,以区域均衡为目标,建立以功能区为引领的省级财政转移支付制度。完善保工资、保运转、保基本民生的基本保障托底转移支付机制。实行重点招商引资项目和重点社会民生项目专项补助。加大对东西两翼地区和北部生态发展区地级市的支持力度,增强市辖区财政保障能力,推动提升城市品质和城区人口集聚。支持东西两翼地区和北部生态发展的省级高新区、省级产业转移工业园区建设，深入推进产业共建，非珠三角地区企业转移落户,省级产业转移工业园区比照享受产业共建财政扶持政策。中央预算内投资项目地方投资部分由省级与东西两翼地区和北部生态发展区市、县按一定比例分担,从相关领域省级专项资金中统筹解决省级财政资金,切实减少市、县配套资金。不断加大省财政对原中央苏区、海陆丰革命老区困难县、少数民族县的支持力度,专项补助标准提高到每年每县3000万元,并建立稳定增长机制。三是完善生态保护补偿转移支付办法,加大对生态地区因开展生态保护、污染治理、控制减少排放而带来的财政减收增支的财力补偿,促进生态地区与同类非生态地区均衡发展。强化政府统筹责任,按照功能区划分,建立优化开发区域和重点开发区域对生态发展区域的反哺机制,重点支持北部生态发展区建设。按照区际公平、权责对等、试点先行、分步推进的原则,完善多元化横向生态补偿机制,鼓励生态受益地区与生态保护地区、流域下游与流域上游通过资金补偿、对口协作、产业转移、人才培训、共建园区等方式建立横向补偿关系。推进区域间生态保护补偿试点示范,支持珠三角地区与东西两翼地区和北部生态发展区结合生态保护补偿完善对口帮扶机制。按照国家部署,做好碳排放权试点,完善林业碳汇交易机制。四是统筹发达地区和欠发达地区发展,编制对口帮扶中长期规划,坚持"输血"和"造血"相结合,推动欠发达地区加快发展。落实帮扶市和被帮扶市"双主体"责任,建立帮扶双方党政主要负责同志牵头推动、分管负责同志协调落实、帮扶指挥部具体推进的工作机制。以产业共建和民生社会事业为工作重点,优化产业共建政策体系,突出提升科技创新能力,研究制定支持珠三角地区企业将部分环节向东西两翼地区和北部生态发展区转移的优惠政策。突出产业共建主攻方向,调整优化产业共建着力点,因地制宜推动产业转移工业园区和现代农业产业园合作共建,对东西两翼地区和北部生态发展区产业园区项目给予普惠性财政资金奖补。积极探索扶持共建、股份合作、托管建设等产业合作模式,完善共建园区生产总值核算、税收分成等制度,形成责任共担、利益共享、合作共赢的长效机制。创新帮扶人才激励机制,建立组团式干部和专业技术人员帮扶新机制。完善对汕头、湛江两市的帮扶机制,加大帮扶力度。鼓励珠三角地区参与东西两翼地区和北部生态发展区基础设施建设。加强社会力量帮扶,大力推动珠三角地区省属国有大型企业、大型民营企业、三甲医院、高等学校等参与帮扶,鼓励省属医院、高等学校、科研院所等到东西两翼地区和北部生态发展区创建分校或分院,带动相关领域发展。五是深化投融资体制改革，加快建设高质量和高效率的现代化基础设施供给体系。完善东西两翼地区和北部生态发展区的跨区域高铁、高速公路、机场、港口码头等重点项目资本金负担机制，对国家及省统一部署在原中央苏区、海陆丰革命老区困难县、少数民族县境内的国家干线铁路、高速公路、机场、港口码头、水利、生态环境保护等项目资本金，免除当地出资责任。规范运用政府和社会资本合作模式，扩大公共产品和服务供给。鼓励通过项目资产证券化等多种形式，规范有序盘活基础设施项目存量资产。按照区域发展功能定位明确投资体制改革方向，向珠三角地区、东西两翼地区进一步下放省级审批管理权限，强化事中事后监管。加强对北部生态发展区重大投资项目的生态环境保护准入约束，试行企业投资项目承诺制，对违反生态环境保护承诺的企业投资项目予以严肃查处。加强政府投资计划管理，优先将珠三角地区科技创新项目、东西两翼地区重大产业集群项目以及北部生态发展区绿色产业发展项目纳入政府投资项目库。充分发挥省基础设施投资基金对不同功能区投资项目的引导作用，引导社会资本对项目跟投跟贷、联合投资。强化重大基础设施投资项目的金融支持，在坚持风险可控、总量平衡的前提下，加大地方债对重点区域发展战略和省定重点项目的支持力度。支持市、县培育市场化融资主体，通过资本市场发行债券融资。完善区域金融协调发展机制，改善区域金融生态环境。优化区域金融布局，推进广州、深圳金融产业高端化发展，推进区域性金融服务业发展，依托珠海横琴自贸区、广东金融高新技术服务区、汕头华侨经济文化合作试验区和湛江统筹城乡发展金融改革创新综合试验区等平台，打造区域金融新的增长极。支持梅州深化建设国家级农村金融改革创新综合试验区，支持河源、清远发挥生态优势与广州市绿色金融改革创新试验区联动开展绿色金融创新。发挥粤港澳大湾区资本市场优势，实现境内上市公司地级市全覆盖。在区域性股权交易市场建立东西两翼地区和北部生态发展区特色板块，鼓励珠三角地区与东西两翼地区和北部生态发展区地级市合作组建产业投资基金或创业投资基金。六是推进基本公共服务领域省与市、县共同财政事权和支出责任划分改革，适当强化省级分担责任，规范简化分类分档和分担比例，逐步建立起权责清晰、财力协调、标准合理、保障有力的基本公共服务制度体系和保障机制。突出基本公共服务均等化统揽各项民生保障工作的抓手作用,探索推进基本公共服务标准化,促进民生政策可持续。按照"既尽力而为、又量力而行"的原则,结合财力实际,集中力量推进补齐短板项目、缩小区域城乡差距,优先提高落后全国平均水平较多的重点项目保障水平,持续投入"底线民生"项目,稳步推动基本公共服务常住人口全覆盖。建立全省基本公共服务"一盘棋"工作机制,探索提高基本公共服务水平和统筹层次,推动城乡区域间基本公共服务衔接。健全社会力量积极参与的多元供给机制,提供更加有效更加优质的基本公共服务。七是建立健全区域协调发展用地保障政策,实施差别化土地资源配置政策,逐步将存量建设用地盘活作为珠三角地区用地的主要来源,新增建设用地指标安排集中向沿海经济带倾斜,重点服务国家及省重大战略。对省级重大基础设施、民生项目所需用地指标由省政府予以保障,对省重大平台和省级产业转移工业园区下达专项指标,允许各地以条件好的园区为基础统筹各类开发园区用地规模、各地存量建设用地盘活和重大产业项目供地后,可向省申请给予计划指标奖励,对东西两翼地区和北部生态发展区等欠发达地区在未来五年内下达专项扶持计划指标。用林指标优先向沿海经济带重大发展平台、重点基础设施和重大项目倾斜。加大对北部生态发展区乡村旅游、生态文化旅游、特色小镇、现代农业、农业农村基础设施、环保产业等项目用地的支持力度,探索点状供地模式。实施人地挂钩的用地指标分配方式,各地获得的用地指标应优先保障农业转移人口进城落户用地需求。合理安排使用跨省域调剂增减挂钩节余指标和规模,落实跨省域国家统筹耕地占补平衡及水田占补平衡政策,有序推进农村建设用地拆旧复垦指标跨市域流转交易。整合挖掘闲置建设用地规模,用足用好"三旧"改造政策,拓宽农村建设用地利用途径。严格管控围填海。进一步深化建设用地审批制度、城乡一体化土地市场制度改革,完善土地储备和低效用地退出机制、城市地下空间统筹开发利用机制。支持东西两翼地区新增长极建设,将土地领域除县级土地利用总体规划修编修改审核、县级土地规划中的有条件建设区使用方案的审批、占用基本农田的临时用地审批事项外的省级审批权限委托或下放给汕头、湛江。特别是广东省不断完善绿色生态发展约束机制,构建国土空间开发保护制度,以土地利用规划、城乡规划、主体功能区规划整合为主体,推进各类空间性规划"多规合一",制定统一的国土空间规划。按照"一核一带一区"功能布局,科学划定全省县域城镇、农业、生态空间和生态保护红线、永久基本农田、城镇开发边界等"三区三线",推动产业和城镇空间重点向沿海经济带集中,生态和农业空间重点向北部生态发展区集中。实施海岸带综合保护与利用规划,建设一批各具特色的海岸带综合保护与利用示范区。开展北部生态发展区空间规划调整和产业空间清理整治,推动工业集中进园。建立健全主体功能区产业准入负面清单,严格产业的环境准入,调整不符合生态环境功能定位的产业布局,优化产业、能源、交通运输和农业投入结构。严格实施能源、水资源、建设用地总量和强度"双控制度"及环境保护责任考核制度,按照"一核一带一区"功能区布局逐步调整完善相关指标分解考核机制。深化生态环境监管体制改革,实行领导干部自然资源资产离任审计。全面落实河长制、湖长制,探索实施湾长制,强化环境保护督察执法,严格环境损害责任追究和惩戒。

二、山西省的区域协同发展

作为资源型地区和位于生态脆弱的黄土高原的省,山西省推动形成可持续生产生活方式的责任重于全国。作为中部欠发达省份和革命老区,山西省防止区域之间发展差距过大任务重于全国。促进区域协调发展,提高经济社会活动空间格局与资源环境承载力空间格局的匹配度,进一步促使区域分工合理化,是山西省全面建成小康社会的即时选择,又是资源型地区转变发展方式的长远之需。

改革开放以来,国家先后实施了沿海开放、西部大开发、东北老工业基地及中部崛起战略,对全国的区域经济布局进行了一系列重大调整。进入 21 世纪,国家相继推出一系列综合配套改革试验区,掀起了一次特色区域合作和一体化发展的浪潮, 其中,2010 年 12 月 13 日, 国家发展改革委正式批复设立"山西省国家资源型经济转型综合配套改革试验区",这是中国第一个全省域、全方位、系统性的国家级综合配套改革试验区。近年来,在经济增速换挡和结构调整的巨大变革下,中国经济迈向新常态,适应新常态下区域经济发展的新要求,国家出台了"一带一路"、京津冀协同发展、长江经济带等一系列重大区域战略,对于山西区域发展来说,既是机遇,又是挑战。

山西作为一个资源型地区和欠发达省份,统筹区域发展、优化经济布局、建立和完善省际以及省内各区域之间协调互动发展机制，是当前提升山西综合竞争力的迫切需要。面对全国经济格局和区域发展的新变化，以及当前国内促进区域协调、建设和谐社会的大背景，特别是京津冀、长江经济带、粤港澳大湾区等区域经济一体化合作的兴起，山西依托承东启西的地缘优势，创新区域发展战略，加快经济结构调整，深化大范围、跨区域的经济合作和协同发展，是事关山西社会经济稳定、协调、持续发展的关键所在。

（一）山西省区域协同发展的背景

近年来，山西省采取"中心集聚、轴线拓展、点线带面"的非均衡区域发展策略，区域发展的协调性显著增强，但仍存在人口、要素流动与环境承载之间不协调，都市区与城镇群发育不充分，"两山"地区和晋北风沙地区自我发展不足，与京津冀及周边区域合作互动不够等问题。经济发展新常态下，区域发展的内外部环境正在发生深刻变化，促进区域协调发展面临重大机遇，也存在诸多挑战。需优化发展格局，创新协调机制，统筹推进山西省区域协调发展，促进区域协调发展、协同发展、共同发展。

1. 我国区域协同发展的历程

新中国成立至今，我国区域经济发展格局发生了较大变化，促进区域协调发展的理念贯穿其中。对我国区域协同发展的进程进行归纳和总结，深入剖析其驱动因素、阶段特征，对于山西省区域协同发展的研究具有重要的参考和借鉴意义。总的来看，新中国成立后我国区域发展格局大体经历了均衡发展阶段、非均衡发展阶段、非均衡协调发展阶段、统筹区域协调发展等四个主要阶段。

（1）均衡发展阶段（1949—1978 年）。

新中国成立至改革开放前的 30 年间，均衡发展战略贯穿始终。根据区域发展阶段的历史背景和实施空间分布差别，该时期又可以分为四个阶段：1949—1957 年的 156 项布局阶段，1958—1964 年的"大跃进"独立体系阶段，1965—1971 年的三线转移阶段和 1972—1978 年的大型项目东移阶段。

均衡发展战略取得的主要成就包括：在西部建立了一批重要项目，包括几条铁路干线、新兴工业化城市和专业生产科研基地；改变了全国产业布局极不平衡的格局，促进了全国经济网络的形成，也改变了经济落后地区的面貌，加强了各民族的团结;尤为重要的是,通过充分发挥计划经济优势,最大限度集中有限资源,加强国防建设,应对了当时紧张的地缘关系,树立了大国的国际政治形象。

但由于中西部地区自然环境和经济基础较差,投资回报率明显低于沿海地区。不顾东西部地区的客观差异而人为推行均衡发展的战略,虽然可以在表面上缩小区域发展差异,但最终必将导致整体发展速度的迟滞及总体经济发展效率的降低。同时,受后续资金短缺、基础设施落后、能源供给紧张等因素的制约,这种发展战略本身也难以为继。

(2)非均衡发展阶段(1979—1991年)。

改革开放初期,我国区域发展战略的主要思路是,配合对外开放的需要,首先在东部沿海地区发展外向型经济,积极参与国际竞争与合作,这些地区先发展起来,再辐射和带动广大内地,从而实现全国的快速发展。非均衡发展阶段中,我国区域经济格局总体上呈东、中、西三大经济带波浪式推进特征。1979—1991年,是我国经济的转型调整时期,和平与发展成为时代的主题,改革开放成为时代的主旋律。在这个时期内,我国的发展战略由公平优先迅速向效率优先转变。

邓小平提出让一部分人、一部分地区先富起来,先富带动后富,最终实现共同富裕。一部分地区发展快一点,带动大部分地区,这是加速发展、达到共同富裕的必然路径。东南沿海是我国经济基础最好的地区,且其地理位置及外部条件、历史传统等因素均有利于对外开放、吸引外资。因此,这一阶段国家在东部沿海地区实行"率先开放",先后设立了5个经济特区、14个沿海港口城市、5个沿海经济开放区;同时国家在政策上给予大力支持,对东部沿海地区实行投资、财税、信贷、外贸外资、价格等政策倾斜,实行"率先改革";中央的大项目也多布置在东南沿海地区,由此各类要素开始向东南沿海集中,促进东部沿海地区"率先发展",进而推动了整个国民经济的发展。

"七五"时期,中国的区域经济大格局由长期占主导地位的沿海与内地两大板块调整为东、中、西三大经济地带的波浪式推进格局。这样一种格局,成为此后很长一段历史时期内我国区域经济发展的基本格局,三大地带随着市场化进程的深入而不断分异,区域间的差别、差异日益显著。

以经济效率为目标、以发挥各个地区的比较优势为出发点的区域非均衡发展战略,符合当时我国经济社会环境发展的要求,其具体实施,扭转了改革前的高投入低产出的低效率发展局面。

非均衡发展战略造就了能够带动国民经济整体增长的经济核心区和增长极,促进了国民经济的快速增长,显著提高了人民群众的生活水平。非均衡发展战略注重针对不同地区实施有区别的政策措施,沿海地区经济发展战略通过对沿海地区的政策倾斜及投资倾斜加速了东部地区经济的迅速发展,使东部区域特别是东南沿海地区成为推动我国国民经济持续高速增长的动力源泉,并通过示范效应和扩散效应,一定程度上带动了中西部地区经济的发展。

(3)非均衡协调发展阶段(1992—1998年)。

前一阶段非均衡发展战略的实施,极大地释放了东部沿海地区的经济能量,推动了国民经济的高速发展,但同时也带来诸多问题,如:区域发展不平衡加剧,三大地带尤其是东部和中西部地区发展差距进一步拉大,重复建设、市场封锁、地方保护日益盛行等。针对这些问题,国家从"八五"开始就着手对区域经济发展战略进行调整。但是真正把解决地区差距、实现区域协调发展提到战略高度,并作为一条长期的战略方针提出来,始于党的十四大。

伴随着经济体制由计划经济向市场经济转轨的不断深化,我国区域经济发展战略的讨论又进入新的阶段。以邓小平同志南方谈话和党的十四大召开为标志,我国改革开放、现代化建设以及区域发展战略的实施均进入了新的发展阶段。

党的十四大报告提出,在国家统一指导下,按照因地制宜、合理分工、优势互补、共同发展的原则,促进地区经济的合理布局和健康发展。此后,我国对外开放政策开始由沿海向中西部地区推进,开放了一大批内陆省会城市,沿边、沿江城市。党的十四届五中全会通过了《中共中央关于制定国民经济和社会发展"九五"计划和2010年远景目标的建议》,其中明确提出要"坚持区域经济协调发展,逐步缩小地区发展差距"。第八届全国人民代表大会第四次会议通过的《关于国民经济和社会发展"九五"计划和2010年远景目标纲要的报告》专设"促进区域经济协调发展"一部分,系统阐述了此后15年国家的区域经济发展战略。这标志着区域协调发展战略的重要性已经形成共识并成为我国经济社会发展过程中必须贯彻的重要方针。党的十五大报告对地区差距的形势再次做了客观、准确的判断,进一步强调要促进地区经济合理布局和协调发展。这表明,区域协调发展战略已经初步形成。

(4)统筹区域协调发展阶段(1999年至今)。

20世纪末以来,我国社会经济发展中各种隐性的区域问题逐渐显露出来,如东部一些大城市的膨胀问题、中部六省经济地位的日益边缘化问题、东北老工业基地的衰退以及西部地区的严重落后等问题。区域经济关系的不协调,严重影响着国民经济的良性运行、社会的稳定发展和现代化战略目标的实现。同时传统要素对我国区域经济发展的影响正在下降,经济全球化、信息化、技术创新和生态环境正成为影响我国区域经济新格局形成的重要力量。

在此背景下,1999年党中央和国务院提出西部大开发战略,标志着我国区域协调发展战略开始进入具体实施阶段。2000年《中华人民共和国国民经济和社会发展第十个五年计划纲要》提出,实施西部大开发,促进地区协调发展,把地区协调发展提到了前所未有的高度。党的十六大也强调发挥各具特色的区域优势,促进地区协调发展。

以科学发展观为指导的统筹区域发展战略的提出,引导着中国区域经济格局再次发生巨变。2003年10月,党的十六届三中全会通过了《中共中央关于完善社会主义市场经济体制若干问题的决定》,明确提出完善社会主义市场经济体制所要贯彻的五个统筹,即统筹城乡发展、统筹区域发展、统筹经济社会发展、统筹人与自然和谐发展、统筹国内发展和对外开放的要求。这是从一个更为突出的高度来为解决我国经济发展面临的诸多现实问题提供战略构想,可以看出解决区域发展问题,构建和谐的区域经济关系,仍然是中央经济发展战略的重点。

这一时期,继续深入推进西部大开发战略,振兴东北老工业基地,促进中部地区崛起,实施主体功能区战略等构成了我国区域经济及发展政策的主要内容。

一是深入推进西部大开发战略。《"十二五"规划纲要》提出:坚持把深入实施西部大开发战略放在区域发展总体战略优先位置,给予特殊政策支持。加强基础设施建设,扩大铁路、公路、民航、水运网络,建设一批骨干水利工程和重点水利枢纽,加快推进油气管道和主要输电通道及联网工程。加强生态环境保护、强化地质灾害防治,推进重点生态功能区建设,继续实施重点生态工程,构筑国家生态安全屏障。发挥资源优势,实施以市场为导向的优势资源转化战略,在资源富集地区布局一批资源开发及深加工项目,建设国家重要能源、战略资源接续地和产业集聚区,发展特色农业、旅游等优势产业。大力发展科技教育,增强自我发展能力。支持汶川等灾区发展。坚持以线串点、以点带面,推进重庆、成都、西安区域战略合作,推动呼包鄂榆、广西北部湾、成渝、黔中、滇中、藏中南、关中天水、兰州西宁、宁夏沿黄、天山北坡等经济区加快发展,培育新的经济增长极。

二是振兴东北老工业基地。《"十二五"规划纲要》提出:发挥产业和科技基础较强的优势,完善现代产业体系,推动装备制造、原材料、汽车、农产品深加工等优势产业升级,大力发展金融、物流、旅游以及软件和服务外包等服务业。深化国有企业改革,加快厂办大集体改革和"债转股"资产处置,大力发展非公有制经济和中小企业。加快转变农业发展方式,建设稳固的国家粮食战略基地。着力保护好黑土地、湿地、森林和草原,推进大小兴安岭和长白山林区生态保护和经济转型。促进资源枯竭地区转型发展,增强资源型城市可持续发展能力。统筹推进全国老工业基地调整改造。重点推进辽宁沿海经济带和沈阳经济区、长吉图经济区、哈大齐和牡绥地区等区域发展。

三是促进中部地区崛起。《"十一五"规划纲要》给予中部崛起问题以充分的关注。提出:中部地区要依托现有基础,提升产业层次,推进工业化和城镇化,在发挥承东启西和产业发展优势中崛起。

2006年4月,中共中央、国务院印发《关于促进中部地区崛起的若干意见》。2007年4月国家促进中部地区崛起工作办公室挂牌成立。

《"十二五"规划纲要》提出:发挥承东启西的区位优势,壮大优势产业,发展现代产业体系,巩固提升全国重要粮食生产基地、能源原材料基地、现代装备制造及高技术产业基地和综合交通运输枢纽地位。改善投资环境,有序承接东部地区和国际产业转移。提高资源利用效率和循环经济发展水平。加强大江大河大湖综合治理。进一步细化和落实中部地区比照实施振兴东北地区等老工业基地和西部大开发的有关政策。加快构建沿陇海、沿京广、沿京九和沿长江中游经济带,促进人口和产业的集聚,加强与周边城市群的对接和联系。重点推进太原城市群、皖江城市带、鄱阳湖生态经济区、中原经济区、武汉城市圈、环长株潭城市群等区域发展。

四是继续支持东部地区率先发展。《"十二五"规划纲要》提出:发挥东部地区对全国经济发展的重要引领和支撑作用,在更高层次参与国际合作和竞争,在改革开放中先行先试,在转变经济发展方式、调整经济结构和自主创新中走在全国前列。着力提高科技创新能力,加快国家创新型城市和区域创新平台建设。着力培育产业竞争新优势,加快发展战略性新兴产业、现代服务业和先进制造业。着力推进体制机制创新,率先完善社会主义市场经济体制。着力增强可持续发展能力,进一步提高能源、土地、海域等资源利用效率,加大环境污染治理力度,化解资源环境瓶颈制约。推进京津冀、长江三角洲、珠江三角洲地区区域经济一体化发展,打造首都经济圈,重点推进河北沿海地区、江苏沿海地区、浙江舟山群岛新区、海峡西岸经济区、山东半岛蓝色经济区等区域发展,建设海南国际旅游岛。

五是主体功能区战略。主体功能区规划是我国第一次颁布实施的中长期国土开发总体规划,立足于构筑我国长远的、可持续的发展蓝图。从《"十一五"规划纲要》提出将国土空间划分为优化开发、重点开发、限制开发和禁止开发四类主体功能区,按照主体功能定位调整完善区域政策和绩效评价,规范空间开发秩序,形成合理的空间开发结构,到党的十七大提出了建立主体功能区布局的战略构想,再到《"十二五"规划纲要》明确提出实施主体功能区战略。

2010 年 6 月 12 日,国务院总理温家宝主持召开国务院常务会议,审议并原则通过《全国主体功能区规划》。该规划的主要内容包括:优化国土空间开发格局,实施分类管理的区域政策,实行各有侧重的绩效评价,建立健全衔接协调机制。该规划明确,按开发方式划分,国土空间划分为优化开发、重点开发、限制开发和禁止开发四大功能区域;按开发内容划分,则分为城市化地区、农产品主产区和重点生态功能区;按层级划分,则分为国家和省级两个层面。

《全国主体功能区规划》提出了国土空间的"三大战略格局",即构建"两横三纵"为主体的城市化战略格局、构建"七区二十三带"为主体的农业战略格局和构建"两屏三带"为主体的生态安全战略格局。

　　构建"两横三纵"为主体的城市化战略格局。构建以陆桥通道、沿长江通道为两条横轴,以沿海、京哈京广、包昆通道为三条纵轴,以国家优化开发和重点开发的城市化地区为主要支撑,以轴线上其他城市化地区为重要组成部分的城市化战略格局。推进环渤海、长三角、珠三角地区的优化开发,形成三个特大城市群;推进哈长、江淮、海峡西岸、中原、长江中游、北部湾、成渝、关中—天水等地区的重点开发,形成若干新的大城市群和区域性的城市群。

　　构建"七区二十三带"为主体的农业战略格局。构建以东北平原、黄淮海平原、长江流域、汾渭平原、河套灌区、华南和甘肃、新疆等农产品主产区为主体,以基本农田为基础,以其他农业地区为重要组成的农业战略格局;"二十三带"则包括东北平原的优质水稻、专用玉米、大豆和畜产品产业带,黄淮海平原的优质专用小麦、优质棉花、专用玉米、大豆和畜产品产业带等。

　　构建"两屏三带"为主体的生态安全战略格局。构建以青藏高原生态屏障、黄土高原川滇生态屏障、东北森林带、北方防沙带和南方丘陵山地带以及大江大河重要水系为骨架,以其他国家重点生态功能区为重要支撑,以点状分布的国家禁止开发区域为重要组成的生态安全战略格局。

　　总体来看,主体功能区战略的实施有利于优化空间结构,提高空间利用效率,实现区域协调发展和可持续发展,必将对未来我国区域经济格局形成和发展产生深远影响。

　　2.区域协同发展进程的主要特点

　　通过前述对我国区域发展总体格局及国家区域经济政策演变的探究,可以总结出我国区域经济格局演变的主要特点:

　　(1)主要由政府主导演变和形成。

　　新中国成立以来,随着党中央对什么是社会主义、怎样建设社会主义等一系列基本问题认识的逐步深化,我们党根据国家建设和发展的实际情况创造性地发展了马克思列宁主义,形成了毛泽东思想、邓小平理论、"三个代表"重要思想、科学发展观、习近平新时代中国特色社会主义思想等一系列一脉相承的中国特色社会主义理论体系,这成为我们党建设和发展社会主义的指导思想。在这一发展过程中,随着对社会主义发展阶段和市场经济认识的不断深化,我国实现了由计划经济到市场经济的经济发展方式的转变。伴随着指导思想、经济发展方式的转变,在区域经济政策方面,针对不同阶段国际、国内宏观经济及区域经济发展的现实情况,党中央、国务院不断调整和完善区域发展战略,以发展规划、政策文件等形式自上而下地主导并推动了国内区域经济发展格局的形成。

　　针对东、中、西三大地带的发展,毛泽东曾在《论十大关系》中指出,"在沿海工业和内地工业的关系问题上,要充分利用和发展沿海的工业基地,以便更有力量来发展和支持内地工业"。《"七五"规划》建议首次明确了我国经济分布客观上存在着东、中、西部三大地带,并且在发展上呈现出逐步由东向西推进的客观趋势。此后的多项规划、政府文件都提出要鼓励和支持发展东部地区率先发展,并且出台多项相关的政策措施。此后,针对区域经济发展的新情况、新问题,党中央逐步调整区域经济发展战略,相继出台了西部大开发、振兴东北老工业基地、促进中部地区崛起等政策。《"十一五"规划纲要》明确提出,"坚持实施推进西部大开发,振兴东北地区等老工业基地,促进中部地区崛起,鼓励东部地区率先发展的区域发展总体战略,健全区域协调互动机制,形成合理的区域发展格局。"随着工业化、城镇化的深入推进,国家又以区域发展规划的形式鼓励和支持区域发展板块实现全方位、多极化、多点开花式的快速发展。除《长江三角洲地区区域规划》《珠江三角洲地区改革发展规划纲要》外,国务院先后批复了《关于支持福建省加快建设海峡西岸经济区的若干意见》《关中—天水经济区发展规划》《江苏沿海地区发展规划》《横琴总体发展规划》《辽宁沿海经济带发展规划》《促进中部地区崛起规划》《中国图们江区域合作开发规划纲要》《黄河三角洲高效生态经济区发展规划》《鄱阳湖生态经济区规划》《甘肃省循环经济总体规划》《关于推进海南国际旅游岛建设发展的若干意见》《皖江城市带承接产业转移示范区规划》等十余个区域发展规划。进入新阶段,党中央又适时提出了打造长江经济带、丝绸之路经济带等区域发展战略。可见,我国区域经济格局的形成受国家战略和政策的重要影响,主要由政府自上而下地推动和实施。

　　(2)以分阶段非均衡战略模式为主。

　　通过前文对我国区域经济政策及格局演进的论述可以看出,除1978年改革开放前的均衡发展阶段实施均衡发展战略之外,其后的非均衡发展阶段

(1979—1991年)、非均衡协调发展阶段(1992—2002年)均呈显著的非均衡战略特征,即使2003年后实施的统筹区域协调发展阶段,更为重视缩小区域发展差距,但其实质仍然是非均衡发展战略。"十一五"规划提出的区域发展的总体战略是:推进西部大开发,振兴东北地区等老工业基地,促进中部地区崛起,鼓励东部地区率先发展。《"十二五"规划纲要》提出的区域发展总体战略是:推进新一轮西部大开发,全面振兴东北地区等老工业基地,大力促进中部地区崛起,积极支持东部地区率先发展,加大对革命老区、民族地区、边疆地区和贫困地区扶持力度。可见,现阶段的区域发展战略中,为加快缩小区域发展差距,国家战略和政策措施更要有所侧重,在继续保持东部地区发展优势的同时,把深入实施西部大开发战略放在区域发展总体战略的优先位置,给予特殊政策支持,同时也注重中部地区、东北老工业基地及其他落后地区的发展。

(3)城市群成为区域发展的主要载体。

城市群(又称城市带、城市圈、都市群或都市圈等)是在城镇化过程中,在一定区域范围内,依托一定的自然环境和交通条件,以若干区域性中心城市为核心,向周边城市辐射构成的城市集合。城市群的内在联系主要体现在区域中城市间经济一体化程度的提高,交通、社会生活、城市规划和基础设施建设的相互影响。多个城市群或单个大的城市群构成经济圈。随着我国城镇化的逐步推进和产业发展的集聚,中心城市的辐射带动作用逐步加强,城市间的经济联系日趋紧密,城市群逐渐成为区域经济发展和格局演变的主要载体和方式。城市是经济增长和社会进步的主要载体,承载了我国各大经济圈带的形成和发展,实质上是城市群的形成和发展。

"十一五"规划明确指出,城市群是我国推进城镇化的主体形态。改革开放以来,中国城镇化进程快速推进。官方数据显示,我国城镇化率由2000年的36.22%提高至2013年的53.73%,达到世界平均水平。进入21世纪以来,我国区域经济发展的重要特点是城市群的出现。《"十一五"规划纲要》明确:"要把城市群作为推进城镇化的主体形态;已形成城市群发展格局的京津冀、长江三角洲、珠江三角洲等区域,要继续发挥带动和辐射作用,加强城市群内各城市的分工协作和优势互补,增强城市群的整体竞争力;具备城市群发展条件的区域,要加强统筹规划,以特大城市和大城市为龙头,发挥中心城市作用,形成若干用地少、就业多、要素集聚能力强、人口分布合理的新城市群。"

除京津冀、长三角、珠三角三大城市群之外,新的城市群如山东半岛城市群、辽中南城市群、中原城市群、长江中游城市群、海峡西岸城市群、川渝城市群、关中城市群、长珠潭城市群也逐步显现,以长春、吉林为中心的吉林省中部、以哈尔滨为中心的黑龙江中北部、以南宁为中心的北部湾地区、以乌鲁木齐为中心的天山北坡地区等都有望发展成为新的规模较大的城市群。

近年来,高速公路和高速铁路网的完善极大改善了城市之间的交通状况,缩短了城市间的空间距离,城市间的产业联系与经济合作不断加强,区域经济一体化的进程加快。《"十二五"规划纲要》提出,在东部地区逐步打造更具国际竞争力的城市群,在中西部有条件的地区培育壮大若干城市群。"十二五"规划指出,针对促进中部地区崛起,要"重点推进太原城市群、皖江城市带、鄱阳湖生态经济区、中原经济区、武汉城市圈、环长株潭城市群等区域发展";针对积极支持东部地区率先发展方面,提出要"推进京津冀、长江三角洲、珠江三角洲地区区域经济一体化发展,打造首都经济圈"。在推进城镇化建设方面,"十二五"规划指出,以大城市为依托,以中小城市为重点,逐步形成辐射作用大的城市群;构建以陆桥通道、沿长江通道为两条横轴,以沿海、京哈京广、包昆通道为三条纵轴,以轴线上若干城市群为依托、其他城市化地区和城市为重要组成部分的"两纵三横"的城市化战略格局,促进经济增长和市场空间由东向西、由南向北拓展。

(4)区域内增长点呈现多极化。

经济圈或城市群的规模有大有小,但每个城市群都有其核心城市。一般来说,一个城市群至少拥有一个核心城市,有的多达三四个,核心城市规模一般较大。随着工业化、城镇化的快速推进,城市集聚作用持续增强,城市群规模逐步扩大,经济圈核心城市作用得到充分发挥的同时,其内部各城市的分工协作和优势互补得到加强,城市间的发展水平日趋均衡,区域次核心城市地位逐步提升,区域内经济增长点和增长极呈现多极化趋势。从我国经济圈带和城市群发展情况来看,无论是传统的三大经济圈,还是新兴经济圈及其城市群,在区域经济一体化的同时,区域竞争与合作并存,不仅区域内经济增长点呈现多极化发展态势,城市间发展水平也日趋均衡。

在环渤海经济圈中,以京津冀为核心的环渤海城市群以北京为核心城市,但近年来,天津市发展势头迅猛,已发展成为区域内仅次于北京的第二个增长极,常住人口、地区生产总值等指标水平提高显著。2012 年末,天津市常住人口达到 1413 万人,为北京的 68.29%;地区生产总值达到 1.29 万亿元,为北京的 72.12%;人均地区生产总值甚至超过北京,达到 93173 元,是北京的 1.07 倍。此外,随着国家打造首都经济圈战略的实施,区域内的石家庄、唐山、保定、秦皇岛、廊坊、承德等地凭借地缘优势,有序承接北京产业转移,发展势头良好。可以预期,京津冀城市群甚至环渤海经济圈将继续呈现多极化发展态势。

除以京津冀为核心的环渤海经济圈外,长三角、珠三角等经济圈内部同样呈经济多极化、城市发展均衡化态势。就长三角的情况来看,江苏、浙江两省的地区生产总值、财政收入早已超越上海,人均地区生产总值也逐步接近。在长三角城市群内部,沪、宁、杭三大城市发展日趋均衡,宁波、苏州、无锡、常州、镇江、扬州、南通等城市发展迅猛,其经济发展的速度已超过上海,并在诸多产业领域赶超沪宁杭。长三角经济圈内部显露出多极化、扁平化和同质化的发展趋势。

此外,随着中西部地区经济社会持续高速发展,新兴经济圈和城市群逐步形成,各新兴经济圈、城市群内部同样呈现经济增长的多极化态势。

3. 山西实施区域协同发展的意义

从全国来看,在协调发展的部署和举措中,区域协调发展是重中之重。我国幅员辽阔、人口众多,各地发展基础和条件各异,不仅省(区、市)之间差异较大,而且很多省(区、市)内部各地市的差异也较大,协调区域发展是现代化进程中必须面对的重大课题。我国在"九五"时期提出实施区域协调发展战略,此后相继推出了西部大开发、东北地区等老工业基地振兴、中部崛起等一系列区域发展战略。随着这些战略的实施,我国区域发展的协调性明显增强。但是,区域发展不协调问题还没有得到根本解决。《"十三五"规划纲要》和党的十九大报告根据经济发展新常态下国民经济发展的新要求,丰富了区域协调发展战略的内涵,增强了区域协调发展政策措施的可操作性,增强了区域发展各项战略及其与新型城镇化等战略的协同性。在实践中,我国逐步形成了多层次、多对象、多目的的区域发展战略和政策体系,包括区域发展总体战略、京津冀协同发展、长江经济带发展、"一带一路"建设以及各种功能区、特区和实验区政策等。新型城镇化战略、主体功能区制度等区域发展战略也对区域经济格局产生了重要影响，有效发挥了各地区的比较优势，共抓生态环境大保护，加快统一市场建设，有力推动东中西协调发展。区域协调发展的内涵在不断丰富，已不仅仅是地区发展差距缩小，更体现在区际关系改善、区域合作加强等方面。区域协调发展不再是"独角戏"，已发展成为"大合唱"。

从山西来看，近年来山西积极贯彻落实党中央、国务院关于区域协调发展的决策部署，采取非均衡区域发展策略，以太原都市圈为核心，大运城镇发展轴带为主干，晋北、晋南、晋东南三个城市经济圈域为主体的"一核一圈三群"的城镇集群，着力扶持特殊地区加快发展，积极融入"一带一路"建设、京津冀协同发展等，深化与周边地区合作交流，区域发展的协调性显著增强。但还存在区域城乡发展不平衡、部分地区发展不充分的问题。主要表现在，山西省各地区域经济发展不平衡性较大，都市区与城镇群发育不充分，"两山"地区自我发展能力不足，资源型城市转型压力大，与周边区域合作互动不够等问题仍然突出，制约了山西省经济高质量发展和人民群众生活水平的提高。基于山西区域发展实际，山西省的区域协调发展在区域经济转型发展、城乡融合发展和城市可持续发展等方面具有独特的优势和广阔的发展前景。但与世界和我国发达地区的区域相比，山西省区域协调发展还面临着诸多挑战。在山西省加快转变发展方式、着力推进"三大目标"的实践中，急需增强全省发展的协调性，在协调发展中拓宽发展空间，在加强薄弱领域中增强发展后劲，促进山西省各个区域的协调互动，建立大城市与小城镇协调发展的合理布局，做好区域协调发展内外两个层次，努力塑造资源型地区要素有序自由流动、主体功能约束有效、基本公共服务均等、资源环境可承载的区域协调发展新格局。

山西省实施区域经济的协同发展，一是增强山西区域协同性的主要途径。党的十九大报告立足于解决发展不平衡不充分问题，以全方位、系统化视角，提出今后一个时期实施区域协调发展战略的主要任务。山西省贯彻落实党的十九大报告精神，推进区域协调发展战略，着力提升各层面区域战略的联动性和全局性，将增强山西省区域发展的协同性和整体性，进一步开创区域协调发展新局面。二是拓展区域发展新空间的内在要求。实施区域协调发展战略，将山西省各区域、城乡、山川等不同类型、不同功能的区域纳入全省战略层面统筹规划、整体部署,推动区域互动、城乡联动、山川统筹,这对于优化空间结构、培育和形成区域经济增长极、拓展区域发展新空间具有重大战略意义。三是提高经济运行效率的重要支撑。当前,经济运行已由高速增长阶段转向高质量发展阶段,区域经济发展必须加快转变发展方式、优化经济结构和转换增长动力。山西省实施区域协调发展战略,推动全省各地区充分发挥比较优势,深化区际分工;促进要素有序自由流动,提高资源空间配置效率;推动各地区依据主体功能定位发展,促进人口、经济和资源、环境的空间均衡,进而实现全省域更高质量、更有效率、更加公平、更可持续的发展,将对促使山西省区域分工合理化、提高经济发展质量和效益、塑造要素有序自由流动的区域协调发展新格局发挥着重要支撑作用。四是建设美丽宜居新山西的有效抓手。作为资源型省份,山西省解决环保突出问题、补上生态修复短板的任务更加繁重,深化生态文明体制改革、推动形成绿色发展方式的责任更加重大。建设美丽宜居新山西,要求全省发展必须与资源环境承载力相适应,不能超越生态系统的许可限度。强化主体功能区作用,推进区域协调发展,提高经济社会活动空间格局与资源环境承载力空间格局的匹配度,是山西省实现生活环境整洁优美、生态系统稳定健康、人与自然和谐共生,建设黄土高原美丽新家园的有效途径。

(二)山西区域协同发展的现状

近年来,山西各地在推进主体功能区建设、特色经济廊带和城镇群建设等方面取得了一定成效,是促进区域协调发展的有益实践。但由于山西区域间发展不平衡是一个长期存在的现象,区域协调发展的体制机制尚不健全,促进区域协调发展仍然面临着一些突出的矛盾和问题。

1.区位优势突出,各市发展不平衡

山西省区域经济比较优势突出,资源丰富、交通便利,市场广阔。在新的区域经济格局下,山西承担着全国经济发展梯度转移"承东启西"的责任,在原材料等主要商品的定价机制上能够发挥更大的作用,并借此时机积极开展深层次合作,建立了自己的发声平台。同时,山西毗邻环渤海经济区、京津冀地区,具有地缘优势、资源优势和功能互补优势,能够成为环渤海经济区、京津冀协同发展和雄安新区的服务对接地和产业承接地。因此,山西省以优势产业和通道经济为基础,在促进与其他区域的合作协调发展方面将大有可为。

但各地市发展不平衡。从人口分布看,2022 年,全省仅有太原市常住人口突破 500 万人,运城市人口达到 470 余万人,大同、长治、晋中、临汾和吕梁人口在 300 万—400 万人之间,朔州、阳泉两市人口均不到 200 万人(见表 5-1)。

表 5-1 山西省 11 个地市 2022 年常住人口

市 名	常住人口 / 万人	占比 / %	排 名
太原市	543.50	15.61	1
大同市	310.02	8.91	7
阳泉市	131.11	3.77	11
长治市	314.17	9.02	6
晋城市	218.93	6.29	9
朔州市	159.07	4.57	10
晋中市	339.45	9.75	4
运城市	471.85	13.55	2
忻州市	265.56	7.63	8
临汾市	390.66	11.22	3
吕梁市	337.05	9.68	5

从经济水平看,省会太原 GDP 占全省总量的 1/5 强,也是唯一突破 5000 亿元的市,长治、晋城、运城、晋中、临汾、吕梁等 6 个市均超过 2000 亿元,大同接近 2000 千亿元,忻州、阳泉、朔州 3 个市与其他地市差距较大(表 5-2)。人均 GDP 最高的太原是人均 GDP 最低的忻州的近 3 倍。应当注意到,全省经济发展单极化态势不仅体现在省会太原发展的一枝独秀方面,在各个地级市内部,同样呈现单极化态势,地市政府所在市区集中了大部分的经济总量。例如,2022 年太原市区的 GDP 占全市的比重高达 88.50%,大同市这一比值达到 74.05%,阳泉的是 65.86%,朔州的是 49.52%。区域极核作用固然重要,但也从另一个侧面反映出区域经济依赖度高、缺少县域经济支撑等弊端。

表 5-2 山西省 11 个地市 2022 年地区生产总值

市　名	地区生产总值 / 万元	占比 / %	排　名
太原市	5571.17	21.76	1
大同市	1842.50	7.19	8
阳泉市	1012.90	3.95	11
长治市	2804.80	10.94	2
晋城市	2305.40	8.99	4
朔州市	1536.20	5.99	9
晋中市	2112.30	8.24	7
运城市	2301.10	8.97	5
忻州市	1500.60	5.85	10
临汾市	2227.90	8.69	6
吕梁市	2418.90	9.43	3

从产业分布方面看,受资源禀赋及产业基础影响,各地市支柱产业普遍集中在煤焦冶电等资源型产业上,大多数区域仍以第二产业为主(见表 5-3),产业结构趋同。近年来受到多重因素影响,经济增速下滑严重,全省各地市大都陷入转型发展困境。

表 5-3　2022 年山西各地市三次产业结构　　　　　　单位:%

区　域	一产占比	二产占比	三产占比
全　省	5.23	53.98	40.79
太原市	0.90	44.20	54.90
大同市	5.80	44.90	49.30
阳泉市	1.60	55.60	42.80
长治市	3.46	65.84	30.70

续表

区　　域	一产占比	二产占比	三产占比
晋城市	3.40	66.00	30.60
朔州市	6.40	49.40	44.20
晋中市	7.40	55.70	36.90
运城市	15.30	42.10	42.60
忻州市	8.20	52.90	38.90
临汾市	7.10	55.80	37.10
吕梁市	4.50	69.60	25.90

总体看,全省区域经济发展水平不平衡性突出,且呈单极化态势。受人口分布、地区生产总值等基础性因素影响,区域发展不平衡性也体现在居民收入和消费水平等多个方面。

2. 城镇体系完备,大城市带动不强

按照"一核一圈三群"城镇化总体布局,山西省城镇布局和形态进一步优化。太原、晋中同城化进程加快,成为全省城镇化核心、科技发展中心、产业转型中心。太原都市区对阳泉、忻州、吕梁的辐射能力明显增强,孝汾平介灵组群推进区间交通网络的一体化对接,加强了城市功能的有机联系。晋北、晋南和晋东南三大城镇群快速推进,成为引领全省经济发展的重要增长极。晋北城镇群以大运、同蒲通道为轴线,以大同、朔州两个中心城市为核心,发展大同盆地为重点区域的城镇和工业密集区。晋南城镇群强化临汾、运城、侯马等中心城市的作用,加快推进新区、新城建设,壮大城市规模。晋东南城镇群以长治、晋城为核心,以太焦综合通道为轴线,积极融入中原城市群,推动长治上党城镇群和晋城"一城两翼"城镇组群发展。2022年,"一圈三群"常住人口占全省总人口比重超过90%,其中居住在城镇区域的人口占全省城镇人口比重超过80%,城镇化率超过60%。

围绕"一核一圈三群"城镇化总体布局,山西省城镇职能体系不断完善,初步形成了大城市、中小城市、小城镇各具特色、协调发展的格局。太原市作为全

省的政治、经济中心和中部地区城镇化的核心城市，龙头带动作用进一步提
高，扩容提质取得明显进展，经济集聚水平提高较快。2022 年，太原地区生产
总值比上年增长 3.3%，城镇人口达到 485.54 万人，城镇化率达到 89.34%（见
表 5-4），接近于全国发达城市水平。2022 年，常住人口超过 400 万人的城市有
太原和运城两个市，300 万—400 万人城市有五个（见表 5-1）。通过实施"大县
城"战略，发展特色县域经济，努力做大做强县域经济。小城镇建设成效逐渐显
现，人口集聚能力进一步增强，重点示范镇实现了快速推进，涌现出了杏花村
镇、娘子关镇、荫城镇、巴公镇、广胜寺镇等特色小城镇。

表 5-4   山西省 11 个地市 2022 年城镇化率

区　　域	城镇人口数 / 万人	城镇化率 / %	排　　名
太原市	485.54	89.34	1
大同市	227.40	73.38	2
阳泉市	94.77	72.29	3
长治市	314.20	56.47	7
晋城市	139.08	64.03	4
朔州市	99.77	61.84	5
晋中市	208.54	60.91	6
运城市	240.30	50.26	11
忻州市	147.00	53.78	10
临汾市	211.84	54.78	8
吕梁市	183.16	54.28	9
全　省	2351.60	62.85	—

虽然山西省城镇体系较完备，但大城市数量少，城市规模较小，各城市功
能定位与分工不明确，低水平同质化竞争严重，区域中心城市的带动能力不
强。2022 年，全省 11 个地级市中常住人口超过 500 万人的城市只有太原市一
个，400 万—500 万人的城市只有运城市 1 个，300 万—400 万人的城市有 5 个

(见表5-1),而在中部其他省份中,湖北13个地级市中500万人以上的城市
有4个,省会武汉人口甚至超过了1000万人,400万—500万人的城市2个,
300万—400万人的城市1个。安徽、河南、湖南、湖北、江西300万人以上的城
市数分别有10个、14个、11个、7个、7个,而山西有7个(见表5-5)。省会城
市太原虽然在全省领头优势明显,经济发展规模和效能最大,但与其他省会城
市相比,城市规模较小,投资相对不足,经济辐射能力不强。与中部其他省份相
比,山西经济相对落后,2022年全省及太原市GDP排名都位于末位,太原市是
唯一GDP排在全国40强城市之后的(其他五省省会城市都在前40名内),户
籍人口约为武汉的57.55%,GDP约为武汉的30%(见图5-1),GDP占全省比
率较低,城市首位度不高,经济聚焦能力不强,对山西省其他地区的经济拉动
作用不显著(见表5-6)。同时,山西中心城市分布不合理。在晋北地区(大同、
忻定盆地),大同市地处山西省的北部边缘地区,不在该区域的几何中心,对晋
北地区的经济、社会活动缺乏有效的组织与领导功能,在晋南地区(临汾、运城
盆地),集中分布了人口数量、城市职能相差无几的临汾、侯马、运城3个城市,
没有功能区分。在晋中地区(太原盆地),紧邻太原的晋中市,受太原市极化作
用的负面影响最大。西部地区缺少中心城市,与东部地区的经济差距较大。

表5-5 2022年全国及中部地区地级市市辖区城市规模比较

单位:个

区域	合计	500万人以上	400万—500万人	300万—400万人	200万—300万人	100万—200万人	100万人以下
全国	298	19	42	100	86	42	9
山西	11	1	1	5	2	2	—
江西	11	3	3	1	—	4	—
河南	17	9	3	2	2	1	—
湖北	13	4	2	1	4	1	1
湖南	13	6	2	3	2	—	—
安徽	16	3	4	3	2	4	—

资料来源:《2022年中国统计年鉴》。

表 5-6   2022 年中部省份及省会城市 GDP 对比表

省	GDP/ 万亿元	城市	GDP/ 万亿元	省会城市 GDP 占全省比率 / %
山西	2.56	太原市	0.56	21.90
江西	3.20	南昌市	0.72	22.50
河南	6.13	郑州市	1.29	21.00
湖北	5.37	武汉市	1.89	35.20
湖南	4.87	长沙市	1.40	28.70
安徽	4.50	合肥市	1.20	26.70

资料来源：《2022 年中国统计年鉴》。

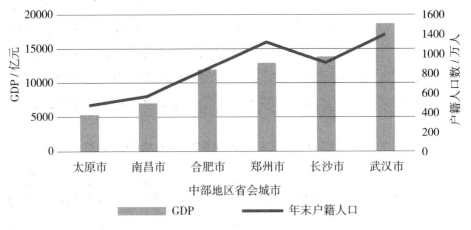

图 5-1   2022 年中部地区省会城市 GDP 及户籍人口图

3. 基础设施完善，协调共享不足

近年来，山西省基础设施内通外联顺利推进，进一步完善了综合交通运输体系，优化提升"铁、公、机"，加快大张客专、太焦客专、原大客专、阳泉北至大寨城际铁路等重点项目的建设，打通省际断头路，积极推进 14 个未连通高速公路出省口建设。完善骨干机场功能，发展临空经济。加快建设"岸、港、网"，实施太原铁路口岸建设，启动太原航空口岸"一站式作业"试点，加快推进大同航空口岸正式开放，实现运城航空口岸临时开放，推进五台山航空口岸临时开放。加快太原、大同、临汾无水港建设,完善提升太原武宿综合保税区、太重(天津)重件码头等物流港功能。加快网络基础设施建设,积极推动山西(阳泉)智能物联网应用基地试点建设,将太原增设为国家级互联网骨干直联点。

山西省对内对外运输通道还有待完善。区域间、方式间、方式内等结构性矛盾仍然突出;北上、南下综合运输大通道仍显不足;存量设施系统效率偏低;各种运输方式之间的有效衔接尚未完全形成,综合交通枢纽和一体化服务发展滞后,运输服务总体水平不高,综合交通运输体系有待建立和完善;城市公交设施仍显不足,城乡公交一体化发展滞后,基本公共服务能力薄弱,部分农村公路"通返不通"问题突出,亟须升级改造;交通基础设施网络尚不完善,技术等级、网络覆盖广度与通达深度有待提高。

以高速铁路为例,山西省明显落后于中部地区其他省份,成为制约山西区域基础设施互联互通的最大短板,截至 2022 年底,山西省开通运营的高速铁路仅有 5 条,分别是石太客专、大西高铁(太原—西安段)、大西高铁(太原—原平段)、张大客运专线(张家口—大同)和郑太高铁(太原—焦作段),高速铁路通车里程为 1121 千米, 在我国已开通高速铁路的 30 个行政区中排名第十九位,中部六省中,山西省高铁通车总里程数仅为河南省的 54%,安徽省的 47%,排名最后一位, 至今山西省还没有一条全线时速超过 300 千米的出晋高铁客运大通道和贯通全省南北—东西向的高铁主动脉,全省 11 个地级市中,吕梁市、长治市、晋城市、大同市仍然没有开通运营高速铁路(见图 5-2)。

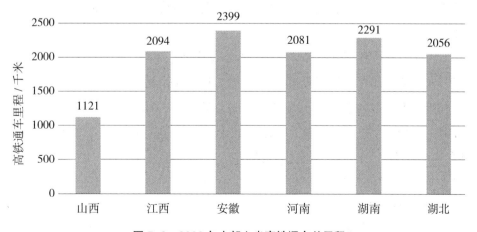

图 5-2 2022 年中部六省高铁通车总里程

4.环境质量改善,生态承载能力弱

"十三五"以来,山西省坚持"高碳资源低碳发展、黑色煤炭绿色发展",推进美丽山西建设,城乡环境质量明显改善。重点实施太行山、吕梁山生态保护修复工程,深入推进林业"六大工程",营造林400万亩(约2667平方千米)。全面推进"七河"生态修复治理,全面实施河湖长制,"控污、增湿、清淤、绿岸、调水"五策并举,全省山水林田湖系统治理初见成效。深入开展农村人居环境整治,"五大专项行动"全面启动,示范县(村)建设有序推开,农村公路新改建2万千米,农村人居环境治理成效突出。开展大气、水、土壤污染防治三大战役,深化以省城太原为重点的中心城市环境综合整治工作,细颗粒物(PM$_{25}$)和优良水质断面指标超额完成国家考核目标,初步实现了经济运行和生态环保同向好转。2022年,为深入打好蓝天保卫战,进一步巩固提升环境空气质量,切实保障人民群众身体健康,以生态环境高水平保护推动经济高质量发展,制定《山西省空气质量再提升2022—2023年行动计划》。2022年,全省环境空气质量优良天数比例为74.5%,同比提高2.4个百分点,在京津冀及周边地区中排名第二。全省93个地表水国考断面中,优良水体比例为87.1%,同比提升14.8个百分点,改善幅度全国第一。汾河流域优良水体比例为57.1%,同比提升9.5个百分点。全省地表水水质属中度污染,黄河、海河流域山西段共监测100个断面,达到Ⅲ类以上(包括Ⅰ、Ⅱ、Ⅲ类)水质标准的断面占56.0%,达到Ⅳ类水质标准的断面占14.0%,达到Ⅴ类水质标准的断面占7.0%,劣Ⅴ类水质标准的断面占23.0%。全面推进工业、建筑、交通、公共机构等领域节能,实施重点行业能效对标。

山西省生态环境保护形势严峻。作为资源型省份和生态脆弱地区,山西煤炭开发的负外部性导致资源损耗和生态破坏,长期资源开采中排出的废水、废气和废渣没有得到很好的处理,造成地表塌陷、水资源流失、环境污染、生态破坏等一系列的生态环境问题。山西省全域生态系统脆弱问题、结构性污染问题、环境风险隐患问题依然突出,资源环境约束日趋加剧。部分地区开发强度过大,水土能矿资源利用效率较低。部分城市大气污染严重,部分支流水环境恶化,整体环境质量不容乐观。生态系统退化趋势尚未得到根本遏制,自然灾害易发频发。我省水土流失严重,森林覆盖率不高,2022年森林覆盖率仅为

20.6%,低于全国 24.02% 的平均水平,也低于中部六省,生态防护功能不强。采煤沉陷灾害在全国最为严重,沉陷区面积大、受灾人口多、治理任务重,因采煤造成的采空区面积约占全省面积的 3%, 其中沉陷区面积约占采空区面积的 60%,受灾人口约为 230 万人。2022 年,11 个地级城市环境空气达标天数范围在 219—327 天之间。全年 $PM_{2.5}$ 平均浓度 38 微克/立方米,优良天数比例达到 74.5%。2022 年,全国 168 个重点城市空气质量排名中,运城市为倒数第六名。相比于全国及中部其他省份,山西地表水水质状况较差,省控河流监测断面中,水质符合 I —Ⅲ 类标准的仅占 56%,全国平均占 67.9%,河南占 57.5%,江西占 88.5%,湖南占 93.6%,湖北和安徽水质均为优良。生态环境问题已成为制约山西区域协调可持续发展的一大隐患(见表 5–7)。

表 5–7　2022 年全国及中部六省森林覆盖率

地区	森林覆盖率 / %	高于山西 / %
全国	24.02	3.42
山西	20.60	—
安徽	30.22	9.62
江西	63.35	42.75
河南	25.07	4.47
湖北	42.00	21.40
湖南	60.00	39.40

5. 公共服务逐步均等,公平性有待提高

近年来,山西省基本公共服务均等化水平进一步提高。深入推进义务教育办学模式改革,积极推进信息化建设,实现数字教育资源全覆盖,推进优质资源共享,提高义务教育质量。山西省构建贫困学生全链条教育资助体系,实现学前到研究生教育全覆盖,资助金额累计达 156 亿元,资助学生 1000 余万人次。对"大班额"学校实行销号管理,解决"大班额""择校热"等突出问题。全面实施全民参保计划,社会保险综合参保率达 95%。全省 32 个博物馆、纪念馆和全国爱国主义教育基地向社会免费开放,为广大人民群众提供了更加丰富、更加标准的公共文化产品。全面推进基层综合性文化服务中心建设,建成1409个乡镇(街道)综合文化站和18619个村级综合性文化服务中心。实施广播电视直播卫星户户通工程、农家书屋工程、全民阅读活动、农村电影放映等一系列惠民工程,推动全省新闻出版广播影视基本公共文化服务提质增效。集中连片特殊困难地区脱贫攻坚成效明显,人民生活水平也得到较大程度提高。

山西省老少边穷地区贫困问题依然突出。在义务教育、医疗卫生、社会保障等基本公共服务方面,两山地区与平川地区差距依然较大。采煤沉陷区和棚户区改造任务重,沉陷区治理面积大。从贫困县与非贫困县来看,各项指标均有很大差距,全社会公平性有待提高。

基本公共服务均等化是促进区域协调发展的目标之一,更是实现区域协调发展重要路径。只有逐步实现基本公共服务均等化这一目标,才能保证不同地区的居民享受到大体相等的医疗、教育、养老、文化体育等公共服务,最终达到新机制下区域发展共享共赢的目的。在医疗卫生方面的地区差距可以用医疗机构床位数、卫生技术人员数等指标加以衡量。从2022年各省医疗机构床位数情况来看,山西在中部六省中处于低端水平,与医疗机构床位数最多的河南相差50余万张。从卫生技术人员情况看,河南这一指标值最高,达到70余万人,山西排名倒数第二。各省居民所享受的教育也存在较大的差距。生师比在一定程度上体现了地方教育规模、学校人力资源利用效率,也从一个侧面反映了学校的办学质量。从各省份各级学校生师比情况看出,山西小学、初中、高中生师比在中部六省中排名靠后,普通高校生师比在中部六省中最高(见表5-8)。

表5-8　2021年中部六省医疗卫生、教育情况表

省　份	卫生技术人员数／万人	医疗机构床位数／万张	小学生师比	初中生师比	普通高中生师比	普通高校生师比
山西省	32.48	22.89	13.56	10.37	12.56	22.16
安徽省	51.97	41.1	17.4	13.5	13.5	17.02
江西省	30.57	30.73	16.14	15.85	13.54	16.06
湖北省	45.64	43.4	17.47	12.58	13.13	18.64

续表

省　份	卫生技术人员数／万人	医疗机构床位数／万张	小学生师比	初中生师比	普通高中生师比	普通高校生师比
湖南省	53.23	50.61	13.24	13.38	15.12	18.37
河南省	70.87	75.56	18.45	12.1	12.41	18.85

注：教师人数 =1。

资料来源：《2022 年中国统计年鉴》。

通过 2022 年中部六省地方财政用于基本公共服务的支出情况也可以看出，各省在教育、医疗卫生、社会保障、文化体育等基本公共服务水平上的差距。数据表明，山西地方财政用于教育方面的支出在中部六省中排于第六位；医疗卫生支出水平排名末位；社保和就业支出水平同样排名最后；文化体育支出略高于安徽。

(三)山西区域协同发展的重点

山西省区域协同发展的重点是着力实施中心带动、轴带牵引、乡村振兴、融合发展"四大战略"，加快推进区域协同、产业联动、精准脱贫、生态共建和基础设施互联互通"五大任务"，建立健全区域合作、区域互助、利益补偿、要素流动、公共服务均等化体制机制，实现"两山"与平川、城市与乡村、经济与生态协调发展，推动区域空间互融互促、产业发展共进共赢、生态环境联防联治、基础设施互联互通、公共服务共建共享，实现区域协调可持续发展。

1.实施四大战略

山西省的区域协同发展着力发挥市场在区域协调发展中的主导作用，更好发挥政府在区域协调发展方面的引导作用。促进各类生产要素有序自由流动、优化配置。加强对区域协调发展的顶层设计，充分调动各地区的主动性和积极性，从各地实际出发，因地制宜、分类指导，实施差别化的区域政策。支持重点地区先行先试，探索促进区域协调发展的新路径新模式，推进各层次、各领域开展有组织的分级分类对接，构建区域联动发展新格局。瞄准实施区域协调发展战略的目标要求，破解区域协调发展机制中存在的突出问题，增强区域发展的协同性、联动性、整体性，重点实施四大战略。

一是中心带动战略。突出太原都市区在全省城镇化格局中的龙头作用,全力提升省会太原的集聚辐射功能和核心引领作用。按照全国区域性中心城市的定位,坚持"内""外"互动,提升城市首位度,走以质取胜的路子,强化区域中心城市影响力,打造区域经济助推器。积极推进山西省中部盆地城市群一体化建设,强化三大城镇群的辐射带动能力,以城市集群辐射全省,促进大中小城市和小城镇合理分工、功能互补、协同发展。

二是轴带牵引战略。加快发展经济廊带等通道经济,培育新的经济增长极,以点带线、连接成轴,以轴带发展牵引板块崛起,围绕和依托大西线、太焦线,充分利用沿线区位优势、产业优势、要素优势,推进交通一体化、生态环保、产业转型升级三大领域率先突破,构建高质量综合立体经济走廊,推动全省北中南协同发展,东中西互动合作,形成省内省外经济发展互联互通的新局面。

三是乡村振兴战略。抓重点、补短板,着力破解制约山西省"三农"发展中存在的问题,加快实施乡村振兴战略。按照主体功能区规划要求,统筹城乡空间开发保护,通盘考虑城市和乡村发展,优化乡村生产、生活、生态"三生"空间。对于不同地区、不同发展阶段的村庄,因地制宜、分类有序推进乡村振兴,实现农业转型升级、农村繁荣进步、农民富裕发展的目标。

四是融合发展战略。积极对接国家重要区域发展战略,充分利用山西省地缘生态、资源特色、历史文化、各类人才、红色革命等优势,主动参与"一带一路"建设,深度融入京津冀协同发展,积极对接长江经济带战略、粤港澳大湾区建设等,加强与环渤海经济圈、中原城市群、关中平原城市群、呼包鄂榆城市群、晋陕豫黄河金三角、晋冀蒙(乌大张)长城金三角等的交流合作,不断拓展全省发展新空间。

最终实现全省区域协同发展,"两山"与平川、城市与乡村、经济与生态协调发展取得重大进展,区域合作发展机制基本建立,产业联动发展水平稳步提高,区域性整体贫困问题得到解决,绿色循环低碳发展水平明显提高,区域基础设施互联互通,基本公共服务均等化水平显著提高,广大人民群众的获得感、幸福感、安全感显著增强。

2. 优化空间布局

山西省区域协同的空间布局以"两山"与平川地区协调发展战略为基础,

以城市组群协同发展为主攻方向,以支持特殊类型地区共同发展为重点,促进生产要素有序自由流动,形成主体功能约束有效、基本公共服务均等、资源环境可承载的区域协调发展新格局。

(1)推动"两山"与平川地区协调发展。

以主体功能区规划统筹各类规划,扩大"多规合一"改革试点,加大统筹力度,有效统筹人口分布、经济布局、国土利用和城镇化格局,加强平川、东部和西部地区统筹发展,促进区域之间基本公共服务逐步均等、基础设施通达程度比较均衡、人民生活水平大体相当,构建"两山"与平川地区协调发展新格局,努力缩小区域发展差距。

创新引领平川地区率先发展。山西素有"二分川、八分山"之称,具有东西两侧高中间低的地势特征,中部平川地区自北向南依次分布着大同盆地、忻定盆地、太原盆地、临汾盆地和运城盆地,自然条件好,城镇集中,交通便利,人口稠密,是山西省经济社会发展高度集聚区,也是东部山区与西部山区联动发展的重要平台和联系纽带。

支持平川地区率先实现高质量发展, 更好发挥在全省经济增长中的重要引擎和辐射带动作用。以转型综改示范区建设为引领,深入实施创新驱动发展战略,加快推动产业转型升级,引领新兴产业和现代服务业发展,培植产业集群,构筑大交通网络,强化城市功能,积极参与国内、国际合作与竞争,加快形成宽领域、多层次、高水平的全方位开放型经济体系,强化领头羊的使命担当,在转变发展方式、调整经济结构、自主创新、公共服务均等化、社会文明程度提高、生态环境质量改善等方面走在全省前列。

发挥优势加快东部山区振兴。东部山区北起广灵南至垣曲,包括六棱山、恒山、五台山、系舟山、太行山、太岳山、中条山及山前丘陵和上党、泽州山间盆地,是省内地势较高的凸起地区,地形起伏较大,土地面积为 59959 平方千米,占全省总面积的 38.4%,自然环境复杂多样,生态环境较好,宜于发展多种经营和立体农业,盛产杂粮和特种经济作物,东南部矿产资源丰富,阳泉、长治、晋城等拥有较为发达的工业体系。

发挥好东部山区区位优势, 使之真正成为山西省走向东部沿海发达地区的重要桥头堡。以生态优先、绿色发展为引领,厚植生态优势,加快产业转型升级,重点发展以优质杂粮和中药材为主的特色农业,以乡村旅游和森林康养为主的太行板块旅游、"生态+"等绿色产业,坚持保护与开发并重,重点加强生态保护修复,加强水源涵养与生物多样性保护,将东部山区积极打造成为全国知名的山岳旅游胜地和避暑康养胜地。

强化举措推动西部山区崛起。西部山区包括吕梁山、晋西北高原区和晋西黄土高原丘陵沟壑区,是山西省经济发展水平较低、自然环境脆弱、贫困县集聚的区域。吕梁山是山西主要的林业基地,也是风沙危害最明显的地区。晋西北高原位于大同和朔州两市的西部,海拔较高,气候寒冷干燥,加之西北风的强劲作用,风蚀、风化现象较明显,风沙危害成为突出的环境和社会问题。晋西黄土高原丘陵沟壑区包括内长城以南,吕梁山以西到黄河谷地,居于黄土高原中西部位的东侧,皆为黄土覆盖,流水切割明显,沟谷纵横,水土流失最为严重。

给予特殊政策支持西部山区振兴崛起,不断提升内生发展能力,着力培育区域经济增长新优势。加强西部中心城市建设,支持资源型产业转型升级,发展以农林牧业为主的生态立体农业,加快黄河板块旅游发展,面向陕甘宁,积极参与区域合作。强化生态环境保护,继续实施重点生态工程建设,提升生态安全屏障功能。不断加大转移支付和政府投资力度,着力补齐基础设施、公共服务、生态环境、产业发展等短板,集中攻坚深度贫困,坚决打好脱贫攻坚战。

(2)加快城市组群协同发展。

建立以中心城市引领城镇群发展、城镇群带动区域发展新模式,推动区域板块之间融合互动发展。按照"一核一圈三群"城镇化总体格局,加强中心城市建设,积极发挥城市群辐射带动作用,全力提升中部盆地城市群核心带动力,提高三大城镇群辐射带动能力,不断优化城镇化布局和形态,促进大中小城市和小城镇合理分工、功能互补、协同发展,提高城镇群的整体实力和竞争力。

提高中部盆地城市群一体化水平,重点支持太原市率先发展。加快中部盆地城市群发展,全力打造太原都市圈,使太原真正成为中部崛起新的增长极。

太原都市圈是省域经济与社会事业最为发达的核心区域和最为重要的城镇密集地区。积极构建以太原都市区为核心,太原盆地城镇密集区为主体,辐射阳平盂、忻定原、离柳中三个城镇组群的城镇空间格局,形成有机融合的交通圈、物流圈、商贸圈、旅游圈和生态圈,使太原成为山西经济转型发展的强大引擎和转型综改试验区的先行区。

加快太原晋中同城化步伐。重点支持太原率先发展,建设国家可持续发展议程创新示范区,加强太原与阳泉、晋中、忻州、吕梁等城市联动发展,提升太原首位度,强化太原在全省经济社会发展和对外开放的"龙头"作用,提高太原市区国际化、现代化、智能化水平。加快推动太原晋中同城化步伐,以太原晋中共建区为重点,科学编制规划,实施一批重大基础设施项目,率先实现"十同",即规划同筹、制度同构、市场同体、产业同链、科教同兴、交通同网、设施同布、信息同享、生态同建、环境同治。积极推进城乡接合部率先实现"合村并城",全力构建辐射带动能力强的省城中心和都市化地区。

加快孝汾平介灵城镇群发展。协调城区拓展方向,推进区间基础设施网络一体化对接,加强城市功能有机联系,加快产业转型升级,实现集约发展、联动发展、互补发展,建成全省资源型经济转型综改"板块突破"先行区、中西部地区小城市组群一体化发展示范区。

加快阳平盂城镇组群式发展。按照"三轴、两心、五重点镇"①的空间结构,推进市域中心(市区、郊区、平定)的一体化建设,加快以阳泉北站、盂县县城组成的北部副中心发展,建成山西走向京津冀和环渤海的重要桥头堡。

加快忻定原城镇组群发展。支持忻州云中新城和经济开发区建设,推进中心城区与原平、定襄融合发展,加快形成"一廊三带,两区三城"②的空间布局,建设太原都市圈北部装备制造、能源和旅游服务基地,打造生态人居环境建设试验区。

加快离柳中城镇组群发展。注重以产兴城、以城促产,以离石城区为核心,以柳林城区和中阳城区为两翼,把城镇化与培育壮大产业规模、调整产业结

---

① "三轴"指纵贯南北的城镇发展主轴、盂县县城—西烟西向发展副轴、中心城区—娘子关东向发展副轴;"两心"指市域中心阳泉中心城区及平定县城、市域副中心盂县县城;"五重点镇"指西烟镇、梁家寨乡、河底镇、娘子关镇、张庄镇等具有产业特色的重点城镇。

② "一廊"指大运城镇发展走廊;"三带"指朔黄铁路产业带、五保高速旅游经济带、南环高速产业集聚带;"两区"指东部发展区和西部生态区;"三城"指忻州城区、定襄县区、原平城区,三者一主两次、组群联动发展。

构、促进就业创业相结合,形成"一体两翼、带状组团"沿山地河谷串珠式延伸的带状组团式空间格局,打造太原都市圈西部中心和连接西北地区的门户。

做强晋北城镇群,建设大同、朔州区域中心城市。促进晋北城镇群发展,以大运、同蒲通道为轴线,以大同、朔州两个中心城市为核心,大同盆地为重点区域的城镇和工业密集区,推动朔同城镇群发展,真正成为环渤海地区的广阔腹地和京津"后花园"。

朔州市紧扣优化经济结构和提升发展质量"两大任务"主题,进一步突出循环经济、新兴产业、特色农业、生态建设、城乡统筹"五个重点",力争打造成为全国综合能源示范基地、工业固废综合利用示范基地、日用陶瓷生产基地、雁门关农牧交错带"样板区",努力将美丽朔州建设成为"塞上明珠"。

大同市立足区域化协同发展的高度,着眼国家战略和全省发展格局,大力推进区域性中心城市建设,打造能源革命尖兵、努力构筑晋北区域合作和对外开放新高地。围绕乌大张"长城金三角"跨区域合作,建设晋北城市群和晋冀蒙交界区龙头城市。紧紧把握"一带一路"契机,发挥大同与丝绸之路共建国家的区位节点优势、产业协作优势以及文化纽带优势,积极构筑一批面向蒙古、俄罗斯等国的对外开放新平台。

优化晋东南城镇群,加快长治、晋城中心城市发展。以长治、晋城为核心,以太焦综合通道为轴线,推动长治"一核双圈"和晋城"一城两翼"城镇群协同发展,深化中原城市群城际合作,实现产业发展、基础设施建设、公共服务设施的联运共享,建设彰显太行地域文化特色的生态宜居型城镇群,使晋东南地区力争成为山西走向冀鲁豫和长三角东部发达地区的重要支撑。

加快上党城镇群发展。按照"一核双圈"城镇空间布局,形成以主城区为核心,以上党城镇群6个县(市、区)为内圈,其他5个县为外圈的城镇化体系,着力打造主城区、大县城、重点镇和中心村一体化发展新格局。继续推进主城区扩容提质,大力加强城市基础建设,进一步完善旧城区城市功能区布局,加快新区建设步伐。加强上党城镇群内城乡规划、产业发展、市场体系、基础设施、公共服务和公共管理"六个一体化"建设。

加快晋城城镇群发展。根据区位特点、资源条件、产业基础等要素,积极融入中原城市群,着力打造山西走向冀鲁豫、长三角和东部发达地区的"金脚"。

按照"一城两翼"城镇空间布局,推进城镇空间合理布局、规模科学发展、结构优化高效。中心城市要按照"拓展、改造、提质"的原则,加速推动西北片区、兰花片区、东南片区、金村片区、金匠园区和南村片区建设,形成"六区联动,组团发展"新格局。支持高平市在"先走一步、富民强市"试点中大胆改革、积极探索。推动各种资源要素向县城、重点镇等优势区域集中,形成优势互补、错位发展的格局。

壮大晋南城镇群,强化临汾、运城中心城市作用。以大运、同蒲通道为主轴,侯月—侯西通道为次轴,以临汾、运城两个中心城市为重点区域的城镇和工业密集区,大力推进临汾"三个百里"(百里汾河、百里黄河、百里太岳)、侯马—曲沃—新绛同城化、盐临夏城镇组群互促共进,促进晋陕豫黄河"金三角"区域合作发展,加强与关中和中原地区的联系,使晋南积极成为晋陕豫黄河金三角在新欧亚大陆桥、丝绸之路经济带上的重要节点。

加快临汾"三个百里"建设。全方位推进"百里汾河生态经济带"建设,全面推进基础设施、产业园区、新型城镇、文化旅游、生态文明等各项建设,努力把"百里汾河生态经济带"建设成为基础设施互联互通、产业布局科学合理、各类人才高度集聚、富有创新活力、辐射带动能力强、环境优美的高效生态经济带。在西山地区,紧扣黄河主题,把山区作为乡村振兴的主战场,进一步改善生态环境,全面提升生态功能,形成主体功能清晰、战略格局明确的发展区域。在东山地区紧扣太行主题建设"百里太岳可持续发展示范区",打造临汾市重要的特色农产品基地,培育发展康养等旅游新业态。

加快盐临夏城镇组群式发展。以运城主城区为中心,改造提升老城区,拓展建设新城区,推进盐湖生态治理,不断完善城市基础设施,增强中心城市辐射带动功能。推动临猗、夏县、解州旅游卫星镇和水头工业卫星镇建设,提升县城的综合承载能力和小城镇的产业集聚能力。建设贯穿城镇组群东西的涑水河与姚暹渠生态景观廊道,打造城市产业分布区,形成"一城、四区、两廊、两环"的空间格局。

(3)支持特殊类型地区共同发展。

资源型地区是以本地区矿产、森林等自然资源开采、加工为主导产业的地区。山西是煤炭大省,是典型的资源型经济地区,资源型城市数量多、分布广、占比大。随着资源开发规模的不断扩大,资源型地区面临着产业结构单一、发展活力不足、生态破坏严重、民生问题突出等矛盾和问题。促进山西省资源型地区,特别是资源枯竭城市、采煤沉陷区、环境极度脆弱区等特殊类型地区的可持续发展,是促进区域协调发展的重要任务。引导特殊类型地区积极探索各具特色的转型发展新路径、新模式和新举措,对山西省区域协同发展和转型发展具有重要意义。

分类引导资源型城市转型发展。由于资源开发处于不同阶段,经济社会发展水平存在差异,资源型城市面临的矛盾和问题不尽相同,根据资源保障能力和可持续发展能力差异,分类施策,引导各类城市探索各具特色的转型发展模式,不断增强自身可持续发展能力。

促进成长型城市朔州有序发展,强化绿色高效的资源开发方式,依托晋北煤炭基地建设,打造山西省国家综合能源基地的重要支撑,促进资源开发和城市发展相协调。推动大同、阳泉、长治、晋城、忻州、晋中、临汾、运城、吕梁、古交等 10 个成熟型城市跨越发展,深化供给侧结构性改革,以开发区为载体打造特色产业集群,构建多元化产业体系,构建新型营商环境。支持衰退型城市霍州转型发展,全面解决制约城市发展的历史遗留问题,深入开展重大矿山地质环境问题综合治理,实施资源枯竭城市接续替代产业培育行动计划。引导再生型城市孝义创新发展,摆脱对资源的依赖,塑造良好人居环境,创建绿色低碳城市,合理利用工业遗存发展文化、旅游、设计、创意等产业,建设特色人文城市。

加快采煤沉陷区综合治理。采煤沉陷区综合治理是山西省煤炭供给侧结构性改革、全面建成小康社会中一项重要的德政工程、民生工程、民心工程,共涉及全省 11 个设区市 64 个县(市、区)242 个乡(镇)1134 个村。以彻底解决采煤沉陷区人居环境突出问题为重点, 全面实施采煤沉陷区搬迁安置、土地复垦、地灾治理、生态恢复等综合治理,恢复和改善采煤沉陷区生态环境,特别是明显改善受灾群众的居住条件、生产条件、生活质量等,使农民的生产生活条件得到明显改善,农村基础设施公共服务水平明显提高,农村整体面貌发生了极大变化。

编制本地区采煤沉陷区综合治理规划,坚持"三同步""四结合""五统筹",

采用政府引导、企业配套、群众参与的治理办法，连片整治，整体推进。统筹实施土地复垦整理、矿山地质和生态环境恢复治理等工作，做到搬迁一个村、复垦一个村、治理一个村。按照搬出地实际，宜耕则耕、宜水则水、宜林则林、宜游则游，积极推进田、水、路、林综合治理，引导沉陷区居民向集镇和人口聚集区集中，传统农业向现代农业和多元产业方向发展，推进搬出地、搬入地一、二、三产综合发展，以结构性改革惠农强农，改善农村生产生活条件，建设一批小康新村和新社区。

明确责任，分类治理。对 2014 年(含)以前形成的历史遗留和灭失主体留存的采煤沉陷区，各地政府为治理责任主体，其恢复治理工程由政府组织实施。2014 年以后开采形成的沉陷区，按照"谁开发、谁保护、谁破坏、谁治理"的原则，煤炭企业为治理和投资责任主体，其恢复治理工程由企业组织实施。坚持试点先行，分步推进，探索形成可复制、可推广的经验，逐步在全省实施。

加强生态脆弱区综合治理。生态脆弱区是生态共建的重要领域，坚持生态优先，以保护促发展，加强生态脆弱区，特别是环境极度脆弱区可持续发展，有选择地发展与当地资源环境承载力相适应的特色、绿色产业，促进脆弱区资源环境与经济社会协调发展。

以维护区域生态系统完整性、保证生态过程连续性和改善生态系统服务功能为中心，优化产业布局，调整产业结构，全面限制有损于脆弱区生态环境的产业扩张，从源头控制生态退化；加强生态保育，大力推进造林绿化工程建设，增强脆弱区生态系统的抗干扰能力；建立健全脆弱区生态环境监测、评估及预警体系；强化资源开发监管和执法力度，促进脆弱区资源环境协调发展。

吕梁山生态脆弱区范围涉及忻州、吕梁、临汾 3 个市 23 个县和省直管岢、黑茶、关帝、吕梁 4 个国有林管理局，区域面积达到 3.67 万平方千米，约占全省面积的23.5%。兴县、吉县、静乐、柳林、大宁、临县、岢岚、石楼、偏关、岚县等10 个县是宜林地大、治理任务重的重点推进县，大力实施国家京津风沙源治理、三北防护林、天然林保护、退耕还林等林业重点工程，按山系、流域规模化综合治理，建设完善的森林生态系统。北部忻州市 7 个县和管涔山、黑茶山 2个国有林局的相关林场，要以风沙源治理和黄土丘陵沟壑区水土保持、水源涵养为主导，努力构建晋西北黄土丘陵水土保持和防风固沙林体系。中部吕梁市

9 个县、临汾市永和县以及黑茶山、关帝山、吕梁山 3 个国有林局的相关林场,以构建黄河沿岸森林生态系统为重点,搞好按山系、按流域集中连片规模治理布局,努力构建晋西黄土丘陵沟壑水土保持林体系。南部临汾市 6 个县(除永和县)和吕梁山国有林局的相关林场,大力营造生态经济林,发展生态经济型林果基地,努力构建晋西南黄土丘陵残垣沟壑生态经济型防护林体系。

3.强化生态共建

牢固树立和践行绿水青山就是金山银山的理念,坚持节约优先、保护优先、自然恢复为主的方针,统筹山水林田湖草系统治理,加强生态保护修复,加大环境治理力度,推动低碳循环发展,以生态环境联防联治为途径,共同开展生态修复与环境质量保障联防联控行动,实现区域生态同建、污染同治,推进区域生态环境质量的全面提升和改善,实现有天同蓝,有山同绿,有水同清,以绿色发展促进区域协同发展。

(1)共促生态修复保护。

党的十八大以来,习近平总书记对生态文明建设提出了一系列新理念新要求,将生态文明建设纳入"五位一体"总体布局,上升为国家战略。推进区域绿色发展,把生态文明理念贯穿于区域协调发展总体战略实施的全过程,坚持区域生态一体化建设,推动区域内外生态建设联动,积极构建生态安全绿色屏障,统筹山水林田湖草系统治理,实施太行山、吕梁山生态保护修复工程,推进"七河"生态修复工程,实现生态建设的互利互惠。

共筑生态安全绿色屏障。构建以"一带三屏"为主体的生态安全绿色屏障,着力保障全省生态安全。"一带":建设以黄土高原丘陵沟壑水土流失防治区和京津风沙源治理区为主体的生态治理带。"三屏":建设以吕梁山为主体的黄河干流和汾河源区生态屏障带,以太行山为主体的海河主要支流源区生态屏障带,以太岳山、中条山为主体的沁河、涑水河与黄河干流源区屏障带。全面落实主体功能区战略,加快完善主体功能区政策体系,推动各地区依据主体功能定位发展。健全国土空间用途管制制度,将用途管制扩大到所有自然生态空间。依法在重点生态功能区、生态环境敏感区和脆弱区等区域合理划定生态保护红线,严禁不符合主体功能定位的各类开发活动。严格生态保护红线管理,加强生态保护红线统一监管,落实生态保护红线管控要求,确保红线区生态功能不降低、面积不减少、性质不转换。

统筹推进山水林田湖草系统治理。习近平总书记强调,山水林田湖草是一个生命共同体。按照生态系统的整体性、系统性以及内在规律,把山水林田湖草作为一个生命共同体,进行统一保护、统一修复。开展全方位系统综合治理修复,实施重要生态系统保护和修复工程,健全重要生态系统保护制度,严格保护耕地,扩大轮作休耕试点,健全耕地草原森林河流湖泊休养生息制度,完善天然林保护制度,健全水生生态保护修复制度,加强矿产资源开发集中地区地质环境和生态修复,推进土地整治与污染修复,实施生物多样性保护重大工程,促进区域间生产生活环境稳步改善,建立市场化、多元化生态补偿机制,全面提升自然生态系统功能和稳定性。

实施太行山、吕梁山生态保护修复工程。太行、吕梁山区是著名的革命老区,是拱卫京津冀和黄河生态安全的重要屏障,也是山西省生态建设的主战场,生态区位重要,生态环境脆弱,贫困人口集中,脱贫任务艰巨。实施太行山、吕梁山生态保护修复重大工程,是依靠体制机制创新,加快生态保护修复步伐的重要举措,有利于探索出一条生态脆弱、深度贫困高度重叠资源型地区以创新促增绿、以改革促增收的路子,对改善老区人民生产生活条件,打好打赢生态治理和脱贫攻坚两场战役,服务国家生态安全战略具有重要意义。

按照《太行山吕梁山生态系统保护和修复重大工程总体方案》,建设范围包括81个县(市、区),重点治理区42个县(市、区),其中吕梁山生态脆弱区涉及太原、忻州、吕梁、临汾4个市24个县(市、区),京津冀生态屏障区涉及大同、朔州、忻州3个市11个县(市、区),太行山水源涵养区涉及晋中、长治2个市7个县(市、区)。以创新体制机制为引领,推行造林绿化置换经营开发机制、建立森林旅游康养资源置换造林机制、推进购买式造林机制、创新义务植树尽责机制、实行集体林地限期绿化机制、建立造林增汇抵消碳排放机制、探索集体公益林委托管理经营机制、推进国有森林资源资产有偿使用机制、推行生态补偿机制、建立林业建设成效年度评价机制等十大机制保护修复生态系统。坚持"突出重点、合理布局、有机衔接、规模发展"的原则,实施大规模国土绿化工程、退耕还林还草工程、森林质量精准提升工程、生态公益林保护工程、自然保护区和湿地建设工程、干果经济林提质增效工程、经济林扩容增量工程、森林旅游和森林康养工程、草食畜牧业可持续发展工程、林业生态建设扶贫工程等十大工程。

推行"七河"生态修复工程。山西"七河"包括汾河、桑干河、大清河、滹沱河、漳河、沁河、涑水河七大河流,其流域总面积占全省的72%。山西素有华北水塔之称,是永定河、滹沱河、漳河、沁河等河流的发源地,境内不少河流是华北各河流的源头,海河流域五大水系中有四条发源于山西,其中包括雄安新区所在的大清河水系。因此,实施以汾河为重点的"七河"流域生态保护与修复,对于加强生态文明建设、建设美丽山西具有基础性、战略性、标志性意义。

按照《以汾河为重点的"七河"流域生态保护与修复总体方案》,分两个阶段治理"七河"流域生态,第一阶段为2018年到2020年,全面实施"七河"干流源头及主要支流源头保护,地表水水质优良(达到或优于Ⅲ类)比例要达到60%以上,汾河"水量丰起来、水质好起来、风光美起来"目标初步实现;第二阶段为2021年到2030年,全面实施流域面积大于100平方千米的河流源头生态保护,地表水水质优良比例达到75%,"七河"基本实现"水量丰起来、水质好起来、风光美起来"的目标。遵循五个原则,即省级规划、市县主体,政府主导、市场运作,遵循规律、顺应自然,因河制宜、"一河一湖一策",改革创新、两手发力;重点创新六个机制,即规划机制、建管机制、政策机制、奖补机制、生态补偿机制、责任机制;全面实施六项工程,包括水污染防治、河流生态补水、河流源头保护、河湖水系综合整治、地下水超采治理和岩溶大泉保护、节约用水等;实行"1+7+N"的市场化运作体系,"1"指拟组建的山西水控集团,"7"指拟组建的7个流域投资公司,"N"指区域公司。未来以汾河为重点的"七河"流域将呈现山水相依、林泉相伴、河湖相映、溪水长流、湖光山色的田园风光,成为植被葱郁、水流清澈的"生态长廊"、适宜人类生活的"宜居长廊"、道路通畅的"交通长廊"和经济发展的"富民长廊"。

(2)合力整治环境污染。

近年来,山西省积极开展气、水、土壤污染防治三大战役,生态环境实现新改善,但是由于发展方式粗放,环境污染伤痕累累,历史的欠账和旧账依然存在,改善生态环境和提高环境质量的任务仍然很艰巨。推进区域协调绿色发展,要以提高环境质量为核心,实行最严格的环境保护制度,深入实施大气、水、土壤污染防治行动计划,推行全流域、跨区域联防联控和城乡协同治理模式,推进区域环境监测网络一体化建设,开展环境污染跨区域联合执法,实施环境污染共治,实现区域环境质量明显改善。

联手打好大气污染防治攻坚战。深入开展大气污染防治行动,打赢蓝天保卫战。全面加强重点区域和重点行业的大气污染防治,加强空气污染物排放的协同控制,联手打好大气污染防治攻坚战。加大"控煤、治污、管车、降尘"等重点工作的力度,加大对工业、城镇生活、农业、移动源等各类污染源的综合治理力度,加强对工业烟尘、粉尘、城市扬尘和挥发性有机物等空气污染物排放的协同控制,确保稳定达标排放,稳步减少重污染天气。以雾霾治理为重点,加强细颗粒物监测和区域联防联控。全面加强重点区域和重点行业的大气污染防治,在重点行业推行清洁生产。推进淘汰煤炭落后产能,鼓励煤炭清洁利用,支持有序推行"煤改气""煤改电"。

深化跨区域水污染联防联治。实施水污染防治行动计划,协同开展区域内河流、水库等水环境治理,加快构建水污染联防联控物联网,全面改善水环境质量。实施流域分区管治战略,加强重点流域和区域水污染防治,对河流源头、岩溶泉域重点保护区及现状水质达到或优于Ⅲ类的湖库制定实施生态环境保护方案,加强汾河水库、漳泽水库等全省较大湖库的生态环境保护。优先饮用水水源保护,全面推进全省206个城镇饮用水水源地的规范化建设,保障地下水饮用水源地安全,加强农村饮用水水源保护和水质检测。着力开展清水行动,深化工业企业生产废水、城乡生活污水专项整治,实施重点行业废水深度处理和工业集聚区污水集中处理,推进工业水循环利用,加快城镇污水处理设施建设与升级改造,加大城镇生活污水处理及中水回用力度,减少城市黑臭水体,开展地下水污染防治与修复,加强农村生活污水防治,加大农业面源污染治理力度,打赢黑臭水体歼灭战。

联合打赢土壤污染防治持久战。以改善土壤环境质量为核心,扎实推进净土行动,全面开展土壤污染防治,以保障区域农产品质量和人居环境安全。实施土壤污染防治行动计划,实施工矿废弃地综合整治和复垦利用,建立污染地块动态清单和联动监管机制,协同推进污染预防、风险管控、治理修复三大举措,着力解决土壤污染威胁农产品安全和人居环境两大突出问题。实施农用地土壤环境分类管理,以耕地为重点,分别采取相应管理措施,保障农产品质量安全。加强对建设用地土壤环境状况调查、风险评估和污染地块治理与修复活动的监管,构建土壤环境质量状况、污染地块修复与土地再开发利用协同一体的管理与政策体系。建立环境风险防范工程,加强涉重金属行业污染防控,加强工业废物处理处置,全面整治矿产资源开发造成的历史遗留尾矿库等。

(3)推动绿色循环发展。

2007年,山西省被列入全国循环经济试点省,循环经济发展迅速,初步建立起循环经济保障体系,循环经济试点示范工作全面展开,工业固废综合利用效率显著提升,循环经济重点领域建设成效显著,科技创新支撑能力不断增强,形成了一批发展循环经济的典型模范单位。虽然循环经济发展取得了显著成效,但仍存在不少问题,循环经济的政策措施和发展机制仍需要进一步完善,在关键技术环节亟待突破,"循环不经济"的困境依然存在。发展循环经济,建设经济与生态有机共生、人与自然和谐相融的生态文明社会,实现经济发展与环境双赢,是循环经济和生态文明追求的共同目标。推进区域协调发展,以发展循环经济为路径,坚持绿色、低碳、循环发展基本路径,加快形成节约资源和保护环境的空间格局、产业结构、生产方式、生活方式,形成资源节约、环境友好、绿色高效的区域协调发展新格局。

促进资源节约高效利用。以优化资源利用方式为核心,以提高资源产出率为目标,把资源节约和高效利用作为转变经济增长方式的主攻方向,推进生产、流通、消费各环节资源节约与高效利用。坚持节约优先,牢固树立节约优先理念,培育全社会节约意识,养成行为自觉。实施全民节能行动计划,加大节能、节水、节地、节材、节矿和农村节肥、节药工作力度。推进资源集约高效利用,实施最严格的耕地保护制度和集约节约用地制度,严格的土地用途管制,推广应用节地技术和模式。提高水资源综合利用效率,优化水资源全域化配置,推进水资源跨区域协调,支持探索跨区域水权转让。建立健全用能权、用水权、排污权、碳排放权初始分配制度。实施能源总量和强度双控行动,实施节能重点工程,开展煤炭消费减量行动。严控新上高耗能高排放项目,大力推进矿产资源综合利用。发展绿色矿业,提高矿产资源开采回采率、选矿回收率和综合利用率,推进煤炭等化石能源清洁高效利用,加强劣质低阶煤、低品位矿产资源和可替代资源的开发利用。

大力发展循环经济。坚持"减量化、再利用、资源化,且减量化优先"原则,加快建立循环型工业、农业、服务业体系,推动企业内部、园区平台、产业系统实行绿色低碳发展和资源循环利用,推动产业之间、产业与城市之间、城市与乡村之间、生产与生活系统之间的循环发展,提高全社会资源产出率。推动各类产业园区循环化改造,以产业集聚和共享基础设施为纽带,促进企业、产业间的循环链接,提升循环经济发展水平和产业园区可持续发展能力。推进生产和生活系统循环链接,加快构建循环型社会。健全生活垃圾分类收集回收体系和再生资源循环利用体系,提高大宗固体废弃物综合利用水平,推动废弃物处理方式由无害化处理为主向资源化利用为主转变。推动朔州国家级工业固废综合利用基地和国家级工业绿色转型发展试点城市建设。积极开展循环经济重点领域试点示范创建工作,在企业、园区和区域层面建立一批循环经济典型模式,提高重点领域循环经济发展水平。

推行绿色生活方式和消费模式。推进社会层面循环经济发展,倡导生活方式低碳化,培育生态文化,引导绿色消费,鼓励低碳出行,倡导简约适度、绿色低碳、文明节约的生活方式,加快城乡一体化循环,促进循环型社会建设。完善再生资源回收利用体系,强化再生资源回收网络,健全生活垃圾回收体系,加强重点再生资源回收,建设再生资源回收服务平台,构建多元化回收、集中分拣和拆解、安全储存运输和无害化处理的完整先进回收体系。加强城市雨水收集利用,加快城市再生水回收利用设施的建设,进一步提高再生水的利用效率,构建城市健康水循环系统。提高建筑能效水平,大力推广绿色建筑和可再生能源建筑,加快推进既有建筑节能改造。倡导绿色出行,发展绿色交通,加快构建低碳交通运输体系,实行公共交通优先,加强轨道交通建设。推行绿色消费,树立绿色消费理念,推行绿色生活方式,积极购买和使用能效标识产品、节能节水认证产品、环境标志产品、无公害标志食品等绿色标志产品,形成倡导生态文明的主流价值观。

参考文献

[1] 赫尔曼·E. 戴利,等. 珍惜地球——经济学、生态学、伦理学[M]. 北京:商务印书馆,2001:391.

[2] 赫尔曼·哈肯·高,等. 协同学[M]. 郭治安,译. 北京:科学出版社,1989.

[3] 刘喜文. 多组织企业信息协同服务系统模型研究[D]. 成都:西华大学,2011.

[4] 孙玲. 协同学理论方法及应用研究[D]. 哈尔滨:哈尔滨工程大学,2009.

[5] T. H. 鲁札文,吴元樑,高薇. 协同学和系统方法[J]. 哲学译丛,1986(1).

[6] 刘程岩,颜泽贤. 俄罗斯关于协同学研究概况探析[J]. 系统科学学报,2007(2):77—81.

[7] 迈克尔·波特. 竞争优势[M]. 北京:华夏出版社,1997.

[8] GAJDA R. Utilizing collaboration theory to evaluate strategic alliances[J]. American Journal of Evaluation,2004,25(1):65—77.

[9] STANK T P,KELLER S B,DAUGHERTY P J. Supply chain collaboration and logistics service performance [J]. Journal of Business Logistics,2001,22(1):29—48.

[10] TYAN J C,WANG F K,DU T. Appling collaborative transportation management models in global third-art logistics [J]. International Journal of Computer Integrated Manufacturing,2003,16(4/5):283—291.

[11] KHANG N T,VAN BICH H,SON T C. A new approach for regime optimization of oil and gas mixture pipeline transportation[C] //2004 APOGCE. SPE Asia Pacific Oil and Gas Conference and Exhibition,APOGCE. Society of Petroleum Engineers,2004:1187—1193.

[12] CREMER M. Analysis of roadside equipment and central facilities for innovative driver information and traffic control systems [C]//Proceedings of the 2nd

International Conference on Applications of Advanced Technologies in Transportation Engineering,1991:21—25.

［13］OLEMSKOI A I,K HOMENKO A V. Synergetic theory for jamming transition in traffic flow［J］. Physical Review E,2001,63(3):1—10.

［14］郑璐.公路客运与城际铁路协同发展研究［D］.长春:吉林大学,2008.

［15］孙海鸣,张学良.区域经济学［M］.上海:上海人民出版社,2011.

［16］苗长虹.区域发展理论:回顾与展望［J］.地理科学进展,1999(12).

［17］保罗·克鲁格曼.美国怎么了——一个自由主义者的良知［M］.北京:中信出版社,2008.

［18］李刚,周加来.共生理论视角下的区域合作研究［J］.兰州商学院学报,2014(4).

［19］袁纯清.共生理论——兼论小型经济［M］.北京:经济科学出版社,1998.

［20］黄小勇.区域经济共生发展的界定与解构［J］.华东经济管理,2014(1).

［21］AHMADJIAN V. Symbiosis:an introduction to biological association［M］. Lebanon:University Press of New England,1986:1—10.

［22］KISHO KUROKAWA. Each one a hero:the philosophy of symbiosis［M］. Tokyo:Kodansha International,1997.

［23］张其仔,郭朝先,白玫.协调保增长与转变经济增长方式关系的产业政策研究［J］.中国工业经济,2009.

［24］尚玉昌.普通生态学:3版［M］.北京:北京大学出版社,2010:3—8.

［25］BENSON K R. The emergence of ecology from natural history［J］. Endeavour,2000,24(2):59—62.

［26］THIAGO FERNANDO L V B RANGEL,JOSÉ ALEXANDRE FELIZOLA DINIZ FILHO,LUIS MAURICIO BINI. Towards an integrated computational tool for spatial analysis in macroecology and biogeography ［J］. Global Ecology and Biogeography,2006,15(4):321—327.

［27］沈善敏.应用生态学的现状与发展 ［J］.应用生态学报,1990,1(1):2—9.

[28] CABRERA D,COLOSIC L,LOBDEL C. Systems thinking[J]. Evaluation and Program Planning,2008,31(3):299—310.

[29] CHAMBERS J Q,ASNER G P,MORTON D C,et al. Regional ecosystem structure and function:ecological insights from remote sensing of tropical forests[J]. Trends in Ecology and Evolution,2007,22(8):414—423.

[30] 莱斯特·布朗.生态经济——有利于地球的经济构想[M].北京:东方出版社,2002.

[31] 莱斯特·布朗.B模式——拯救地球　延续文明[M].北京:东方出版社,2003.

[32] 马克思,恩格斯.马克思恩格斯全集[M].北京:人民出版社,2008:304.

[33] 马克思,恩格斯.马克思恩格斯全集:第25卷[M].北京:人民出版社,1974:916.

[34] 肖笃宁.景观生态学[M].北京:科学出版社,2010.

[35] 李振基,陈圣宾.群落生态学[M].北京:气象出版社,2011.

[36] GEWIN V. Beyond neutrality:ecology finds its niche[J]. PLoS Biology,2006,4:8,278.

[37] TILMAN D. Niche tradeoffs,neutrality and community structure:A stochastic theory of resource competition,invasion and community assembly [J]. PNAS,2004,101:10854—10861.

[38] GRAVE D,CANHAM C. D,BEAUDET,M AND MESSTER,C. Reconciling niche and neutrality:the continuum hypothesis　[J]. Ecology Letters,2006,9(4):399—409.

[39] WHITFIELD J. Neutrality versus the niche. Nature,2002,417:480—481.

[40] GEWIN V. Beyond neutrality–ecology finds its niche [J]. PLoS Biology,2006,4:8,278.

[41] JOHN R,DALLING J W,HARMS K E,et al. Soil nutrients influence spatial distributions of tropical tree species[J]. PNAS104,2007(3):864—869.

[42] 王维国.协调发展的理论与方法研究[M].北京:中国财政经济出版

社,2000.

[43]科技部农村与社会发展司.中国地方可持续发展规划指南[M].北京:社会科学文献出版社,2006.

[44]陈栋生.中国区域经济新论[M].北京:经济科学出版社,2004.

[45]熊德平.农村金融与农村经济协调发展研究[M].北京:社会科学文献出版社,2009.

[46]刘海明,杨健,王灿雄,等.区域经济协同发展研究进展综述——兼论区域经济协同发展机制建立的必要性[J].中国集体经济,2010(7):86—87.

[47]刘莹.基于哈肯模型的我国区域经济协同发展驱动机制研究[D].长沙:湖南大学,2014.

[48]普里戈金.从存在到演化:自然科学中的时间及复杂性[M].曾庆宏,等译.上海:上海科学技术出版社,1986.

[49]普里戈金.确定性的终结:时间、混沌与新自然法则[M].湛敏,译.上海:上海科技教育出版社,1998.

[50]黄润荣,任光耀.耗散结构与协同学[M].贵阳:贵州人民出版社,1988.

[51]PERRINGS C. Conservation of mass and instability in a dynamic economy environment system [J]. Journal of Environmental Economics and Management,1986,13(3):199—211.

[52]HYEON HYO A. Speculation in the financial system as a "dissipative structure"[J]. Seoul Journal of Economics,1998,11(3):295—320.

[53]FOSTER J. From simplistic to complex systems in economics[J]. Cambridge Journal of Economics Volume,2005(6):873—892.

[54]臧新.产业集群产生原因的理论困惑和探索 [J].生产力研究,2003(1):187—189.

[55]曾德明,骆建栋,覃荔荔.基于耗散结构理论的高新技术产业集群开放性研究[J].科技进步与对策,2009(26):48—51.

[56]高长元,王京.基于耗散结构的高技术虚拟产业集群准入退出机制研究[J].科技进步与对策,2011(28):41—45.

[57] 藤田昌久,保罗·克鲁格曼,安东尼·J.维纳布尔斯.空间经济学——城市、区域与国际贸易[M].梁琦,译.北京:人民大学出版社,2011.

[58] FUJITA M,KRUGMAN P,VENAB A J. The spatial economy:cities, regions and international trade[M]. Cambridge:The MIT Press,1999.

[59] 梁琦.空间经济学:过去、现在和未来——兼评《空间经济学:城市、区域与国际贸易》[J].经济学(季刊),2005,4(4):1067—1086.

[60] 梁琦,黄卓.空间经济学在中国[J].经济学,2012,11(3):1027—1036.

[61] BALDWIN R E,MARTIN P,OTTAVIANO GIP. Global income divergence,trade,and industrialization:the geography of growth take-offs[J]. Journal of Economic Growth,2001,6(1):5—37.

[62] MARTIN P,OTTAVIANO GIP. Growth and agglomeration[J]. International Economic Review,2001,42(4):947—968.

[63] 亚当·斯密.国民财富的性质和原因的研究[M].北京:商务印书馆,1972.

[64] ROMER P M. Endogenous technological change [J]. Journal of Political Economy,1990,98(5):71—102.

[65] 林毅夫,蔡昉,李周.比较优势与发展战略——对"东亚奇迹"的再解释[J].中国社会科学,1999(5):4—20.

[66] LUCAS R E. On the mechanics of economic development [J]. Journal of Monetary Economics,1988,(22):3—42.

[67] AGHION P,HOWITT P. Endogenous growth theory[M]. Cambridge:The MIT Press,1998.

[68] 赖明勇,张新,彭水军,等.经济增长的源泉:人力资本、研究开发和技术外溢[J].中国社会科学,2005,(2):32—46.

[69] 潘向东,廖进中,赖明勇.经济制度安排、国际贸易与经济增长影响机理的经验研究[J].经济研究,2005(11):57—67.

[70] HARRISON A. Openess and growth:a time series,cross country analysis for developing countries [J]. Journal of Development Economics,1996,48(2):419—447.

［71］马汴京. 头程运费、国际贸易与经济增长——来自中国 120 个城市的经验证据［J］. 经济学,2011,10(4):1311—1328.

［72］魏后凯. 外商直接投资对中国区域经济增长的影响 ［J］. 经济研究,2002(4):19—26.

［73］BORENZTEIN E,De GREGORIO J D,LEE J W. How does foreign investment affect economic growth ［J］. Journal of International Economics,1998,(45):115—135.

［74］AMIRAHMADI H,WU W. Foreign direct investment in developing countries［J］. The Journal of Developing Areas,1994(28):167—190.

［75］CHENERY H B,STROUT A M. Foreign assistance and economic development［J］. The American Economic Review,1966,56(4):679—733.

［76］CHENERY H B. Pattern of industrial growth［J］. The American Economic Review,1960(50):624—654.

［77］KUZNETS S. National income and industrial structure［J］. Econometrica,1949(56):360—368.

［78］樊纲,王小鲁,马光荣. 中国市场化进程对经济增长的贡献［J］. 经济研究,2011(9):4—16.

［79］HAVRYLYSHYN O,VAN ROODEN R,IZVORSKI I. Recovery and growth in transition economies:a stylized regression analysis ［R］. IMF Working Paper,1998.

［80］BABETSKII I AND CAMPOS N. Does reform work? an econmetric examination of the reform-growth puzzle［R］. University of Michigan Working Paper,2007.

［81］GOLDSMITH R. Financial stucture and development ［M］. New Haven:Yale University Press,1969.

［82］GURLEY J AND SHAW E. Financial aspects of economic development ［J］. American Economic Review,1955,45(4):515—538.

［83］PATRICK H T. Financial development and economic growth in undeveloped countries ［J］. Economic Development and Cultural Change,1966,34:

174—189.

[84] SCHUMPETER J A. The theory of economic development:an inquiry into profits,capital,credit,interest and the business cycle[M]. Cambridge:Harvard University Press,1911.

[85] 刘生龙,胡鞍钢. 交通基础设施与经济增长:中国区域差距的视角[J]. 中国工业经济,2010(4):14—23.

[86] 张学良. 中国交通基础设施促进了区域经济增长吗? ——兼论交通基础设施的空间溢出效应[J]. 中国社会科学,2012(3):60—77.

[87] ASCHAUER D A. Is public expenditure productive [J]. Journal of Monetary Economics,1989,23(2):177—200.

[88] FERNALD J. Roads to prosperity? asessing the link between public capital and productivity[J]. American Economic Review,1999,89(3):619—638.

[89] FAN S,ZHANG X. Infrastucture and regional economic development in rural China[J]. China Economic Review,2004,15(2):203—214.

[90] 陈得文,苗建军. 空间集聚与区域经济增长内生性研究——基于1995—2008 年中国省域面板数据分析 [J]. 数量经济技术经济研究,2010(9):82—106.

[91] 覃一冬. 空间集聚与中国省际经济增长的实证分析:1991—2010[J]. 金融研究,2013(8):123—135.

[92] 李敬,陈澍,万光华,等. 中国区域经济增长的空间关联及其解释——基于网络分析方法[J]. 经济研究,2014(11):4—16.

[93] YING L G. Measuring the spillover effects:some chinese evidence[J]. Regional Science,2000,79(1):75—89.

[94] RREN J F,COMBES J L,RENARD M F. Are there spillover effects between the coastal and noncoastal China [J]. China Economic Review,2002(13):161—169.

[95] ZHANG Q,FELMINGHAM. The role of FDI,exports and spillover effects in the regional development of china [J]. Journal of Development Studis,2002(38):157—178.

［96］GROENEWOLD N，LEE G，CHEN A. Regional output spillovers in china：estimates from a VAR model［J］. Regional Science，2007（86）：101—122.

［97］潘文卿.中国的区域关联与经济增长的空间溢出效应［J］.经济研究，2012，（1）：54—65.

［98］李琳，吴珊.基于 DEA 的我国区域经济协同发展水平动态评价与比较［J］.华东经济管理，2014，28（1）：65—69.

［99］李琳，刘莹.中国区域经济协同发展的驱动因素——基于哈肯模型的分阶段实证研究［J］.地理研究，2014，33（9）：1603—1616.

［100］王飞跃.计算实验方法与复杂系统行为分析和决策评估［J］.系统仿真学报，2004，16（5）：893—897.

［101］陈守煜.论 21 世纪我国水资源开发利用的陆海空协同系统［J］.水利学报，2006，37（11）：1042—1046.

［102］SUVI PAKARINEN，TUOMAS MATTILA，MATTI MELANEN，et al. Sustainability and industrial symbiosis：the evolution of a finnish forest industry complex［J］. Resources Conservation and Recycling，2010，10：1393—1404.

［103］马世骏，王如松.社会—经济—自然复合生态系统［J］.生态学报，1984，4（1）：1—9.

［104］宋永昌，由文辉，王祥荣.城市生态学［M］.上海：华东师范大学出版社，2000.

［105］李刚，周加来.共生理论视角下的区域合作研究：以成渝综合试验区为例［J］.兰州商学院学报，2008（6）：39—45.

［106］普里戈金.从存在到演化：自然科学中的时间及复杂性［M］.曾庆宏，等译.上海：上海科学技术出版社，1986：93.

［107］戴维•佩珀.生态社会主义：从深生态学到社会正义［M］.刘颖，译.济南：山东大学出版社，2012.

［108］西蒙•莱文.脆弱的领地：复杂性与公有域［M］.吴彤，等译.上海：上海科技教育出版社，2006：14.

［109］李海龙.国外生态城市典型案例分析与经验借鉴［EB/OL］.（2015—10—12）［2022—11—11］. http：//www.ccud.org.cn/article/19488.html.

[110]鞠美庭.国外生态城市建设经典案例[J].今日国土,2010(10).

[111]吕骅.基于文化视角下的生态城市设计研究 [J].城市建设理论研究,2012.

[112]岳思羽,王军,刘赞,等.北九州生态园对我国静脉产业园建设的启示[J].环境科技,2009,22(5):71—74.

[113]霍根,拉维斯,等.自然资本论:关于下一次工业革命[M].王乃粒,诸大建,龚义台,译.上海:上海科学普及出版社,2002:13—14.

[114]晔枫.超越传统——管理科学的绿色化推进与拓展[M].北京:中国环境科学出版社,2007:197.

[115]冯久田.鲁北生态工业园区案例研究 [J].中国人口资源与环境,2003.

[116]王震,石磊,徐毅,等.我国环境政策中生态工业园区内涵误区的分析[J].环境科学与技术,2009,32(11):196.

[117]莱斯特·布朗.生态经济:有利于地球的经济构想[M].北京:东方出版社,2002.

[118]陈运平,黄小勇.论区域经济的共生发展[J].光明日报,2014—04—02.

[119]列宁.列宁选集[M].北京:人民出版社,1971:161.

[120]郭治安,沈小峰.协同论[M].太原:山西经济出版社,1991.

[121]马克思,恩格斯.马克思恩格斯选集[M].北京:人民出版社,1995:270.

[122]高丽娜,宋慧勇,张惠东,等.城市群协同创新形成机理及其对系统绩效的影响研究 [J].江苏师范大学学报（哲学社会科学版）,2018,44(1):125—132.

[123]张向阳,党胜利,刘志峰.京津冀区域经济生态系统运作机制研究[J].生态经济,2009(6).

[124]袁莉.城市群协同发展机理、实现途径及对策研究——以长株潭城市群为例[D].长沙:中南大学,2015.